イスラームのロシア

帝国・宗教・公共圏 1905–1917

Islamic Russia
Empire, Religion, and Public Sphere 1905-1917

長縄宣博 著
Norihiro Naganawa

名古屋大学出版会

イスラームのロシア——目　次

第Ⅲ部　戦争とムスリム社会

凡例

一、タタール語とロシア語の転写は、本文中ではラテン文字を用いる。注を見て典拠を確認するのは専門家に限られるとの判断で、注と参考文献ではキリル文字を用いた。帝政期のタタール語はアラビア文字で表記されているので、現代タタール語に準拠するのではなく、三つの母音（a, i, u）のみを補いながらアラビア文字の並びの通りに転写する。なお、アラビア文字の転写は『岩波イスラーム辞典』（岩波書店）の方式に拠る。ロシア語の翻字は米国議会図書館（ＬＣ）方式に拠る。

二、人名や用語は、『岩波イスラーム辞典』、『中央ユーラシアを知る事典』（平凡社）、『世界歴史大系ロシア史』（山川出版社）の表記に準拠する。ムスリムの人名は、基本的にはアラビア文字の表記通りにカタカナで示すが、生没年あるいはどちらかが明らかな著名人については、現代タタール語とロシア語での慣用に近いカタカナで示す。

三、本文中で言及する重要な用語や人物については、本書巻末の「用語・主要人物解説」を参照。

四、クルアーンの訳は、井筒俊彦訳『コーラン（上・中・下）』（岩波文庫、一九六四年）に拠る。

五、ロシア帝国では法律の名称や事件名が日付から取られることが多いことに鑑みて、本書の年月日はユリウス暦を用いた。一八世紀では一一日、一九世紀では一二日、二〇世紀（本書では一九一八年一月三一日まで）では一三日を加えるとグレゴリウス暦となる。

六、引用文中の［　］は引用者による補足である。

七、本書で参照したＵＲＬは二〇一七年五月一二日現在有効。

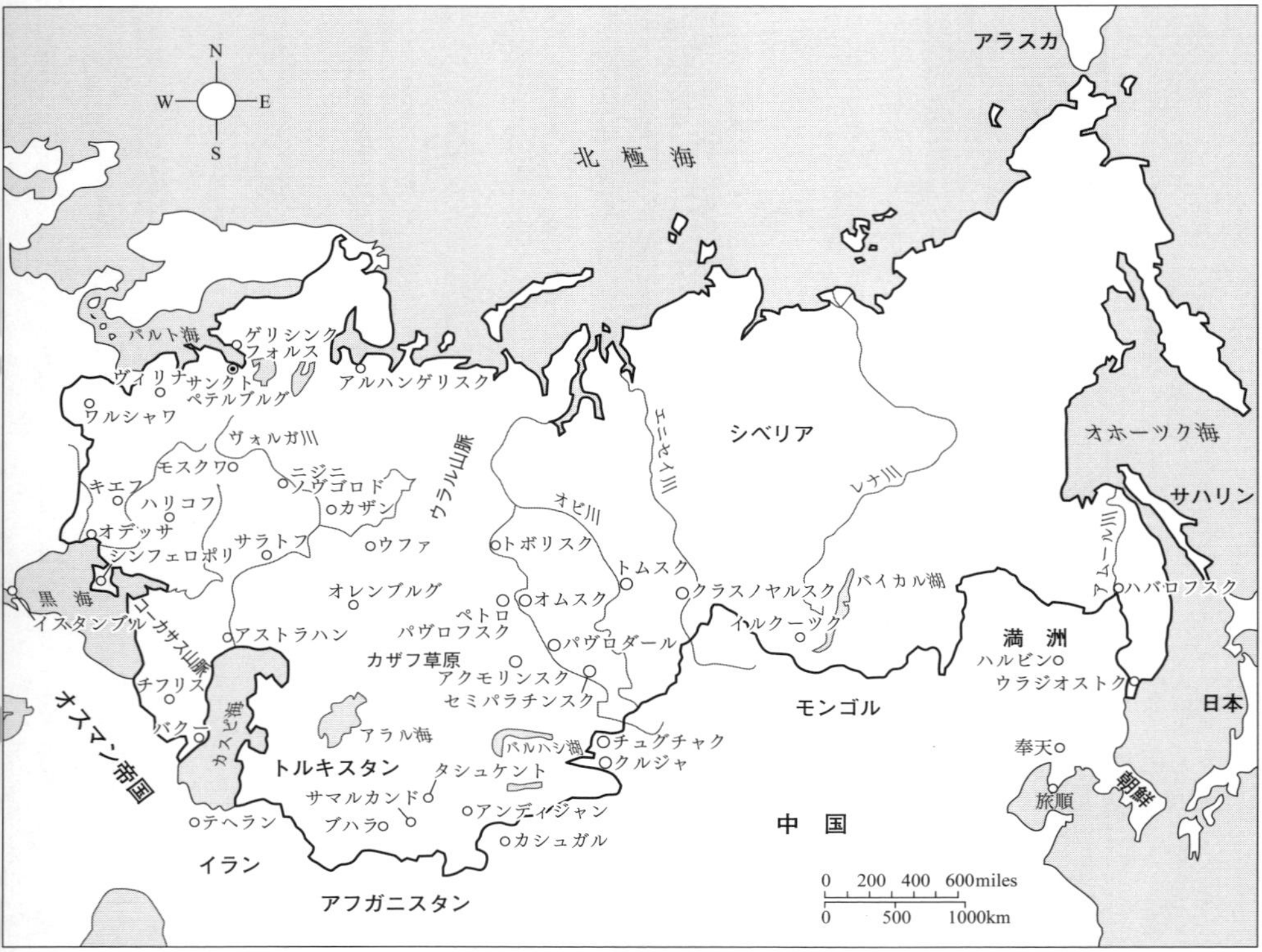

地図 1 20 世紀初頭のロシア帝国

出典）Robert P. Geraci, *Window on the East : National and Imperial Identities in Late Tsarist Russia*（Ithaca : Cornell University Press, 2001）, xvi の地図を基に作成。

地図 2　帝政末期のヴォルガ・ウラル地域

出典）Christian Noack, *Muslimischer Nationalismus im russischen Reich : Nationsbildung und Nationalbewegung bei Tataren und Baschkiren, 1861–1917* (Stuttgart : Franz Steiner Verlag, 2000), 558 の地図を基に作成。

序　章

帝政ロシアのイスラームと公共圏

1 問題の所在

「官僚の第一の目的は我々の宗教と共同体を絶滅させ、地表から干上がらせることにあります」。サマラ県ブグルマ郡アルメト村の宗教指導者《ムッラー》ハーディー・アトラスィー（Hādī Aṭlāsī 一八七六―一九三八）は警告する。一九〇六年三月三一日に教育大臣の出した法令で、「我々の共同体の文字がロシア人の文字に取り替えられて、我々の言葉と文学が現世から来世に旅立ってしまう」というのだ。このムッラーによればロシアは、ヨーロッパで最も後れた国であり、政府は臣民を一顧だにせず、知識の代わりに無知、自由の代わりに機関銃、学校の代わりに刑務所で応えるような体制である。確かに日露戦争とその後の政治運動の高まりで風向きが変わり、「腐った圧政の官僚」もいったんは消え失せたように見えた。しかし、旧来の官僚たちは息を吹き返し、今や上記の法令でムスリムに対する報復を仕掛けているのだった。そこでアトラスィーは、同僚のウラマー（イスラーム学者）たちに抗議活動を先導するよう呼びかける。「どこにあなたがたの信仰とクルアーンへの熱意があるのでしょう。どこにあなたがたの信仰から生まれた情熱があるのでしょう。どこにあなたがたの共同体《ミッレト》への配慮があるのでしょう。どこにあなたがたのクルアーンがあるのでしょう。どこでそれとともに行動しているのでしょう。どこでクルアーンの節を真に理解し適用しているのでしょう」。「我々の預言者が宗教の道で血を流して尽力したと聞いたことがあるにもかかわらず、あなたがたのクルアーンが知、活力、進歩、安寧、誠意からなっているにもかかわらず、あなたがたがこれほど不誠実に、これほど無気力に、これほど動かないのはなぜでしょう[1]」。

この『新法とわれらがウラマー』と題するわずか一四頁ほどの冊子とその周辺からは、一九〇五年前後の時代の変化について実に多くのことを読み取ることができる。まず著者のハーディー・アトラスィーは、イスラーム諸学を教えるマドラサで学んだウラマーで、第二国会《ドゥーマ》（一九〇七年二月二〇日―六月二日）の議員にも選出されている。

この国会ではムスリム議員は三七名を数え、一九一七年までの四会期で最大だった。これらムスリム議員の大半が立憲民主党《カデット》を支持する会派を結成する中、アトラスィーら六名は社会主義者・革命家党（エスエル党）に共鳴し、別個の派閥を結成していた。彼の同志フアド・トゥクターロフ（Maḥmūd Fu'ād Ṭūqtāruf 一八八〇―一九三八）は手厳しいムスリム議員評を著しているが、アトラスィーについて、演説ができるほどのロシア語能力はなかったものの、自らに課せられた「共同体への責務」を自覚して情報収集と執筆に勤しみ、ムッラーから選ばれた議員の中で模範的だったと評している(2)。

次に、アトラスィーが攻撃対象とする一九〇六年三月三一日の法令とは何か。正式には「ロシア東部・東南部に居住する異族人のための初等学校に関する規則」というこの法律は、ヴォルガ川流域からウラル山脈にかけての地域に住み、イスラームかロシア正教を奉じるか、あるいは自然崇拝を行う非ロシア人を対象に、ロシア語による初等教育の普及を狙ったものだった。アトラスィーが問題視するのはその第一三条であり、それは、ムスリムの伝統的な初等学校《マクタブ》に適用されるか否かの明記なく、異族人の言葉による教科書をロシア文字（russkie bukvy）と異族人の文字の両方で転写することを要求していた。これをアトラスィーはアラビア文字をキリル文字に代える試みとみて激しく反発したのだ。多民族・多宗教の混淆するこの地域において、ムスリムのものがキリスト教徒のものに取り替えられることはムスリムにとって終末が間近である徴として受け止められたことも強調しておいてよい(3)。果たしてこの法令は、地域のムスリム住民の広範な抗議を惹起する(4)。七月九日に第一国会が二ヵ月あまりで解散した後、オレンブルグとその近郊カルガルのムスリムは五〇〇〇人規模の抗議集会を催し、その決議文を八月にニジニノヴゴロドで行われた第三回全ロシア・ムスリム大会に提出した(5)。また、この地域のイスラーム行政機関でウファにあった宗務協議会の議長《ムフティー》ムハンマディヤール・スルタノフ（Muḥammad Yār Sulṭānuf 在一八八六―一九一五）は、自分のところにも数多くの抗議が寄せられているとして、内相に上記一三条の削除を求める電報を送った(6)。翌年には第二国会のムスリム会派が国会議長に法令の廃止を求めた(7)。これらの抗議の結果、政府は一九〇六年三月三一日の法令を一九〇七年一一月に撤回せざるをえなくなった[8]。

さらに、ハーディー・アトラスィーが利用した、印刷された冊子という媒体自体も注目に値する。彼は、一九〇六年三月三一日法の意味は新聞を読む人々にはよく理解されているだろうとしながら、隣人を越えた遠くの同胞に自分の考えを伝えることを目的に掲げる。トゥクターロフによれば、アトラスィーは『新法とわれらがウラマー』で一躍有名人になったという。また、アトラスィーは国会議員としても、自らの派閥の声を発信する『ドゥーマ(国会)』というタタール語の新聞を短期間発行した[9]。さらに、上記のオレンブルグのムスリムによる抗議文の中にも、ロシア・ムスリムの権利を守るために、首都サンクトペテルブルグでロシア語によるムスリムの新聞を出さなければならないという一節がある。

この印刷物や新聞への期待の大きさは何を意味しているのだろうか。ヴォルガ・ウラル地域のムスリムはテュルク系の言語を母語とし、文章語として使用していたのは「テュルキー(Türkī)」と呼ばれたアラビア文字表記のタタール語である。この地域では一八〇四年に設置されたカザン大学の印刷所を拠点にアラビア文字の廉価な印刷物がすでに普及し、二〇世紀初頭にはムスリム自身による民間の出版社が増えた[10]。一九〇五年革命で規制が緩和され、とくに一〇月一七日詔書で言論の自由が宣言されると、タタール語で新聞・雑誌も発刊できるようになり、一九〇五—一六年の間に新聞は四一、雑誌は三五を数えた[11]。ハーディー・アトラスィーの冊子は、オレンブルグのムハンマド=ファーティフ・カリモフ出版社から一九〇六年に印刷され、オレンブルグはじめ、カザン、ウファ、オレンブルグ県東部のオルスク、カザフ草原北部のペトロパヴロフスクの有名書店で、五コペイカで販売された。カリモフ出版社は書籍のみを手掛けていたのではない。社名となっているファーティフ・ケリミー(Fātiḥ Karīmī 一八七〇—一九三七)は、一九〇六年二月から一九一八年一月まで全二三〇八号が刊行されたタタール語紙『ワクト(*Waqt* 時)』の編集長でもあった。

ウラル山脈より西部のロシアはヨーロッパ部と言われ、ロシア正教会の空間として通常想像される。

しかし、このヨーロッパ部東部におけるムスリムの声の大きさは何だろうか。専制権力下におけるタタール語の出版社、新聞・雑誌、各種政治集会の存在をどのように理解すればよいのだろうか。これらは、ハーディー・アトラスィーのようにロシア権力を呪う言葉ばかりを並べ立てていたのだろうか。なぜ、ムッラーやムフティーといった宗教指導者が政治運動の先頭に立っているのだろうか。そもそもキリスト教徒が支配する国でイスラーム的な生活はどのように可能だったのだろうか。ムスリムとキリスト教徒はどのような関係を結びながら日常生活を送っていたのだろうか。利害が対立したとき、どのような仕組みで相互の関係が調整されたのだろうか。そして、ムスリムが自身の個性を残しながら、ロシア市民としての意識を涵養し権利を獲得することはできたのだろうか。本書はこれらの問いに答えようとするものである。

2　宗派国家と公共圏

ロシア帝国は、皇帝への忠誠を要石として多様な人間集団を宗教と身分に分類して権利と義務を分配する国家だった[12]。これに対してソ連邦は共産党を核とし、民族と階級に分かれながらも平等な市民から成る国家だった。近年、帝国が多法域空間だったことは広く認知されているものの、それは通常、中央と辺境・植民地との関係で捉えられがちである[13]。ロシア帝国の場合、その中核部すなわちウラル山脈より西側のヨーロッパ部にも多くのムスリムが住み、彼らは概ねロシア人と同様の身分集団に分類されながらイスラームの法的伝統の適用が認められていた。しかも、その中核に住むロシア人自体も均質ではなく、農民は慣習法に基づく裁判制度を利用していた。極めて広大なロシア帝国では、多種多様な人間集団の法慣習に沿って国家が権利と義務を分配し、それを国家とのある種の契約とみる個々の臣民が自身の属す集団の法律に基づいて権利を行使する体制が現実的であり合理的だったのだ[14]。

ロシア帝国の宗教行政ついては、近年急速に研究が蓄積されている。[15] 中でも米国の二人の歴史家の議論が本書にとっては重要である。イスラーム行政とムスリム社会との相互関係を研究したロバート・クルーズは、ロシア正教会優位の下で多宗教を寛容に組み込んだ統治構造を「宗派国家（confessional state）」と呼び、カトリック、プロテスタント、ユダヤ教、アルメニア使徒教会、仏教においても同様の相互関係のパターンを見出した。そのパターンとは、国家が宗教集団ごとに行政機構を付与して正統派を定義し、平信徒もその正統派の解釈で自らの行動を根拠づけ国家権力の後ろ盾を得ようとしたため、国家と臣民の間に聖職者を介して相互浸透の関係が生じたというものだ。ヴォルガ・ウラル地域のムスリム社会にこうした国家との関係が持ち込まれたのは、エカチェリーナ二世（在一七六二―九六）が一七八九年に宗務協議会（Dukhovnoe sobranie）を南ウラルのウファに開設したことに遡る。ニコライ一世期（一八二五―五五）には、ムスリムを含め「外国信仰（inostrannye ispovedaniia）」と呼ばれたロシア正教以外の宗教共同体を律する法律が数多く出され、制度が緻密化し体系化された。実はこうした動きが、同時代のオスマン帝国、フランス、ハプスブルグ帝国の同様の統治制度をある程度参照しながら進行していたことは強調しておいてよい。[16]

同様に比較史の立場からもう一人の歴史家ポール・ワースは、ロシア帝国の宗教行政を「多宗派公認体制（multiconfessional establishment）」と名付けた。クルーズと異なりワースは、この体制にネイションの発想が浸潤する過程も緻密に辿っている。それによれば、一九世紀半ば以降ロシアにも宗教共同体への帰属よりも個々人の信条を重んじる良心の自由の発想が現れた。しかし、ある公認宗教への帰属が、それを牛耳る大きなネイションを下位の小さな民族が支持する政治として観念されるようになったので、「外国信仰」に対する政府の制限も強まった。官僚にそのような観念を植え付けた最も重要な事件は、一八六三年のポーランド一月蜂起である。かくして西部諸県のカトリックにポーランド人、沿バルト地方のプロテスタントにドイツ人、ヴォルガ・ウラル地域のイスラームにタタール人の政治力の伸張を見出し、それぞれの影響下にあるとされた諸民族をロシア正教会に繋ぎとめるための政策が追求されるようになった。政府は、既存の宗教行政を損なわず操作することを通じてナショナリズムに応戦しようとしたのだ。[17]

クルーズとワースの示すロシア帝国の宗教行政の構図を基本的には受け入れつつ、本書が描くのは、帝政最後の十年間にヴォルガ・ウラル地域のムスリム社会に生じた変容である。もちろん、モスクの指導者たるムッラー、そして彼らを統括するウファの宗務協議会とその議長たるムフティーは、本書の中核を成す登場人物である。しかし、二〇世紀初頭までにこの地域のムスリムが国家権力と交渉する経路は、宗務協議会には限られなかった。[18] 彼らはアレクサンドル二世期（一八五五―八一）の大改革で導入された農村行政機関のゼムストヴォに加え、都市の自治体である市会も利用できた。ムスリムの名望家からは地元のロシア人らと利害を調整し当局と交渉する術に長ける者が現れた。[19] 一九〇七年六月三日法でカザフ草原とトルキスタンのムスリムは国会の選挙権を奪われたが、ヴォルガ・ウラル地域出身の議員が率いたムスリム会派は全四会期にわたって「二〇〇〇万人のロシア・ムスリム」の利害を代弁し続けた。[20] 他方で、一九〇五年一〇月一七日にツァーリが良心、言論、集会、結社の自由を約束すると、タタール語で新聞・雑誌を発行することが可能となり、大小様々な政治集会が開かれ、ムスリムの慈善協会も活気づいた。本章の冒頭で一九〇六年三月三一日法について見たように、タタール語の印刷物は、政府のムスリム政策・行政に関する様々な意見や抗議集会の模様を伝え、共同体／民族（millat）、世論（afkār-i ʿumūmīya）の注意を喚起した。これは、ムスリム個々人と国家との間に別個の空間が出現したことを示している。つまり、様々な経路を介した国家との交渉が、増大する公共的議論に下支えされるという状況が生まれたのである。

本書が注目するのは、宗派国家の中に生まれたムスリム公共圏とも呼べる領域である。公共圏の語は、ユルゲン・ハーバーマスが一七―一八世紀のイギリス、フランス、ドイツで並行して生じた現象を概念化したものとしてよく知られている。市場経済の発展で文化を商品として享受するようになった都市中産階級は自発的かつ対等に結合して、私的所有権に由来する利益を表明する。彼らは、伝統、暴力、儀礼に基づく君主権力が、理性的な公論とそれに裏付けられた法の前で正統性を持つように要求する。そして、公論と公権力との折衝を通じて、自らを統べることのできる近代的市民が登場したというのだ。[21] しかしロシア／ソ連やイスラーム世界は、欧米の自画像の反転した世界とみなされ、民主主義や立憲主義の基礎としての公共圏や市民社会の欠如あるいは限界が、家産的な国家権力の絶大さ、資本主義の未発達、政教・公私の区別を認めないイスラームの特異性などから説明されてきた。[22] そうした観点からすれば、ロシアとイスラームの交差するヴォルガ・ウラル地域の分析に、公共圏や市民社会の観点を持ち込むこと自体が誤りだろう。

しかし近年では、ロシア史や中東ムスリム社会研究に限らず、市民社会を資本主義の発達や民主主義体制の成立に結びつける見方自体が批判に晒され、市民社会を到達すべき終点に置くのではなくむしろ理念型として捉えることで社会と政治の変化を分析する方法が模索されている。[23] 例えば、自発的な結社や地方自治体と国家との関係を見直す議論では、強圧的な政府が公共圏と対立するという構図ではなく、結社や自治体が愛国や福祉の目的で国家行政を補完しながら、独自の行動の幅を広げる姿が重視されている。もちろんそうした姿は、とりわけ戦時にこれらの組織が国家の動員体制に奉仕してしまうという危うさと表裏一体だった。[24] また、印刷物が公共圏を形作る役割に着目する議論では、農村出身の人気作家、ジャーナリスト、さらに、ウラマーになることを選ばず別の教育を積んだ知識人などが、特定の集団が占有する形での知識伝達のあり方と権威を掘り崩し、市場に基づく新しい人の結びつきを生み出したことが強調されてきた。[25] 本書は、これら公共圏・市民社会論の見直しを受けて、帝政末期のヴォルガ・ウラル地域における国家とムスリム社会との交渉、そしてそれをめぐるムスリム社会内部の議論を分析する。ロシアのムスリム地域の事例は、公共空間での理性的な熟議という現象がこれまでいかに限られた時空間に独占的な美徳として捉えられてきたかという点に反省を促す強力な参照点になる。[26]

こうした立論は、ロシアも欧米と同様の民主主義の契機を内蔵していたと主張するものでも、多種多様な人間集団を柔軟に包摂していた帝国秩序を理想化するものでもない。むしろ、ムスリム公共圏という宗派を軸とした公共圏が帝政末期に出現したことの意味を問わなければならない。もちろんムスリム公共圏は自己完結した空間ではなく、ロシア語の言論空間と接合し、それを介して帝国の他の諸民族の状況も参照していた。しかし帝政最後の十年は、帝国の中核たるロシア人が帝国秩序の維持に疑問を抱き、「ロシア人のためのロシア」を希求する運動が高揚した時代だった。ムスリム公共圏はこうした情勢に反発しながら、ムスリム共同体の利益とは何かを熟議する人々によって形成されたのである。これは、成熟した民主主義が機能していると考えられてきた国々で現在進行している事態とも相通じる。確かに自由民主主義は、文化的に中立な公的領域に多様な人々が平等に参加することを条件としつつも、少数派を統合するための理論も彫琢してきた。宗教に公共的役割を見出す試みもその一環である。[27]しかしこんにち、国民の多数派を成す人々が、少数派に配慮することをますます割に合わないと考え、少数派の人々は、多数派の価値観の押しつけ、さらには排除の圧力をこれまでになく経験している。そして、少数派の声をどのように拾い上げていくか、各少数派内部の複数の声をどのように認めるべきかが問われている。高揚するロシア・ナショナリズムを背景に宗派で仕切られた公共圏が出現したロシア帝国末期には、こんにちの問題を先取りしていた側面があり、本書はこうした理論上の探究にも一石を投じることを目指している。

宗派国家におけるムスリム公共圏の出現という視座は、ナショナリズムに関する従来の有力な議論にも再考を迫るものとなる。一般にナショナリズムは、工業化、知識人の形成、識字の普及、出版資本主義など、宗教とは別の世俗的な現象として説明される。[28]しかし、タンズィマート期と第二次憲政期のオスマン帝国に関する研究ですでに指摘されているように、宗派に基づく統治制度（ミッレト制）はナショナリズムの受け皿になることができ、その場合ナショナリズムは「半官半民」の性格を帯びたので、常に国家との対話に開かれていた。[29]本書もまた、帝政ロシア末期の多宗派公認体制の下で、宗教共同体のあり方を決める権威が国家から公共圏へと部分的に移行した事態を捉えようとするものである。そこでは、聖職者にとどまらず幅広い人々が、自分たちの共同体の運営を定める法律や行政の実態を再点検することで、共同体の枠組みと政治的権利を行使する単位とを一致させる運動を展開した。[30]

本書は、目的論的に民族の形成を論じるのではなく、ヴォルガ・ウラル地域のムスリム社会の代弁者が、交渉相手に応じて共同体の範囲（ロシア・ムスリム、テュルク、タタール、バシキール）と利害を変更し、代弁者の間でも何を共同体の利益とするかをめぐって競合が生じた様を描くことになる。[31] 本書が描出するのは、アイデンティティではなく（本書は分析用語としてこの語は使わない）、具体的な争点をめぐる実践や行為が織り成す政治なのである。[32]

3　本書の構成

本書は序章と終章のほか全八章から構成される。序章に続く第1章では、帝政最後の十年間という時代、ロシア帝国の多様なムスリム地域、そしてその中でのヴォルガ・ウラル地域の特徴について概観する。第2章から第8章は、第I部の宗教行政、第II部の地方自治、第III部の戦争という大きなテーマに分けられる。第I部では、第2章で宗務協議会制度の改革論、第3章で金曜モスクを中心とする共同体であるマハッラの生活、第4章でムスリム聖職者の任免を行っていた県庁の実務を取り上げる。このうち第2章では、一九〇五年革命以降ヴォルガ・ウラル地域のムスリムがタタール語の印刷物や各種集会で「宗教の自由（hurrīyat-i dīnīya）」を掲げながら、帝国の統治構造の中で培われてきた自らの宗教共同体に特殊な規定や権利を見直し、その修正と拡大を要求していた様を描き出す。この「宗教の自由」は、個々人がその確信に基づいて信仰を選ぶという意味での良心の自由とは異なるものの、その名の下で展開された集団的権利に関する議論は、多様な立場の人々をこれまでにない形で接触させる新しい言論空間を生み出し、それはムスリムの公共圏とでも言うべき領域を形作った。

こうした宗務協議会の改革論に対して政府は現状維持で応えることが普通だったが、一九〇五年に信仰の自由を宣言した以上、マハッラの人々が適切な法律を参照して既存の行政経路から上げてくる個々の要望には応えなければならなかった。つづく第3章ではまず、マハッラの組織や聖職者の資格についてとりわけ一九世紀後半に生じた法的な変容を分析し、二〇世紀初頭のマハッラが、集権的な行政の末端であると同時に自治的な信仰生活の中核であるという二面性を帯びていたことを示す。そして章の後半では、法律上の制約がほとんどなく自律性の高かったマハッラの財政について、人々がむしろ、イスラームの語彙と既存の行政手続きを巧みに組み合わせて制度化しようと試みていたことを明らかにする。この過程で、ウファの宗務協議会は宗教行政を統括する内務省と個々のマハッラを媒介し、タタール語の新聞・雑誌は、マハッラの人々に助言を与えると同時に、制度化の際に直面する諸問題を議論する場を提供した。

ヴォルガ・ウラル地域でムスリム臣民と国家との間にタタール語の公共圏が出現し、個々のマハッラの自治が活性化すると、政府はムスリム社会の監視と統制を強化した。政府の目には、当時世界各地で生じていた「ムスリムの覚醒」がタタール人を媒介として国内に貫入しているかのようにも映ったからだ。政府は、現地の正教会から情報提供を受けながら、既存の宗教行政の枠組みで警察とムスリム聖職者に頼り、マハッラに介入し始めた。第4章では、聖職者の任免に伴う「政治的信頼度」調査において「汎イスラーム主義者」であるか否かという指標がどのように機能していたのかを、カザン県ママディシュ郡の事例から検証する。ここで明らかになるのは、正教会と警察機構が作り出した「敵」の範疇が、ムスリム自身によっても共同体内部の敵対者を排除する口実として利用されたことである。結果として、治安当局にも誰が信頼できるのかが不明瞭になっていった。

第I部がムスリム社会と国家との交渉を軸に分析するのに対して、第II部で扱う地方自治体は、専制体制下にあって、地域で少数派のムスリムが多数派のロシア人社会と利害の調整ができる数少ない公共空間だった。ここでは第5章でカザン市会を取り上げ、第6章でウファ県のゼムストヴォを中心にしつつ、カザン県とオレンブルグ県のものを比較対象とする。まず第5章では、カザンの商業地区での休日設定をめぐる市会での論戦と市のウラマーの権威をめぐる政治を考察する。イスラームの実践を護るためのロシア人との論争は、誰に正しいイスラームについて語る権威があるのかをめぐるタタール人内部の論争と不可分だったからだ。章の前半では、金曜日はじめイスラームの祭日を尊重する信仰の寛容が、多数派のロシア商人の要求を容れた条例を制定しようとする地方自治と鋭く対立するに至った経緯をたどる。後半では、イスラームの休日を厳密に実行すべく正確なヒジュラ暦のカレンダーを作成しようとした時に、カザンの二つのタタール語紙が繰り広げた新月の定義をめぐる論争を分析する。

第6章は、「マクタブか、公立学校か」という一九一三―一六年にタタール語の新聞・雑誌上で展開した論争を軸に据える。この論争は、義務教育の導入という国家事業を前にして、マハッラの限られた財源で公立学校に比肩するように伝統的な初等学校マクタブの改革を続行するのか、それとも公立学校でイスラーム教育と母語を保障すべく努めるのかというムスリムの苦渋の選択を凝縮していた。教育省が、ロシア語学習と「ロシア市民としての自覚」の注入に重点を置いたのに対して、ウファ県とオレンブルグ県のゼムストヴォは、ロシア化という政治目標を放棄して母語による啓蒙を進めようとした。そして、マクタブに将来性を見出し、国家の教育政策から除外されていたマクタブを拾い上げた。しかし、学校の運営方法や学習内容についてはムスリム住民と議論を詰めなければならなかった。こうして交渉が深化する中で、マクタブか公立学校かという二者択一ではなく、第三の学校の可能性も浮上した。

第III部では、義務教育と並び、宗派国家の構造と国民形成の政策との矛盾が尖鋭化したもう一つの契機である戦争を取り上げる。それは、本書の扱う時代が日露戦争に始まり第一次世界大戦に終わるからでもある。第7章では、軍内部の信仰生活を保障する制度としての従軍ムッラーと、銃後の信仰生活を維持する制度としてのムスリム聖職者の徴兵免除問題を取り上げ、第8章では、戦時の救援事業の組織化について考察する。近年、国民皆兵制や戦時体制が国民統合を作り出す仕組みに関心が集まっている。しかし軍隊は、様々な信仰に属する人々が、各々の言葉で神とツァーリに祈りを捧げるロシア帝国の秩序が典型的に成立していた場でもあった。また、第一次大戦時には、平時には不可能だった全ロシア規模でのムスリムの慈善事業の組織化も可能になった。第III部は、国民形成の有無や程度を指標とするのではなく、ロシア帝国の伝統的な統治機構が引き出しえた力を再評価することになる。ただしその力は戦争の遂行を支えることばかりに向けられたのではない。第7章でみるように、政府が信仰の実践を妨げることになれば、人々は戦時の献身に対する正当な見返りを要求したし、第8章でみるように、相互扶助の発達は、苦難を共にするロシア・ムスリム共同体《ミッレト》への帰属意識を高めた。多宗派公認体制は、総力戦に組み込まれることで専制国家の内部に公共圏を広げ強める契機としても作用したのである。

4　史料と方法

ヴォルガ・ウラル地域のムスリム社会に関する研究は、ロシア語の文書館史料を駆使する歴史家と現地語主義に立つ東洋学者の分業によって進展してきた。一九八〇年代まではソ連国内のアーカイヴが外国人にほとんど閉ざされていたから、旧帝国領だったヘルシンキ大学図書館やトルコ共和国に亡命した民族運動指導者のもとにあった現地語の印刷物が枢要な史料だった。よって当時の研究は、亡命者系の学者に担われていただけでなく、西側の研究者も彼らの民族運動についての語りに沿う形の議論をしていた。[33] ソ連解体前後から各地のアーカイヴが自由に使えるようになると、中央・地方の様々なレベルの官僚が作成し伝達した文書から彼らの思考方法だけでなく、国家機関と交渉する際にムスリムが用いた言葉や論理を解明できるようになった。しかし、すでに交渉が前提として織り込まれた文書に依拠する研究は、ムスリムが帝国の法律や行政手続きに順応し、統治制度が実際に機能していた側面を重視しがちだ。[34] 他方で、テュルク語やアラビア語の手稿を扱い、タタール語の印刷物の読み直しに取り組む東洋学者は文書館をほとんど利用しない。もちろん彼らも、国家との相互関係が宗教生活、マハッラの運営、「異教徒」支配の現実に対する理解に及ぼす作用を分析しているが、ムスリム社会の自律性を強調する傾向にある。[35] こうして、ロシア語文書史料に過度に依拠すると、ムスリム社会内部の動態の把握が不可能ではないにせよ困難になり、東洋学的な関心で接近すると、帝国の統治制度やロシア社会との接合面に関する考察が手薄になるという方法論上の問題が生じている。(36)

これに対して本書は、タタール語の新聞・雑誌とロシア語の行政文書を軸に、次のような組み合わせを試みる。まず、定期刊行物から国家とムスリム社会との相互関係の場を探し、それと密接に関連する機関や制度を抽出する。そして、これらの機関や制度に関わる政策決定過程や実務を帝政期の首都サンクトペテルブルグはじめ、モスクワ、カザン、ウファ、オレンブルグの文書館史料で復元する。こうして設定されたのが、イスラーム行政、地方自治体、戦争という本書の三つの柱である。

中央政府のムスリム政策の論理を知るのに最も重要な史料は、サンクトペテルブルグのロシア国立歴史文書館(RGIA)に保存されている内務省外国信仰宗務局の文書群(Departament dukhovnykh del inostrannykh ispovedanii, f. 821)だ。宗務局はロシア正教以外の宗教を一手に統轄していたので、ヴォルガ・ウラル地域でのムスリム政策を検討する際にも、帝国の他のムスリム地域だけでなくヨーロッパ部ロシアの東西(例えば、ムスリムのタタール人とカトリックのポーランド人)を比較し、ユダヤ人や仏教徒の事例も参照していた。モスクワのロシア連邦国立文書館(GARF)にある内務省警察局の文書群(Departament politsii, f. 102)の中には、帝国内部における汎イスラーム主義の浸透を警戒する膨大な文書が残されている。同じくモスクワには、陸軍省の文書がロシア国立軍事史文書館(RGVIA)に収められており、ロシア軍内部にあった多宗派公認体制を分析するのに欠かせない。

本書は、帝政期のヴォルガ・ウラル地域のムスリム社会にとって中心的な都市であるカザン、ウファ、オレンブルグの文書館を利用した点にも特徴がある。中でもウファのバシュコルトスタン共和国中央歴史文書館(TsIA RB)には、地域のイスラーム行政の要だった宗務協議会の文書群(f. I-295)がある。そこにはロシア語だけでなくテュルク語の膨大な文書も残され、ワルシャワからウラジオストクまでのムスリム社会がこの機関を通じて解決しようとした日常の様々な問題が鮮明に読み取れる。近年では、そこに残された家族法に関わる文書から、この地域におけるイスラーム法適用の実態が解明されつつある。[37] カザンのタタルスタン共和国民族文書館（NA RT）とオレンブルグのオレンブルグ州国立文書館（GAOO）では、主に県庁の文書を利用した。これらの地方の文書史料が重要なのは、地方政府とムスリム社会との生き生きとした交渉を解明できるからである。しかも、中央の政策立案過程で決定的だったのは、県知事や各省の出先機関との書簡のやりとりだった。したがって、県レベルでの情報収集と中央との情報伝達の仕組みを知ることは、政府の論理とムスリム社会の論理との連関を有機的に解釈するために不可欠なのである。

では、ムスリム社会の論理はどのように読み取れるのだろうか。これまでの研究では、ヴォルガ・ウラル地域のムスリム社会における政治が、改革派（ジャディード）と保守派（カディーム）、世俗的であるか信仰に忠実であるか、そしてこれらの対置に沿う形でのアイデンティティ（ネイションかムスリム共同体か）を軸に説明される傾向にあった。[38] 確かに、宗派国家の概念を提起したロバート・クルーズは、人々が正しい宗教生活の実現を求めて警察権力をマハッラや家庭に招き入れる行動に政治の動因を求めた。しかし彼の議論は、ロシア権力によるとりなしを求める請願書に大きく依拠しており、そこに書かれていることが果たして宗教とどの程度関係しているのかは論争的だ。他方でステファン・デュドゥワニヨンは、タタール語の新聞・雑誌を精査することで、ヴォルガ・ウラル地域やシベリアの小さなムスリム社会では資本の分配こそが思想上の対立や政治上の敵対の原因となっていたことを突き止めた。[39] しかし彼の議論はこれまで、文書館史料の裏付けをもってムスリム社会と国家との相互関係の中に位置付けられることはなかった。[40] 本書は、国家権力の介在と財源の分配という観点を精緻化するために、イスラーム行政、地方自治体、戦争に関わる個別具体的な論争に着目し、さらに多様な政治の軸を剔出する。[41]

一九〇五年以降カザン、オレンブルグ、ウファが地域のムスリム社会にとって枢要だったのは、これらの町から発信される情報が世論を形成するようになったからにほかならない。アディーブ・ハリドが分析したトルキスタンの新聞・雑誌とは異なり、この三都市で刊行されていたものは、大企業家と熱心な読者に支えられて安定した経営状態にあり、一九一七年の革命まで生き残る媒体もあった。トルキスタンの新聞・雑誌は政治を避けて文化に集中する傾向があったが、タタール語のものは政治を積極的に取り上げ、国会、地方自治体、そして抗議集会も含めた各種ムスリムの運動における議論を報じた。(42) さらに、これらの定期刊行物を読むための場所が、個々の購読者の周辺にとどまらず、マドラサの図書室から市やゼムストヴォが設置した図書館にまで拡大したことは見逃せない。(43)

タタール語の新聞・雑誌の部数は、一〇〇〇部前後から最大でも五〇〇〇部と決して多くない。しかしその背後に膨大な印刷物の普及があることを見逃してはならない。第一次大戦前のカザンはロシア帝国の地方都市でキエフ、リガに次ぐ書籍の印刷量を誇り、部数の実に四分の三をタタール語が占めた。その半分の一九六四万部以上を印刷したのがタタール人のカリモフ兄弟の会社だった。オレンブルグのファーティフ・ケリミーの出版社からは、一九〇一年から一七年までに三八四タイトル、約一〇〇万部のタタール語書籍が世に送り出された。ウファからも一九〇五年から一六年までに二二四タイトル、六六万部以上が出版された。(44) 本書では定期刊行物の他、十数頁から数百頁に及ぶ冊子状の印刷物も史料として用いる。

帝政最後の十年間にヴォルガ・ウラル地域のムスリム社会では、国家の政策が公共圏での議論を喚起し、公共圏での論議が国家との交渉に作用するような状況が生まれていた。それは当時のロシア帝国、とりわけその多様なムスリム諸地域の中でどのような意味を持っていたのだろうか。まず次章ではその位置付けを試みる。

第1章

帝政末期ヴォルガ・ウラル地域のムスリム社会

1906年8月16日から21日にニジニノヴゴロドで開かれた第3回全ロシア・ムスリム大会[1]

一〇月一七日以来、すべての人々が政治に従事して、それ以外のことを忘れてしまうほどだった。

――リザエッディン・ファフレッディン『ムスリムに関する政府の政策』一九〇八年(2)

官僚は法律の上に法律を出して、理解ある人々を以前のように生きたまま墓にぶち込み、数千もの農民、労働者、彼らのために行動する人々を、刑務所に収容しシベリアに送り処刑した。人々の間で様々な情報や考えが生まれた。自らの考えを人々の間に広めるべく様々な組織や政党が出現した。そのすべてが人民の利益の擁護者として、困惑した人々を方々に引っ張り始めた。(中略)このような恐怖と混乱の決定的な時に、我々は労働者そして自らの労働で日々を暮らす農民の利益と幸福に目を凝らし、彼らの敵つまり資本家、官僚、それにこれらの連中が甘い歌を歌う卑劣で厚顔な政党がもたらす堕落の害毒から彼らを護り、彼らの進路と幸福のために努力する。そしてこの暗澹たる時に労働者と農民が道に迷わないように、同じ階級の同志として、闇夜と暗い森に輝く暁の星になる。(中略)さらに我々の新聞は、われらタタール人の民族的・宗教的な事柄全般が完全に自分たちの手中に収まるようにも努める。

――カザンの社会主義者の新聞『暁の星』創刊号、一九〇六年五月一八日(3)

1　ロシア帝国最後の十年

サンクトペテルブルグ大学のスラヴ語学者で、教育省の評議員でもあったA・S・ブヂロヴィッチが一九〇七年に著した『ロシアは自分の辺境を異族人に明け渡してよいか』は、当時のロシア人官僚に典型的な感情を映し出している。ちなみに彼は、序章の冒頭で言及したような激しいムスリムの反発を惹起した一九〇六年三月三一日法の策定にも参画していた(4)。その彼によれば、諸民族の居住する地域はロシアに編入されて以来、帝国の負担で(za schet imperii)商業、産業、学術、教育において幅広い発展の可能性を得たので、富の点でも教育水準でも昔からのロシア人地域（korennye russkie oblasti）をすっかり追い越してしまった。また、多民族にわたり分散していたムスリムや仏教徒には、エカチェリーナ二世（在一七六二―九六）の方針に従って、統合のための行政上の中心まで作られたのだった。これらを踏まえてブヂロヴィッチは、立憲民主党《カデット》が当時国会《ドゥーマ》に提起していた帝国の連邦化の可能性を危惧する。将来、沿バルト、リトアニア、ベラルーシ、ウクライナ、クリミア、グルジア、アルメニア、タタール人地域、トルキスタンに自治が認められるならば、今もって「民族としての独自性（natsional'naia samobytnost'）」が全く欠如している大ロシア人（velikorusy）が自治に与ることができないからだ。ブヂロヴィッチは問いかける。なぜロシアが、ハプスブルグ帝国やオスマン帝国で解体の兆候の源となっている自治を進んで取り入れなければならないのか。むしろ、国民統合を重んじるドイツ、イタリア、フランス、イギリス、アメリカ合衆国、日本に範をとるほうがよいのではないか[5]。

支配民族が抱くいささか身勝手な不公平感は、ソ連邦末期のロシア・ナショナリズムを直ちに想起させる。ロシア人は巨大な国家を維持するために自らの発展を犠牲にしてきたという被害者意識だ[6]。帝政末期に現れたこうした心象はどのように説明できるだろうか。そもそも帝国とは、多様な人間集団を柔軟に取り込んで権利と義務を分配し、個々の集団が支配者集団とある種の契約関係を結ぶこと、あるいはそうした契約があるという感覚を持てる政体だ。ところが一九世紀後半には、戦争と侵略を効率的に遂行する合理的に画一化された行政と均質な国民をつくることがグローバルに国力の指標となっていく。それにつれて帝国への抵抗もまた、ネイションというまとまりで組織されるようになる。これは、多種多様な人間集団を包容する従来の仕組みが、国家行政の合理化、その社会への浸透、そして多様な臣民のネイションへの志向と矛盾をきたす時代の幕開けだった[7]。

ロシア帝国は一八六〇年代以降、同時期のオスマン帝国や明治日本と同様、中央集権化と富国強兵を目指す大改革を遂行した。それまでのロシア帝国は、非ロシア人地域にも貴族に相当する集団を見出し、その一握りのエリートに統治を依存する体制だった[8]。これに対して、一八六一年の農奴解放は、ロシア人貴族がかつて自身の持ち物にすぎなかった農民を同じロシア人として認識する契機となった。ヨーロッパ部ロシアで地方自治機関として県・郡に導入されたゼムストヴォは、国家権力が行き届かない教育、保健・衛生、農業技術等の領域で農民の生活に貢献した。[9] 一八六四年の司法改革は、その後四〇年かけて地域の特殊性を勘案しながら標準的な裁判制度を広大な版図に導入するものだった。[10] 一八七四年に施行された一般兵役制は、多くの集団を対象から除外しながらも、ロシア国民形成の始点となった。[11] さらに政府は、非ロシア人地域で現地の正教会などの協力を得ながらロシア語教育の普及を推進した。

しかし政府は、限られた財源と人材で広大な空間の治安を維持しなければならなかったから、多様な人間集団を柔軟に取り込む制度を温存した。そうした現実は、オスマン帝国の非ムスリムが享受した「特権（imtiyāzāt）」のような形で積極的に法制化されることはなかったとはいえ、非ロシア人は各々の利益のために既存の制度を利用することに習熟していった。[12] 他のヨーロッパの帝国と比べてロシア帝国が複雑なのは、支配民族であるはずのロシア人よりも歴史が深く独自に高度な文化水準に達した諸民族を周辺部に抱えていたことだ。[13] しかも、ほかならぬロシア語教育こそが、従来のエリートに加えて、ロシア語でそれぞれの民族の利益を代弁する知識人を育てた。[14] さらに一般的な問いとして、いわゆる同化政策が帝国の支配民族にとってそもそも都合のよいものだったのか、貫徹するに値するものだったのかを問うてみてもよい。[15] ロシア人は、非ロシア人が教育や政治的発言権を得て自分たちと比肩あるいは凌駕する存在になることを望んだだろうか。

まさにこの文脈の中で、大ロシア人の立ち後れというブヂロヴィッチの危惧が理解できる。一九〇五年革命期に各地でそれぞれの民族の利益を掲げる運動が噴出すると、ロシア政府は多元性を保障してきた統治制度がナショナリズムの温床になっているとみなし、それがロシア国民としての統合を目指す政策と衝突していると考えた。国会《ドゥーマ》の開設はそうした事態を調整するはずだったが、ロシア人政党の中にはロシア人だけがロシア国民を構成すべきだという偏狭な主張で支持を得るものもあった。ブヂロヴィッチの本が出た一九〇七年には、六月三日選挙法が非ロシア人の国会での議席を大幅に削減した。カザフ草原とトルキスタンのムスリムも「公民意識」の未発達を口実に選挙権が剥奪された。[16] こうして、従来ユダヤ人やアジア部ロシアの現地民といった特定の集団を差別すべく用いられてきた「異族人（inorodtsy）」の語が、非ロシア人をまとめて指す形で意味が拡大し、ポーランド問題、ユダヤ問題、バルト・ドイツ人問題、フィンランド問題、ムスリム問題といった様々な「異族人問題」が従来にない鋭さで提起されるようになった。[17] 政府は国民統合を図るにあたり逆説的にも、諸民族の差異化と排除をこれまでにない力で前面に押し出すようになったのだ。[18] これは、同時期に再始動したオスマン議会が、「オスマン人」の理念を共有する宗教共同体間の利害を調整する場として機能していた状況とは決定的に異なる。[19] 近年の研究によれば、帝政ロシアは帝国建設には成功したが、多民族構成の国民を作り出すことには失敗したということになる。ロシア帝国の近代化は、統治制度を画一化・標準化すると同時に、多種多様な差異を強化し新たな差異さえ作り出したからだ。[20]

しかし、これらの矛盾が直ちにロシア帝国の崩壊を導いたわけではない。本書は、帝国的秩序と国民形成の矛盾が昂進した帝政最後の十年間に、帝国中核部のムスリム住民がこうした矛盾とどのように折合いをつけて生きていたのかという側面を描出する。そこには、こんにちに至るまで多民族国家が国民形成を遂行する際に直面してきた隘路と似た論理構造をいくつも見出すことができる。ただし帝政末期には民主主義の政治制度が極めて限定的だったので、ヴォルガ・ウラル地域のムスリム臣民をめぐる問題が少数民族問題として捉えられることは稀だった。本書はむしろ、地域のムスリムが自分たちの信仰生活に国家の承認を得るために展開した様々な交渉の形に着目することになる。[21]

帝政末期のムスリム社会と国家との交渉には、ロシア帝国を取り巻く国際的な環境も大きな影を落としていた。ヴォルガ・ウラル地域のムスリム知識人は、日露戦争と革命でロシアの帝国主義が一時的に退潮する中で生じた一九〇六年のイラン立憲革命と一九〇八年の青年トルコ人革命を注視した。[22] オレンブルグのタタール語紙『ワクト』は、イランでは法学者《ムジュタヒド》が自由と正義に献身しているにもかかわらず、我々のウラマーは旧い官僚機構に居座ったままだと批判する投稿を掲載した[23]。また、ムスリム国会議員論を著したフアド・トゥクターロフは、ロシアのムスリムがイスラーム世界（Islām ʿālamī）で最も議会政治に精通しているとしながら、専制とヨーロッパの圧力で虐げられてきたオスマン帝国が三〇年ぶりに議会を再開したことを自分たちにも道を示すものとして歓迎した[24]。

他方で政府は、一九〇五年革命を機にこれまで比較的従順に見えたムスリムがロシア人とは異なる利害を持つことを認知し、彼らの運動が「イスラーム世界の覚醒」の延長線上にあると考えた。当時は鉄道網と汽船航路が連結し、メッカ巡礼をはじめ、ロシアのムスリム臣民がオスマン帝国を往来することが著しく活性化していた[25]。よって政府は、自分たちの臣民がツァーリではなくスルタン＝カリフに忠誠を誓っているのではないか、そしてこの状況がオスマン側の政治工作に利用されるのではないかと警戒するに至った。同様の懸念は、夥しい数の巡礼者を送り出していたイギリスとオランダの植民地当局も共有していた。皮肉なことに、巡礼者の激増は帝国主義のグローバルな競合の中で発展した交通網によって促進されていた。こうして、巨大な物流がもたらす富を維持しながら世界中のムスリムが企んでいるとされる反植民地闘争を防ぐべく、ムスリム住民に対する監視が強化された[26]。そしてそこに理論的な根拠を与えていたのが、様々なムスリム社会について個別主義的に蓄積された学知や統治技術を体系化しイスラーム世界を総体として把握しようとした東洋学者や植民地官僚だった。ロシアの官僚と正教会は、そうした専門知識を参照しながらムスリム政策を立案した。「イスラーム世界」は、帝国の学知＝権力とムスリム知識人の知的営みとの協働によって実体化したのである[27]。

帝国の中核たるヨーロッパ部ロシアのムスリムが国外の同信者と結託しているという猜疑心は、前世紀のクリミア戦争やロシア・オスマン戦争の時にも生じたが、第一次世界大戦時に最も尖鋭化する。帝政最後の十年間は、日露戦争に始まり第一次世界大戦に終わる戦争の時代だ。同時代の諸帝国は多民族・多宗教から成る住民の総力戦への動員に呻吟し、それは帝国の統治そのものに軋みをもたらした[28]。ヴォルガ・ウラル地域のタタール人とバシキール人は、帝国の他のムスリムと異なり、一八七四年に施行された国民皆兵制の対象だった。よって彼らは、肉親の赴く戦争に無関心ではなかった。「日本との戦争でロシア人と共に血を流した」というレトリックは、一九〇五年革命以降、彼らが相応の見返りを要求する上で重要だった。またバルカン戦争もヨーロッパ部ロシアのムスリムにとって対岸の火事ではなかった。この戦争は、ムスリム社会が総力戦にどのように対処すべきか、という緊迫した問題を突きつけたからだ(29)。一九一四年に大戦が始まると政府は、ドイツ人、ユダヤ人、ムスリムを敵性集団として厳しい監視下に置き、国民として一体化することに躊躇した(30)。他方で国境地帯では、民族部隊を編成し交戦国内部のナショナリズムを煽動したので、民族問題の国際化が進行した(31)。ロシアにおける総力戦体制の破綻を示す端的な例としては、中央アジアで性急な戦時徴用に現地民が抗議して起こした一九一六年の反乱がよく挙げられる(32)。しかし、ヨーロッパ部ロシアのムスリムの間では、愛国の大義名分の下で自発的な慈善活動が発達したこともまた事実だった。ヴォルガ・ウラル地域からムスリム男性が未曾有の規模で召集される中、銃後では女性の役割も増大した。一九一七年の二月革命後にタタール人女性が繰り広げた、当時の世界でも先駆的な参政権運動は、彼女たちの戦時の経験に根差していた(33)。ムスリム共同体を包摂する帝国的秩序は、総力戦を経て、国内政治に参加する主体の裾野を広げたのである。

2　イスラームのロシア

第一次世界大戦時に、統治機構と現地民の連携が欠如したまま動員の強行で武装蜂起が生じた中央アジア。徴兵対象であり、ムスリム行政の枠組みで愛国の修辞を駆使しながら銃後で公共圏を拡大させたヴォルガ・ウラル地域のムスリム。このような違いに象徴されるように、ヴォルガ・ウラル地域はロシア帝国のムスリム地域の中で特異な位置を占めている。しかし、ヴォルガ・ウラル地域の知見なしに、ロシア帝国のイスラームを論じることはほとんどできない[34]。なぜなら、政府自身が、他の地域でムスリム社会に対処する際、ヴォルガ・ウラル地域での政策を参照していただけでなく、一九世紀後半に各地に現れ始めたムスリム知識人も、この地域のムスリム社会の経験に無関心ではなかったからだ。ここでは、ロシア帝国のムスリム地域としてのヴォルガ・ウラル地域の特殊性とこの地域におけるムスリム社会の特徴について概観しておきたい。

ヴォルガ・ウラル地域の特別な位置は、それがロシアの併合した最も古いムスリム地域であり、この併合がロシアの帝国としての膨張の第一歩となったことに起因する。一五五二年にイヴァン四世（雷帝、在一五三三―八四）がジョチ・ウルスの一政権でヴォルガ中流域を支配したカザン・ハン国を征服して以降ロシアは、ジョチ・ウルスの旧版図を回収するかのように東漸し一七世紀半ばには太平洋岸に達した[35]。一七世紀半ばに火器の発達で歩兵の重要性が増すまで、タタール人はイスラームの信仰を維持したままロシア貴族に組み込まれ、騎兵として軍事力を発揮した。ロシアのエリートの間でも、タタールとの血縁、とくにチンギス・カンの家系につながることが重視された。しかし、一七世紀末になるとロシアも、国王の奉じる宗教による国家統合と重商主義の追求という点で、宗教改革を経験した西欧の絶対王政と同様の国家建設の方向性をとった。こうして一八世紀前半にタタール貴族は、ロシア正教に改宗するか、農民に身を落とすかを迫られ解体した。また、モスクの大量破壊を伴う強圧的な改宗政策が採られることもあった[36]。マイケル・ホダルコフスキーは、モスクワ時代のロシアが、征服活動だけでなくその後の土地や人間の管理にも直接国家が関与したという意味で、西欧にも先立つ「植民地帝国」だったと強調する[37]。

ロシアは一六世紀半ばから三〇〇年以上かけて、ヴォルガ流域、ウラル、シベリア、クリミア半島、南北コーカサス、カザフ草原、中央アジアというムスリムが多く住む地域を取り込んでいった。二〇世紀初頭のロシア帝国は、巨大なムスリム人口を抱えていた。内務省中央統計委員会の資料によれば、一九一四年初めにロシア帝国は一億七八三七万八八〇〇人の人口を擁し、その一〇・八三％（約一九三一万八四〇〇人）がムスリムとされる（正教徒は全人口の六九・九％）[38]。一九一四年のオスマン帝国のムスリム人口が一五〇四万五〇〇〇人（全人口の約八〇％）ほどだったことを考慮すると、ロシア帝国のムスリムの存在が、当時の世界でいかに巨大なものだったかが分かる。[39] ロシア正教会以外の宗教共同体の行政を統括した内務省外国信仰宗務局の資料によれば、一九一二年初めにムスリム臣民は約一六二二万六〇〇〇人を数えた。[40] その内訳を見ると、カザフ人（「キルギス」と呼ばれていた）が約五一六万五五〇〇人で最大、タタール人（ヴォルガ・ウラル地域、クリミア・タタール人、シベリア等のタタール人、さらには当時「タタール」と呼ばれていた南コーカサスのテュルク系ムスリムも含むと推定される）が約五一二万四四〇〇人、バシキール人が約一七六万九九〇〇人と続く。居住地域では、フェルガナ州の二〇一万七八八九人に次ぐ場所として、ウファ県の一五一万八四三三人が注目される（表1-1）。

ウファ県では全人口の約五〇%をムスリムが占めたが、ヨーロッパ部ロシアのムスリムは少数派にすぎない。例えば、アストラハン県で三〇・六%、カザン県で二八・七%、オレンブルグ県で二二・六%、タヴリーダ県（クリミ

表1-1　ロシア帝国のムスリム人口の分布（1912年1月1日現在）

ヨーロッパ部ロシア	ウファ県	1,518,433
	カザン県	820,332
	アストラハン県	448,339
	オレンブルグ県	441,263
	サマラ県	367,016
	タヴリーダ県	206,113
	ペルミ県	203,182
	ヴャトカ県	168,301
	サラトフ県	121,786
	シムビルスク県	98,772
	ペンザ県	88,191
	ニジニノヴゴロド県	55,487
	タムボフ県	32,771
シベリア	トボリスク県	67,893
	トムスク県	51,479
北コーカサス	ダゲスタン州	631,687
	テレク州	407,080
	クバン州	130,495
	スタヴロポリ県	40,430
南コーカサス	エリザヴェトポリ県	746,528
	エレヴァン県	472,631
	バクー県	298,010
	バクー市	178,787
	カルス州	178,321
	チフリス県	129,739
	バトゥーム州	120,895
カザフ草原	セミパラチンスク州	690,297
	アクモリンスク州	533,327
	ウラリスク州	505,525
	トゥルガイ州	478,417
トルキスタン	フェルガナ州	2,017,889
	シルダリヤ州	1,382,839
	セミレチエ州	1,031,953
	サマルカンド州	967,719
	ザカスピ州	410,786

出典）*Рыбаков*. Статистика мусульман. C. 761 のムスリム人口上位35を地域別に並べ変えた。

ア半島）で一三・一%であり、他県では〇―五%未満となる。[41] ヴォルガ中流域よりも南ウラル地方でムスリムが多いのは、一八世紀前半に苛烈な改宗政策を避け、また経済的な機会を求めてタタール人やフィン・ウゴル系の人々が大挙して移住したことによる。[42] 他方で、タヴリーダ県の場合は、一七八三年のクリミア・ハン国併合以降、ロシア統治を逃れるムスリムが後を絶たず、とりわけクリミア戦争前後に、クリミア・タタール人の実に三分の二がオスマン帝国に移住したことが決定的だった。[43]

確かにロシア帝国の政策は、時に地域の人口を変えてしまうほどの暴力性を帯びた。しかし、帝国の安定は多種多様な人間集団を柔軟に取り込みそれぞれに役割を分配する点にかかっていたから、たとえ地域で少数派であっても、ムスリム住民の生活を把握し調整する仕組みは維持された。その最も重要な制度の一つが、ムスリム宗務管理局（Magometanskoe dukhovnoe pravlenie）である。その起源は、エカチェリーナ二世が一七八八年九月に宗務協議会（Dukhovnoe sobranie）をウファに設置することを命じたことに遡る。[44] そこには二つのモデルがあった。第一に、ピョートル大帝（在一六八二―一七二五）が一七二一年にロシア正教会を国家に奉仕する道具に変えるべく設置した宗務院《シノード》である。その背後には、君主と行政機構が能動的な推進主体となり、社会の様々な資源を合理的に組織し動員する「紀律国家」の発想があった。[45] 第二に、オスマン帝国にあったウラマーの官職階層制（イルミエ制度）である。オスマン帝国の属国だったクリミア・ハン国を併合したロシアは、そこでオスマン帝国のそれと類似の制度と直に接することになったのだ。クリミアでは、その後も宗教指導者の階層は温存され、一七九四年と一八三一年の法令で宗務管理局として帝国の統治機構の中に位置づけられた。こうして、ムスリム共同体の頂点に立つムフティー（議長）をカーディー（委員）が補佐し、当時の帝国全版図で土地の宗教指導者を統治に有用な資源として動員するロシア帝国のイスラーム行政の基本形が生まれた。

しかし宗務管理局の制度は、帝国のムスリム地域すべてを覆うようにはならなかった。クリミア半島の次は、一八七二年にチフリス（現在のトビリシ）に設置された、南コーカサスのスンナ派とシーア派それぞれを管轄するものにとどまる。ロシア政府は、オスマン帝国とガージャール朝イランが接する領土にムスリム聖職者の階層秩序を作り出すことで、自分たちがムスリムを庇護していることを誇示したのである。(46) 他方で、北コーカサス、カザフ草原、トルキスタンには宗務管理局は導入されず、これらの地域が併合された時代の精神と現地の実情が絡まりあいながら、それぞれに特殊なムスリム行政が構築された。(47) 宗務管理局を持たない地域のムスリム知識人はとりわけ一九〇五年以降、このような差異にロシアのムスリム臣民の間にある権利の不均衡を見出し、この機関の設置を求めた。ヴォルガ・ウラル地域の知識人も、宗務管理局の制度が全ロシア・ムスリムを覆うように独自の構想を新聞・雑誌、そして様々な集会で提起した。

これは、ムスリム社会の宗務管理局に対する認識が統治機構から信徒共同体の代表機関へと変容したことを示しているが、その管轄下では「聖職者（rūḥānīlar）」の概念も生成した。一般にイスラームでは、人間は神の前で平等なので聖職者は存在しないと言われる。ところが、ヴォルガ・ウラル地域のムスリムは、明らかにロシア語の dukhovnye litsa の訳と考えられる語を宗教指導者の意味で用いていた。これは、地域のムスリムがマハッラ（maḥalla）と呼んでいた金曜モスクを核とする共同体が、宗務協議会の管轄下で教会の教区（prikhod）に相当する行政単位と位置付けられていたことと対応する。一九一六年七月にムフティー、サファー・バヤズィトフが戦時の困難な中でも聖職者をしかるべく養うように呼びかけた際、彼に批判的な者は、rūḥānīlar の語根 rūḥ（霊）はイーサー（イエス・キリスト）の誕生と結びついているので、ムハンマドの宗教（dīn）には不適切だと指摘した。(48) これに対してムフティーの支持者は、ムハンマドは「誠実な霊（rūḥ al-amīn）」から啓示を受けたので、その相続人（waratha）としてのウラマーがマハッラで「霊的神父（rūḥānī ātā, dukhovnyi otets）」となるのは当然だと反論した。(49)

ロシアの統治制度とムスリム社会との相互浸透がここまで進んでいたとすれば、地域の人々はロシアを、イスラーム法が十全に施行される「イスラームの家（Dār al-Islām）」とみなしていたのだろうか。それともロシアは、ムスリムが離脱するか、あるいはイスラームの家に変える努力《ジハード》が求められる「戦争の家（Dār al-Ḥarb）」に留まったのだろうか。ヨーロッパの諸帝国が地表を覆うようになった一九世紀から二〇世紀初頭に、この論争とそれに伴う抵抗運動は、異教徒の支配者との距離を測る政治と相俟って、各地のムスリム社会で激化した。[50] ロシア帝国が直面した試練としては、一九世紀前半の北コーカサス山岳地帯でのジハードと一八九八年にフェルガナ盆地のアンディジャンで起こった蜂起がよく知られている。近年の研究は、抵抗の裏側で現地のウラマーの間にロシア権力の受け入れをめぐる鋭い対立があったことを解明している。[51]

実は、ヴォルガ・ウラル地域でもロシアがイスラームの家であるか否かは決して自明ではなかった。確かに、ウファの宗務協議会のお墨付きを得たウラマーは、協議会の下でイスラーム法の執行が保障されていることから、その管轄地域をイスラームの家と認めた。それは『ブルガル史』としてまとめられる一群の歴史叙述からも読み取れる。しかし、アブドゥルラヒーム・アル＝ブルガリー（一七五四―一八三五）のように、飲茶・飲酒の習慣や異教徒のなめした皮革製品を忌避すべきとし、ムスリムでない君主の下での金曜礼拝は無効と判断する者もいた。また、バハーウッディーン・ヴァイソフ（一八九三年死去）とその息子や信奉者のように、ウファの権威は否定するがツァーリへの忠誠は誓う人々もいた。[52] さらには、戦争の家たるロシアから移住（ヒジュラ）してしまう者すらいた。サマラ県ブグルマ郡のムハンマドシャリーフ（一八四一年死去）は一八一五年頃、アムダリヤ下流域のウルゲンチ地方に移り、その子孫もそこに定住した。ウファ県ステルリバシュ村の高名な官許学者一族トゥカエフ家も、彼らとの交流を絶やさなかった。[53] 二〇世紀初頭にオレンブルグで出ていたタタール語のウラマー専門誌『宗教と生活』でも、イスラームの祭日が法律で制約されるという不都合、また逆に銀行の利子《リバー》を利用できるという利点をめぐって、ロシアは戦争の家ではないのかという問いが提起された。[54] ヴォルガ・ウラル地域のムスリムは、ロシアの統治制度と社会の一部を成しながらも、自らの行動をイスラームの言葉で説明したのである。こうした行動様式は、彼らが少数派として生きていた地域の文脈なしには理解できない。

ヴォルガ・ウラル地域はロシア帝国のヨーロッパ部に位置し、とりわけヴォルガ中流域は一九世紀後半に、ロシア的風景を探求したロシア人知識人の心象の一部を成していた[55]。それが従来のロシア史の記述をも大きく規定してきたことは否めない。しかしこの地域には、テュルク系のタタール人、バシキール人、チュヴァシ人、フィン・ウゴル系のマリ人、モルドヴィン人、ウドムルト人が暮らし、正教、イスラーム、自然崇拝の混淆する空間だった。一九世紀から二〇世紀初頭にこの地域が政府にとって、多元性を容認する帝国的秩序とロシア正教やロシア語を通じた国家統合との矛盾が最も露わになった空間の一つだったのは偶然ではない[56]。また、一八〇四年に大学が置かれたカザンで、一九世紀前半に東洋学が開花したことは特筆に値する。東方を英知と知識の源とする姿勢がこの町で生まれたことは、エドワード・サイードが糾弾の対象としたような形の東洋学《オリエンタリズム》とは異なるアジアへの態度をロシアの東洋学に刻印することになったからだ[57]。本書が「イスラームのロシア」と銘打つのは、ロシア的風景の中に埋め込まれつつも、均質なロシアの想定を掘り崩すムスリム社会の躍動を描出しようとするからにほかならない。

本書の主人公となるムスリムは、タタール人とバシキール人である。この二つの集団は、ロシア国家への統合過程の違いから法的地位に違いがあった。既述のようにタタール貴族は一八世紀前半の政策で事実上消滅したものの、エカチェリーナ二世期の一七八四年に、正教徒の農奴を得る権利を除いて貴族として復権した。以降タタール人は身分として異族人ではなく、貴族、商人、町人、農民といったロシア人と同様の身分集団に属した[58]。バシキール人は一六世紀半ばの併合時に貢納と軍役奉仕を引き換えに、土地の相続的所有権が保証されたが、それがたびたび反故にされたので、一七七三年のプガチョフ叛乱への参加に至るまで頻繁に蜂起を繰り返した。それを防止すべく、地方行政改革の一環として一七九八年に導入されたのが、彼らを軍事身分に編入するカントン制である。しかし、トルキスタンの征服で南ウラルが国境防衛の意義を失うと、バシキール人は一八六三年の「バシキール規程」で農民身分に移され、カントン制も二年後に廃止された[59]。その後バシキール人は、先祖代々の土地を現地役人や資本家に買い叩かれて困窮し、土地はロシア人移民の手に渡った。これは、一九一七年の革命時にバシキール知識人が強力な自治要求を出す動因となる[60]。本書はロシア帝国の行政単位の一つとしてのムスリム社会を考察の中心に据えるため、タタール人とバシキール人の差異の分析を深めることはしないが、土地利用の権利や教育政策の文脈では史料から読み取れる範囲で区別した。

もちろんムスリムがこの二つの民族に限られたわけでも、タタール人がすべてムスリムだったわけでもない。テュルク系とフィン・ウゴル系の人々は、時にロシア人とともに、同じ聖域、聖者、精霊、神秘主義の説話を共有しながら、正教、イスラーム、自然崇拝それぞれの理解を形作り主体的に信仰を選んでいた。その最も激しい表現が、一八五六年から一九〇五年までほぼ十年ごとに起こった受洗タタールのイスラームへの回帰（正教会から見れば棄教）だった。ロシア政府とムスリム社会の双方で、正教とイスラームを明確に分かち個々の宗教と民族の帰属を対応させる志向が現れるのは一九世紀後半にすぎない[61]。

この過程で枢要だったのは、民衆が母語の識字を通じて能動的に聖典を理解すべきであり、聖職者は正統な教義を確定し学校を整備すべきだとする精神の普及である[62]。正教についてはカザンの神学アカデミーが果たした役割が大きく、エフフィミー・マーロフ（一八三五―一九一八）はクルアーンに基づくいわば原理主義的な立場から土着のイスラーム的理解や実践を論駁することに努め、ニコライ・イリミンスキー（一八二二―九一）は受洗タタールとフィン・ウゴル系の人々に彼らの母語を介して正教信仰を定着させようとした。そして後者の結果、受洗タタール、チュヴァシ人、マリ人、モルドヴィン人、ウドムルト人の中から知識人が育った[63]。

ムスリム社会では、遅くとも一八世紀末頃から初期イスラームの回復（iṣlāḥ）を目指す知的運動が進行していた[64]。一九世紀後半に正教会だけでなく、ロシア語教育の普及を推進する政府の圧力が高まると、クリミアのイスマイル・ガスプリンスキー（一八五一―一九一四）が提唱する母語の識字習得を効率化する新方式学校が、ヴォルガ・ウラル地域のウラマーにも魅力的に映るようになった。文字の名称ではなく発音を通じて識字能力を得る音声方式自体は、当時のヨーロッパや北米でも新しい教育方法だった。ガスプリンスキーも、ロシアだけでなく同時期のオスマン帝国の教育改革から着想を得ていた[65]。ヴォルガ・ウラル地域のムスリムもまた、ロシアと並行するオスマン帝国の近代化を注視し、イスタンブル、カイロ、メッカ、メディナから新しい学問やイスラーム改革思想を持ち帰る者が現れた[66]。地域のムスリム共同体の輪郭が明確になったのは、これら複合的な接触の所産なのである。

ヴォルガ・ウラル地域のムスリムは、ヨーロッパ部ロシアで大改革が進んだとき、他の同信者の中で最もその恩恵を受けた。本書で取り上げる市会とゼムストヴォといった地方自治体のほか、宗教の別を問わず法の下の平等を追求した地方裁判所を利用できるようになったことも無視できない[67]。しかし同時に彼らは、国家行政の画一化と介入が深まる中で、エカチェリーナ二世が与えたと信じる自治的なイスラームの領域を護るべく激しく抵抗した。主要なものでは、一八七八―七九年にゼムストヴォが火災保険を導入しようとしたときに生じた騒擾、一八八八年にロシア語試験をムッラー職に義務付ける法律が出たことに伴う抗議、一八九二年に教育省がムスリムの学校で写本の使用を禁じる通達を出したことに対する抗議（通達は一八九四年に撤回）、そして一八九七年の国勢調査に伴う騒擾が挙げられる[68]。序章の冒頭でムッラー、ハーディー・アトラスィーが攻撃した一九〇六年三月三一日法は、ロシア語教育の普及を掲げる一八七〇年の異族人教育規則の進展を目指したものにほかならない[69]。他方で一九世紀末の抗議活動が、不満を共有する各地の指導者を結びつけ、彼らが政府との対話に習熟する機会となったことは強調しなければならない[70]。ヴォルガ・ウラル地域のムスリム社会は一九〇五年以前から、政府との交渉と摩擦を深化させていたのである。

3　ムスリム公共圏の構造

一九〇五年革命は国家と臣民の間だけでなく、諸民族間の関係、さらには様々な集団内部の境界も急激に変化させた。それは帝国臣民がかつてない規模で国家と交渉できる可能性を開き、新聞・雑誌上だけでなく様々な集会や会議で公共の議論を行うことを可能にした。ヴォルガ・ウラル地域のムスリム住民も例外ではない。彼らは今や、以前には存在しなかった多種多様なタタール語の新聞・雑誌を利用し、様々な集会や政治団体に参加できるようになった。こうした社会の変化に身を置いた現地のムスリムは、「宗教の自由（ḥurrīyat-i dīnīya）」の十全な実現を関心の中心に据えていた。彼らの主張はつい最近ツァーリが出した一連の法令、すなわち、非正教徒の権利を見直し、その信仰生活に対する制限をなくすことを謳った一九〇四年一二月一二日法、個人や各種団体から「国家制度改善と人民福祉の改良」についての提言を求めた一九〇五年二月一八日の勅令、宗教上の寛容の原則を強化することを目指した一九〇五年四月一七日法、そして良心、言論、集会、結社の自由を約した十月詔書（図1-1）に依拠していた。[71]

国家とムスリム臣民の間の境界の変化を示すものとして、帝政最後の十年間にロシア・ムスリム大会が四度開かれたことはよく知られている。第一回（一九〇五年八月一五日）と第三回（一九〇六年八月一六—二一日）は定期市に合わせてニジニノヴゴロドで、第二回（一九〇六年一月一三—二三日）と第四回（一九一四年六月一五—二五日）は首都サンクトペテルブルグで行われた。最初三回の大会は、国会開設が日程に上り選挙が行われ、第一国会が召集されたものの二ヵ月ほどで閉会するという変動の中で、地域的な軋轢を孕みつつも政党「ロシア・ムスリム連盟（Rūsyā Muslimānlarī Ittifāqī）」の結成に漕ぎ着けた。これに対して、「反動期」に行われた第四回大会はこんにちに至るまで過小評価されたままだ。[72] しかし、当時のムスリム指導者は一九一四年の集まりに一九〇五—〇六年の大会とは別の意味を与えていた。カザン県選出の第二・第三国会議員で発案者のサドリ・マクスーディー（Ṣadrī Maqṣūdī 一八七九—一九五七）は、当初から人数を限った「審議会（kīngāsh majlisī）」にしようとしていたし、事実そのように呼ばれた。[73] また、同年四月末から五月初めには帝国のムスリム行政を総合的に点検する政府の特別審議会も開かれたので、タタール語の新聞・雑誌上には、ムスリム共同体のあり方に関する意見が頻繁に掲載された。ムスリム国会議員が中心となった第四回大会は、まさにこの政府の検討に対抗する改革法案を作成するに至った点で画期的

図 1-1　帝都サンクトペテルブルグのタタール語紙『ヌル（光）』に掲載された十月詔書

出典）*Nūr*, 20 October 1905, 1.

だった。[74] 当時屈指の学者ムーサー・ビギ（Mūsā Jārullāh Bīgī 一八七五―一九四九）はこの大会に合わせて、一九〇五年革命期にムスリム社会から提起された宗教行政の改革案を『改革の基礎』という三〇〇頁近い資料集に整理して議論に臨んだ。そして、一九一四年の大会がこれまでで最も意義深いものになったと総括した。[75]

従来の研究で見逃されてきたもう一つ重要な側面は、宗務協議会、とりわけその議長《ムフティー》ムハンマディヤール・スルタノフ（在一八八六―一九一五）が一九〇五年以降の政治上の変動にどのように適応したのかということだ。スルタノフについては、同時代にも相反する評価があった。前述のビギは、一九〇五年初めに首都で皇帝との謁見を求めるムスリムの代表を罵倒するスルタノフの傲慢さに加え、大臣会議議長セルゲイ・ヴィッテの要請で管轄下の著名なイマーム三九名を集めた会合を四月に招集するも自身は出席せず、要望のとりまとめもカーディーのリザエッディン・ファフレッディン（Riḍā' al-Dīn b. Fakhr al-Dīn 一八五九―一九三六）に丸投げするという無責任さを強調する。[76] 他方で、一八九一年から一九〇六年までカーディー職にあった当のファフレッディンは、スルタノフには彼以前の四人のムフティーよりも既存の法の枠組みで宗務協議会を改革する能力と強い意志があったものの、周囲の支持を得られなかったのだと評する。[77] 実際、スルタノフは当局のお墨付きを得ながら、地域のムスリム社会が直面する問題を議論する場を積極的に設けた。本書で取り上げるだけでも、一九〇五年四月の会合のほか、一九〇六年二月には現役将校も交えてムスリム兵士の境遇改善を協議し、一九一一年五月には自身の在職二五周年記念の集会で男女別々の師範学校を開設する決議をし、一九一三年一二月には地域の指導的なウラマー二四名を招いて、マクタブ・マドラサで宗教教育と普通教育科目は両立可能との判断を表明しその成果を出版した。[78] 本書が注目するのは、こうしたいわば「半官半民」の領域で展開されたムスリム社会の声なのである。

では、ヴォルガ・ウラル地域のムスリム社会内部では、どのような変化が生じたのか。それを伝える最も重要な史料がタタール語の定期刊行物である。しかも新聞・雑誌は、それ自体で変化の導因だった。これらはまず、ムスリム社会の論理を代弁する権威のあり方を変えた。本書の三つの柱を抽出する際に重点的に依拠したオレンブルグの『ワクト』紙を例に見てみよう。序章冒頭のハーディー・アトラスィーの冊子を出した出版社の経営者ファーティフ・ケリミーは、一九〇五年革命が新しい地位と権威を与えたエリートの典型である。彼にはイスタンブル留学の経験があり、イスマイル・ガスプリンスキーとも親交が深かった。父ギルマン（一八四一―一九〇二）はサマラ県ブグルマ郡のムッラーを束ねる高位指導者《アフンド》だったが、息子とオレンブルグに移り、当地の豪商フサイノフ家の資本で出版社を開いたのには先見の明があった。[79] 一九〇五年革命でタタール語の定期刊行物の発行が可能になると、オルスクのタタール人金採掘業者ラミーエフ兄弟の出資で一九〇六年二月に『ワクト』が創刊された。発行部数は公称五〇〇〇部だったが、実際には一万部刷っており、大量の部数が無料で配布されていたと言われる。[80]『ワクト』は、ガスプリンスキーの『テルジュマン（*Tarjumān* 翻訳者）』と並んで、正教会以外の公認宗教を統括する内務省外国信仰宗務局が注視する主要ムスリム紙だった。[81] また、甥のファーティフ・ケリミーの招きでリザエッディン・ファフレッディンも、宗務協議会を辞してオレンブルグに赴き、一九〇八年一月から雑誌『シューラー（評議会）』の編集に着手した。一九一〇年に『シューラー』は一五〇〇部を出していた。[82] このように、ウラマーが出版業に参入し、そこに資本家が投資したことは、世論の形成に貢献することが新しい権威となったことを物語っている。

　こうした権威の変位に注目することは、ムスリム社会内部の改革派を保守派に対置して称揚する従来の二項対立の図式を強化するものではない。近年の研究は、改革派内部の世代間の違いに着目し、同時代に「青年たち（yāshlar）」と呼ばれ、その親世代のウラマーとは明確に区別される一群のインテリの言葉遣いや行動様式を明らかにしている。まさに彼らこそが、一九〇五年革命以降急速に拡大した出版市場に参入し、師弟関係の中で伝承されてきた知識とは異なる思想や価値観を広めたからにほかならない。マドラサあるいは官立学校で学び、タタール資本家の後援を得ながら作家や教師になった青年たちは、西欧の進歩に魅せられ、科学的な真実を優先する思考を身につけた。彼らにとってイスラームとは、民族《ミッレト》をまとめ上げ、進歩を促進する倫理的な手段にすぎなかった。[83]

　しかし本来、印刷などの技術自体は中立的なものであり、どのような立場であれ利用の機会さえ摑めば、自身の立場を固め表明することができる。トルキスタンについてアディーブ・ハリドも、保守の立場がロシア統治下の新しい状況と技術に下支えされていたことに注意を喚起する。(84) ハーディー・アトラスィーは一九〇六年三月三一日法に対するウラマーの無為無策を難じていたが、彼らもまた時代の変化に適応していた。例えば、ウファ郡旧キーシキ村のイマーム、ムタッハル・ミールハイダル（一八七五年生）は、地域の伝統的な教育を受けたが、「人々への奉仕（khalq khidmati）」の使命感を持ち、一九〇六年には宗教問題について話し合うために村で集会を開き、新聞・雑誌を購読して情報を集めていた。彼は国会議員にも選出されかけたが、「世俗的教育が足りない」ために適わなかった。(85) ミールハイダルが村の歴史を出版した「宗教と生活（Dīn wa Ma'īshat）」社は同名の雑誌を発行し、メディナで学んだフサイノフ家のムハンマドワリー（一八六九―一九三〇）の援助を受け、ウラマーの専門誌として十年以上存続した。(86) そこに頻繁に投稿したオルスク市第三モスクのイマーム、アブドゥッラー・マーズィー（一八七二年生）は、ブハラに繋がる知的伝統の継承者であることを誇り、その家族史をファーティフ・ケリミーの出版社から出している。(87)

印刷物の普及が伝統的な知的形式と方法に支えられていたことも見逃せない。例えば、新聞・雑誌の記事は写本の伝統に沿って筆写・回覧され、革命のメッセージも師を渡り歩く学生の旅を通じて拡散した。(88) また、『シューラー』と『宗教と生活』の紙面では、質問者に対する回答というイスラーム法学上の意見表明《ファトワー》の形式が重要な位置を占めていた。(89) オレンブルグ近郊のカルガルのムッラーで、第二国会議員にもなったハイルッラー・ウスマーニー（Khair Allāh b. 'Abd al-Raḥmān al-'Uthmānī 一八六六―一九一五）は、カルガルとオレンブルグのウラマーが「宗教と共同体《ミッレト》の永続（dīn wa millatining baqā'sī）」のために提起した要望をとりまとめ、当時カーディーだったリザエッディン・ファフレッディンに意見を求めた。そして、その回答がより多くの人に読まれるように、検閲の緩和に乗じて、ファーティフ・ケリミーの出版社で印刷したのだった。(90) このように、保守とされるウラマーもまた、国家とムスリム臣民の間だけでなく、ムスリム社会内部にもたらされた一九〇五年革命の衝撃に巧みに適応していたのである。

日露戦争での手痛い敗北、そして戦時中の忍耐と犠牲への代償を求める臣民の請願と抗議の波が押し寄せる中、政府が帝国の宗教行政の改革に着手したのは偶然ではない。なぜなら、エカチェリーナ二世以来の多宗派公認体制こそが、統治を支え安定をもたらしてきた要の一つだったからだ。他方で、ヴォルガ・ウラル地域のムスリム社会もまた、まさにこの統治体制の中で共同体を維持してきた。では、政府がイスラーム行政の見直しに着手したとき、ムスリム社会内部に現れた様々な代弁者たちは、従来の共同体運営のあり方をどのように客体化し、議論を上下するようになったのだろうか。その分析が次の第I部での課題である。

第Ⅰ部

宗派国家とムスリム社会

第2章

イスラームの家の設計図

――「良心の自由」と宗務協議会の改革論――

ウファのムスリム宗務協議会(1)

ウファはロシア・ムスリムにとって信仰上の中心である上に、ムスリムも多く、彼らは開明的な目を持った人々のうちに数えられているから、ロシア・ムスリムの中でウファ市は他の町と比べてもより重要であるにちがいない。ウファにはロシア各地から多くの旅人が往来し、タタール人数百万のムッラー、ムアッリム、ムアッズィンもウファに行かなければならない。とくに宗務協議会のような信仰上の機関がウファにあることはあらゆる者の関心を惹いている。ムスリムのすべての信仰上の問題は、このウファを介して政府のもとに送られている。政府はムスリムに関する些細なことを行うにも、ムフティー様に要請して説明を求めている。宗教的な事柄だけではなくいくつかの世俗的なこともムフティー様の見解を問うている。この点から見れば、すべてのロシア・ムスリムの事柄は、ウファとそのムフティー様に結びついている。

――「ウファとそのムスリム」『トルムシュ（生活）』一九一四年一一月一八日[2]

良心の自由と宗教の自由

一九〇五年の十月詔書で表明された良心の自由は、当時のロシアにおいて宗教に因る制限からの解放の頂点だった。しかし、良心の自由のタタール語訳として一般に使われた ḥurrīyat-i dīnīya（文字どおりには、宗教の自由）は、ロシア語の svoboda sovesti で想定されたものとは正反対ともいえる内容を意味していた[3]。ロシア語では一八六〇年代から宗教を、官僚が割り当てる帰属よりも個人の信念として捉える見方が優勢になった[4]。この見方からすれば、一九〇五年四月一七日法以降、ヴォルガ・ウラル地域のムスリムにとって最大の関心事は、受洗タタールがムスリムとして正しく登録され直されるか、正教徒に留まるかになったことだろう。しかし、タタール語の出版物の論調は、受洗タタールがムスリムになることを自明視し、受洗タタールの独特な精神世界を許容するものではなかったので、この問題が継起的に議論の的になったようには見えない[5]。その代わり、「良心の自由」の名の下にタタール語の出版物が頻繁に取り上げたより重要な問題は、ムスリム共同体に関わる法律を見直し、共同体に委ねられる権利を拡大することだった。とりわけウラマーたちはこうした言説の普及に多大な貢献をした。例えば、リザエッディン・ファフレッディンは、ムスリムが他のロシア臣民と同様、十月詔書で表明された自由を享受すると当時に、「自分たちの特別な権利のために（kendī khāṣ ḥaqqlarmiz īchūn）」行動すべきだと提言した。(6) またムーサー・ビギは、「あらゆる共同体《ミッレト》の宗教、学校、モスク、教区を妨害したり、侮辱したりしないという原則」を約束したものとして十月詔書を理解していた。(7)

ロバート・クルーズとジェイン・バーバンクが論じているように、「良心の自由」のこのような捉え方は、宗派であれ身分集団であれ、国家が様々な集団を分類した上で権利と義務を分配し、その個別主義的な承認の下で各集団の個々人も自分たちに割り当てられた権利を行使するという帝国の体制に起因しているとみなすことができる。(8) しかしそれは、クルーズが主張するように、一九〇五年革命後もヴォルガ・ウラル地域のムスリムが、良心の自由の幅を狭めてでも、イスラームに適う道徳を維持するために国家との従来の協働を継続しようとしたということではない。(9) 確かに、宗教行政の最高調停者として国家の介入は枢要だった。しかし、一九〇四年一二月一二日法で宗教に因る法制上の制限の撤廃が謳われて以来、タタール語を用いる公衆は以前ほど直接的に国家の仲裁を招き入れることはなくなり、国家との付き合い方を変えようと模索し始めた。実際、帝政末期の十年間、タタール語の新聞・雑誌や各種の集会では、帝国のムスリム行政に関する既存の法律や革命期に出た新しい法令に依拠しながら、国家によるイスラームの管理をどのように変えるべきなのか、そしてムスリム社会がどのような形でそこに自立的に関わるべきなのかが自由闊達に議論された。かくしてこの地域のムスリムは、自分たちと国家との間に新しい公共圏を作り出した。

本章の目的は、そうした公共圏の中で宗教の自由がどのように語られ、この概念がヴォルガ・ウラル地域のムスリム社会にどのような変化をもたらしたのかを明らかにすることにある。その際、この地域のムスリム行政の中核だったオレンブルグ宗務協議会の改革をめぐる論議に注目する。一七八九年にウファに設置されたこの機関は、ヨーロッパ部ロシアおよびシベリアのムスリムと国家とをつなぐ主要な連絡経路だったから、ムスリムの集団的な権利に関わるあらゆる問題がこの機関の改革と不可分だった。加えて、宗務協議会は帝国のムスリム行政の一角を占めていたから、本章で扱う公衆の議論も、クリミアと南コーカサスの既存の宗務局や北コーカサス、カザフ草原、トルキスタンでの制度の欠如など、ムスリム行政全般の見直しにまで及ぶのが普通だった。本章では、一九〇五年以降に形作られた宗務協議会の改革論議を大きく三つの塊に分けて考察する。第一に、宗務協議会の指導部、つまり議長のムフティーとその補佐のカーディーがどのような資格を持つべきかをめぐる議論である。ここからは、ムスリム公衆が一九〇五年以降、国家とどのような関係を結ぼうとしていたのかが見えてくる。第二に、宗務協議会がどのように宗教の領域を扱うことが期待されていたのかを分析する。具体的には、モスク付属の学校の監督、家族法でのイスラーム法の適用、聖典の印刷の監視という三つの論点に着目する。第三に、カザフ草原を中心に、宗務協議会の管轄地域をめぐる議論を取り上げる。ここからは、宗務協議会の行政が及ぶべきとタタール人の考える「正しい共同体」の領域とともに、タタール人が草原の同信者とどのような関係にあったのかも窺い知ることができる。

一九〇五年革命以降にムスリム社会が政府に提示した様々な宗務協議会の改革案は、これまでも分析の対象になってきた。しかしそこでは、これらの改革案が政府の案と正反対だったために実現可能性がなかったこと、そして政府もムスリム行政に一貫した方針を持たず、大幅な変更を可能な限り回避しようとしたことが強調されてきた。[10]ここにはムスリム社会自体の変容を見る視点が欠けている。今やムスリム社会は宗教の自由を振りかざしながら、おびただしい宗務協議会の再編案を練り提起し意見を交換していたのである。一九〇五年以前は、タタール語の定期刊行物を出す許可が全く得られなかったものの、[11]それ以降人々は、新聞・雑誌その他数多くの冊子を読むことで、様々な宗務協議会の改革案に触れ、宗務協議会の理想像や将来像を共有し、それを通じてイスラームの家の設計図とも言うべきものを思い描くことができるようになった。ここで強調したいのは、国家の政策への応答としてムスリム・アイデンティティが強固になるというクリスチアン・ノアクが詳細に跡付けたようなことよりもむしろ、ムスリム社会と国家との相互関係がムスリム社会内部で競争的な言論空間を生み出していたこと、つまり公共圏の出現である。[12] この公共圏の中で宗務協議会の改革論が展開したことは、自発的な結社が当局との関係や自主管理を定めた定款を「小さな憲法」として公共圏を生み出していたことと似ている。[13] ムスリムの公衆もまた、既存の宗務局制度に代案を示すべく適切な法令・規程を引用しながら、国家との新しい相互関係のあり方を模索し議論していたのである。

この点でとりわけ重要なのは、社会集団と地理からみたムスリムの声の多様性と結びつき具合である。まず一九〇五年以前に宗務協議会の改革の全体像を描けたのは、ムフティーに限られた。[14] 確かに一九世紀最後の三〇年間は、タタール人商人のネットワークや資金の助けを借りてムスリム社会も、大改革に伴う国家権力の介入の増大に抗して頻繁に請願運動を展開した。彼らは、信仰の寛容を掲げる国家が尊重してくれるはずの「シャリーア（イスラーム法）」という概念を持ち出し、政府の行為がそれに反しているという論法を使った。また、請願書はモスクを中心とする各共同体（マハッラ）や市場で作成され、共通の雛形に沿って量産されるのが普通だった。[15]

これに対して一九〇五年以降タタール語の印刷物や様々な集会で幅広く流通した新しい言葉は、世論（afkār-i ʿumūmīya）や共同体／民族（millat）だった。これらの語は個々のマハッラと国家との間に別個の領域が生まれていたことを示している。同じくタタール人商人の資本で維持されながら、この公共圏は国会議員にも都市や村落のムッラーにも若い知識人にも等しく開かれ、こうした人々の間の議論を促し、地元のムスリムがこれまで見たことのない新しい接触を生み出した。近年の研究は、「青年たち（yāshlar）」「知識人（diyālīlar）」と呼ばれる人々の雄弁さに注目し、彼らが敬虔な多数派の住民から遊離し、保守的なウラマーと衝突した側面を強調しがちだ。[16] 本章では、宗務協議会の改革論をめぐる政治の多声性を描くためにウラマーの発言も多く取り上げたい。印刷物は一方で、読み書きのできるあらゆる個々人にイスラーム的あるいはその他の情報を直に摂取することを可能にし、師匠から弟子に専門知識を口伝する伝統を掘り崩した。しかし他方でウラマーも、保守派であれ改革派であれ、急速に新しい情報伝達に順応し、自分たちの声を人々に届けるためにそれを有効活用した(17)。こうしてタタール語の印刷物は、それによって効果が増幅された様々な集会と並んで、ムスリムの公共圏の基礎を成していたのである。そしてそこでは、宗教の自由という標語が、個々人の良心の自由というよりもむしろ、ムスリムの集団的な権利について活発な意見の交換を支えていた。

1　誰が宗務協議会を率いるべきか

一七八八年九月二二日にエカチェリーナ二世がウファに宗務協議会を創設することを命じたとき、その議長《ムフティー》と委員《カーディー》をムスリム住民が選出するという規定はなかったが、一九世紀半ばまでに、ムフティーは内務大臣の推挙で皇帝が任命し、カーディーはカザン・タタール（Kazanskie tatary）から三年間選出するという慣行が確立した(18)。一八五七年版の『外国信仰宗務規程』一二三六条では、ムスリム社会（magometanskoe obshchestvo）が数人のムフティー候補者を選出し、うち一名を内相が推挙することになっていたが、選挙の組織に関する具体的な規定を欠いていた。一八六四年に内相ピョートル・ヴァルーエフは、大臣委員会に詳細な選挙制度の試案を提出した。そこには、法律の穴を積極的に埋めるというよりも、選挙制にすれば不適切なムフティーを選出した責任をムスリムに転嫁し、政府は任命の責任から逃れられるという考慮が働いていた。しかし、結果として内務省は、一八県にも及ぶ広大な管轄領域に加え、ムスリム住民の間に共通の利害がないこと、選挙に際して陰謀の可能性があることを理由に選挙は行わないと判断した(19)。カーディーを専らカザン・タタールから選ぶのも論争的だった。なぜならこれらのカーディーが地元からの請願を優先し、ムフティーとしばしば対立したからだ。[20] 第四代ムフティーのセリムギレイ・テフケレフ（Salim Giray Tawkïluf 在一八六五―八五）は一八八〇年に、三名のうち二名のカーディーをヨーロッパ部ロシア東部の他県から三年周期で選挙することを内務省に提案した。[21] しかし一八九六年版の『外国信仰宗務規程』では、ムフティーの選挙に関する条項が消えた上に、カーディーはムフティーの推挙で内務大臣が三年間任命することになった。[22] これは結果として、ムフティーとカーディーとの緊張を緩和する方向に働いたと考えられる。

一九〇五年革命時にヴォルガ・ウラル地域のムスリムは、エカチェリーナ二世が与えてくれたと彼らの信じる「我々の失われた権利（dā'i' ūlān ḥuqūqmiz）」の回復を要求した。彼らにとってその喪失は、大改革以降強まった国家のムスリム社会への干渉の一例にほかならなかった。[23] 上からのムフティーの押しつけが腹立たしかったのは、最初三代のムフティーがウラマーだったにもかかわらず、続く二代は宗教知識に乏しい軍人や行政官で、ロシア権力とあまりに近すぎるムスリム貴族だったからだ。前述のセリムギレイ・テフケレフは、一八二八―二九年のロシア・オスマン戦争、一八三〇―三五年のポーランド蜂起鎮圧にも参加した近衛大尉（gvardii rotmistr）で、その就任にはオレンブルグ総督アレクサンドル・ベザク（在一八六〇―六四）の後押しがあった。総督は、宗教教育を受けただけのムフティーはその狂信性ゆえに有害と考えていたのである。テフケレフの宗教上の権威は、軍務退役後に行ったメッカ巡礼にのみ依拠していた。とはいえ、宗務協議会の存在自体を疎むようになった次代総督ニコライ・クルィジャノフスキー（在一八六四―八一）には、テフケレフも他のすべてのムスリム聖職者と同様に狂信と映った。[24] テフケレフの死後、跡を継いだムハンマディヤール・スルタノフ（図2-1）は、カザンの宣教師ニコライ・イリミンスキーが宗務院総監コンスタンチン・ポベドノスツェフに宛てた手紙でムフティー候補者に推していたことで知られていた。[25] カザン大学で短期間学び、陸軍少尉として退役したスルタノフは、ウファ県メンゼリンスク郡とベレベイ郡で農事調停員（mirovoi posrednik）と調停判事（mirovoi sud'ia）という大改革で生まれた役職を歴任した。[26] その経験は彼が宗務協議会を運営するにあたっても有効だったはずだ。しかし、一九〇五年革命時にムスリム住民

図 2–1　ムフティー，ムハンマディヤール・スルタノフ

出典）*Waqt*, 20 May 1911, 3.

は、エカチェリーナ二世の伝統に回帰すること、そしてムフティーをウラマーの中からムスリム自身が選ぶことを公に求め始めた。

ムフティーとカーディーを選ぶ制度は、一九〇五年四月一〇—一五日に著名なイマーム三九名を集めた宗務協議会での会合でも提起された。しかし、当時カーディーだったリザエッディン・ファフレッディンは、選挙の主張に共鳴しつつも具体的な制度の構築は困難と認め、任期を限った選挙は紛争や汚職の温床になるとして、一度の選出で終身勤務できるのがよいとした。現職ムフティーのスルタノフも、任期付きで選ばれたムフティーなど政府に重要視されないと反対した。[27] 議論は、同じくウファで六月末に開かれたバシキールの集会でも続いた。そこには、全ウファ県のバシキールの郷会（volostnye skhody）から一二一名の代表が集い、その大部分がムッラーだった。議長を務めたのは、ステルリバシュ村の高名な学者一族のシャーキル・トゥカエフであり、彼はのちに第二、第三国会で議員にもなった。[28] この集会で提起された最も斬新な構想は、既存の制度下で事実上ほぼ郡ごとに宗務協議会が任命していた高位聖職者アフンドの管轄に一〇〇ほどのマハッラを入れたアフンド庁（Maḥkama-i sharʿīya-i ākhūndīya）を設置するというものだ。それによれば、管轄下のムッラーの中から選出されるアフンドが、ウファとの中継機関として機能するはずだった。出席者は、南コーカサスの宗務管理局下にあった中位の機関を参照していた。[29] この新しい機関は宗務協議会の指導部の選挙を効率的に調整することも期待された。ムフティーの選挙では、アフンド庁がマハッラの代表者大会を招集し、ウファで行われる選挙人大会のために選挙人二名を選出する。そして、ウファの大会で三人の候補を選び、内務省が候補を皇帝に示して皇帝が承認する。カーディーは任期三年で現在の三名から六名に増やし、宗務協議会の管轄領域を一〇地区に分けて選挙を行う地区を毎年順番に変える。一地区は一〇ほどのアフンド庁を集め、一〇以上のアフンド庁のある（つまり一〇〇〇以上のマハッラのある）県は二回、シベリアのいくつかの地区は四回巡るようにする。順番の回ってきた選挙地区のムッラーは、最大三名の名前を記した票を期日までにウファに送り、宗務協議会で開票して三名に候補者を絞り、ムフティーが正副候補者を決めて内務省が承認する手筈だった[30]。このバシキールの集会での議論は、二ヵ月前の宗務協議会での決議を下敷きにしていたとはいえ、イスラームの家の設計図が広くムスリム公衆に共有されるようになった最初の出来事の一つに数えられる[31]。

一九〇五―〇七年に盛り上がった宗務協議会の改革論議は、一九〇六年八月にニジニノヴゴロドで開かれた第三回全ロシア・ムスリム大会で最高潮に達した。そこでは、ウファの制度だけでなく帝国全体の宗務管理局制度の見直しも俎上に載った。カザンの著名な学者であるガリムジャン・バルーディー（ʿĀlimjān Barūdī 一八五七―一九二一）が議長を務めた大会の宗教委員会は、次のような提言を出した。まず宗務管理局（Idāra-i rūḥānīya）をイスラーム法廷（Maḥkama-i Islāmīya）と改称し、トルキスタンにイスラーム法廷を新設し、既存のタヴリーダ管区と南コーカサス管区を除いて、すべてのムスリムはオレンブルグ管区とトルキスタン管区に編入される[32]。各ムフティーもシェイヒュルイスラーム（shaykh al-Islām）と呼ばれ、イスラーム諸学に通暁し時代状況に理解のあることを条件に、住民が五年間選出する。カーディーは聡明なウラマーから住民が三名か六名選出するが、法廷の行政上の業務を扱うムスリムの法律家一名も選挙する。シェイヒュルイスラームは毎年一度、共同体《ミッレト》の緊要な諸問題を協議するために、一五人から五〇人ほどのウラマーと識者を招集しなければならない[33]。この大会では選挙制度が具体的に練られることはなかったが、ムフティーの資格については意見が交わされた。イスマイル・ガスプリンスキーは、ムフティーの要件として、宗教だけでなく政治学にも通じた「二つの翼のある者（ikī janāḥlı）」でなければならないと発言した。彼によれば、ロシアのムフティーたる者、ガリムジャン・バルーディーと、ロシア帝国とオスマン帝国を股にかけて活躍する政治家ユースフ・アクチュラ（一八七六―一九三五）という二つの才能を兼ね備えなければならなかった(34)。

宗教委員会の提言で論争的だったのは、各ムフティーを束ね、ロシア・ムスリム共同体の要望を皇帝に直接奏上する役割を担うウラマー長（raʾīs al-ʿulamāʾ）の設置である。ウラマー長も、ムスリム自身が選出できるはずであり、帝国の全ムスリムの中心になることが期待された。ウラマー長の任務は、選出されたシェイヒュルイスラームとカーディーの承認以外に、毎年一度シェイヒュルイスラームを招集して、最重要問題を決定し、困難な宗教上の問題に法的見解《ファトワー》を出すこととされた。大会では、ガヤズ・イスハキー（ʿAyāḍ Isḥāqī 一八七八―一九五四）やムッラーのハーディー・アトラスィーといった社会主義に共鳴する人々が、古めかしい専制の官僚機構として宗務管理局制度のいかなる改革にも反対した。彼らによれば、ウラマー長は民主主義の時代に逆行するのだった(35)。また、ウラマー長がロシア人にも悪名高い宗務院《シノード》総監ポベドノスツェフのようになってしまうのではないか、ペテルブルグに設置されて政府に接近すると買収されてしまうのではないかという声も出た。これに対して、宗教委員会のメンバーでカザンの第一一モスクのムッラー、カシャフッディン・テルジュマーニー（Kashshāf al-Dīn Tarjumānī 一八七七―一九四〇）は、宗教的自治（mukhtārīyat-i dīnīya）のためにこそウラマー長が不可欠なのだと反論した。また、委員長のガリムジャン・バルーディーも、選挙で敬虔な人間がウラマー長になれば買収される可能性は小さくなるし、ムフティーを束ねて皇帝に直訴できる人物は必要だと主張した(36)。

第三回全ロシア・ムスリム大会で熟議された宗務管理局制度の改革論は、ムスリムの世論を形成する人々にとっても政府にとっても、次の十年間で最も重要な参照点となった。この間も改革論はタタール語の新聞・雑誌上で提起され続けたが、第二の波と見ることができるのは一九一四年だ。このムスリム世論の活性化は、四月末から五月初旬にかけて開かれた政府の特別審議会と六月半ばにムスリム国会議員の主導で組織された会議への期待感に支え

図 2-2　カーディー：左からヌルムハンマド・マムレエフ，ギナヤトゥッラー・カプカエフ，ハサンガター・マフメドフ（ガバシ）

出典）*Waqt*, 20 May 1911, 4.

られていた。加えて、一九一四年前半にはムフティーのスルタノフが重病にあったので、後継者問題が切迫していた。政府の特別審議会にウファ、シンフェロポリ、首都から各一名のムスリムの代表が招かれ、ウファからはムフティーの代理としてカーディーのギナヤトゥッラー・カプカエフが出席することになると、カザンの『ヨルドゥズ（星）』紙はカプカエフが後継者になることを懸念した。『ヨルドゥズ』は、カプカエフが二〇年もスルタノフと行動を共にしてきたので、今のムフティーに不満な者はカプカエフに満足してはならないと訴えた[37]。オレンブルグでは、『ワクト（時）』紙が改革派のカーディー、ハサンガター・ガバシ（一八六三―一九三六）を推したのに対して、『宗教と生活』誌はオルスク郡のイマームたちとともにカプカエフを推した[38]（図2-2）。

　果たして、五月初めの特別審議会でもムフティーの選挙は認められなかった。招待されたムスリムの代表はこの議論から外されたが、ムフティー職はクルアーンにもシャリーアにも想定されておらず、選挙でも政府の任命でも設置できるという彼らの見解は踏まえられた。また審議会は、広大な管轄地域で多層の選挙制度をつくると住民の声が反映されず、選挙が民族主義的なムスリム知識人の扇動の機会と化すことを危惧した。[39]

六月半ばのムスリムの会議には、六名の国会議員の他、ヴォルガ・ウラル地域、カザフ草原、トルキスタン、南北コーカサス、クリミアから三四名の代表が集い、帝国のムスリム行政のあらゆる側面が検討された。その議論の模様は『ヨルドゥズ』紙で克明に伝えられた。この会議の成果としてまとめられた「ロシア帝国ムスリム宗務行政規程案」によれば、宗務管理局は、既存のタヴリーダ、南コーカサス、オレンブルグに加えて、トルキスタンと北コーカサスにも新設されることになる。カーディーは、オレンブルグ管区とトルキスタン管区で六名、その他で三名とされ、ムフティーと共に国会選挙の規則に準じて選出し、ムフティーは皇帝、カーディーは元老院の承認を得るものとした。行政機構は、マハッラ、郡カーディー、県マジュリス、宗務管理局の四層構造となり、それぞれの長はウラマーの中から選挙され、任期はマハッラのムッラーで八年、ムフティーとカーディーは五年とされた（県マジュリスの長は郡カーディーの一人が兼ねる）。[40]

出席者の間で最も論争的だった点の一つは、ムフティー職にどの程度のロシア語能力を求めるかであった。クリミアの代表者は、ロシア語の知識量を定めると選挙を制限することになるとし、トルキスタンの代表は、ロシア語を十分に知る者などいないと述べた。国会議員を二期務めたシャーキル・トゥカエフも、ロシア語の資格は不要だという立場だった。これに対して、カザンのムッラー、カシャフッディン・テルジュマーニーは、カーディーに初等教育、ムフティーに中等教育の資格を求めた。ウファの第一モスクのアフンド、ジハンギル・アブィズギルディンは、ムフティーにはロシア語による高等教育も必要だと主張した。セミパラチンスク州選出の元第一国会議員でカザフ人のアリハン・ボケイハノフ（一八六六／七〇―一九三七）は、ムフティーの宗教の知識が通常のムッラーの試験程度ではなく、博士論文の審査で合格している程度必要だとした。大会は結局、傑出したカーディーや、ムスリムから全面的に尊敬され高い道徳性を備えたムダッリスとアフンドからムフティーを選出すると決議するにとどまった。[41]ウファの『トルムシュ』紙は、この新世紀に政府の前でムスリムを代表すべき人物にして、イスラームの導き手であるムフティーにしては教育資格が低すぎると批判した。[42]

一九一四年六月のムスリム大会は、政府の審議会と異なり、既存のものに代わる新たなムスリム行政の規程を明瞭に打ち出したものの、その最高指導者がどのような資格を有するべきか確たる像を描くことができないでいた。それは一年後、再び大論争を巻き起こすことになる。一九一五年六月一二日にスルタノフが死去し、内務省が拙速にペトログラードのアフンド、サファー・バヤズィトフ（Ṣafā Bāyazīduf）を後継に指名したからだ。オレンブルグの『宗教と生活』誌は、ムフティーはウラマーでなければならないという立場を最も強力に押し出した。それによれば、七月一二日にカザン市のムッラーの集会が開かれたとき、ガリムジャン・バルーディーとサーディク・イマーンクリ（Ṣādiq Īmānqūlī　一八七〇―一九三二）は、「お婆大王（Abī Pādishāh）」つまりエカチェリーナ二世の伝統に回帰すべきだと主張したという。[43] また、ムッラーの中にはサファー・バヤズィトフが宗教の学識、ロシア語能力、政府の信頼を併せ持つ理想的なムフティー候補者であるとあからさまに称賛する者がいた。チェリャビンスク郡チャルダクル村周辺の四五名のムッラーは、バヤズィトフを支持する請願書を内相に送った。[44] 実際バヤズィトフには宗教教育もあり、ペテルブルグ大学東洋語学部で学んだこともあったから、政府にはムスリムの要望に適うように見えた。[45] 内務省宗務局はムスリム政策を検討する際、各地のムフティーの他、バヤズィトフともしばしば相談し、一九一四年の特別審議会に招待したムスリム代表者の一人にも彼を含めていた。また、ムフティー就任前にバヤズィトフは首都の従軍ムッラーでもあった（第7章第4節）。

『宗教と生活』誌とは対照的に、世俗的な教育を受け行政手腕に優れた者をムフティーに推す立場も根強かった。スルタノフの死の一週間後、ウファのウスマニィエ・マドラサで開かれた集会では、国会のムスリム会派議長クトゥルムハンマド・テフケレフやカザン出身で第二、第三国会議員を務めたサドリ・マクスーディーというロシアの中等教育を修めた国会議員の名が挙がった。[46] オレンブルグの『ワクト』紙編集長ファーティフ・ケリミーは、その意見を乞う複数の手紙に促されて、国家機関としての宗務協議会の長には、ムスリム共同体の代表として彼が交渉する政府高官と同程度のロシア語能力と教育がなければならないと表明した。カーディーはイスラーム法上の課題に取り組むのでウラマーでなければならないにしても、ムフティーは世俗的な学問（dunyāwī ʿilm）に通じ共同体《ミッレト》の状況を知悉している者でなければならなかった。ケリミーはバヤズィトフの発言を引用し、彼が自分はムフティーの職務が今や左右される世論（afkār-i ʿumūmīya）や出版界の支持を得ていないのでムフティー職を辞退するつもりであると述べたと伝えた[47]。

七月二七日の勅令でバヤズィトフがムフティーに任命されると、ムスリム社会に大きな反発を引き起こした（第8章第2節も参照）。もっとも『宗教と生活』誌は満足していたが[48]。カザンの知識人は早速、元国会議員サイドギレイ・アルキン、サドリ・マクスーディー他一五名の署名の入った電報を、ムスリム会派、国会議長ロジャンコ、カデット党首ミリュコフらに送った。そこには、戦時下で祖国のために戦っているムスリムの声が聞き遂げられなかったことに対する遺憾の意が表された[49]。バヤズィトフは、一九一七年の二月革命後、ペトログラードの新政府の指令をウファのムスリムが支持する中、解任された[50]。

宗務協議会の指導部をめぐるタタール語の出版物や様々な集会での議論は、この国家機関をムスリム社会側により深く引き寄せ、その集団的利害を代弁する機関へと変えていこうとするムスリム公衆の志向を明瞭に示している。ムスリム公衆が政府による良心の自由の宣言に込めた期待は、個々人が信仰について意思決定することではなく、まさに集団的な権利の保障と拡大に寄せられていた。彼らは個々のマハッラとウファとの間に中位の機関を置き、それと連携しながらムフティーとカーディーを選挙するのが自分たちの目的に適うと考えたが、具体的にどのような人物を選ぶべきかについては極めて論争的だった。国家の干渉から宗教的自治を守る牙城として宗務協議会を見る人々は、エカチェリーナ二世の伝統を引合いにウラマーからムフティーとカーディーを選ぶべきだと主張した。そして、帝国各地のムフティーを束ねるウラマー長の設置を支持し、それが既存の内務省宗務局の代替となることを期待する者もいた[51]。これに対して、イスラーム的な生活を維持するために政府と交渉することに重きを置く人々は、ムフティーが優れたロシア語能力と行政手腕を持つことを望んだ。とはいえこの二つの立場は、宗務協議会がイスラーム的な営為を統括すべきだという点では一致していた。では、宗務協議会が監督することを期待されたこのイスラーム的な領域とはどのようなものであり、どのように扱うことが期待されていたのだろうか。

2　どのように宗教を統制するか

「どうして各民族《ミッレト》はその宗教的な事柄を一つの中心に結びつけているのでしょうか」。国会議員を二期務めたサドリ・マクスーディーは一九一四年一月半ば、カザンの最も活力溢れる文化センター「東方クラブ」に集まった五〇〇人の聴衆に問いかけた。彼は、階層構造を持つ一つの聖職者の中心こそ、教義の原初の純粋さ（muʻtaqadāt-i dīniyaning ṣafwat-i aṣlīyasī）と信仰の一体性（waḥdat-i ʻaqīda）を維持するのであって、共通の法的見解《ファトワー》や解釈に権威がなければ、様々な分派（madhhablar）が生まれてしまうと説いた。その際彼が参照したのは、オスマン帝国のギリシア人、アルメニア人、ブルガリア人、ユダヤ人のミッレト制だった。彼は、宗教組織（dīnī tashkīlāt）は、民族の発展のための法的な枠組みであると述べる。彼によれば、被支配民族は、人々を統合すべく組織化された宗教的な礎や承認を受けた聖職者なくしては、民族の一体性（waḥdat-i millīya）を感じることはできず、強力で名誉ある宗教組織なしでは、一つの民族としてまとまり続けることはできないのだった[52]。

この元国会議員による講演会は、帝国の宗務管理局制度の改革論議がどれだけ深くタタール語の公共圏に収まっていたかを示しているだけでなく、良心の自由が宣言された時代にタタール知識人が宗務協議会に期待していた規律化の役割を伝えている。マクスーディーは、良心の自由が通常意味するような個々人の宗教への態度を尊重しようとしているのではなく、明らかにムスリム共同体内部の意見の統一性を高めることを望んでいるのだ。ではその規律化はどのような形で遂行されるべきだったのだろうか。この節では、宗務協議会によるイスラーム教育の管理、シャリーアの法典化、聖典の印刷の監視という当時ムスリム公衆が議論した三点に着目する。そこでは、ムスリム社会の側がどの程度、正しいイスラーム的知識の維持に関われるのかということが共通の論点だった。

（1）聖職者の試験

そもそも宗務協議会創設の眼目は、聖職志願者に試験を課し、合格者を地方政府が任命する仕組みにあった。ムッラーになるには、マハッラで選出される前か後に宗務協議会が行う法学と遺産分割学に関する試験（imtiḥān）に合格しなければならなかったので、ウファには協議会の広大な管区内の各地から受験者が集った。試験問題は、ムッラーがマハッラで家族法を取り仕切っていたことと密接に連動していた[53]。試験は三人のカーディーとの問答形式で行われ、合格するとモスクの指導職（イマームとハディーブ）とマドラサの教授職（ムダッリス）を合わせた証明書（shahādatnāma）が発行された。マハッラがムッラーを選出してその決議を県庁に提出する際には、この証明書が添付された（マハッラの聖職については次章第1節も参照）。このように宗務協議会は、試験を介して管轄下のムッラーの知識、さらにはマハッラで伝達される知識の内容も規定したのである。

しかし一八七〇年代初め、大改革を背景にオレンブルグとウファの地方長官は、この聖職の試験こそがロシア社会からムスリムを隔絶しているとみなし、これを廃止し聖職志願者にロシア語能力を義務付けることを提案した。とりわけ、ヨーロッパ部ロシア辺境のオレンブルグ地方にも大改革の恩恵を望んだ総督クルィジャノフスキーは、知能の発達と社会の利益に対する生き生きとした共鳴が全住民に要求されると考えていた[54]。また折しも、一八七〇年の異族人教育規則は、マドラサにロシア語クラスを付設し、官立学校にイスラームを教える教師を置くことを定めていた[55]。一八七四年にはマクタブ・マドラサの管轄が内務省から教育省に移された。とはいえ、宗務協議会は聖職の証明書にムダッリス職を記入し続けたし、管轄の移行も十分には進まなかった[56]。

政府が試験制度を看過できなかった背景には、不合格者が出ないということと併せて、試験に伴う宗務協議会の収賄体質もあった。三代目ムフティーが死去して、まだ後任の決まらない一八六三年、オレンブルグのムッラーは内相に対して、協議会のカーディーが受験者から「狼のように強奪」し、今や試験には六〇銀ルーブルもかかるので早急にムフティーを就けるよう訴えた。同年オレンブルグ総督ベザクも、聖職者がその知識や道徳的な資質も考慮されずに金銭で任じられている現状を確認し、大地主のテフケレフがムフティーになればこの汚職をなくせると内相に提言した。(57) 次代のスルタノフが就任当初に取り組んだのも賄賂の根絶だったが、(58) 一九一〇年一一月に宗務協議会を査察した内務官吏プラトニコフも、ほとんど創立以来、受験者の持ってくる金品がカーディーたちの恒常的

図 **2-3**　宗務管理局の試験風景：「いやいや，鶏一羽くらいじゃ，証明書に署名しませんよ。」

出典）*Mullā Naṣr al-Dīn* 19 (1909).

な収入となっていると指摘している。合格者は帰郷前に、「このムスリム世界で敬意を集める方々による人生の祝福を求めるために」、三―二〇ルーブルほどの金銭や贈り物を携えて、試験官の住居を訪れていた。プラトニコフによれば、カーディーのカプカエフが最も多くの進物を受領しているのだった。査察官は、この慣習を違法行為とみなしたが、多くのムスリムがこの贈り物をサダカ（ṣadaqa）として受け入れている事実を認めざるをえなかった。[59]

一九〇五年に宗教の自由が宣言されると、ムスリムの請願者、集会、タタール語の新聞・雑誌は、マクタブ・マドラサを宗務協議会の管轄に戻すことを求め、宗務協議会の試験にも新たな役割を期待するようになった。こうした声は、当時カーディーだったリザエッディン・ファフレッディンのような反対意見を掻き消す勢いだった。彼によれば、広大な管轄領域を擁し通常業務も滞りがちの協議会は、時代の要請に応じた改革の必要なマクタブ・マドラサを扱いきれないのだった。また既存の一時間ほどの試験では、適性や能力を測ることも不可能なのだった。[60]しかし、宗務協議会によるイスラーム教育の管理を期待する論者は、マハッラと協議会をつなぐ中位の機関が解決策になると考えた。それは聖職の受験者がわざわざウファに赴く負担も著しく軽減するはずだった。[61]宗務協議会の試験は新方式学校の教員（男性はムアッリム、女性はムアッリマ）が何か公的な証明書を持つためにも不可欠となっていた（次章第1節（1）も参照）。これらの学校は教育省の管理から離れたムスリム行政の自治的な空間の中で機能していたからだ。[62]一九一〇年二月に政府がマハッラの聖職者選出の決議なしに宗務協議会が試験を行うことを禁じると、『ワクト』紙は、ムアッリムが多大な貢献をしている「われらが共同体の学校（millī maktablarmiz）」の進歩に破滅的な打撃になるとして断固たる抗議を表明した。[63]四月にはウファのムスリムも、禁止の法的根拠を問い質し、事実上公的な性格（rasmīyat）を持っていたムアッリムの試験を続けられるよう協議会に請願を提出した。[64]

しかし、政府が初等義務教育の導入を推進し始めると、とりわけ南ウラルのムスリム知識人はゼムストヴォとの協力を模索し、新方式のマクタブを公立学校の礎に据えようとした。第6章で詳細に跡付けるように、現実の必要を見極めるなかでムスリム公衆も、宗務協議会をイスラーム的な知識を管理する唯一の要とする見方を変化させていく。

（2）シャリーアの運用

宗務協議会はタタール語で「シャリーア法廷（mahkama-i sharʿīya）」とも呼ばれていたように、結婚、離婚、遺言、遺産相続といった家族法に関わる訴訟も扱った。[65] 二〇世紀初頭にあった訴訟手続きは次のようなものである。結婚・離婚では、金曜モスクの導師たるイマームが第一審、宗務協議会が第二審であった。イマームが判決を出すと、それが宗務協議会に送られ、この判決に当事者から異議申し立てがなければ、この件は結審となる。異議申し立てがあった場合は協議会が審理し、第一審のイマームの判決にシャリーアと合致しない点が認められれば、協議会は別のマハッラのイマームに審理を委ねる。第二審としての協議会の判決に対する不服は県知事にもたらされ、そこから内務省に提出される。[66] 財産に関する係争の場合、当事者の一人でも不満を示せば、審理は宗務協議会から一般の裁判所に移る。この場合、マハッラのイマームは初審でかつ最終審となる。ただし一般の裁判所でも、宗務協議会は遺産相続人の要望に応じて、彼らにシャリーアに基づいた遺産の分割比率の証明書を発行できた。また、遺言状による遺産分割の場合、裁判所の要請あるいは当事者の要望に基づいて、協議会はその遺言状がシャリーアの観点から有効であるか否かの判断を示した。[67]

家族法を司る宗務協議会の役割が変化を迫られたのは、大改革を背景にムッラーを媒介とする統治のあり方が疑問視されるようになる一八七〇年代初めのことだ。オレンブルグ総督クルィジャノフスキーは、宗教儀礼にまぎれて家族法の領域で犯される職権乱用を根絶する権利が政府にはあり、宗教裁判の民政的側面は民政当局の直接の統制に服さなければならないと内相に提言した。[68] またウファ県知事ウシャコフは、家族法の訴訟を通常の裁判所に移管することが可能だと内務省に進言した。彼によれば、確固としたシャリーアなど存在せず、宗務協議会もムッラーも、断片的で全く不明瞭ないくつかの宗教書の指示と漠然とした現地の言い伝えを恣意的に解釈しているにすぎなかった。[69] 他方でムスリム住民自身も、大改革で導入された裁判制度を積極的に利用するようになっていた。地方裁判所（okruzhnyi sud）は当時最も法の下の平等を実践していた国家機関であり、親族、共同体、宗務協議会の裁定に不服な人々、とりわけ自身の財産に対する権利を主張したい女性はすすんでそこに訴えた。[70] また、ミルザ・アレクサンドル・カゼム゠ベクに代表される、イスラーム法学書の読解でウラマーを凌駕するような東洋学者が宗務協議会の審理に介入するようにもなった。[71] ムフティーのスルタノフも、クルアーン、『ヒダーヤ』、『遺産分割学書』のロシア語訳に依拠していたという。[72] ロシアの裁判制度自体の変革と東洋学の介在だけでなくムスリム自身の主体的な行動によって、イスラーム法の適用される領域が狭められ、ムッラーの権威が失墜する可能性が出てきたのである。[73]

帝国のムスリム行政を見直した一九〇六年と一九一四年の特別審議会でも、家族法でのシャリーアの適用を後押しすることに否定的な見解が多勢を占めたが、宗派国家としての現実とどのような折合いをつけるべきかは論争的だった。一九〇六年の審議会にスンナ派ムスリムに関する詳細な報告書を提出したV・P・チェレヴァンスキーは、民事訴訟を一般の裁判所に移管することは、ロシア人の威信の失墜を意味するとまで述べ、政府がシャリーアの運用に積極的に関与し、ロシア人判事も率先してシャリーアを学ぶべきだと主張した。[74] 審議会に助言を与えたカザン神学アカデミーの対イスラーム部長M・A・マシャノフも、政府が法学書の一つを認可するか、あるいは宗務管理局とムフティーに法学書を選ばせてそのロシア語訳を提出させ、政府が検定するように提言した。これに対して教育省の代表A・S・ブヂロヴィッチは、ムスリムの民事訴訟を共通の司法制度から外しシャリーアに委ねることは、宗教共同体による民事訴訟への介入を制限しようとしている諸外国の正当な志向と合致しないと批判した。[75]

一九一四年の特別審議会も、民事訴訟を一般の裁判所に移管する立場を採った。それによれば、ムスリムの離婚を通常の裁判所に移管することは、彼らの信仰の自由を侵害するものではなく、全く無知なムッラーの手中にある訴訟を客観的かつ公正に審理することを促し、現行の制度に対する訴訟当事者の十分正当な非難にも応えるはずだった。また、法律や裁判の一元性が帝国の多種多様な人々を統合する一つの手段であるとの観点から、遺産相続は、遺言状の中でシャリーアに則った配分を示して一般の裁判所で審理するやり方を例外なく帝国のムスリム地域に適用することが、無条件に望ましいと判断された。審議会は、一般裁判所への移管が無知なムッラーから相続人の利益を保護するだけでなく、ムスリムの間に民法の規範が徐々に浸透することを促すと期待したのである。[76]

政府の志向とは対照的に、一九〇五年以降催された主要なムスリム知識人の会合では、家族法の訴訟は宗務管理局の管轄下になければならないと一貫して唱えられた。[77] とりわけウラマーは自身の権威の及ぶ領域を確保すべく、家庭の諸問題は宗教に属すという論陣をタタール語の印刷物上で張った。リザエッディン・ファフレッディンは、家族法の訴訟が一般の裁判所に頻繁に移されているのは、ムッラーがクルアーンとハディース（預言者の言行録）から直接判断を引き出すことも、法学書の蓄積をこんにちの条件に適合させることもできないからだと非難した。[78] また彼は、ムーサー・ビギと共に「シャリーア法典（aḥkām-i sharʿīya majallasī）」編纂の必要性を訴えた。イスラーム法は従来、数世紀来の学説史の束からウラマーが所定の方法で適切な解釈を選び出す営為だったが、オスマン、イギリス、フランス、ロシアを含む近代帝国では、限られた特定の文献に基づいてシャリーアを法典化し、ムスリムの司法行政の効率化を図った。[79] 実はこの二人のウラマーを動機付けたのは、トルキスタンの司法改革の動きだった。

一九〇八年六月一八日の勅令でトルキスタン行政の査察を命じられた元老院議員コンスタンチン・パーレンは、民衆裁判所（narodnyi sud）に秩序をもたらすには、シャリーアの法典化が最良の手段だと考えた。パーレンの委員会が範にとったのは、英領インドの「アングロ・ムハンマド法」とその典拠『ヒダーヤ』だった。現地の実務も踏まえて委員会が作成したロシア語原稿は「サルト語」にも翻訳され、一九〇九年五月末にムスリム二九人とロシア人二七人が参加したタシュケントの会議で検討された。二つの原稿は、その後寄せられたウラマーの意見（riwāyat）も加味して出版された。[80]

ファフレッディンとビギは、会議に出席した法官《カーディー》の無能を批判しながら、内地諸県のムスリムがハナフィー派の「シャリーア法典」を作成する機が熟したと訴えた。ファフレッディンは、トルキスタンの司法改革と宗務管理局制度の改革が不可分であると注意を喚起する。彼は、時代と実生活に即したシャリーアの解釈ができないという点では内地諸県の法官も同様であり、シャリーアの混乱と乱用は政府にも民衆にも不都合だと述べた。またビギは、自分たちの解釈の努力《イジュティハード》で作成され政府の承認を得た法典がなければ、政府の作成したものに対して異議を申し立てる権利がなくなり、政府もムスリムの抗議を考慮せずに自身に都合のよい案を法律として強制するようになるだろうと警鐘を鳴らした。(81) この頃ビギは実際に法典化の作業に着手していたようで、その入口（madkhal）として二三二頁に及ぶ法諺をファフレッディンの「指導、監修、保証の下で（irshādī, niẓāratī ham ḍamānī taḥtinda）」出版している。(82)

しかし、またしても内務省の対応が早かった。ムスリムの住む諸地域の国家機関がシャリーアの民事規定に通じるために、内務省宗務局は一九一二年に、アラビア語原典のクルアーンや法学書に基づいてロシア語の手引書を作成した。第一分冊は遺産相続、第二分冊は後見、第三分冊は婚姻だった。内容は、ウファとシンフェロポリのムフティーにも照会していた。完成した手引書は、中央省庁や県知事以外にオレンブルグの『ワクト』紙と『シューラー』誌、バフチサライのガスプリンスキーのもとにも送られた。(83) ウファの『トルムシュ』紙は、宗教に通じたウラマーがムフティーになっていないから、宗務協議会自身でファトワー（法的意見）やシャリーアを整理できなかったのだと苦言を呈した。そして、ムーサー・ビギこそが将来のムフティーにふさわしいとした。(84)

（3）聖典の印刷

ムスリム社会には、宗務協議会がクルアーンなどの聖典の印刷を一手に引き受けることができず、検閲できないことも不満だった。この問題がとくに衆目を集めたのは一九一三年末に、カザンのハリトノフ印刷所から節の欠落や重複のあるクルアーンが大量に出回ったことが発覚した時だ。経営者でロシア人のイヴァン・ニコラエヴィチ・

ハリトノフは、配本に当たってムスリムの出版社と契約を結んでいたので、買い手もクルアーンがムスリムの手で点検され出されたものと信じて疑ってこなかったのだ。[85] この騒動は、クルアーンやその抜粋本（Haftiyak）、ハディース等の宗教書の出版が長年、非ムスリムの手に委ねられてきた事実をあらためてムスリムに思い知らせた。カザンで初めてクルアーンが印刷されたのは、一八〇二年にギムナジアの印刷所からであった。一八〇九年にカザン大学に印刷所ができると、そこが一九世紀を通じてアラビア文字の印刷事業を独占するようになった。しかし二〇世紀初頭になると、技術革新ができない大学の印刷所に対して民間の印刷所が急速に成長した。その中でハリトノフ印刷所は、ムスリムからも極めて高い評判を獲得していた。[86] 実は、ムフティーの求めに応じた内相は一八八九年八月に、クルアーンとその抜粋本の出版について、事前検閲の権利を宗務協議会に認めていた。これによって宗務協議会は、東方諸語の検閲を行っていたペテルブルグ中央検閲委員会に対して、誤植のある書籍の出版を控えるよう提言することもできた。[87] しかし事前検閲は、一九〇五年革命に伴い一九〇五年一一月二四日法と一九〇六年四月二六日法で全廃になったので、宗務協議会も監視ができなくなった。ハリトノフ印刷所の事件は、聖典の検閲の必要性をあらためてムスリムに痛感させることになったのだ。

クルアーンの字句に対するヴォルガ・ウラル地域のムスリムの懸念は、クルアーンの印刷を独占すべくクルアーン査察委員会を設置したアブデュルハミト二世期（一八七六―一九〇九）のオスマン政府の懸念に相通ずるものがある。[88] タタール語の新聞・雑誌上では、ウラマーから世俗的な知識人まで幅広い人々が宗務協議会による監視の必要性を認めたが、協議会が聖典出版事業を独占すべきか否かについては意見が分かれた。オレンブルグの『ワクト』に投稿したムアッリムは、今回の事件を未然に防げなかった宗務協議会だけでなく「宗教の守護者（dīn ḥāmī-larī）」たるウラマーも批判し、クルアーン出版から上がる収益をロシア人の業者に渡すのではなく、宗務協議会の改革や聡明なムッラーを養成するマドラサの開校にも利用すべきだと説いた。[89] 同じく世俗的な知識人の声を集めたカザンの『マクタブ』誌は、ムスリムの無思慮にもかかわらずクルアーンがこれまで維持されてきたのはそれが神の奇蹟の言葉だからであって、今回の事件は神の恩寵を推し量らせる警告だと主張した。そして、クルアーン等の宗教書の出版を宗務協議会に委ねるべきだと提案した。(90) 一九一三年一二月にはムフティー自身も動き、宗務協議会内にウラマーから成る特別な委員会を設けて、正しいクルアーンの出版を監督する権限を与えるよう内務省に請願したが、棄却された。(91) ウファの『トルムシュ』紙によれば、ウファ郡のムッラーたちは協議会が直ちに誤ったクルアーンを回収するように求めた。(92) この問題には、一九一四年に出版物に関する法案の国会での審議を控えたムスリム会派も注目し、ウファ県選出のイブニヤミン・アフチャモフはウファで要望の聞き取りを行った。(93) 他方で『ワクト』の編集部は第三の案を出した。それによれば、宗務協議会がクルアーンの印刷を独占すると競争がないので価格が上がり、クルアーンの普及が妨げられ、単に国庫を潤すにすぎない。よって、イギリスの「福音協会（injīl jamʿīyatī）」をモデルに、低価格で高品質のクルアーンの普及を促進する協会（jamʿīyat/shirkat）を設けるべきだとした。(94)

聖典の出版をめぐる問題は、一九一四年四月末の政府の特別審議会でも取り上げられた。出席したムスリム代表も、独占的な出版権ではないにしても、クルアーンやハディースをはじめ、帝国内のムスリムの諸言語で書かれたすべての宗教書を、ムスリム聖職者から成る組織が事前に検閲することを求めた。しかし政府はこれに反対した。なぜならそれは、正教を除く帝国のすべての信仰にも認められていない特権をムスリムに作り出すことになり、個人の起業心も抑制することになるからであった。(95)

＊

宗務協議会による監督が期待された宗教の領域をめぐる様々な改革論議が示すように、ムスリム公衆は宗教の自由を個々人の選択の増大ではなく、宗務協議会による規律化の役割を高めそれによって共同体の集団的権利を強化する機会として捉えていた。事実ここで提起された改革案によっては、その帰結として個々のムスリムの自由が制約されることもありえた。ムッラーと宗務協議会の裁定に不服な者は、大改革で導入された地方裁判所に上訴する機会を奪われたことだろう。また、宗務協議会が聖典その他の宗教書の出版に介入できるようになれば、出版の自由を狭めることになっただろう。しかし同時に、ムスリム行政における社会の参画を高める形で「半官半民」の運営を提案する人々もいた。例えば、宗務協議会の指導部の選挙を効率化しイスラーム的知識の伝達も監視するマハッラとウファの中継機関、新方式マクタブを初等義務教育に組み込む際のゼムストヴォとの協力、シャリーアを法典化する際のウラマーの主導権、そしてクルアーンを検定し普及を促す協会の設置が構想された。そしてこれらの提案の交換を支えていたのが、個々のマハッラと国家との間に公共圏を生み出していたタタール語の新聞・雑誌だった。

ところが政府は、多宗教の臣民をますます民族主義の観点から眺めるようになったから、宗務協議会の権限や集団的権利を強化・拡大することを求めるタタール語の言論が、多民族から成るムスリム共同体をあたかも「タタール化」しているかのように脅威として映るようになった（第4章参照）。一九〇五年革命以降、広大な管区内各地からウファに集まるという試験の形式自体が、政府に「汎イスラーム主義」や「汎トルコ主義」を想起させた。一九一四年六月初めに、宗務協議会の査察に訪れた内務省宗務局局長メンキンは、カーディーのハサンガター・ガバシに、聖職者の試験が何語で行われているかと問うた。カーディーは「タタール語」だと答える。メンキンがバシキール語やミシャル語が必要ではないのかと質したのに対して、カーディーは、我々は一つの「トルコ人（Türki khaliqlar）」であると答えた。これを伝えた『ワクト』紙は、政府がトルコ人を「分割統治」することを批判し、「ムスリムは共通の母語であるテュルク語（Türki）で話し、共通の聖クルアーンに沿って生きることを望んでいるのだ」と熱烈に支持した。[96] タタール語の言論界は、集団的権利の主体としてのムスリム共同体の範囲をどのように想定していたのだろうか。

3　誰が宗務協議会の管轄に入れるのか

ヴォルガ・ウラル地域のタタール人は、既存の宗務協議会の制度に大いに不満で批判を繰り返し、国家も改革に消極的であったにもかかわらず、帝政末期までにタタール人は、自分たちの集団的権利の特権的な基盤として宗務協議会を認識するようになっていた。とりわけ、帝国内外の同信者の境遇と比べる機会があるときにはなおさらだった。終末論的警告で多くの信奉者を集めたヴァイソフ神軍の開祖バハーウッディーン（Bahāʾ al-Dīn）は、この地域の一部のウラマーが保ってきた反ムフティーの知的伝統を受け継いでいた。(97) しかし、少なくとも息子イナーン（ʿInān al-Dīn）は、宗務管理局制度を否定するどころか、積極的に取り込もうとした。一九〇五年四月一七日法から一週間後、イナーンは、南コーカサスの宗務管理局をモデルに神軍独自の管理局をカザンに設置するよう内務省宗務局局長に請願している。イナーンによれば、この独自の管理局の頂点には神軍の司令官（Sardār）が立ち、司令官とカーディーは神軍の大会で選出・承認され、マハッラで選出されたイマームは、神軍の管理局で承認されるはずであった。(98) また、ウファ出身のタタール人ジャーナリスト、ヌーシルヴァーン・ヤウシェフが中国領トルキスタンを旅して現地のムスリム社会に宗教上の問題の無秩序と「民族的な精神と意識（millī rūḥ wa āng）」の欠如を見出したとき、彼は宗務管理局の導入を勧めている。この機関が教育活動を指導し、とりわけ結婚・離婚に関する女性の苦情に対してシャリーアを効果的に適用してくれるはずだった。(99) この節では、タタール語の公衆がイスラームの家の範囲、つまり宗務協議会が体現する集団的権利を享受できる領域についてどのような議論を展開していたのかを明らかにする。その際、タタール人の南の隣人であるカザフ人との関係を中心に分析する。

一七八八年のエカチェリーナ二世の勅令では、ウファの宗務協議会がクリミア半島を除く当時の帝国全域のムスリム聖職者を管轄することが想定されていた。(100) 宗務協議会の設置には、国境を接したカザフ草原の遊牧民を懐柔するという外交的意図もあった。国境の町ではモスクの建設が奨励され、カザフ人のためのクルアーンの出版も国費で行われた。タタール人のムッラーには、「野蛮人の勝手気儘に轡をつける」役割が期待された。[101] しかし、一八六〇年代のトルキスタン征服で「カザンから天山山脈まで」の広大な空間に巨大なムスリム臣民が出現し、帝国の中核地域で大改革が進行する中、ムスリム聖職者を媒介とする間接統治が疑問視されるに至り、宗務協議会の管轄地域も見直されるようになる。[102] カザフ草原の統治制度を定めた一八六八年のステップ臨時規程でカザフ人はウファの管轄から離れ、草原のタタール人とボケイ・オルダ（一八七六年からアストラハン県の一部）だけが管轄下に留まった。一八八〇年五月に内務省宗務局は、トルキスタン総督の要請を受けて、宗務協議会がトルキスタンのムスリム住民と直接交渉を持たないよう指示した。[103] 一九世紀末までに政府は、タタール人と隔離されてさえいればカザフ人は、民俗文芸や歴史の豊かさ、向学心などの人間の資質から見て、「ロシア人としての自覚（russkaia grazhdanstvennost'）」を獲得できるとみなしていた。[104]

とはいえ、カザフ人がイスラームから隔離されてしまったわけではない。むしろ、カザフ草原の帝国への編入は、ロシア内地の経済圏とイスラーム・ネットワークとの結合を意味し、カザフ人のイスラームに活力をもたらした。ステップの町々にはこれまで以上にロシア人の商業が拡大したが、その活動は都市に限られ、草原でのタタール人の存在は依然大きかった。[105] またステップ規程は、草原のタタール人がウファに従うことを認めていたから、彼らの信仰生活が妨げられることはなかった。タタール人は、政府が思い描く典型的なムスリムだったが、「邪教徒」のカザフ人を啓蒙する敬虔なムスリムとして自らを表象することを好んだ。[106] しかし、政府とタタール人の表象とは裏腹に、カザフ人の中にはタタール人にも模範となる敬虔なムスリムが多かった。[107] 二〇世紀初頭になるとカザフ人の中から、ウファの管轄に戻るか、あるいは別個の宗務管理局を設けるかを政府に求める声が急速に高まった。

カザフ人の請願の切実な動機には、カザフ人名士から判事（ビー）が選出され郷役人の監督下に置かれた民衆裁判所に秩序をもたらしたいという願望があった。宗務協議会の管轄から外れたカザフ人の家族に関わる紛争は、シャリーアではなく慣習法に則る民衆裁判所に委ねられることになったが、その慣習自体がどのようにあるべきか、そして誰がロシア当局に代弁するのかをめぐってカザフ人名士の間で政治が生じた(108)。また、シャリーアと慣習法を対置する政策は、現地の法実務において分かち難く結びついた両者をほどくには至らず、ビーの判決に不服な人々はシャリーアによる裁定を選ぶこともできた(109)。一九〇四年一二月一二日に非正教徒に対する制約を撤廃することを約した法が出た一週間後、オレンブルグ県トロイツク郡のアフンド、アフマド・ラフマーンクリは近隣のカザフ人を代表して、郷に一つしかモスクを設けられないという現行の制限をなくし、婚姻・遺産問題には慣習法の代わりにシャリーアを適用し、これらの紛争がウファの宗務協議会の管轄に入るように内相に請願した(110)。またカザフ人の中には、自分たちの苦難をタタール語紙に伝える者もいた。トゥルガイ州クスタナイ郡ウイ郷からオレンブルグの『ワクト』に投稿したカザフ人は、遺産や婚資《マフル》の問題が協議会の管轄外であるのは自分たちの宗教への誠意を否定するものであり、これらの問題の無秩序がカザフ人を困窮化させていると訴えた。彼はカザフの慣習による混乱を次のように語る。生まれたばかりの子供の間で婚約を交わし、マフルと称して女児の家族に家畜を与える。大きくなって互いに愛し合えばよいが、そうでなければ諍いが生じる。富者《バイ》の子供は一〇歳で結婚するが、貧しく老いた者には妻がない。貧しい者が結婚するにも四〇〇―五〇〇ルーブル相当の家畜を与えなければならない。この投稿者によれば、彼の郷の全カザフ人は、ウファの管轄に入って家族の紛争にシャリーアを適用すること、そしてタタール人に今後どのような法律が出ても自分たちもその法律に満足することを決議したという(111)。ここからは、彼らが宗務協議会への帰属と法的な権利の保障を同一視していたことが窺える。

一九〇五年四月一七日に出ることになる信仰の寛容に関する法律を審議した大臣委員会は、クリミアの制度をモデルにカザフ草原、北コーカサス、トルキスタンに宗務管理局を新設する可能性を考えていた。そして具体的な検討を、信仰寛容令に基づいて各宗教共同体に関する具体的な法案作成に着手するはずの特別審議会に委ねた(112)。果たしてこの問題は、一九〇六年四月にA・P・イグナチエフを議長とする審議会の議題に上った。ここでは、宗教行政の管轄の問題が民族問題として論じられた。

審議会にスンナ派ムスリムに関する詳細な報告書を提出したチェレヴァンスキーは、ウファの管轄地域を分割すればロシア・ムスリムの「タタール化（otatarivanie）」を防げると主張した。彼はトルキスタンには新設しないとした上で、次の七管区に分けることを提案した（丸カッコ内は所在地）。(1)サンクトペテルブルグ管区（首都）、(2)クリミア管区（シンフェロポリ）、(3)コーカサス管区（チフリス）、(4)シベリア管区（トロイツクかペトロパヴロフスク）、(5)オレンブルグ管区（オレンブルグ）、(6)ステップ管区（アクモリンスク、アトバサル、イルギズのいずれか）、(7)バシキール管区（ウファ）。注目すべきは、カザフ人だけでなくバシキール人にも別個の管区を割り当てている点だ。チェレヴァンスキーによれば、バシキール人も「バシキール規程」という特別な法律を持つので、ムスリムの名の下で民族性を消去することは不合理なのだった。さらに彼は、カザフ人とバシキール人の民族知識人や教育省の東洋学者と協力して必要な文献を母語に翻訳する事業を推進すべきだと提言し、モスクや学校で母語の使用を認め民族文化と「ナショナリズム」を育むことで、タタール人の影響力を掘り崩せると考えた[113]。この戦略は、カトリック教会におけるポーランド人の影響力を掘り崩すべく、ベラルーシ人に母語の学校と教会を与えようとしたヨーロッパ部ロシア西部の政策と類比できる[114]。他方で教育省の代表A・S・ブヂロヴィッチは、「ヴォルガ川からイルティシュ川まで」のカザフ人を「民族」として統合する機関の設置に難色を示す。ロシア・カザフ関係史が示すように、「好戦的遊牧民の巨大な連合体」は「ロシアの東方」にとって危険だからだ。代わりにブヂロヴィッチは、ボケイ・オルダ、小ジュズ、中ジュズに即してムフティーを置くべきだと提案した[115]。

カザフ草原の管轄問題に多くの紙面を割いたのは、オレンブルグの『ワクト』紙だ。政府がこの問題を民族の観点から論じたのに対して、『ワクト』はロシア・ムスリムの統合を保障するムフティー制度の構築を提案した。確かに『ワクト』も、宗務協議会の管轄地域の分割は業務の効率上必要と考えた。しかし、それは民族（qawmīya）ではなく領域に基づくべきだった。そして、第三回ムスリム大会と同様、帝国の全ムフティーを束ねる職（『ワクト』は「シェイヒュルイスラーム」と呼んだ）を首都ペテルブルグに据えることを構想した。『ワクト』は、「ムスリムの兄弟愛（ikhwat-i islāmīya ḥamīyati）」を前面に押し出さなければならないと繰り返し訴えた。[116]

　したがって『ワクト』は、ムスリム自身が民族を組織原理に持ち出すことを警戒した。オレンブルグ県チェリャビンスク郡の人々が内務省に、三人のカーディーうち一人がバシキール人（Bāshqurd Ṭā'ifasī）であるように請願したとき、確かに『ワクト』はこれを正当と認めた。「カザン・タタール」からカーディーを選出するという法律上の規定はもはやなく、広大な管轄内で慣習も多様なので、様々な県から交代で任命できると考えたからだ。しかし『ワクト』は、ムスリムがバシキール、ミシャル、テプチャル、カザフなどと分かれることはムスリムに共通の利益を損なうものであり、こうした方針はムスリムに害を及ぼそうと企むチェレヴァンスキーのような輩の仕業だと厳しく非難した。[117]

　代わりに『ワクト』は、次のような管轄地域の案を示す。まず、北コーカサスとスタヴロポリ県を管轄する宗務管理局が新設されるならば、アストラハン県とロストフ・ドン周辺も統合される。草原諸州に別個の管理局が開かれるならば、シベリアのムスリムもそこに含める。トゥルガイ州アクチュビンスク郡のように「ほとんどオレンブルグ県に入っている」場所はウファの管轄下に入る。『ワクト』は、正教会の宣教師や政府がタタール人とカザフ人が同じ管理局に入ることに反対していることを踏まえて、こんにちカザフ人はムスリムとしての意識を高め、多くがタタール人のマクタブ・マドラサで学ぶ一方、タタール人も生活の必要からカザフ人の間に広まっていると指摘する。『ワクト』によれば、種族（jins）と宗教を共にする諸民族が一ヵ所に住んでいれば、生活様式、考え方、慣習、話し方で相互の影響があるのは必然だった。[118]

　しかしここには、タタール人のカザフ人に対する優越意識が見え隠れしていた。『ワクト』は、少数派のシベリア・タタール人がカザフ人とともにトムスク、アクモリンスク、セミパラチンスク、イルクーツク、トボリスク、沿アムールを管轄する別個の管理局に入ってもよいとするが、タタール人の「カザフ化」の可能性は排除する。なぜなら「タタール人は、言葉や文学、社会的・経済的側面でカザフ人よりも上」だからだ。[119]『ワクト』はカザフ人自身の声も効果的に利用した。前述のクスタナイ郡ウイ郷からのカザフ人は、カザフ人が少しずつ文明の道に入っているのは、タタール人がカザフ人と交わり両者に同志としての関係があるからだとも述べていた。セミパラチンスク州パヴロダール郡からのカザフ人投稿者は、タタール人には信仰とその共同体《ミッレト》に十分な権利があるのに、自分たちは無知なために疎外されてきたと嘆く。そして、信仰と種族でカザフ人とタタール人が一心同体であることを強調し、内地ロシアのムスリム同志が同盟の道を示し続けることを期待した。[120]とはいえ、カザフ人の個性を認める議論もあった。オレンブルグの『シューラー』誌編集長リザエッディン・ファフレッディンは、アクモリンスクのカザフ人が自分たちはウファの管轄に戻るべきか、それとも別個のムフティーを持つべきかと問う投書に応えて、後者を支持した。そして同時に、カザフ人の慣習（ʻurf wa ʻādatlar）でシャリーアを補うことができる三名のカザフ人カーディーを宗務協議会が受け入れられるならば前者でもよいと回答した。[121]

他方でカザフ知識人は、宗務協議会の指導下でシャリーアを施行することに相反する見解を持ち、その対立は一九一四年に山場を迎えた。そしてその議論にはタタール語紙も関与した。トロイツクのカザフ語誌『アイカプ』はウファのイスラームの権威に戻ることを主張した一方で、オレンブルグのカザフ語紙『カザフ』はそれを明確に退けはしなかったものの、遺産相続や土地紛争に自分たちの慣習法を適用すべきだと考えていた。[122]「カザフ人と二〇年以上付き合いがある」というタタール人の『ワクト』投稿者は、『カザフ』の立場について、女性の自由、権利、平等が繰り返し説かれている二〇世紀に、チンギス・カン時代の掟や物語を持ち出していると厳しく批判した。[123]

カザフ知識人内部の軋轢は、一九一四年六月のムスリム大会でも噴出した。ここではまず、一九〇五年にバシキールの集会の議長だったシャーキル・トゥカエフが、一九〇五年四月一七日法と十月詔書を引合いに、現行の三つの宗務管理局の領域区分では帝国のムスリム臣民に権利の不均衡が生じているので、全ロシア・ムスリムに適用可能な宗務管理局制度の改革案を作らなければならないと述べた。[124]しかし、元第一国会議員で『カザフ』の立場を代表するアリハン・ボケイハノフは、シャリーアはカザフ人に有害だと主張し、ウラリスク州の元第二国会議員で『アイカプ』を支持するバフトジャン・カラタエフ（一八六〇／六三―一九三四）は、ウラリスク州とトゥルガイ州のカザフ人がウファの管轄への編入を望んでいるのは疑いないと訴えた。またペテルブルグ在住のカザフ人ラーピンは、トルキスタンに別個の宗務管理局が設置されるならば、アクモリンスク州とセミパラチンスク州のカザフ人は、そこに統合されることを望むだろうと述べた。カザフ人の論争を伝えたカザンの『ヨルドゥズ』やオレンブルグの『ワクト』は、カラタエフの発言に肩入れして紹介した。それによればカラタエフは、エカチェリーナ二世の伝統、一九〇五年四月一七日法、十月詔書を持ち出して、宗教の自由（dīn īregī）含めロシア内地のテュルク諸民族が享受している権利をカザフ人にも与えることで、帝国の法がテュルク諸民族の一体性を強化しなければならないと訴えたという[125]。

タタール語紙上で演出されたタタール人とカザフ人の友好は、この二つの民族が接触する地域の現実と合致していたわけでは決してない。また政府による両民族の分断政策も、一定の成果はあげたものの、それが政府の意図を超えて社会の緊張を引き起こすに至ると、現地当局はこれを調停しなければならなかった。その典型的な事例は、ヨーロッパ部ロシアからのタタール人移民が、一八六八年のステップ臨時規程を根拠にカザフ人のモスクを乗っ取ろうとしたことだ[126]。オムスクには、一八二七年に中ジュズのカザフ人のために官営モスクが建立されたが、一八六八年にモスクは現地のムスリム社会に正式に移管された。二〇世紀初頭にタタール人移民はこの事実に興味深い解釈を施す。つまりこの「ムスリム社会」とは、宗務協議会に従属するムスリムにほかならず、一八六八年の臨時規程でカザフ人は自らの意思で協議会の管轄から出たのだから、彼らにマハッラの成員としての発言権はないというのだ。タタール人の代表は、カザフ人が別のマハッラを組織するよう宗務協議会に請願した文書の中で、「カザフ人は人種でも言葉でも文化でも我々とは赤の他人である」[127]と記している。ステップ総督府と宗務協議会は、同じムスリムが一つのマハッラで共存するように説得を試みた。また、セミパラチンスクは定住カザフ人の最も多い都市だったが、その第六モスクも一八二九年の建立以来、専らカザフ人によって運営されてきた。しかし一九一五年にカザフ人は、タタール人が自分たちを「犬」呼ばわりして暴力も辞さずマハッラから排除しようとしていると宗務協議会に訴えた。(128)政府の分断政策に加え、その結果としてタタール人自身も属人的な権利を宗務協議会に結びつけるようになったので、タタール語紙上の修辞にもかかわらずロシア・ムスリムの統合という理念は妨げられ、カザフ人の宗教の自由も制限されたのである。

カザフ草原が宗務協議会の管轄に入るか否かの問題は、第一次世界大戦期に深刻さを増した。政府内ではカザフ人の徴兵が検討されたが、カザフ人には信頼できる戸籍がなかった。(129)実際、正確な戸籍の欠如は、一九一六年六月二五日の勅令でカザフ人の徴用が始まると深刻な事態を引き起こした。(130)カザフ人は、徴用からの免除や徴用先でムッラーになることを期待して、ウファの宗務協議会で聖職者の試験を受けられるように求めた。(131)他方で、国会のムスリム会派は、徴用を全く予期していなかった異族人を動員するにはムフティーの権威を利用するのがよいと閣僚会議議長に進言した。しかし内務省は、ウファのムフティーをカザフ草原で利用しようとはしなかった。ムフティーの訓戒は、アストラハン県のボケイ・オルダ、トボリスク県、トムスク県で配布されたにすぎない。(132)また、聖職者の試験についても、ムフティーの権威を高め、彼を通じてタタール人の重要性も助長することになるので国益には合致しないと判断された。(133)

宗教の自由が開く公共圏

一九〇五年にツァーリが信仰の寛容の強化と良心の自由を宣言すると、ヴォルガ・ウラル地域のムスリムは、ウファの宗務協議会の「嘆かわしい状態（bik kūngilsiz bir ḥālat）」に注意を向けるようになった。サマラ県ブグルマ郡シェルチェレ村のイマーム、ナスルッディン・エルマコフ（Naṣr al-Dīn Yirmakūf）も例外ではない。宗務協議会の現状をカザンの『コヤシュ（太陽）』紙やガスプリンスキーの『テルジュマン』で読み、オレンブルグの『ワクト』紙に投稿した彼は、宗務協議会とマハッラとの乖離を嘆いた。かつて協議会は政府の目にも人々の目にも威信（nufūdh）を湛えていたが、今後は単なる聖職の「試験委員会（imtiḥān kāmisiyasi）」になってしまうだろうと。彼によれば、協議会は教育にも無干渉で、密告や学校の閉鎖を行うイマームたちの横暴も監督していないし、シャリーアが適用できる訴訟でも、協議会よりも地方裁判所で解決されることが多くなっているのだった。これらを踏まえてエルマコフは、協議会が既存の権限で権威を高める五つの方策を提案する。(1)宗務協議会は管轄下のアフンドとイマームと密に連携する、(2)アフンドと高名なイマームから成る委員会を設け、マハッラの戸籍業務の査察を行わせる、(3)有能なイマームが養成した者に教育上の勧告を行わせる、(4)宗教と母語を教えるマクタブに関する規則を作る、(5)宗務協議会がシャリーアの法令集（aḥkām-i sharʿīya majmūʿasī）を編纂し出版する。[134]

帝政末期の十年間には、このエルマコフのように、複数のタタール語の新聞・雑誌から帝国のムスリム行政について様々な見解や改革案が交わされていることを知り、どうすれば宗務協議会が自分たちの利益になるように機能できるのかを既存の法令を参照しながら考える多くの人々が現れた。タタール語の新聞・雑誌は、広大な地理的空間の幅広い社会集団に開かれ、多彩な声が競合する場だった。そこには、国会議員、都市と農村を問わずウラマーやムアッリム、社会主義に共鳴する若者、さらには、集会で記事が音読されれば読み書きのできない人も参画できた。首都ペテルブルグ、カザン、ウファ、オレンブルグ、バフチサライで出た新聞・雑誌は互いに引用し論評し批判し支持していた。宗務協議会の改革論議に参加した論客は、ロシア内外の模範や教訓も参照した。クリミアと南コーカサスの制度がモデルだったのに対して、カザフ草原とトルキスタンへの言及には、同信者を低く見てそこから教訓を引き出すような語りが顕著だった。また改革論議では、オスマン帝国におけるキリスト教徒やユダヤ人の共同体運営に加えイスラーム行政の集権化、英領インドにおけるシャリーアの法典化、そして中国領トルキスタンにおけるイスラーム行政機構の欠如なども参照された。ウファの宗務協議会は一九〇五年以前、公認された宗教共同体の信仰と忠誠を統御する宗派国家の一角を成していた。しかし一九〇五年以降、現地のムスリム社会は宗務協議会の役割を議論することを通じて、この国家機関を公共圏の中に位置付け直そうとしたのである。

宗務協議会の改革論議は、宗教の自由（hurriyat-i dīnīya）の名の下で描かれたイスラームの家の設計図ともいえ、それは政府との交渉の仕組み、自治的な宗教の領域の確保、その集団的権利を享受できる単位の線引きから成っていた。確かに編集者の意向で記事が選別されることがあるとはいえ、タタール語の新聞・雑誌は、宗務協議会によるあからさまな規律の強化にはじまり宗教的な事柄の自主管理にいたるまで幅広い考え方を提供した。ムフティーの資格をめぐる議論から明瞭に窺えるように、ムッラーの中には、「お婆大王」エカチェリーナ二世の伝統への回帰を唱道して、宗教の自治を維持するためにムフティーはウラマーであるべきだと要求する者がいた。他方で、宗務協議会は純粋な官僚機構の一角を成しているので、その長たるムフティーはロシア語、法律、その他の世俗的な専門知識に通暁していなければならないと主張するウラマーも含む知識人がいた。宗教の領域を統制するにあたっては「半官半民」の組織形態も提起された。例えば、ウファとマハッラを媒介する中位の機関は、宗務協議会の指導部の選挙やマクタブ・マドラサの監督を効率化するはずだったし、初等教育についてはゼムストヴォとの協力も模索された。シャリーアの法典化にはウラマーが主導権を発揮する余地があったし、正確なクルアーンを出版・普及させるために協会を設けるべきだとの案もあった。宗務協議会に体現される集団的権利を持てる地理的な範囲としては、タタール語の公衆は帝国のすべてのムスリム共同体が複数の宗務管理局で覆われることを想定していた。そして「ムスリムの兄弟愛」を掲げながらカザフ人がウファの管轄に戻るように呼びかけた。『アイカプ』誌に集うカザフ知識人やタタール語公衆の言説に共鳴するカザフ人は、ロシア内地の宗務協議会を特別な集団的権利の象徴とみなし、タタール人とのある種の格差を自覚し、自分たちもムスリムとして集団的権利を獲得すべきだとの論陣を張った。[135]

では、これまで論じてきたことは良心の自由とどのような関係があるのだろうか。もしこの言葉が個人の確信に従って信仰形態を選ぶ権利を意味するならば、タタール語による宗務協議会の改革論議にはそうした発想はなかった。ヴォルガ・ウラル地域のムスリム公衆が求めていたのは、宗務協議会管轄下のムスリム共同体に国家が割り当てた集団的権利の維持と拡大であり、その拡大の結果として共同体内部の個々人の自由が制約されてしまう可能性もあった。ムッラーと宗務協議会の裁定に不服な人々は地方裁判所に不平を訴える機会を奪われかねなかったし、宗務協議会がクルアーンの出版と配本を一手に引き受けることになれば、民間の印刷事業を阻害したことだろう。タタール語の新聞・雑誌は、カザフ草原北辺の都市のタタール人移民が宗務協議会との紐帯を排他的に主張してカザフ人の隣人をマハッラから追い出そうとしていたことなどは報じなかった。確かにタタール語の出版物は、多様な論者が既存の行政との兼ね合いから表明した共同体の利益なるものに一定の型を嵌め、そこから外れる個々人の意見を論難した。あるいは単純に掲載しなかったかもしれない。しかし、タタール語の新聞・雑誌が多様な声を従来になかった形で交じり合わせ、ムスリム社会のあり方が変容したことは強調されなければならない。宗教の自由と理解された良心の自由は、タタール語の出版物だけでなく各種の集会で帝国のムスリム行政について活発な議論が交わされる起爆剤となったのであり、多宗教を容認する宗派国家の構造と個々のマハッラとの間にムスリムの公共圏を生み出したのである。

第3章

マハッラの生活

——統治制度から社会をつくる——

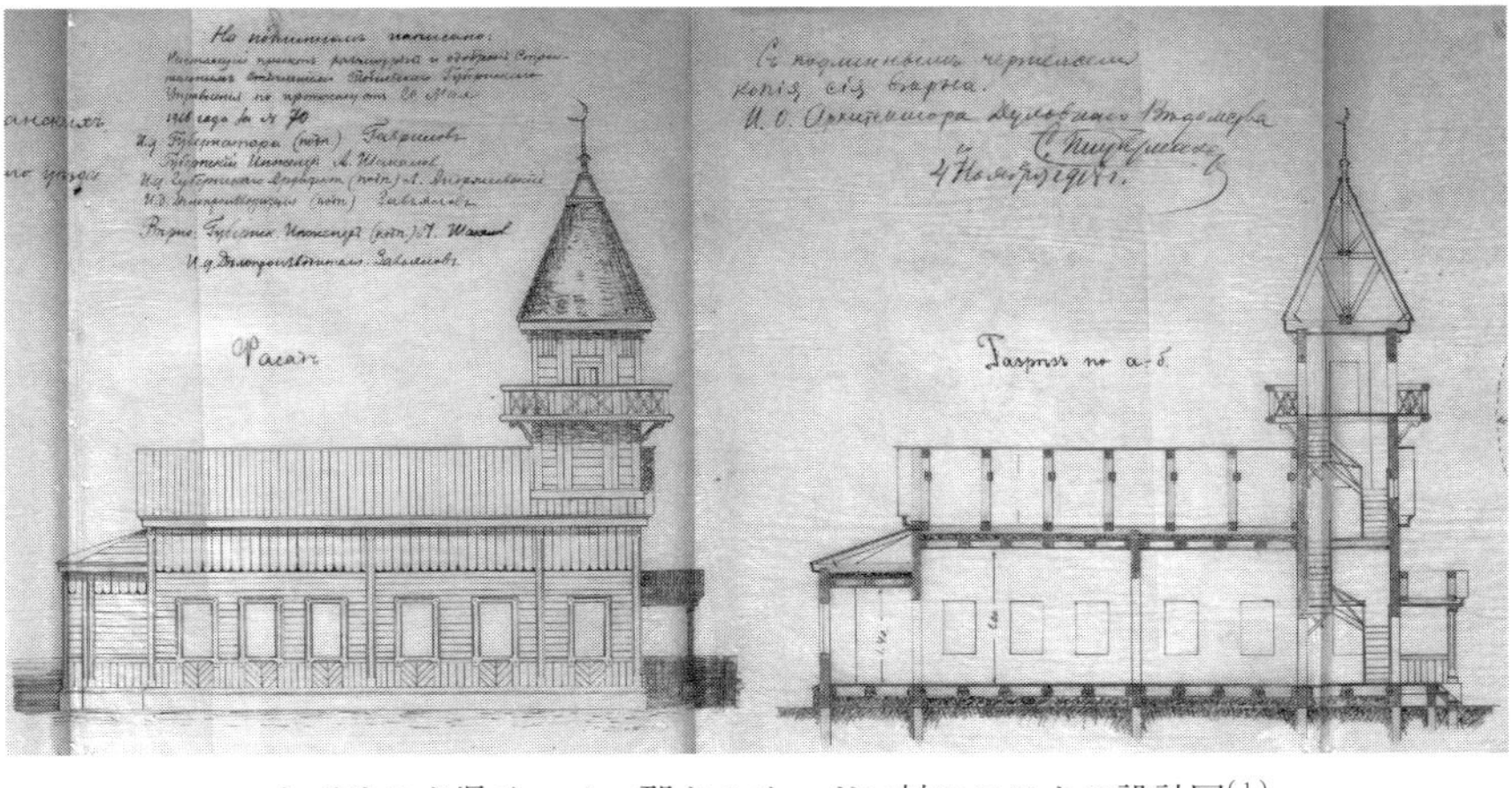

トボリスク県チュメニ郡クルチュガン村のモスクの設計図[1]

ムスリムのタタール人の住む地方を進んでいると、どんなに小さく貧しくとも、どのタタール人の村にもモスクがあることに思わず目を向けてしまう。この注目すべき事実は、ムスリムが何よりもまず自らの宗教的必要を満たすことに配慮していることを物語っている。

――コブロフ『マホメット教のムッラーについて』一九〇七年[2]

国家権力の介入と自治的な営みの間

一九〇五年革命時に宗教の自由が宣言され、ヴォルガ・ウラル地域のムスリム社会は個々のマハッラを越えて、宗務協議会を自分たちの集団的権利を体現する国家機関として再認識し、それをどのようにムスリム共同体《ミッレト》の利益に引きつけて機能させるか議論を交わし、タタール語の出版物を介して世論（afkār-i ʻumūmīya）を形成した。とはいえ、宗務協議会の改革論議は、この地域で個々のマハッラが二〇世紀初頭までに辿った変容と不可分だった。しかも、信仰の寛容原則の強化を打ち出した政府は、既存の法律や行政を明示的に参照するムスリム社会からの個別の要望に応えなければならなかった。本章は、帝政最後の十年間にムスリムが国家との交渉を通じて、金曜モスクを核とするマハッラをどのように再編しようとしていたのかを描出する。

第1節では、マハッラの聖職者（ムッラー）の任務、彼らの教育資格、モスク建設の規定に着目して、地域のムスリム住民が帝国の法律や行政を大枠にどのようにマハッラを組織していたのかを整理する。そして、一九世紀後半にヨーロッパ部ロシア自体が大改革を迎える中で、ムッラーの役割がどのように変容し、人々が時代の変化にどのように適応し、また反発したのかを分析する。第2節では、マハッラの財政を扱う。これに関しては明確な法律上の規定がなかったから、マハッラの人々の裁量がとくに大きかった。ここでは、マハッラの財政を専門とする役職の出現、不動産や現金のワクフ（寄進）の設定、地方自治体からの支援を取り上げ、人々がどのようにして宗務協議会と内務省を結ぶ既存の行政経路にイスラーム的な語彙を乗せこれらの適法化を図ったのか、そしてその自治的な営みがどのような困難に直面したのかを描出する。

モスクを中心とする微視的なムスリム共同体の研究は一定の重要な蓄積があるが、マハッラと宗務協議会との関係をどのように捉えるべきかをめぐって異なる見解が出されてきた。一九世紀の宗務協議会の総合的な研究を行ったアザマートフは、マハッラの動態にも十分注目しているが、宗務協議会は一九世紀末までに、大部分のムスリム聖職者と知識人の間でその権威を失ったと結論付ける(3)。これに対してザギドゥッリンは、宗務協議会を媒介とした国家とムスリム社会との関係を持続的で安定的なものとみなし、それを介してムスリム社会は自分たちに関わる法律と行政に精通していったと主張する。

ザギドゥッリンの研究は、ロシア語の文書史料の駆使では追随を許さず、アザマートフの研究を大幅に補完するものであり、内務省系の機関とマハッラが法律の文言を介して交渉する様を極めて緻密に説得力を持って活写している。しかしザギドゥッリンは、聖職者の配置、モスク建設、政府の指令が伝達される場としてのモスクといった、国家権力の介在が予め前提となっている側面を扱っているので、法律や行政が国家の思惑通りマハッラで貫徹されていたかのような論じ方をしている(4)。

同様の限界は、ロバート・クルーズの研究にも見られる。確かに彼の研究は、誰が宗教上の正統派であるのかをめぐってマハッラの人々が宗務協議会や警察を招き入れていた政治を剔出し、ロシア帝国がムスリムを統合していた仕組みを理論化した点に大きな貢献があった。しかし、彼の依拠した史料の多くはロシア当局に宛てた嘆願や訴訟記録という、権力のとりなしを求める人々の態度がすでに織り込まれた文書であり、それに依拠して人々がイスラーム正統派の定義を国家に求めていたと結論付けるのは勇み足だろう(5)。

宗務協議会を媒介とする国家と個々のマハッラとの交渉を重視する研究に対して、タタール語史料からマハッラの自治的な営みを強調する立場も存在する。ステファン・デュドゥワニヨンは、タタール語の新聞・雑誌を精査することで、限られた資本の分割と配分をめぐる政治をマハッラ内部に見出し、進歩派《ジャディード》と保守派《カディーム》との思想上の敵対という先行研究の図式に経済的な視座を加えた[6]。アレン・フランクは、ウラマーの著した村史や都市史からムスリムの日常生活と国家制度との相関を読み取っている。彼はとくに、タタール人とカザフ人が交わる地点に注目し、カザフ草原西端のサマラ県ノヴォウゼンスク郡と東端のセミパラチンスクのムスリムの生活を詳細に描いてみせた[7]。とはいえデュドゥワニヨンもフランクも、マハッラの財政やウラマーの再生産というそもそも国家がほとんど関与しなかった領域を重視しているので、マハッラの人々がこれら自律的に見える領域をも、宗務協議会を介する行政手続きを能動的に利用しながら組織していた姿までは捉えきれていない。

これまでの研究の限界を克服すべく、本章はロシア語の文書史料とタタール語の印刷物を合わせて利用する[8]。前章でみたように、宗務協議会の改革論議はタタール語の世論が形成される中心的な場ではあれ、宗務協議会の現実的な再編には直結しなかった。これに対してマハッラをめぐる議論は、現実のマハッラの変化と密接に連動していた。まずウファの宗務協議会の文書は、宗務協議会自体の規程と業務が現状を維持する中で、マハッラで何が起こっていたのかを生き生きと語ってくれる。そして、タタール語の印刷物はそうした動態を映し出すと同時に、似通った行政の枠組みで暮らすムスリムに共通の問題を集約し、互いに遠く離れた人々の間にも議論を喚起したり、既存の行政手続きとイスラームの用語を接合するための言葉をマハッラの人々に提供したりするなど、マハッラの再編に直接働きかける役割も果たした。結果として一九〇五年革命以降、宗務協議会がマハッラで果たす役割は拡大し、それをめぐるタタール語出版物上の議論は活況を呈した。なお、マハッラの動態に関する政府の見解に関しては、一九〇五―一七年に三回開かれた、ムスリム問題に関する特別審議会の議事録、とりわけマハッラの構造にまで踏み込んで議論が行われた一九一四年のものを重視する。

1　マハッラと帝国の法律

(1)　ムスリム聖職者の任務

宗務協議会はヨーロッパ部ロシアとシベリアのムスリムを管轄下におさめ、その数は二〇世紀初頭に帝国の全ムスリム人口の約五分の一を占めた。一九〇八年までに協議会の管轄下には四九〇八のマハッラがあり、四〇一万七一七二人のムスリムが住んでいた。[9] 帝国の法によれば、各金曜モスクには三人まで聖職者を置くことができた。礼拝を主導するイマーム（imām）、フトバ（khuṭba 説教）を行うハティーブ（khaṭīb）、礼拝時間を伝えるアザーンを唱えるムアッズィン（mu'adhdhin）である。[10] 通常、一人の人物がイマーム・ハティーブ・ムダッリス（mudarris マドラサの教授）を兼ねた。ムスリム聖職者には様々な宗教儀礼を行い宗教上の必要を満たす以外に、シャリーアに則って結婚や離婚の手続きを執り行い、ムスリムの間で生じた財産問題を解決する権利があった。[11] また、金曜日や祭日にツァーリとその家族の名をフトバの中で称えること、ウファの宗務協議会から回状の形で送られてくるツァーリや政府の指令をマハッラの人々に訓戒（naṣīḥa）することも重要な役割だった。[12] 歴史上ムスリム社会では、フトバの中で時の支配者の名が落とされることは不服従や反乱の意図を意味してきた。ロシア帝国においても、ツァーリの名が落とされることはもちろん、「トルコのスルタン」の名を唱えることは重大な反逆行為とみなされ、それを疑われたムッラーは更迭された。[13] さらにこの問題は、ロシアがイスラームの家なのか戦争の家なのかという、この地域のウラマーの歴史的な論争とも結びついていた。[14]

ムッラーは、イスラーム法上の用語でロシアの統治をイスラームの家として正当化しただけでなく、国家行政の末端にも組み込まれていた。一八二八年から課されるようになった戸籍の管理はその典型だ。[15] 戸籍簿は出生、結婚、離婚、死亡の四節で構成され、結婚・離婚については、シャリーアに則って証人（shāhid）の名やマフル（mahr 花婿が花嫁に持参する金銭・物）の内容も記載された。戸籍簿はまず、宗務協議会が年始に県庁を通じて各マハッラに二部ずつ配送する。そのうち一部はムッラーが保存し、もう一部はウファに返送するために年末あるいは遅くとも翌年二月までに郡役場に提出する。その際、戸籍簿作成費と郵送料に加えて、「結婚税（brachnyi sbor）」も添えて送らなければならなかった。(16)

戸籍業務による事務の増大に伴い一八二九年に導入された結婚税は、宗務協議会の最大の収入源だった。その額は一八八八年から結婚一件あたり二五銀コペイカだったが、例えば一九一三年の協議会の歳出二万七七ルーブル四七コペイカのうち、七八六四ルーブル九四コペイカは国庫から、一万二二一二ルーブル五三コペイカは結婚税から賄われた。(17)宗務協議会の財源をどのように確保するかは論争の的だった。ムフティー、ムハンマディヤール・スルタノフは一九一一年に、協議会の財政を改善するために結婚税を五〇コペイカに引き上げ、戸籍抄本の発行一部につき二五コペイカを徴収し、聖職の試験でイマーム・ハティーブ・ムダッリス職に三ルーブル、ムアッズィンとムアッリム（教師：前章第2節（1）を参照）に一ルーブルを課すことなどを内務省に提言した。これに対してタタール語紙上では、カザンの『ヨルドゥズ（星）』が賛成し、同じカザンの『コヤシュ（太陽）』とバフチサライの『テルジュマン（翻訳者）』が難色を示した。後者によれば、宗務協議会は国家機関であるので他の機関と同様、国庫が支出を賄うべきなのだった。(18)オレンブルグの『ワクト（時）』もこの立場を採り、将来的な協議会の管轄業務の拡充に備えるべきだと主張した。(19)他方、同じ『ワクト』上で、第二国会で議員も務めたウファのイマーム、ムハンマドサービル・ハサニー（Muḥammad Sābir al-Ḥasanī 一八六六年生）は、結婚税が一律に徴収されるのではなく、マフルの額に応じて課されるべきだと提案した。(20)一九一四年四月末に帝国のムスリム行政を検討した政府の特別審議会は、スルタノフの提言を検討したものの、国庫からの支援を受けられるのは正教会に限るという立場にあくまでも固執した。(21)

一八七四年に国民皆兵制が施行されると、ムッラーの持つ戸籍情報は軍当局が男性の年齢と数を把握するためにも不可欠となった。一八七四年五月一四日、ムッラーに徴兵対象者の戸籍抄本を作成させることに関する国家評議会の提言を皇帝が裁可すると、宗務協議会は六月二四日に管区内のすべてのムッラーに指令を発した。それによれば、ムッラーはまずタタール語で戸籍抄本を作成し、その翻訳はロシア語を知る者がムッラーから口述筆記する形で添付することとされた。しかしこの要請は、当局から送られてくるロシア語の文書を解さないムッラーから頑強な抵抗にあった。一八九五年末、ウファ県メンゼリンスク郡第八区のゼムスキー・ナチャーリニクは宗務協議会に対して、同郡アルメチムリンスク郷のムッラーの多くが、郷役場による一八九六年度の徴兵者名簿作成に非協力的だと報告した。そして、一八七四年一〇月一日から一八七五年一〇月一日に生まれた者について、戸籍抄本を郷役場に提出することをムッラーに義務付けるよう協議会に要請した。(22)

伝染病の予防にも、戸籍を管理するムッラーの協力は不可欠だった。幼児の高死亡率の原因だった天然痘を予防するには種痘の普及が不可欠であり、そのためには毎月の出生数を正確に把握しなければならなかったからだ。また、天然痘での死亡者数を確認することも重要だった。一八八七年にウファ郡ゼムストヴォ参事会はムフティーに対して、ムッラーが「せめてタタール語で（na tatarskom dialekte）」出生者一覧表を作成し、マハッラの人々に種痘が有益なことを説得するよう通達を出すことを要請した。ベレベイ郡参事会も、県庁に同様の問い合わせをした。一八九一年四月四日と六月七日に宗務協議会はウファ県のムッラーに向けて、医師とゼムストヴォに協力するよう呼びかけた。(23)

ムッラー職に就くには、まず郷長と村長が出席してマハッラの家長たちの少なくとも三分の二によって選出されなければならなかった。選出者の一覧を付けた寄合の決議文（prigovor）は郡警察本署に提出され、そこから県庁（gubernskoe pravlenie）に送られた。ムッラーの任命と解任は、ウファの宗務協議会ではなく県庁が行っていたからである。県庁はマハッラの決議文を検討する際、被選出者の「政治的信頼度（politicheskaia blagonadezhnost'）」と、宗務協議会で宗教の知識を試験されて適任と評価されているか否かを調査した（図3-1）。ここで問題がなければ、

Клятвенное обѣщаніе.

Я, нижепоименованный обѣщаюсь и клянусь Всемогущимъ Богомъ, Передъ Святымъ его Алкораномъ, въ томъ, что хочу и долженъ ЕГО ИМПЕРАТОРСКОМУ ВЕЛИЧЕСТВУ, своему истинному и природному ВСЕМИЛОСТИВѢЙШЕМУ ВЕЛИКОМУ ГОСУДАРЮ ИМПЕРАТОРУ НИКОЛАЮ АЛЕКСАНДРОВИЧУ, САМОДЕРЖЦУ ВСЕРОССІЙСКОМУ и законному ЕГО ИМПЕРАТОРСКАГО ВЕЛИЧЕСТВА, Всероссійскаго Престола Наслѣднику, вѣрно и нелицемѣрно служить и во всемъ повиноваться, не щадя живота своего до послѣдней капли крови, и все къ высокому ЕГО ИМПЕРАТОРСКАГО ВЕЛИЧЕСТВА Самодержавству, силѣ и власти принадлежащія права и преимущества, узаконенныя и впредь узаконяемыя, по крайнему разумѣнію, силѣ и возможности, предостерегать и оборонять, и при томъ, по крайней мѣрѣ старатися споспѣшествовать все, что къ ЕГО ИМПЕРАТОРСКАГО ВЕЛИЧЕСТВА вѣрной службѣ и пользѣ государственной во всякихъ случаяхъ касаться можетъ; о ущербѣ-же ЕГО ВЕЛИЧЕСТВА интереса, вредѣ и убыткѣ, какъ скоро о томъ увѣдаю, не токмо благовременно объявлять, но и всякими мѣрами отвращать и не допущать тщатися, и всякую ввѣренную тайность крѣпко хранить буду, и повѣренный и положенный на мнѣ чинъ, какъ по сей (генеральной) такъ и по особливой, опредѣлен-

يمين وعده سی

図 3-2　宣誓のテクスト

出典）NART, f. 2, op. 2, d. 8795, l. 15.

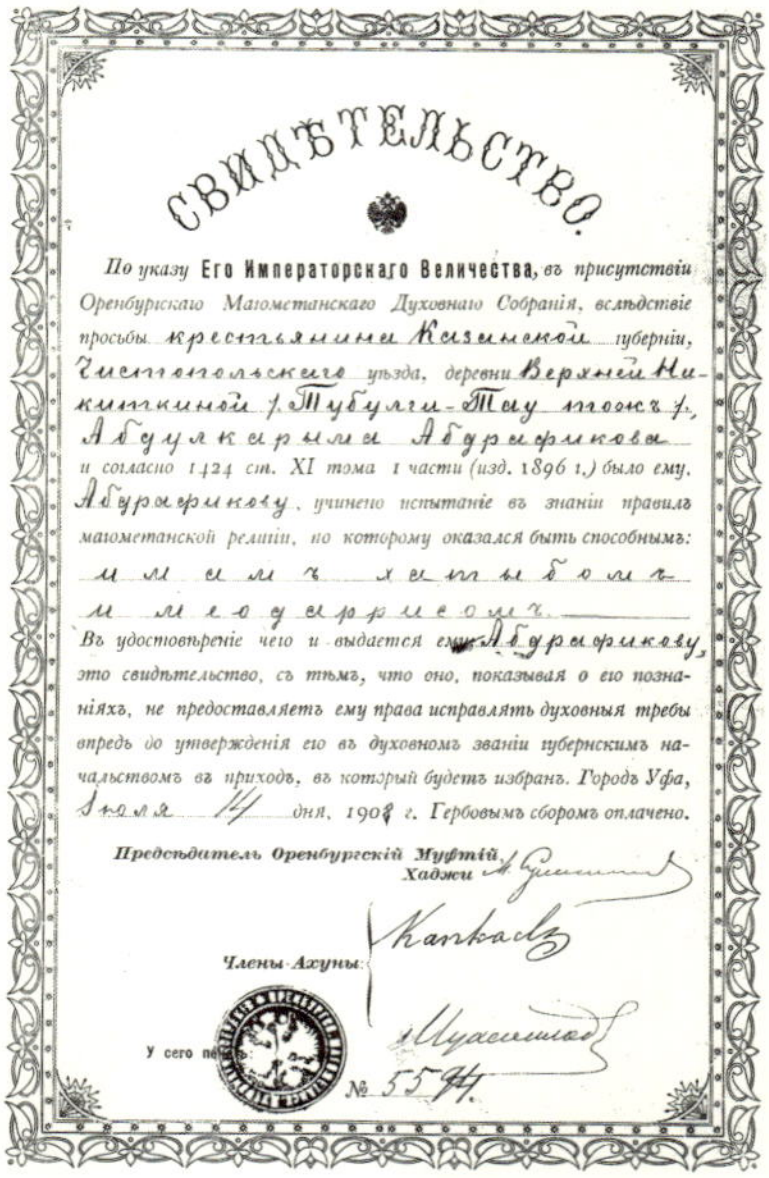

СВИДѢТЕЛЬСТВО.

По указу Его Императорскаго Величества, въ присутствіи Оренбургскаго Магометанскаго Духовнаго Собранія, вслѣдствіе просьбы крестьянина Казанской губерніи, Чистопольскаго уѣзда, деревни Верхней Никиткиной (Тубулги-Тау тожъ), Абдулкарима Абдрафикова и согласно 1424 ст. XI тома 1 части (изд. 1896 г.) было ему, Абдрафикову, учинено испытаніе въ знаніи правилъ магометанской религіи, по которому оказался быть способнымъ: имамъ хатыбомъ и мударрисомъ.

Въ удостовѣреніе чего и выдается ему Абдрафикову, это свидѣтельство, съ тѣмъ, что оно, показывая о его познаніяхъ, не предоставляетъ ему права исправлять духовныя требы впредь до утвержденія его въ духовномъ званіи губернскимъ начальствомъ въ приходъ, въ который будетъ избранъ. Городъ Уфа, Іюля 14 дня, 1908 г. Гербовымъ сборомъ оплачено.

Предсѣдатель Оренбургскій Муфтій, Хаджи

Члены-Ахуны:

№ 5594.

図 3-1　イマーム・ハティーブ・ムダッリスになる資格を証明した宗務協議会からの合格証書

出典）NART, f. 2, op. 2, d. 8795, l. 6.

県庁は政令（ukaz）を発して正式にムッラーとして任命し、その後宗務協議会はムッラーに戸籍簿を送った。就任時には、別のムッラーの導きで、クルアーンを前にしてツァーリのために勤めることを宣誓した（図 3-2）。このような公式な手続きで聖職者になった者は、一般に「政令ムッラー（ukaznoi mulla）」と呼ばれた[24]。

二〇世紀初頭に新方式学校が普及すると、その修了生が教員（ムアッリム、女性はムアッリマ）として就職するにも宗務協議会の証明書が必要になった（前章第2節（1）参照）。新方式学校には教職の証明書を出す権利などなかったので、証明書の欠如を口実に教育省の視学官は教師を解職し学校を閉鎖することができた。当局の目には、この新しい教師たちこそ国外の汎イスラーム主義者や汎トルコ主義者と結託して、国家の秩序を脅かす輩にほかならなかったからである（次章参照[25]）。よって宗務協議会は事実上、聖職の試験の合格者にムアッリムの資格も与えていたが、女子には試験の可能性が閉ざされたままだった。このような事態を受けて国会のムスリム会派は一九一四年に、宗務協議会が男女の教師に証明書を出せるようその法制化に尽力した。[26]

タタール語紙上では、教師が試験のためにウファに赴く出費を軽減できるように、様々な地域のマドラサに証明書を出す権利を与えること、またムアッリムとムアッリマを養成する師範学校を設置することなどが提言されていた。[27] さらに、宗務協議会の試験自体がもはや時代錯誤と考える者もいた。これは、当時協議会のカーディーだったリザエッディン・ファフレッディンが、学校の改革について『テルジュマン』紙上で一九〇五年一二月一二日に提起した十の問いの一つでもあった。カイロのアズハル学院で学んだウファの気鋭の学者ズィヤウッディン・カマリー（一八七三—一九四二）はこの問いに応え、一二〇年近く科目が確定せず、イスラーム的真理の要（haqīqat-i Islā-mīyaning madārī）たるクルアーンとハディースを無視して古めかしい知識を問う協議会の試験は不適当であり、新方式学校の教員《ムアッリム》にも伝統的なマドラサの教授《ムダッリス》にも各人の専門に応じた資格を与える仕組みがふさわしいと主張した。カザンの『アーザード（自由）』紙にファフレッディンへの回答を投稿したシムビルスク県ブインスクのアブドゥルラフマン・サイードフも、協議会の試験では教育方法の知識が測れないので、その合格者を教職に就けるのは有益でないと考えた。[28]

これらの問題にもかかわらず、二〇世紀初頭には聖職者や教員になるためにウファで試験を受ける者の数が大幅に増加した。一九〇四年には、協議会での受験者の総数が三三三人であったのに対して、一九〇六年には六九四人、一九〇九年には九九五人に達した。[29] 一九〇五年前後に生じた変化は、ゼムストヴォの統計調査が示すマクタブの増加幅にもうかがえる。一九一二—一三年に行われたウファ県での調査によれば、一八九五—一九〇五年に開校したマクタブが一九・六%で、一九〇五年以降に開校したのは三六・八%を占めた。[30] 一九一五年のオレンブルグ県での調査によれば、一九〇〇年以前に遡るマクタブが全体の七三・七%を占めるが、一九〇〇—〇五年に四%、一九〇五一一〇年に八・六％、一九一〇―一五年に一三・五％のマクタブが開校した。[31] こうした背景には、一九〇五年革命時に宣言された信仰の自由という政治的な要因だけでなく、聖職者や教員を十分に養う程度にマハッラで資本が蓄積されたという経済的な要因もあった。[32]

ロシア内地深くに生きるムッラーやマハッラの人々は、ウファの宗務協議会と連動する国家行政の中で自らの共同体の秩序を維持していた。マハッラの長たるムッラーを県庁が任命・更迭していた事実はその最たるものだ。大改革はヨーロッパ部ロシアで国家権力の介入を増大させ、それに伴いムスリム社会も大きく変容した。遺産相続など家族に関わる紛争ではシャリーアに加え地方裁判所で帝国の民法に訴える可能性が開かれ、国民皆兵制が敷かれるとムッラーは徴兵者名簿の作成に参加しなければならなかった。ゼムストヴォという地方自治制度が導入されると、衛生面でも、また本章の最後で論じるように教育の面でもムスリム社会はゼムストヴォの活動に無関心ではいられなくなった。これらのことからすれば、教育改革が進行する中でムッラー職にロシア語能力が求められるようになったのは必然だった。

（2）ロシア語とムスリム聖職者

内相D・A・トルストイの報告に基づいて、一八八八年七月一六日にアレクサンドル三世は、「オレンブルグ・ムスリム宗務協議会管区内のムスリム聖職者に教育資格を設定することに関する規則」を承認した。規則は、都市の上級聖職者（ハティーブやアフンド）には一学年制初等学校を修了した程度のロシア語の試験に合格することを、農村のムッラーにはロシア語の会話と読解の証明書を要求し、一八九一年一月一日から施行されるはずだった。[33] 施行前の一八九〇年一〇月一一日にはあらためて同内容のツァーリの裁可があり、これに基づいて教育大臣は一二月三〇日に、ロシア語試験の実施と証明書発行の手順を示した。試験を指揮する特別な委員会が県庁か郡庁の所在地で少なくとも三学年を備える市学校に設けられ、委員長をその学校長が勤めることになった。[34] 一八九六年からは

「替え玉受験」防止のために、受験者に証明写真の提出も義務付けられた[35]。この教育資格の設定は一九〇五年革命期まで、進歩的な知識人も含むムスリムからの大きな反発を引き起こした。しかし革命後、とりわけ進歩的な知識人は、ロシア語を含む普通教育科目からマクタブ・マドラサを隔離しようとする当局の政策に抗議するようになった。政府とムスリム双方のロシア語に対する態度の変化は何を意味しているのだろうか。

ムッラーの教育資格は一八七〇年代からすでに教育省で検討されていた。当時教育相だったトルストイの主導で一八七〇年三月二六日に異族人教育規則が発布されたが、それはムスリム社会がマクタブ・マドラサを新設する場

Свидѣтельство.

Настоящее свидѣтельство, съ приложеніемъ надлежащ… печати отъ Мамадышскаго Городского 3хъ классного училища, выдано мѣщанину города Мамадыша Казанской губерніи — Хусаину Низамутдинову Минликаеву въ удостовѣреніе того, что онъ успѣшно выдержалъ испытаніе въ знаніи русскаго языка, установленное для кандидатовъ на должность сельскаго муллы. 26 апрѣля 1905 года. Г. Мамадышъ Казанской

№ 95

Предсѣдатель комиссіи, Инспекторъ народныхъ училищъ

Члены

図 3–3　カザン県ママディシュ市三年制学校からフサイン・ミンニケエフという人物に出されたロシア語試験の合格証書。この人物は次章第 3 節 (2) で取り上げる。

出典）NART, f. 2, op. 2, d. 7537, l. 15.

合、自費でロシア語クラスを付設することを義務付けていた。(36) カザン学区のタタール・バシキール・キルギス学校視学官で東洋学者のV・V・ラドロフ（一八三七―一九一八）は一八七五年に、ムッラー職に就く条件としてロシア語を直ちに義務付ければ、ロシア語クラスの開設に反対するムッラーやムスリムの学校を支援するタタール人資本家の抵抗を抑えられると教育省に具申していた。またラドロフは、前年に始まった国民皆兵制がロシア語クラスの重要性を高めるとも期待した。(37)

一八七〇年の教育規則を実施した現場では、ロシア語クラスの義務化が実質的にロシア語の教育資格の設定を含意すると解されることもあった。この解釈をとくに押し出したのがサマラ県庁だった。サマラ県庁がムッラーを承認する際にロシア語能力を検査する措置を取った根拠は、教育規則に伴ってムフティー、セリムギレイ・テフケレフが管区内の聖職者に発した訓戒だ。その中でムフティーは、法律やツァーリの命令を遵守しロシア人や諸機関と連携するためにムッラーはロシア語を学ばねばならないと説いていた。(38) この訓戒は『モスクワ報知』と『ゴロス（声）』というロシア語紙にも掲載された。しかし、ロシア語の義務化がムスリムの改宗の第一歩であるかのように報じられ、各地のムッラーの不安を掻きたてたので、ムフティーは『ゴロス』に抗議文を送った。(39)

ムッラーに事実上ロシア語を義務付けるサマラ県の措置を知ると、宗務協議会は、ロシア語試験を実施する権限は協議会にあると主張した。そして試験に際しては、すでにタヴリーダ宗務管理局管区内で実施されているように、一つの職に数名の候補者があった場合、ロシア語を知る者を優先させるとした。(40) しかし、法的に宗務協議会が実行可能な試験はシャリーアの知識についてのみだった。(41) サマラ県庁はこの点を指摘しながら、ロシア語試験を実施する権限はあくまでも世俗権力に属すという立場を崩さなかった。これに応えて協議会は、ムフティーの訓戒には既存の法規定を変更する意図はなかったと説明し、法律はいかなる試験を実施することも県庁に定めていないのだから、サマラ県庁の方こそ法に違反していると非難した。(42) 結局、サマラ県庁は自身が試験するという立場を変更し、ロシア語で会話できることについて証明を求めることにした。(43) ラドロフによれば、このサマラ県の措置はムスリムに何の混乱ももたらさず、聖職希望者はロシア人の村やロシア語クラスのあるマドラサで勉強するようになったという[44]。

マクタブ・マドラサにロシア語クラスを扶植する教育当局の努力は、ムッラーの頑強な抵抗にあった。一八七四年以来、マクタブ・マドラサは教育省の管轄に入ったとはいえ、抵抗するムッラーへの説諭という形で宗務協議会も教育活動に関与せざるをえなかった。ウファ郡チシメ村には、一八七七年に教育省の出資でマドラサに付属してロシア語クラスが設置された。一八七〇年の教育規則が、ロシア語クラスはムスリム自身の出資で設置することと定めていたことからすれば、この措置は教育当局の譲歩と言える。教育省が派遣したウファのタタール師範学校[45]の卒業生クルバンガリーは当初、村人の信頼を得ていたが、しばらくして村人は子供を学校に遣らなくなり、教師にも住居や教室を提供しなくなった。その背後には、ロシア語の学習はクルアーンに反すると激昂する地元のムッラー、ヤクポフの存在があった。オレンブルグ学区のタタール・バシキール・キルギス学校視学官は一八七八年一月一八日、このムッラーに対して必要な説諭を行うことをムフティーに要請した[46]。

ムッラーたちの敵意にもかかわらず、ロシア語の教育資格を設定した一八八八年と一八九〇年の法令がロシア語クラスの普及をある程度促したことは否定できない。とくにウファ県では、すべてのロシア語クラスがゼムストヴォの支援を受けていた。実際、ムッラー自身がロシア語を教えるようになり、ムッラー志望者がロシア語を学ぶいくつかの中心地も現れた。例えば、ウファ市には第一モスクのマドラサに付属したロシア語クラスがあり、ウファ県ベレベイ市のマドラサには成人用の夜学があった。とくに後者は、一八九六年から一九一四年までに二九九人のムッラー候補者を養成した[47]。

また、視学官で東洋学者のラドロフが期待したように、兵役がロシア語学習を促したのも確かだ[48]。有名なバシキール民族運動家で東洋学者のゼキ・ヴェリディ・トガンの父は兵長も務めたが、ロシア語を知らず大変苦労したので息子にはすぐに勉強させることにしたという[49]。カザン県スヴィヤシスク郡のムッラー、シガブッディン・ラフマトゥッリンはカザンのマドラサで学んだ後、兵役中にロシア語を習得し、地元でロシア語の独習書を著した。[50] ウファ郡旧キーシキ村の第五代イマーム、ムタッハル・ミールハイダル（一八七五年生）が著した村史によれば、彼の従兄ウバイドゥッラー（一八六九年生）は村のマドラサで学んだ後、一八九一年に徴兵されて（shāh khidmatina ālinūb）モスクワで勤務し、その後村で教育活動に従事した。ムタッハル自身も一九〇三年までカザン郡クシュカル村の由緒あるマドラサで学んだ後、三ヵ月以上ウファでロシア語を勉強して証明書を得ている。[51] オレンブルグ県オルスク郡出身の兵士アブドゥルハーリク・アフメロフは、二〇三高地など日露戦争の旅順の激戦を活写する冊子を出版しているが、そこには多数のロシア語の軍事用語がアラビア文字で転写されている。[52]

しかし、ムスリム聖職者に対する教育資格の設定はムスリム社会で広範な反発を惹起した。一八八八年に法律が出ると、カザン市第一ギルド商人アフメトジャン・サイダシェフ（一八四〇―一九一一）は、自らの商業・親族のネットワークを動員して、大規模な請願運動を組織した。[53] また、オレンブルグ県でも抗議行動を組織する上で商人の役割は大きかった。チェリャビンスク郡ズヴェリノゴロフスクは、数万ルーブルの取引高を誇る者もいる地域の商業拠点だったが、クリミアの『テルジュマン』紙で法律を知るとこれに反対する集会を開き、請願を行うことを決めた。この動きは、より大きな商業拠点であるトロイツクやペトロパヴロフスクとも連動していた。オレンブルグでも請願運動の主導者は商人だった。[54]

一九〇五年革命の初期段階のカザンでは、弁護士のサイドギレイ・アルキン、ウラマーのアブドゥッラー・アパナーエフ、パリ帰りのユースフ・アクチュラといった指導的知識人もロシア語の義務化に反対した。一九〇五年一月二八日に開かれた集会でこれらの知識人は宗務協議会の機能強化を求めたが、その文脈でマクタブ・マドラサは協議会の管轄下に移るべきだと主張した。なぜなら、これらの学校は「純粋に宗教的な性格を帯びている」からであった。この集会の決議は、大臣委員会議長セルゲイ・ヴィッテに送られた。[55]

ムスリム社会からの猛烈な反発に直面して、政府は教育政策の変更を余儀なくされた。信仰の寛容に関する特別審議会の要請を受けて、一九〇六年にスンナ派ムスリムに関する詳細な報告書をまとめたV・P・チェレヴァンスキーは、「五〇〇以上」のムスリムの請願の五分の四近くが、ムッラーをロシア語学習から解放することを求めていると指摘した。彼は、多くの請願書の中でウファの宗務協議会の保守的な姿勢が賞賛されているものの、この保守主義は「世界の文化」だけでなく「国家の支配民族の言葉」つまりロシア語からの断絶も要求する因循姑息と混交していると評した。そして、ムスリムは「地球上の進歩しつつある人々」との交流を拒んでいるのであり、政府の政策であろうと、彼らが世界的な進歩の道に入る可能性を与えることはできないと結論付けた。[56]とはいえこの時には、教育省の代表A・S・ブヂロヴィッチが、ロシア語の全国家的意義は国家基本法第三条にも明記されており、ムスリムがタタール語で戸籍を作成するのは容認できないと主張した。また、カザン神学アカデミー教授M・A・マシャノフも、ムッラーの読むフトバには、伝染病や戦争の説明、また政府の政策への反感を鎮める説得の役割があるので、ムッラーはロシア語を通じて情報を得なければならないと付け加えた。[57]

一九一〇年に「沿ヴォルガにおけるタタール・ムスリムの影響力への対抗策」を検討するために開催された特別審議会では、ムスリムの進歩が帝国秩序の脅威となるという認識の下、ロシア語の普及を通じてムスリムを「ロシア化」することを謳った一八七〇年の異族人教育規則の原則が放棄された。[58]こうして政府は、マクタブ・マドラサに宗教科目しか認めなくなる。当然この方針は、マクタブ・マドラサを独自に改革しようとしていたムスリム知識人にとって、ムスリムの進歩（taraqqī）に対する制限にほかならなかった。しかし同時に、彼らはこの制限が、かつての自分たちの要求が実現することでもたらされたことを痛感していた。この逆説はどのように説明できるだろうか。

一九世紀後半の大改革以降の政策は、ヴォルガ・ウラル地域のムスリム住民には、エカチェリーナ二世の与えた信仰生活の保障に対する攻撃のように映っていた。[59]一九〇五年革命時に政府に向けられた夥しい請願書が「失われた権利」の復活を求めていたことは偶然ではない。よってムスリム社会の代弁者も、国家との関係を刷新することよりも過去の信仰生活の自律性を回復し維持しなければならないと考えたのである。このような状況下で、宗務協議会のカーディー、リザエッディン・ファフレッディンが、何の権利も最初から保障されていたわけではなく、女帝が出したという「空想の法令（khayāl īdiklārī bir fermān）」を拠り所としたがために、かえってムスリムは自らの利益を守る権利をなくしたのだと戒めたことには意味があった。さらにファフレッディンは、イマームとキリスト教の聖職者との同権を要求するのであれば、イマームの教育要件を引き上げなければならないと主張した[60]。行政機構としての宗務協議会は一八世紀末以降、地域のムスリムの信仰生活に根を下ろし、一九世紀後半以降はムスリム社会も主体的にそれを自分たちの既得権益の根幹と位置付けた。こうした動きを政府は、ロシア国家や「進歩」「文明」に対するムスリムの閉鎖性の表れと解釈したのである。ファフレッディンの批判は、ムスリム社会に新しい時代状況への適応を求めていたことになる。

　果たして一九〇五年革命後、ムスリム知識人の論調も変化した。ヴィッテ宛の請願に署名したサイドギレイ・アルキンも、一九〇六年八月の第三回全ロシア・ムスリム大会では、宗教を学ぶ者にもロシア語学習は必要だと発言した。カザンのウラマー、アパナーエフが中心となった大会の教育改革をめぐる議論は、ロシア語をマクタブの中等課程（rushdī maktab）から義務付けるという結論に達した[61]。タタール語紙上でも、ムッラーのロシア語能力はかつて宣教師によるロシア化の一環とみなされてきたが、戸籍抄本などの文書を行政機関に提出し、法律の文言を理解し人々を導くために不可欠だと説かれた[62]。一九一三年に内務省宗務局が、来る一九一四年の特別審議会のためにマクタブ・マドラサの現状を調査した際、ムフティーのスルタノフは、管轄内各地からウラマーを招聘して私的な会議を設けた。出席者はクルアーンとハディースの詳細な検討に基づいて、宗教科目と世俗的な普通教育の科目は両立可能と表明した[63]。一九一四年五月の政府の特別審議会では、一九一〇年と同様、ムスリムがロシア語を学んでロシア文化に触れることは彼らの間に「過激主義（radikalizm）」をもたらすとの意見もあった。他方で、「支配民族」ロシア人の文化にムスリム民衆を接近させる先導者の役割をムッラーに期待して、ロシア人の初等学校で得られる程度の教育を条件とすべきと主張する者もいた。結局、ロシア語は必修という現状維持にとどまった[64]。

注目すべきは、宗務協議会がロシア語の必要性について一貫した立場を取れたことである。一九一〇年一一月に宗務協議会を査察した内務官吏プラトニコフは、スルタノフがかつては体制に従順で、ムスリム聖職者の間にロシア語を普及させる政策にも協力したが、一九〇四年頃から明らかに「タタール・ナロードニキ」の影響下に入り、彼らが学校の運営で働く横暴に抑止策を取らないどころか助長さえしていると評した[65]。しかし換言すれば、まさにこの態度の変化こそが、一貫した協議会の立場を可能にしたとも言える。一九〇五年以前ムフティーは、一八七〇年の異族人教育規則の理念に忠実であろうとし、その後は、進歩的な知識人の公論に耳を傾けようとしたのだ。

(3) モスクの建設

帝国の法律によれば、モスク建設には、宗務協議会と県庁がその必要性自体に加え、マハッラを構成予定の人々の財政能力を確認していることが不可欠だった。モスクを望む人々はその決議文の中で、モスクと聖職者を養うべく資金を調達することに合意を表明しなければならなかった。さらに、モスクの設計図と建設予定地の図を県庁の建設部に提出しなければならず、建設部は設計図と予算を検討した上で承認を与えた。承認を与える上で当局が注目したのはまず、新しく形成されるマハッラに男性が二〇〇人以上いること、そして新たなモスク建設が近隣の受洗タタールに誘惑（soblazn）とならないことという指標だった[66]。

マハッラの人数規定は、モスクを運営できる最低限の男手に相当していたが、規模の小さな村落には制約として作用した。オレンブルグの『ワクト』紙は、ウファ郡バカエフ郷マウリュートヴァ村を例にこの問題を提起している。この村は、一九〇二年にわずか三〇世帯に九七人の男性しかいなかったが、宗務協議会とウファ県庁にモスク建設の決議を送った。協議会はこの決議を承認したものの、県庁は、決議に近隣の村々も加担しているという理由で請願を棄却した。その後、元老院はマウリュートヴァ村からの請願を支持したが、内相は県庁の説明を支持した[67]。

他方で、法定人数があまりに少ないと考える論者もいた。カザンの『ヨルドゥズ』紙に投稿した「アルタイ」氏によれば、マハッラは少なくとも一〇〇〇人で構成され、構成員には「信仰税（rūḥānī nalūgh）」が累進課税され、宗務協議会が資金を聖職者に配分する仕組みを作らなければならなかった。彼は、ムッラーに年四〇〇―五〇〇ルーブルは支払わなければならないと見積もっていた。[68]

男性の数が四〇〇―四五〇人のマハッラでは、法定数をかろうじて満たす形でしばしば分裂が生じ、マハッラの財力が減退することが深刻な問題だった。これは当時のタタール語の新聞・雑誌でも大きく取り上げられた。この分裂は、村さらにはマハッラ単位での政治の存在を示している。人々は通常、自分たちの金曜モスクを持ちたがり、そこに法律で許容された数の聖職者、つまりイマーム二人とムアッズィン一人を置きたがった。そうすると、限られた資本の分割をめぐって二人のイマームが権威を競うようになる。さらにそこに、新方式学校を修了した若いムアッリムが加わると状況は一層複雑になった。こうして人々はしばしばマハッラを分割せざるをえなくなったのである。また、マハッラの経済を支える富者（bāylar）も、自分の名前を冠した宗教施設を建てたがった。[69]

マハッラ形成の必要性を判断するために、ウファの宗務協議会は既存のマハッラの経済状況とそのムッラーの見解を現地の郷役場を通じて調査した。サマラ県ブグルスラン郡バイトゥガン郷ノヴォ・ウスマン村のテプチャルたちは、一九一三年一月四日の村会で、村に第四のマハッラを開き、そのモスクを建設するために寄付を募り、後見役（これについては後述）を選出するとの決議文を作成した。[70] この決議文は、村の人口増加をモスク建設の理由に挙げたが、郷役場の調査では、既存の第一、第二マハッラはそれぞれ男性が二八〇、四〇六人と法定数を満たすものの、第三と開設予定の第四マハッラは一八五、一五五人と法定数を満たさないことが発覚した。また、六五人が第四マハッラに移るはずだった第一マハッラの二人のイマーム、第二マハッラと隣村のイマームたち、さらにはブグルスランのアフンドは宗務協議会への請願書の中で、個人的な陰謀（ḥīla, makrlar）の存在と、第一マハッラさらには村全体が貧しいこと（faqīrlik）を指摘し、第四モスクの建設にイスラーム法上の口実（ʻudhr-i sharʻī）は見つけられないとし、マハッラの分裂に異議を申し立てた。宗務協議会は一九一四年八月二八日の決定で、テプチャルの村会の決議を棄却した[71]。

一九一四年五月の政府の特別審議会も、既存の法定数がマハッラの細分化と困窮を招いていることを確認した。しかし、法定数を引き上げることが、小さなムスリム共同体に対する制約になることも理解していた。それは、「信仰におけるいかなる制限とも無縁である我々の立法精神一般に適わない」のだった。結局、審議会は法定数を据え置くことにした[72]。他方でオレンブルグの『ワクト』は、既存の法定数に代えて、男性が少なくとも五〇人いればマハッラを形成できるが、すでにマハッラの機能しているところでは、新設予定のマハッラに男性が四〇〇―五〇〇人いなければマハッラを分割してはならないと提案した。そして、マドラサの運営、聖職者の養成、孤児の世話などでは、マハッラ同士が互いに協力するように呼びかけた[73]。とはいえ、男性二〇〇人という法定数は、一九一七年の十月革命後も宗務協議会の後身、ロシア内地・シベリアのムスリム自治組織付属の宗務局（Dīnīya Nizārati）によっても遵守された。これは、自治運動の指導者自身が帝政の法規定の有効性を認めていたことを示している[74]。

ただし、法定数が適用されない例外もあった。それは、日常的に五回の礼拝を行うモスク（piativremennaia）から金曜モスク（sobornaia）に改称する場合だった。行政単位としてのマハッラを形成できたのは金曜モスクのある共同体のみであって、通常のモスクの共同体は、金曜礼拝のような儀礼だけでなく戸籍業務も金曜モスクのイマームに頼っていた。金曜モスクに依存する共同体は必ずしも同じ村内にあるとは限らず、しばしばいくつかの村々にまたがっていた。ペルミ県エカテリンブルグ郡サリン郷スレイマン村のバシキールの人々は男性が一〇三人だったので、同郷シャリプクル村の金曜モスクを利用していた。しかし、道の悪い湿原を一五キロも通わなければならないので、自村のモスクを金曜モスクに変えて新たにイマームを置くことを一九一三年四月二七日に決議した。一九一四年半ば時点で、ペルミ県庁は既存のモスクの建立について文書がないのでこの決議を認めず、宗務協議会もその判断に従った。しかしスレイマン村から文書が提出されると協議会は、一九〇二年九月二日付の元老院の判断によれば、金曜モスクへの改称は県庁ではなく協議会の管轄だとして、スレイマン村の決議を承認した。[75]

問題がとくに深刻だったのは、少数のムスリムが広大な空間に散らばっていたシベリアだ。一九一四年六月の第四回ムスリム大会で、イルクーツクのイマーム、アブドゥッラー・アブドゥルラシドフ（'Abd Allāh 'Abd al-Rashīduf）は、シベリアにはイマームは少ないがムアッリムは多いので、ムアッリムが結婚・離婚、名付けのようなシャリーアの規定を執り行えるようにすべきだと提言した。[76] 実際トムスク県ベイスク市のムアッリム、ザーキル・ヌラッリン（Dhākir Nūrāllīn）も一九一六年三月に、公式のムッラーが二〇〇、三〇〇キロも離れたところにいるので、自分が臨時のイマーム（waqtlī imām）として戸籍業務ができないかウファに照会している。[77] トボリスク県チュメニ郡タルハン村の金曜モスクは外部の三村も合わせてマハッラを形成していたが、自前の金曜モスクを得た二村はそれぞれ独立したマハッラを組織するようになった。一九一七年七月二日の決議で第三のクルチュガン村も、男性が一一八人しかいなかったものの、金曜モスクへの道が遠いこと、春には雪解けでこの道が二つの川で遮断されること等を挙げて、タルハン村の金曜モスクから離脱する意志を示した。タルハン村の人々はマハッラの分割が経済力の縮小を招くと抗議したが、ムスリム自治機関に組み込まれていた宗務協議会は一九一八年一月八日に、クルチュガン村に請願どおり、既存のモスクを金曜モスクに改称する形でマハッラをつくる許可を与えた。[78]

当局がモスク建設の許可を与える際の第二の指標は、受洗タタールへの誘惑がないことだった。この指標は、一九〇五年四月一七日の信仰の寛容に関する法令以降、とりわけ切実となった。なぜなら、受洗タタールの棄教と自然崇拝の人々（iazychniki）のイスラームへの改宗を目撃した政府と正教の宣教師たちが、これを「タタール化」「イスラーム化」と呼んで政治問題化したからだ。[79] ただし現実には、四月一七日法が正教から離れることを許可したのは、正教徒として登録されてきたものの本人とその祖先がイスラームを信仰していたことが確認できた場合に限られた。つまり政府は、現実と一致しない不適切な信徒の分類の実態を認めてそれを是正しようとしたにすぎず、正教を離れなかった受洗タタールはあらためて正教につなぎ止められた。[80] カザン主教区の宣教師セルゲイ・バギンも、棄教者は十月詔書を機に棄教したのではなく、実はもともとムスリムだったのだと述べている[81]。

ではこれら棄教者は、どのようにムスリムのマハッラの中に取り込まれていったのだろうか。この行政上の再イスラーム化ともいえる手続きを担当したのも、宗務協議会だった。シムビルスク県ブインスクのアフンド、ヌルガリ・ハサノフ他二名による四月一七日法を踏まえた請願を受けて宗務協議会は一九〇五年六月三〇日に、正式に棄教した者に婚姻等あらゆるイスラームの儀式を行って戸籍に登録してもよいという判断を下した。法律によれば、ムフティーの決定は判決としての効力は持たず、執行してはならなかった[82]。しかし、一九一〇年に協議会を査察したプラトニコフは、この決定こそが一九〇五—〇七年の棄教の原因になったとみなした[83]。さらに協議会は、棄教者の求めに応じて、その人がどのマハッラに帰属することを望んでいるかを郷役場に調査させ、その結果を踏まえて、正しくムスリム社会に登録したのだった[84]。

正教会によるモスク建設への介入は、エカチェリーナ二世の裁可を受けた一七七三年六月一七日の宗務院《シノード》の法令で放棄されていた。その中でも言及されているように、女帝は一七六七年にカザンを訪問した際、旧タタール街(sloboda)に二つの石造のモスクを建設することを許可した。先代のアンナとエリザヴェータ両女帝がモスクの破壊も含む苛烈な対ムスリム政策を推進した後、エカチェリーナ二世がカザンを訪れモスクの建設を許可したことは、ムスリムへの寛容政策の始まりを告げる出来事だった[85]。

しかし、現地の宣教師は介入を不可欠と考えていた。一九一〇年に宗務院から内相に送られた報告書の中でカザン大主教ニカノールは、棄教者の住む村にモスクと学校が次々に開設されている現状を踏まえて、モスク建設を許可する際には、世俗権力と正教会との連絡が不可欠との立場を示した[86]。また、ムスリムと混住する村ではムスリムが村会でモスクの建設を決議してしまうと、正教徒も他の異教の人々も従わざるをえなくなるか、あるいは受洗者が独自に教会を開設せざるをえない事態が生じた[87]。一九一〇年六月にカザンで開かれた宣教師大会で、ウファ主教管区監督局のN・シゴルスキーは、県庁が郡警察署員を通じて正教徒に対する「誘惑」を調査する現在のやり方では、署員の中に正教に無関心な者やタタール人がいることがあるから不合理だと指摘した。そして、地元の司祭が主教当局に情報提供できるはずだから、県庁は主教当局にモスクの建設予定地について照会しなければならないと提言した。また彼は、教会建設のための公的手続きの煩雑さとは対照的に、モスクがマハッラの法定数さえ満たせば建てられていると苦言を呈した[88]。実際、モスクは教会に比べて密に存在していた。一九世紀末までにカザン県では、一モスクあたり平均九一〇人のムスリムを集めていたのに対して、一正教会には二三八五人であった[89]。

当然タタール語紙は、モスク建設に正教会が介入しようとする兆候に注意を喚起した。そしてそれは信仰の寛容に関する法令や十月詔書に反するばかりか、「お婆大王」つまりエカチェリーナ二世の伝統の侵害だとさえ訴えた[90]。一九一四年五月の政府の特別審議会でも、正教会がモスク建設に介入することは、「支配的な宗教に属さない人々に対して抑圧ではなく平和と愛に基づいて行動することを命じる正教会の教義の一般精神に全く適わない」との発言があった。しかしながら、正教徒の異族人の「タタール化」や彼らに対する「イスラーム宣伝」を防ぐために、混住地域で教会に先立つモスクの建設を禁ずる措置をとる可能性は残された[91]。ここに端的に表れているように、帝政最後の十年ほど、政府が信仰の寛容とロシア正教の優越との鋭い対立を経験したことはなかった。

2　マハッラの財政

マハッラの組織と政治は、帝国の法律と行政によってその外枠が大きく規定されていた。エカチェリーナ二世期に始動した宗務協議会を核とするムスリム行政は、聖職者の試験、戸籍の管理、シャリーアの適用を通じてヴォルガ・ウラル地域のムスリム住民の生活に入り込んだ。一九世紀後半に政府が、統一的な司法制度の構築、国民皆兵の導入、ロシア語教育の推進、疫病対策などにより国家行政の領域を社会の奥深くまで拡大すると、ムッラーたちはこれらの分担を迫られる一方でムスリムの自律的な領域を維持するという厳しい状況に立たされた。とりわけ、ロシア語クラスの設置やムッラーへのロシア語能力の義務付けは伝統的な教育制度に直に触れたため、彼らの中には学校の後援者である商人と共に激しい抗議運動の中心を占める者もいた。宗務協議会はこうした緊張の中で、政府とムスリム社会の間の仲裁者としての役割を鍛えていった。一九〇五年革命後、政府だけでなくタタール語の出版物もマハッラと宗務協議会の改革を一組に議論したのは偶然ではない。二〇世紀初頭のマハッラは、自治的な信仰生活の中核であると同時に集権的な行政の末端だったのであり、それは多宗教を寛容に包摂する宗派国家と行政の画一化・標準化を目指す大改革との矛盾を象徴的に集約していた。

しかし政府は、ムッラーを国庫で養いマハッラを支援するまでして国家行政に縛り付けることはなかった。[92] 一九〇六年の特別審議会に提出した報告書の中で、チェレヴァンスキーは、ムスリムは酒も飲まずに年七〇〇〇万ルーブルも節約しているのだから、キリスト教徒の酒税を含む国庫からムスリムのために支出するのは軽率だと言い放った。[93] 一九〇六年三月にオレンブルグ近郊のカルガル（セイトフ・ポサド）にある九つすべてのモスクのイマームたちは、その簡易市会（Seitovskoe uproshchennoe gorodskoe upravlenie）に対して、自分たちの生活はマハッラによっても政府によっても保証されていないと訴え、住居にかかる市税を永久に免除するよう訴えた。市会は県庁にこのことを伝えたが、県都市問題執務室は、この市税は他の宗教の聖職者にも課せられているのでムッラーだけを優遇する根拠は全くないと回答した。[94] 一九一四年五月頭の政府の特別審議会に招待されたペテルブルグのアフンド、サファー・バヤズィトフは、ムッラーは戸籍業務の他、ムスリム臣民が従順であるための精神的影響も及ぼしているのだと主張したものの、審議会は、政府の援助は正教会の聖職者に限られるという立場を崩さなかった。[95]

ここでムッラーの収入の一例を見てみよう。ウファ県ビルスク郡アサノフ郷のアフマドシャリーフ師は、ウシュル（ʻushr 十分の一税）が年一四〇ルーブル相当の穀物、二大祭に計七ルーブル程度のサダカ、名付け、結婚、葬儀などの宗教上の儀礼で八ルーブルを受け取っていた。このうち五ルーブルは戸籍業務に必要だったので、年収は一五〇ルーブルだった。彼は、五、六年勉強しただけの書記の若造でさえ月二五―三〇ルーブルを得ており、シャリーアに則って人々を指導する以外に、徴兵や天然痘対策のために戸籍情報も提供している自分の仕事は割に合わないとこぼした(96)。

一九〇五年以降のタタール語の新聞・雑誌上では、ムッラーの生活を保障することが共同体の信仰生活を維持する上での最重要課題の一つとして位置付けられていたが、そこには二つの考え方があった。一つは、ムッラーが国家から俸給を得ることで役人と化し人々から乖離するのではないかとの懸念から、マハッラの人々がムッラーを養うべきだという考え方(97)。もう一つは、かといってムッラーの生活がマハッラに依存してしまうと、ムッラーが人々に媚びて偽善的になるという考え方だ。ウファの『トルムシュ（生活）』紙は、「二〇世紀の精神で教育された」青年はマハッラの人々の顔色をうかがうような生き方を嫌って、今や聖職を敬遠し始めていると警告した(98)。前述の特別審議会につづき六月一五―二五日に開かれたムスリム大会でも、マハッラの人々がムッラーを養うべきだとの意見は根強かったが、結局、マハッラの聖職者の生活は国庫とマハッラ半々でまかなわれるという条項が採択された。それによれば、イマームには都市で六〇〇ルーブル、農村で四〇〇ルーブル、ムアッズィンには都市で三〇〇ルーブル、村で二〇〇ルーブル支払わなければならなかった(99)。

では実際にマハッラの人々は、どのように財源を確保し管理・運用していたのだろうか。この節では、(1)後見役（タタール語で mutawallilar, ロシア語で popechitel'stvo）の組織、(2)ワクフの管理、(3)ゼムストヴォからの支援に着目する。実はここでも宗務協議会が、宗教行政を統括する内務省と個々のマハッラとを中継する枢要な役割を果たした。宗務協議会は、ロシア語の文書が往来する既存の行政手続きにイスラームの用語を組み込むことができたのである。一九〇五年以降のタタール語の印刷物は、こうした接合を円滑にするための言葉をマハッラの人々に提供した。他方で、とりわけ中央の官僚には一つの脅迫観念があったので、こうしたムスリム社会側からの動きを積極的に判断することができなかった。彼らの目には、ムスリムの生活を管理するために当初作られた装置が、結果としてムスリム社会の統合を導き、国家の利益に適わなくなるように映っていたのである。しかし実務上、官僚たちは、ムスリム社会から提起された上記三つの仕組みの適法化を試みるか、あるいは単にこれらを通常の行政手続きに委ねたままにしておいたのだった。結果として、財政はマハッラの組織の中で最も自律的な領域になった。

(1) 後見役

ムッラーには、宗教儀礼はじめ教育、マハッラの財産管理、それに政府から委任された行政上の任務など実に多くの仕事が課せられていた。タタール語の印刷物上では、ムッラーがマハッラの生活のあらゆる側面を牛耳っていることがマハッラの無秩序の原因になっているとの見方が広く共有されていた[100]。実際、一九世紀末から二〇世紀初頭のマハッラでは、ムッラーの業務を分担する動きがすでに現れていた。教育の専門家としてのムアッリムの登場もこの変化に位置付けられるが、マハッラの財政を専務として出現したのが後見役である。宗務協議会の管区内のムスリムはこの後見役を、一般的にはワクフの管財人を意味するムタワッリーの名で呼んだ。後見役は、ムッラー、年長者、名望家（nufūdhli）、マクタブ・マドラサの生徒の親、商人、さらに貴族も含む場合があった。後見役が利用した財源は、マハッラの人々からの徴収、個人の寄付、市やゼムストヴォからの補助金、銀行の利子と多岐にわたる。彼らは、モスクやその付属の学校の財産を運用できる立場にあったが、それだけにとどまらずマハッラの教育活動にも発言権を持った。例えば、生徒の入学、ムアッリムの採用・解雇、図書館の運営、試験の監督などに携わった。さらに必要とあれば、裁判所や他の役所でマハッラの利害を代弁した[101]。

マハッラの人々は、どのように後見役を既存の行政の枠組みに乗せ、その任務をイスラームの語彙で説明したのだろうか。オレンブルグの『ワクト』紙は、マハッラが出すべき決議文の形式と行政手続きを具体的に示している。それによれば、まずマハッラで信頼できる者を後見役として選出する。決議文には後見役の役割と構成員を詳細に記述し、その後、郷役場あるいは警察から承認を得てウファの宗務協議会に送る。宗務協議会は、後見役が収支を記録し活動を協議会に報告するために帳簿を送る。[102] 後見役はマハッラの住民から「信仰税（rūḥānī nālūgh）」を設定し徴収することがあったが、この新しい税と伝統的なウシュル、ザカート、サダカとの間にどのように整合性をつけるかは論争的だった。サマラ県の二人のイマームは連名で、後見役がシャリーアで言うウシュル、ザカート、サダカの徴収人（ʿāshir, ʿāmil al-ṣadaqa）として認められるか否かについてウラマーがファトワーを出すように呼びかけた。[103] これに応えたオムスクの寄稿者は、現実的な問題の解決を主張する。彼によれば、わざわざ「義務的なサダカ（wājib ṣadaqa）」と位置づけ直さずとも、信仰税はマハッラ構成員の財力に応じて徴収すべきなのであった。彼は、この税が単に神の恩寵（thawāb）のためではなく、宗教施設の永続化に寄与すべきものだとし、そこからムッラーに給与を払っても問題はないと主張した。[104] この見解には、しばしばモスクさえなかったシベリアのムスリムの厳しい経済状況が反映しているように思われる。[105]

内務省宗務局は、一九一一年二月二二日の『ワクト』紙の記事に気づくと、関係する諸県の知事に後見役の活動の調査を要請した。これに対して宗務協議会は、マハッラの財産管理については何の規定もないのでマハッラの人々には後見役を組織する権利があると説明した。[106] 内務省の照会に応じたカザン県庁はカザン市警察署長と郡警察署長に情報を求めたが、マハッラの自発性を危険だと捉える立場とそれを好ましいと考える立場で評価が割れた。したがって知事の回答も両義的なものとなった。それは一方で、後見役には宗教学校の改革者が就いており彼らは「汎イスラーム運動」の指導者である、しかも後見役は非常に巧妙に隠されているので当局がその存在を観察することは困難であると伝えた。しかしカザン知事は同時に、後見役がムスリムの実生活から生まれたものであることを認め、その有害な活動を封じ込めるためにその存在を法制化すべきだとも提言した。[107]

内務省宗務局のムスリム問題の専門家セルゲイ・リバコフは、合法化によって生じる逆の結果を懸念した。後見役調査の最終報告書の中で彼は、後見役の活動は容認しうるとしながらも、新しい制度を合法化することは「ロシアのイスラームの強化」を招くと述べた。彼は、後見役が宗務協議会ではなく各県知事の管轄下に入り、知事が後見役の活動を教育にまで広げないようにし、経済的な領域に厳格に限定するようにすべきだと提言した[108]。一九一四年五月頭の政府の特別審議会の参加者も、基本的にはこの専門家の意見に同意し、後見役の形態と権限を法的に定める必要性を認めた[109]。

後見役の中には、戦時の苦しい中で、ムッラーの生活保障の問題を解決できるものまで現れた。その模範（ūrnak）として『ワクト』が紹介したのが、オレンブルグ県オルスクの第二マハッラだった。このマハッラはオルスクで最も小さかったものの、その財源は、市とゼムストヴォの補助金だけでなく、メッカ巡礼に赴けるほどの複数の富者（bāylar）にも支えられていた。一九一五年一二月二五日、後見役は、今後一年間の予算をマハッラの人々と話し合う会合を持った。ハムザ・キンケエフ（Ḥamza Kīnkīyif）は、モスクを塀で囲うための費用五〇〇ルーブルを引き受けた。会合は、二人のイマームに九〇〇ルーブルずつ、一人のムアッズィンに四五〇ルーブルを支払う決定をしたが、カマルッディーン・ハーッジー・ラフマトゥッリン（Kamāl al-Dīn Ḥājjī Raḥmatullīn）の四〇〇ルーブル、イブラヒム・ハーッジー・ムルタズィン（Ibrāhīm Ḥājjī Murtaḍīn）の三〇〇ルーブルを筆頭に、一〇名以上がムッラーの給与のために出資した。マハッラの富者から集められた寄付は後見役が銀行に預けた[110]。この事例は、伝統的な喜捨とは別にムッラーの俸給を設定し、地方自治体の支援も受け入れ、銀行を利用するなど、利用可能な地域の条件を用いてムスリム社会が自律的に運営されていたことを示している。こうした実践は、次に取り上げるワクフの運用にもあてはまる。

(2) ワクフ

宗務協議会の管区内にあったワクフの実態は少しずつ解明が進んでいる[111]。確かに、ヨーロッパ部ロシアとシベリアでは、クリミア半島や中央アジアのようにワクフが発達しなかったらしく、一九世紀については残存する記録も少ない[112]。その重要な理由としては、国家がマハッラの財政にまで口を出さなかったので、文書が残らなかったことが考えられる。一八九〇年代以降に宗務協議会が、ワクフを既存の行政手続きに組み込むべく努力した結果、一九一七年までに管区内のワクフの記録は飛躍的に増大した。

一八九四年八月に宗務協議会は、ワクフ行政の規程案を内務省に示した。それによれば、ワクフは、帝国法律集成第一〇巻第一部第九八一条「様々な宗教的また世俗的施設のために遺贈または贈与された資本や財産の受け取りは、いかなる額であれ、内務大臣により許可される」という規定に従う[113]。ワクフはムタワッリーが管理し、ムタワッリーは宗務協議会が任免する。ワクフの設定者が遺言の中でムタワッリーの名を挙げていない場合、ワクフ対象のモスクのあるマハッラの住民が、設定者の子孫あるいは自分たちの間からムタワッリーを選出する。ムタワッリーは宗務協議会の指示に従わねばならず、協議会に対して年次報告書を提出する。ムタワッリーは、協議会の定めるところに従ってワクフ収益から自身の業務への報酬を得ることができる。ただし、着服・散財した場合は、刑法により罰せられる[114]。ところでイスラーム法上は、死の床にあって行う遺産分割と生前の財産処分としてのワクフ設定が分かれているはずだが、この草案でも想定されているように、実務ではしばしば融合した。これは宗務協議会管区内のワクフの一つの特徴ともいえる[115]。

宗務協議会の草案に内務省は明確な判断は下さなかったが、行政手続きはこれに沿って動き始める。一九〇三年四月には、ワクフ運用の報告を怠っているムタワッリーを解任する権利を宗務協議会は内務省宗務局に認めさせている[116]。一九〇八年に機関誌を出し始めた協議会は、ワクフを「シャリーアの事柄（umūr-i sharʿīya）」、「宗教的善行（dīnī khairāt）」とみなして、政府から認証されたワクフ文書を自身が一元的に管理し、省庁からの問い合わせに応じることの効用を管轄下のムスリムに説いた[117]。そして、ワクフ運営の年次報告書の提出、ムタワッリーの任免、ワクフをめぐる諸問題の解決における宗務協議会の役割を明記したワクフ文書の形式を具体的に例示した[118]。

内務省での動きと平行して、教育省は一八九六年に、マクタブとマドラサへの寄進に関するすべての文書を学区長に送るよう宗務協議会に指示している。なぜなら、マクタブ・マドラサは一八七四年から教育省の管轄下にあったからだ。[119] もっとも、前章第2節（1）で述べたように、学校を監視する具体的な仕組みが作られることはなかった。実際、ワクフ文書は、モスクと教育施設に同時に言及するのが普通であり、宗務協議会も一括して内務省から承認を求めたが、そこに教育当局が介入した形跡は見られない。とはいえ、マハッラが法律上、モスクは内務省、教育施設は教育省の管轄へと引き裂かれる可能性があったことは、ムスリム社会にとって深刻だった。『ワクト』は、ワクフが神の所有物（Allāh milkī）であるにもかかわらず、帝国の法律ではあらゆる財産が法人（iuridicheskoe litso）に属されなければならないことを踏まえ、「永続的な宗教施設（dā'imī dīnī mu'assasa）」としてのマハッラがワクフを所有できるよう法律で規定されるべきだと提言している。[120]

ではワクフは実際にどのように管理されたのだろうか。最初に取り上げるウファ県ステルリタマクの第一マハッラの事例は、宗務協議会の記録に残る最も古いワクフの一つであり、制度の変遷を辿るうえでも極めて興味深い。ここで注目すべきは、ワクフ文書を盾にムタワッリー職の確保をねらうワクフ設定者の子孫と、宗教施設の公共性の観点からムタワッリーを選出しようとするマハッラの人々との確執である。

このマハッラのモスクは、ステルリタマクの第三ギルド商人アブドゥルハーリク・イブラヒム（'Abd al-Khāliq b. 'Abd al-Majīd b. Ibrāhīm 一八五八年死去）が建設した。彼は、町の市場に石造の商店をつくり、その八店舗のうち五店舗から上がる収益をモスク、付属のマドラサと食堂の維持費に当て、残高の六分の一ずつをムタワッリー、イマーム、ムダッリスの給与に当てるワクフ文書を作成した。これは、一八三〇年に宗務協議会で承認された。さらにこの商人は、一八四八年一二月一〇日付でもワクフ文書を作成し、九〇デシャチーナ一四八〇サージェン（約九九ヘクタール）の土地をワクフに設定した。それによれば、その土地から上がる収益の五分の一はムタワッリーに、残りはモスクの照明、暖房、備品に当てられ、残高がある場合は、木造と石造のマドラサの維持費に当てられるはずだった。イブラヒムは、ムタワッリーとして男系の相続人であることを条件付けたが、適任者がいない場合は、オレンブルグ宗務協議会に管理を委ねることとした。このワクフ文書は、当時ステルリタマクが属していたオレンブルグ県の知事を経て、内相によって大臣委員会に提出され、一八四九年八月二三日にニコライ一世によって認可された。[121]

当初、イブラヒムは二人の息子を信頼せず、ムタワッリーとして、ステルリタマク郡のアフンドを任命した。アフンド死後、マハッラの人々はアフンドの息子を選出した。そしてその後、ワクフ設定者の孫であるアブドゥルラヒムが宗務協議会に請願して、一八九四年一月にムタワッリーに任命された。これに対して町人会は一九〇二年の初め、アブドゥルラヒムが不道徳な生活にワクフの収益を浪費し、ワクフ地の林も売却してしまったので、彼を解任し、代わりに三名のムタワッリーを任命するよう協議会に請願した。一九〇二年四月二七日に協議会はこれを承認した。[122]

ところが、アブドゥルラヒムは一九〇七、〇八年頃、祖父の建てた商店の三店舗を商人アイフッラー・ウスマーノフ（ʻAif Allāh ʻUthmānuf）に売却した。一九一六年に第一マハッラのムタワッリーの活動を調査するために、元国会議員シャラフッディン・マフムードフを長に査察委員会が結成されると、『ワクト』はその様子を報じた。それによれば、この委員会は、ウスマーノフが上記三店舗から九年間に上がった収益一万二六〇〇ルーブルからムタワッリーに全く支払っていない事実を突き止めた。そして三月半ばに委員会は、ウスマーノフが三店舗の修理費を差し引いた収益と店舗をムタワッリーに返還しなければならず、彼が自らの意志で応じない場合は、裁判所による接収手続きに入ると決定した。マフムードフの訴えを受けて、宗務協議会は五月五日付で委員会の決定の妥当性を認め、それを執行するように警察を介して通達すると結論付けた。この協議会の判断は、一九一六年六月一七日の金曜礼拝後、マハッラの人々にも報告された。これに対してウスマーノフは追及を逃れるべく、三店舗を自身の名でワクフにするという策を打った。[123]果たしてこのワクフ文書は、一九一七年七月三日付で内務省の認可を得てしまう。[124]

前項の後見役の役割でも言及したように、ロシアのムスリムは銀行制度を活用できた。宗務協議会管轄下では、現金を国立銀行等に永久預金して、利子を宗教・教育施設の運営に当てる現金ワクフが実践されていた。これはイスラーム法学の観点からすれば、利子《リバー》の禁止に抵触しかねず、永続性の観点からも疑わしかったものの、西シベリア、とりわけ現地のブハラ人商人が経済に大きな役割を演じた場所で発達した[125]。ニグマトゥッラー・サイドゥコフ(Ni'mat Allāh Sayyidukūf) は一八九八年二月、トボリスク県チュメニ郡エンバエフ村の第二モスクのために一万九〇〇〇ルーブルを「永久のサダカ (ṣadaqa-i abadīya)」にしようと、宗務協議会に内務省の許可を取るように求めた。許可を得た彼は同年一一月に、この資金を年率三・五%で国立銀行チュメニ支部に預けた[126]。また、アクモリンスク州ペトロパヴロフスクの第三マハッラでは、一九一五年九月に後見役が設置され、翌年知事に承認された。後見役にはイマーム一人と三人の商人が含まれ、三人の商人のうち二人がブハラ人だった。一九一六年九月と一一月にマハッラの名望家一一人は計七〇七五ルーブルをワクフにし、後見役は一九一七年一一月にそれを地元の銀行に年率

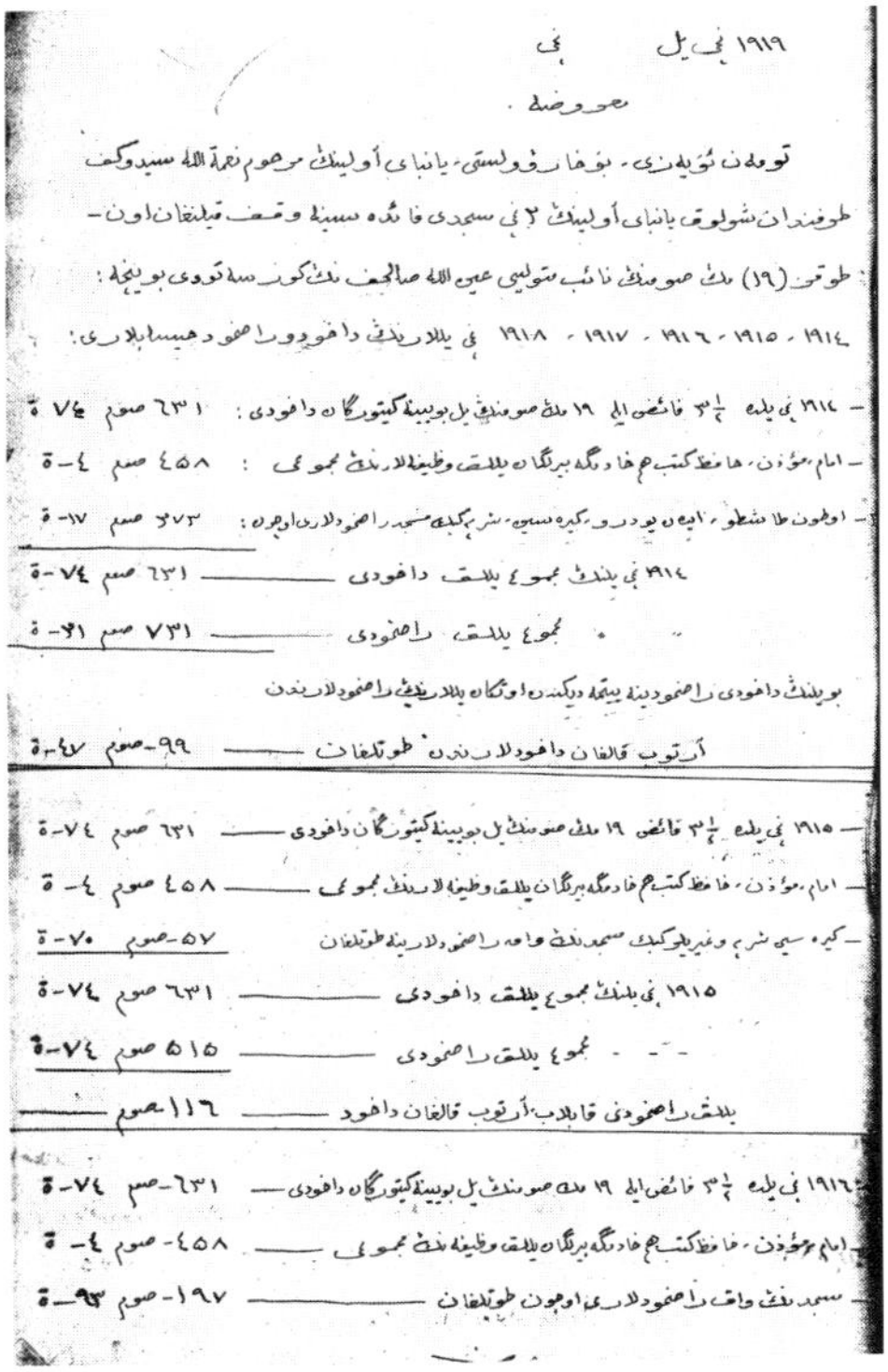

図 3-4　ロシア内地・シベリア宗務局に提出されたエンバエフ村第二モスクのワクフ収支報告書（1914–1918 年）。例えば 1914 年では，631 ルーブル 74 コペイカの利子が収入だったのに対して，イマーム，ムアッズィン，書籍管理者に年 458 ルーブル 4 コペイカを支払い，モスクの光熱費などに 273 ルーブル 17 コペイカを要した。赤字は繰越金から 99 ルーブル 47 コペイカで補塡した。

出典）TsIA RB, f. I–295, op. 11, d. 689（紙番号なし）.

五・五％で預けることの承認を宗務協議会に求めた。このワクフは翌年四月に、ロシア内地・シベリアのムスリム自治組織内の宗務局によって承認された。興味深いことにこの宗務局は、上記のエンバエフ村とペトロパヴロフスクのワクフから上がる利益に五％の税（ṣālum）を課した。これは、一九一七年五月初めの全ロシア・ムスリム大会の決議に基づくものだった。[127] この事実は、この頃までにワクフが課税対象にできるほど発展していたことを示すだろう。

ストルイピンの農地改革もワクフの発達に作用した。一般にこの改革は、農村共同体内部の分与地（nadely）に私的所有権を認めたので、農村共同体の破壊を招いたと考えられてきた。しかし近年では、改革が可能にした分与地取引・処分の自由が農民家族内部に与えた影響が解明されている。[128] ムスリムの場合、生産単位としての共同体だけでなく宗教共同体でも生きていたので、農地改革で土地を得た富農は、それをワクフにできるようになった。こうした土地のワクフはマハッラの重要な財源になったようで、『ワクト』は土地がワクフとして内相に承認されるための手続きを詳細に説明している。[129]

では実際に人々は、どのような言葉を用いてワクフを設定したのか。ウファ県ベレベイ郡スタロ・トゥラエヴォ村のテプチャル、ムハンマドジャン・マリコフ（Muḥammad Jān Mālikuf）は一九一三年四月末、ゼムスキー・ナチャーリニクの決定を受けて、共同体の土地から九デシャチーナ一七〇六サージェンを所有することになった。マリコフは一九一六年一二月二八日に作成した遺言で、この私有地がシャリーアの定める彼の全財産の三分の一に含まれ、かつ帝国民法一三三八条に則って遺産をシャリーアに基づいて処理できることを確認して、この土地を村の第一モスクに寄進することにした。そして自分の死後は、マハッラの人々がムタワッリーを任命して土地を管理し、ムタワッリーが人々と宗務協議会に毎年、収支報告を行うこととした。[130]

他方で、土地のワクフが法律で妨げられていた集団もいた。身分集団としてのバシキール人である。バシキール人は一八六三年以降、「バシキール規程（Polozhenie o bashkirakh）」という特別な法律で世襲領地所有者（votchinniki）

として共同体の権利、組織、土地利用のあり方が規定されていた。[131] ストルイピンの農地改革はバシキール人の土地には適用されなかったが、バシキール規程第一六条に基づいて、バシキール共同体の中で割り振られた土地のうち、家族の数に基づいて法で定められた分与地を差し引いた分は私有化することができた。しかし、一九一〇年一〇月六日の内務省の指令で、同時期に南ウラルに大挙して押し寄せたロシア人農民がバシキール共同体に登録できるようになると、豊かなロシア人農民や投機屋はバシキール人の分与地まで取得できるようになった。バシキール人は、バシキール規程に則って共同体から取得した土地も売ってしまう傾向があったので、分与地にまで手をつけられるに至って、ますます先祖代々の土地を失っていった。[132] ワクフはそうした事態を回避するための手段だったとも考えられるが、それもかなわなかった。

オレンブルグ郡カバノヴァ村のバシキール人は一九一二年に、納税のための分与地を除く共同体の土地から六〇デシャチーナをワクフにする決定を行い、七人のムタワッリーを選出した。宗務協議会は内務省に認証を求めたが、内務省はこれを棄却した。バシキール規程によれば、バシキールの土地の売却や贈与は、国庫と農村住民に対してのみ認められるのであり、モスクやマドラサはこれに含まれないのであった。[133]

オレンブルグ県オルスク郡ハリール（Khalīl）村のバシキール人も一九一二年に、モスクとマクタブのために一二二デシャチーナ三九サージェンの土地をワクフにしたが、ゼムスキー・ナチャーリニクにも宗務協議会にも認められなかった。このことについて村の代表ガブドゥルハック・ニグマトゥッリン（ʻAbd al-Ḥaqq Niʻmat Allīn）は、自分たちがバシキール人であることを伏せて『ワクト』に寄稿し、宗務協議会がしかるべく内務省に自分たちの声を届けられていないと批判した。これに対して、協議会でワクフ問題を担当していたスレイマン・マムレーエフ（Sulaimān Māmlīyif）は、バシキール規程ではワクフが不可能なことを説明した。[134] この問題は一九一七年の臨時政府の下でも解決せず、解決され始めるのは一九一八年の内戦期に入ってからにすぎない。[135]

二〇世紀初頭における宗務協議会管轄下のマハッラの人々は、遺言、銀行制度、ストルイピンの農地改革を利用して積極的にワクフを設定し、その文書に内務省の認証を得るべく努めた。それが可能になったのは、宗務協議会が個々のマハッラと内務省をつなぐ既存の行政経路にワクフ文書を乗せ、ムタワッリーを監督する仕組みを整えたからである。そしてその仕組みは、協議会の機関誌や『ワクト』などタタール語出版物を通じて人々に知られることになった。こうした状況は政府の目にも留まり、一九一四年五月の特別審議会の参加者の多くは、宗務協議会による「ワクフ運営の中央集権化」は協議会の役割を強化することになり、国家の利益に適わないと判断した。それでも審議会は、法制化が見込まれる後見役の管理下にワクフが置かれるべきだと結論付けた[136]。後見役の存在が容認されていたことからすれば、政府は事実上、ワクフをマハッラの自律的な運営に委ねたのである。

(3) ゼムストヴォとの関係

本書の第II部で取り上げるように、ヨーロッパ部ロシアのムスリム社会が、大改革で導入された地方自治制度を享受できたことは強調しておいてよい。一八七〇年の異族人教育規則の施行に伴って、ゼムストヴォはムスリムのための初等学校を支援し始めた。この教育規則は、マクタブとマドラサにロシア語クラスを設ける費用、そして官立学校にイスラームを教える教師をつける費用についてムスリム社会に負担を義務付けたから、抵抗は大きかった。ムッラーは官立学校でイスラームを教えることが期待されたものの、彼らに「正教宣教師の学校」と協力する気は全くなかった。そこで、例えば一八八〇年代からウファ県のゼムストヴォは、教育当局の要請を受けて、官立学校でイスラームを教えるために招かれた教師に給料を支払うようになった[137]。

ゼムストヴォがムスリム社会の信頼を得る道は険しかった。ヴャトカ県マルミシュ郡の郡会はすでに一八六八年に、ゼムストヴォの負担でマクタブとマドラサにロシア語教師を置くことを決定していたが、現地のムッラーを中心にムスリム住民は反発した。この反発の強さは、カザン学区のタタール・バシキール・キルギス学校視学官ラドロフが一八七三年に、抵抗するムッラーの更迭と隔離を教育相に進言したほどだった[138]。また、ペルミ県シャドリンスク郡イチキナ村には、郡ゼムストヴォのムスリム議員サディク・スルタノフの発案で一八八六年にロシア・バシキール学校が開校した。村民は、ウファの宗務協議会に学校を設けないよう請願したが、協議会は自分の権限外だとして請願を棄却した。翌年、郡の視学官の要請に応えて宗務協議会は、村のイマーム、ムハメトシャリフ・ムハメトガリモフにイマームが宗教を教えるのは義務であると説いて、ロシア・バシキール学校のイスラーム教師の職を勧めた。このムッラーには年六〇ルーブルが支払われるはずだった。(139)

一九〇五年革命後、ムスリム社会はゼムストヴォの活動に積極的に関心を抱くようになった。ウファ郡サファロヴァ村の第四マハッラは、自前のマクタブ・マドラサを持てないほど貧しかったので、ゼムストヴォから補助金を得ることに決めた。しかし、周囲のムッラーたちはこれをシャリーアに反する行為だと厳しく非難した。第四マハッラのイマームからの請願に応えて、宗務協議会は一九〇六年八月八日に、シャリーアはマクタブ・マドラサの建設や維持にゼムストヴォの補助金を用いることを禁じていないとのファトワーを出した。(140)『ワクト』は、このファトワーを「全共同体《ミッレト》にとって決定的」と位置付け、読者の特別な注意を喚起した。(141)また『ワクト』は、カザン県ゼムストヴォ内に正教宣教師の影響力が強まったことを嗅ぎつけると、ゼムストヴォの選挙に無関心なムスリムに対して、彼らは自らのロシア化のために税金を払っていると皮肉った。(142)

サマラ県ブグルマ郡アルメチエヴォ村の社会主義に共感するムッラーで、第二国会で議員だったハーディー・アトラスィーは、郡ゼムストヴォは一八九七年から教育に多く支出しているが、郡の人口の半分を占めるムスリムが相応の利益を享受していないと述べる。よってムスリム住民は衛生条件（hifẓ-i ṣiḥḥa）を満たすマクタブを持てないでいるのだった。彼によれば、郡ゼムストヴォ自体も、同郡出身で宗務協議会の元カーディー、リザエッディン・ファフレッディンの働きかけで、一九〇七年にようやくマクタブを支援し始めたという。それ以降、ゼムストヴォのマクタブへの支援は毎年着実に増え、一九〇七年に一四三五ルーブル、一九〇九年に三〇〇〇ルーブル、一九一一三年に六一六九ルーブルとなり、一九一五年度には一万ルーブルに達した。これは、一九一三年にゼムストヴォ議員に選出されたシャーキル・ハキーモフ（Shākr Ḥakīmūf）の尽力の賜物だった。カザンの『ヨルドゥズ』紙は、このブグルマ郡の事例から学んでムスリムがゼムストヴォを重視し、そこに理解のある者を選ぶならば、マクタブの状況が著しく刷新されるだろうと期待を表明した(143)。

リザエッディン・ファフレッディンは、地方自治体からの支援をどのようにイスラームの語彙で説明したのだろうか。一九〇九年に出版した冊子『マクタブとザカート、国庫とゼムストヴォの援助』の中で彼は、マクタブ・マドラサの恒常的な財源を地方自治体の補助金と、シャリーアで富者に課せられているザカートに求めた。ファフレッディンはまず、マクタブ・マドラサへのザカートからの出資が、クルアーン第九章六〇節にある「アッラーの道（sabīl Allāh）」に適うと主張する(144)。彼は、「アッラーの道」にはイスラームと公共の福祉（maṣāliḥ-i ʿāmma）の増進が含まれるとし、この同じ公共の福祉という概念で、地方自治体からの支援を正当化したのである(145)。

第6章で論じるように、政府が初等義務教育の導入を推進し始めると、異族人が人口の六〇％を占め、うち八四％がムスリムだったウファ県では、ゼムストヴォとムスリム知識人との協力が深まった。一九一三年には、カザンのタタール師範学校の卒業生グメル・テレグロフがウファ県参事会の異族人教育担当に任命され、ムスリム村落への図書館の設置とタタール語書籍の出版に尽力した。ウファの『トルムシュ』紙は、ムスリムのための学校建設が進まない理由として、ゼムストヴォがロシア人の村を優遇していることやムスリム自身の無理解を挙げる一方で、ウファ県ゼムストヴォが諸民族を平等に啓蒙していると高く評価し、その成果を具体的に列挙することでムスリムの関心を高めるべく努めた(146)。こうした文脈の中で、義務教育の要求を満たすようにマクタブを改革し続けるのか、それともゼムストヴォの学校をムスリム社会の要求に近づけていくのかをめぐる論争がタタール語の新聞・雑誌上で展開したのである。

こうしたゼムストヴォとムスリム知識人との協働には、一九一四年五月の政府の特別審議会も注目し、懸念が示された。新方式学校は何の許可もなく出現し、その存在自体が違法であるにもかかわらず、ゼムストヴォはこの新方式学校を支援しており、まさにそのことによってゼムストヴォは学校の教育内容にも立ち入ることになり、教育省の権限を侵犯しているというのだ。[147] しかし、一九一三年にゼムストヴォが導入されたオレンブルグ県も、ウファ県の同僚と協力関係を結び、両県での地方自治体とムスリム住民の連携は、第一次大戦期を通して続くことになる。自律的に財政を担うマハッラの人々にとっても、政府の教育政策と一線を画し、多様な地元住民の声をくみ上げるゼムストヴォは重要な交渉相手だったのである。

マハッラの変容と公共圏

金曜モスクを核とする社会であるマハッラは、ウファの宗務協議会管轄下のムスリム共同体の最小単位であり、そこにはエカチェリーナ二世による宗務協議会の創設以来、ヴォルガ・ウラル地域のムスリムと国家が取り結んだ相互関係が折り重なっていた。まず一九世紀半ばまでに宗教指導者は、宗務協議会の試験を経て聖職者として位置付けられるようになり、イスラーム法に則って家庭の問題を処理する権限が与えられると同時に、戸籍業務も委ねられるようになった。大改革後、農村社会に対して教育、衛生、地方自治、司法、徴兵を介した国家からの働きかけが強まると、行政の最末端に位置したムッラーたちにも協力が要請された。しかし、マクタブ・マドラサの教育省への移管やロシア語教育の導入は、自治的な宗教教育の領域を侵食するものだったので、ムッラーやその後援者である商人たちの抵抗がとりわけ大きかった。一九〇五年革命期に政府に対する請願運動が展開したとき、そしてモスク建設に正教会が介入する動きが見られたとき、しばしば「エカチェリーナ二世の伝統」が引合いに出されたが、それはこの地域のムスリムが統治制度としての宗務協議会を自分たちの共同体の礎として捉え直してきたことを明確に物語っている。もちろん、人々は原点に立ち帰ることで政府を批判しただけではない。一九〇五年以降急速に発達したタタール語の出版物はそうした論法自体に反省を迫ったのであり、それは宗務協議会の試験制度の妥当性やロシア語教育の必要性をめぐる議論でも確認できる。

マハッラの組織や聖職者の資格とは異なり、マハッラの財政は法律上の縛りがほとんどない自律性の高い領域だった。しかも政府は一九〇五年以降、信仰の寛容原則の強化を通じて統治を合理化し安定させようとしたので、必要な法律を参照して既存の行政経路から上がってくるムスリム社会の個々の要望に応えなければならなかった。この状況を利用してムスリムは、イスラームの語彙と適用可能な行政手続きを巧みに組み合わせて、マハッラの財政を制度化しようと試みた。この過程で、宗教行政を統括する内務省と個々のマハッラを媒介したのもウファの宗務協議会だった。そしてタタール語の新聞・雑誌は、マハッラの人々に制度化の助言を与えると同時に、制度化の際に直面する諸問題を議論する場を提供した。こうして人々は、従来のサダカの徴収者との整合性を考慮しながら、新たに後見役を選出してマハッラの運営を委ねるようになった。また、バシキール人の場合に特殊な制約があったとはいえ、遺言、銀行制度、ストルイピンの農地改革に依拠してワクフも発達した。さらに、自治的な教育の領域にどの程度立ち入りを認めるのかは論争的だったとはいえ、マハッラの人々はゼムストヴォの支援で学校や図書館を持てるようになった。

ムスリム社会のこうした自発的な組織化に政府は困惑した。一九〇五年革命を機に「ムスリム共同体の統合」という挑戦が顕在化すると、関係する官僚たちは一方で、エカチェリーナ二世以来の政策を誤りと認めざるをえなかった。しかし他方で、政府は信仰の寛容を継続するどころか強化することにしたので、国家の統御の及ばないムスリムの自治的な領域が広がってしまうおそれがあった。したがって官僚たちは、社会から湧き上がるマハッラと宗務協議会の改革要求に対して現状維持で対応するのが普通だった。しかしまさにそのことによって、マハッラの生活は通常の行政手続きの枠内で再編され続けたのである。

一九〇五年以降、ヴォルガ・ウラル地域のムスリム住民の間には、タタール語の出版物が広範な地域の多様な声を集約する公共の言論空間が出現した。とりわけ宗務協議会の改革論議は世論の形成を促した。また同時にマハッラ単位でも、人々がそうした言論を取り入れて宗務協議会に働きかけたので、とくに教育活動と財政において再編が進んだ。政府が、ムスリム臣民と国家との間に現れたタタール語の公共圏を捉えようとし、さらに個々のマハッラの自治を現場で統制しようとしたとき、頼れるのはやはり従来通り、警察とムスリム聖職者に限られた。しかも政府は、自らに対する忠誠と治安維持を優先する同盟者を聖職者の中から選び出す必要があった。そしてそれは、マハッラ内部の政治に新たな語彙を注入することになる。次章では、政府のマハッラへの介入とそれに伴うマハッラ内部の政治が引き起こした混乱に注目する。

第4章

政治的信頼度

――カザン県におけるムスリム聖職者管理の実態――

教育省の役人とタタール人のムダッリスが協力して新方式学校の支持者を抑圧[1]

過去三、四年、帝国内外のムスリム住民の間に、いわゆる汎イスラーム主義の考えを基盤にした明白な動揺が見られる。青年トルコ人と青年ペルシア人の委員会があらゆる手段を尽くして支援しているこの狂信的運動は、ロシアでとりわけ強力に成長しつつある。この運動が強度に観察されるのは、コーカサス、クリミア、ヴォルガ・カマ地域、そして帝国のその他の諸都市である。

――内務省警察局特殊部門から地区保安部部長と県憲兵局局長宛の秘密通達一九一〇年一二月一八日付　第一一九六四五号(2)

したがって、まだ遅くないうちに、今こそタタール人の異族人への影響に障壁を設けるべきである。弱小の異族人をイスラームとタタール人の生活様式に飲み込まれることから保護するためのこの闘争には、教会、国家、社会が参画しなければならない。

――コブロフ『沿ヴォルガ地方の異族人のタタール化について』一九一〇年(3)

汎イスラーム主義の脅威とマハッラの政治

二〇世紀初頭のロシア政府にとって、ヴォルガ中流域とウラル山脈南部は特別な位置を占めていた。この地域はまず、帝国全体のムスリム行政を見直す際の参照点であり、また、当時世界中のムスリムが抱いていると想定されていた統合への熱望、つまり汎イスラーム主義がロシア内部にどの程度貫入し拡散しているのかを測れる場所だったからである。とりわけ一九〇五年革命以降、帝国のムスリム行政の再編や市民的平等を要求する急先鋒として政府の前に顕在化してきたのがタタール人だった。政府やロシア語の世論は、タタール人の利害がロシア人とは別に存在することを認知すると同時に、彼らの運動がイランやオスマン帝国の立憲革命など帝国の外の情勢と結びついているのではないかという疑念を深めた(4)。こうして、「異族人（inorodtsy）」つまり非ロシア人の分離主義という強

迫観念が政府を苛ませていた時に、「ムスリム問題」もまた脅威の一つとして数えられるようになる。(5)

本章では、政府のこうした世界認識と国家的課題の結びつけ方が、ヴォルガ・ウラル地域のムスリムの「政治的信頼度（politicheskaia blagonadezhnost'）」を測る指標となっていた様を描出する。前章第1節（1）で述べたように、この地域では県庁がムスリム聖職者の任命・罷免を行っていた。政治的信頼度とはその際の基準にほかならない。そこで本章の最初の二節では、タタール人のある分子を国家体制への脅威と捉える独特な解釈が政府とカザンの正教聖職者との協働で作り出され、それが警察機構でどのように伝達され、ムスリム住民の治安に適用されたのかを跡付ける。つづく第3節では、農村のマハッラの人々が、自分たちのムッラーについて警察権力と地元の正教会が広めた言説をどのような形で受容し利用したのかを分析する。そして最後に、タタール知識人の応答という観点を加えて本章の論点を整理する。

政治的信頼度をめぐる言説が農村でどのように機能したのかを示すために注目するのは、カザン県ママディシュ郡である。なぜなら、この郡の正教聖職者と警察が知事を通じて内務省に送っていた情報こそが、中央でヴォルガ・ウラル地域のムスリム政策が立案される際の現状認識を形作ったからだ。事実、ママディシュ郡主教・カザン大主教管区副主教アンドレイ（一八七二―一九三七）が一九〇九年に内務省に提出した報告書「タタール人の漸次的征服からカザン地方を守るための諸策について」は、翌年一月に内務省主催で「沿ヴォルガにおけるタタール・ムスリムの影響力への対抗策」が協議された特別審議会の基調となり、アンドレイ自身もそこに参加した。(6) 現地の正教聖職者と警察がタタール人を脅威とみなした背景には、ママディシュ郡の民族構成があった。第一に、この郡ではムスリムのタタール人が多数派であり、一九一一年には郡の人口の約六割（一四万二三二一人、県全体の一七・四%）を占めた。これはカザン郡（一四万八八三人、県全体の一八・二%）に次ぐ。またマハッラの数も、カザン郡（二一四、県全体の二一・二%）に次ぐ一九九（県全体の一九・七%）だったが、ムスリム聖職者数では県内最多の二八五人（県全体の一六・七%）だった。(7) 第二に、ママディシュ郡には、受洗タタールはじめ、自然崇拝を続けるウドムルト人が数多く住んでいた。[8] この二つの集団は、一九世紀初頭から正教や自然崇拝を棄て始め、教会の戸籍上だけで正教徒だった人々は、一九〇五年四月一七日の信仰の寛容に関する法令でムスリムとして正式にモスクに登録できるようになった。この現象を目の当たりにした現地の正教会と警察は、ママディシュ郡がまさにムスリムに「征服」されつつあると危機感を募らせたのである。

注目すべきは、その時生み出された言説において、地域の特殊な環境で生じたはずの棄教が、世界規模でのムスリムの覚醒という説明にもっともらしく接合されていたことだ。一九〇五年四月一七日の信仰寛容令は正教会にとって試練だった。帝国の西部地域では、正教会に統合されていた東方帰一教徒《ウニアート》がカトリックへと離れ、エストニア人とラトヴィア人がプロテスタントに戻り、東部では形式上の正教徒がイスラームに改宗することが認められた。[9] これは一方で正教会自体に自省を促し、改革の機運を高めた。しかし他方で正教会は、公認宗教の中での優位という帝国の原則を持ち出すことで、独占的な宣教活動に対する政府の支援を積極的に要求するようになった。[10] その際、イスラームを敵として位置付ける論理を提供したのが、カザン神学アカデミーで半世紀ほど続いてきたイスラーム研究だった。それは、イスラームの教義からムスリムの神政主義や狂信を説明し、現実のムスリム社会の変化や地域ごとの多様性にもかかわらず、ムスリムの行動様式を画一的に描くものだった。カザンの宣教師コブロフによれば、たとえムスリムが自分たちの学校を時代の要請に沿う形で改革しようとしても、それはイスラームに改宗した小さな諸民族を統合し「国家内国家」の建設を目論む「啓蒙された狂信（prosveshchennyi fanatizm）」にほかならず、旧来の学校が養ってきた「蒙昧な狂信（nevezhestvennyi fanatizm）」よりも質が悪いのだった。[11] こうして生み出された常套句や紋切型はロシア語の出版物や官僚の文書に入り込み、棄教と汎イスラーム主義が容易に結びつくことで、正教会と内務省は利害を共有するようになったのである。

とはいえ、こうした言説の形成に注目するだけでは、正教とイスラームとの衝突という基本構図から抜け出すことができない。本章で強調したいのは、正教会と警察機構が作り出した政治的信頼度の指標が農村のムスリム社会内部の政治に翻訳されていたことである。これまでの研究の多くは、思想上の対立として改革派（ジャディード）と保守派（カディーム）を理解し、後者が当局に密通して前者を抑圧していたと描いてきた。[12] これに対してステファン・デュドゥワニヨンが、共同体内部の資本配分をめぐる競争という見方を提示し、対立がジャディード間にも起こりえたことを示したのは画期的だった。[13] しかしそれでは、ムスリム内部の対立に県庁や警察機構までもが巻き込まれた構造をうまく説明できなかった。それを強力に補ったのがロバート・クルーズだ。彼は宗派国家の基本構造として、ムスリムが宗教上の問題を警察当局に理解できる言葉で訴えて介入を求め、警察当局もムスリム社会内部の監視機能に期待することによって、何が正統なイスラームであるかが定義されていたと主張する。[14] しかし、すでにいくつかの批判が出ているように、ムスリムの訴えの動機を専ら宗教に限定することはできない。[15] 本章第3節で描かれるように、ムッラーやマハッラの人々は、共同体内部で生起した様々な対立や嫉妬を解消するために、政治的信頼度に関わる言葉を駆使して警察権力を招き寄せた。そしてそれは、ムスリムが体制に適合する過程というよりもむしろ、マハッラ内部の権威を覆し、対立する者同士の密告を助長し、警察にとっても誰が信頼できるのかが不明瞭になるという混乱を招いたのである。[16]

1　政治的信頼度の制度——県庁と警察機構

一九〇五年革命とそれに続く国会は、帝国の諸民族がロシア人とは明確に区別される利害を持っていることを政府に深く認識させた。抗議運動や選挙を通じて大衆政治を経験した官僚たちは、ロシア人の利益の擁護を掲げる勢力と接近すると同時に、活力を得た多民族・多宗教の市民の調停者にも留まろうとした。こうして政府は、帝国の住民に関する情報収集を増強しなければならなくなり、内務省は国内情勢を体系的に監視する態勢を整えた。そしてこの過程で、信頼度を分類するための範疇として民族がますます一般的なものとなり、信仰寛容令が引き起こした宗教上の緊張も民族の問題として捉えられた(17)。例えば、一九一〇年に内務省は、「沿ヴォルガにおけるタタール・ムスリムの影響力への対抗策」を話し合う特別審議会を招集しただけでなく、「西部地域の住民をポーランド人の影響に晒すことを目論むカトリック聖職者の活動とその影響への対抗策に関する覚書」を作成している(18)。また、治安当局が効果的に任務を遂行できるか否かは、情報の収集と蓄積、革命家との具体的な闘争手法だけでなく、その闘争が全体的な国家戦略にどのように位置づけられるのかという点にもかかっていた。とりわけ、国外の脅威から国の安全を守るという論理で自らの任務を説明できれば、警察権力はいかなる苛烈な手段でさえも正当化できた(19)。

しかし、治安当局内部の情報処理・伝達過程では、画一化された単純な標的の像が複製と増産を繰り返した。帝国の警察機構の頂点、内務省警察局特殊部門（Osobyi otdel）の文書は、帝国各地から上がってくる膨大な「汎イスラーム主義」に関する情報が元々の文脈から外され、当局の目的に応じて切り貼りされ、寄せ集められてできた文書だった(20)。そしてそれが一斉に下部機関に発されると、今度は各地の機関が上層部のシナリオに沿う情報を上げるといった具合だった。さらに、正教会以外の宗教行政を統括する内務省外国信仰宗務局は、地方に出先機関を持たなかったから、任務の遂行は知事と地方の警察機構に頼っていた(21)。これは、信仰の寛容を原則とする宗教行政に、警察機構や県当局の追求する政治目的が容易に接合しえたこと意味する。

県庁によるムッラーの任命・罷免、そして政治的信頼度の調査は、まさにこうした警察機構と宗教行政が交差する領域だった。オレンブルグの歴史家リュビチャンコフスキーは、ウラル地方のヴャトカ、ペルミ、ウファ、オレンブルグ各県を例に、知事権力（gubernatorskaia vlast'）に最もよく組み込まれていたのは、県庁以外では市警察と郡警察にすぎなかったと結論付けている。また、県庁が警察を監督するどころか、警察と癒着してしまうことで双方の活動が機能不全に陥ったとも指摘している(22)。これはカザン県にも当てはまるように思われる。後述のように、ママディシュ郡警察署は、他郡にも増して執拗に汎イスラーム主義のシナリオに沿う文書を知事や憲兵局長に提供し、これら地方の上級機関も好んでママディシュ郡の情報を首都に送っていたからである。

では県庁は実際どのようにムッラーを任命し、罷免していたのか。前章で見た通り、ムッラーになるにはまず、宗務協議会の試験とロシア語の試験に合格する必要があった。そしてマハッラで選出されると、その決議は郡警察署を経て県庁に送られた。その際に郡警察は被選出者の情報も県庁に提供した。県庁は、被選出者が政治的に信頼できると判断できれば、任命の政令を発した。ここでの政治的信頼度の判断とは通常、裁判や取調べに掛かったことはないか、前科はないか、普段の振舞いはよいかという点を確認する作業だった。しかし、一九〇五年革命以降、ここに革命家ではないか、汎イスラーム主義者ではないかという指標が加わったのである。

他方、ムッラーの罷免はまず、密告や郡警察の報告によって彼の不穏な言動が県庁に知らされることから始まる。県庁が罷免を決定すると、本人とマハッラの人々に通達するために罷免の政令が郡警察本署に送られる。郡警察は本人から任命の政令を取り上げ、県庁にそれを破棄するために送る。この措置は、ウファの宗務協議会と首都の内務省宗務局にも報告された。その後、罷免された人物の多くは郡警察の秘密の監視下に置かれた。その前後でさらに危険と判断された場合には、県憲兵局の知事への提言に基づき、行政措置として流刑に処されることもあった。カザン県で一九一一－一三年に、行政によってまた刑事責任を問われて罷免されたムッラーの数は、内務省宗務局の把握している限りで一五人だった。しかし、カザン県選出の国会議員サドリ・マクスーディーは、一九一二年三月に内務省の予算が審議されたとき、カザン県で過去一年間に行政措置によって、いかなる理由もなく罷免されたムッラーとムアッリムは二〇人以上に上ると発言した(23)。

罷免されたムッラーが復職できる場合もあった。まず元ムッラーが、内相やツァーリに請願し、マハッラの人々が彼を再選する旨の決議文を作成して県庁に提出する。元ムッラーの請願は内務省宗務局で検討されたが、その際「汎イスラーム主義」の罪状は、証拠不十分との判断が出ることが多かった。一九一三年にはロマノフ朝三〇〇周年で恩赦の対象となった。マハッラの決議文が提出された場合、知事は県憲兵局や郡警察署に判断を求め、新たに不穏な材料がないか確認する。ここで障害がなければ、あらためて任命の政令が出される。復職に際してムッラーは、以降は法を遵守し職務を正しく遂行する旨の宣誓文を書いた。

「ジャディード」と分類された人々の逮捕が始まったのは、一九〇五年革命の後始末の文脈においてだった。一九〇八年三月末、カザンの第五金曜モスクのイマーム、ガリムジャン・バルーディーが、革命的反政府宣伝を指導したとして逮捕された。[24] 同時代人が後に記すところによれば、ガリムジャン・バルーディーとそのムハンマディエ・マドラサは、改革派知識層の中核に位置し、宗教諸学の教授《ムダッリス》としてもロシア内地でバルーディーほど絶大な名声を博したものはいなかった。[25] 事実バルーディーは、一九〇六年八月の第三回全ロシア・ムスリム大会で宗教問題の議論を主導し（第2章第1節を参照）、全ロシア・ムスリム連盟の執行部にも選出されていた。しかも、先進的なムハンマディエ・マドラサが、社会主義者にまで至る急進的な若者を生み出したことも確かだった。彼らは、革命期に「イスラーフ（改革）委員会」を結成し、バルーディーと対峙した。[26] 革命運動への関与で逮捕されたバルーディーとそのマドラサはその後、警察機構の文書、さらには密告の中で汎イスラーム主義の権化として表象される。一九一二年二月にバルーディーが名誉回復を求めてカザン副知事に提出した上申書には、この点を否定する意図があった。一九〇八―一〇年にカザンから追放されていた間、彼はダマスカス・ベイルート方面に旅に出ていた。これを踏まえバルーディーは、ムスリムの安寧は神が自分たちに与えた祖国ロシアの偉大さと不可分に結びついているとあらためて確信するに至ったと述べた。また、一九〇五年の革命時に自分は「新しい流行の思想に魅せられた」弟子を追放すらしたのだとも弁明した。[27]

一九〇八年七月には青年トルコ人革命が起こったが、その直後の八月二〇日に内相ストルイピンの官房に届いた、ムアッリム排除を求める一二人の政令イマームによる連名のタタール語の請願書には、まだ汎イスラーム主義者は現れていない。ましてや、ムアッリムが周辺の正教徒に「イスラーム宣伝」を行っているとも言っていない。手紙の重点は、共同体内部の「革命家」を告発することにあり、ムッラーたちは、一九〇五年革命後の治安の回復という内務省の関心に合致する形で自らの要求を語っていたといえる。また、地方の警察機構も直ちに、国際的な汎イスラーム主義の陰謀に対して動員されたわけではなかった。とくに、ウラル地方の当局はこのシナリオに極めて懐疑的だった。しかも、旧方式の教育を固守するムッラーが新たに台頭してきたムアッリムと対立するのは、自分の権威と俸給が切り崩されることを恐れるためだと見抜いていた。[28]

果たして一二人のイマームたちの手紙の内容もこれを裏付けていた。彼らは、共同体の権威や資本の分配をめぐってムアッリムと敵対するようになったマハッラの状況を、革命家の登場という治安当局に了解可能な言葉で語っていたのである。手紙の翻訳は、カザンの憲兵局長を通じてニコライ・カタノフ（一八六二―一九二二）に委ねられ、九月末に内務省警察局に提出された。[29]まずムッラーたちは、自分たちがツァーリと政府に従順であることを強調し、信仰の自由を与え、宗教上の問題を解決するために宗務協議会があることに感謝を表明する。そして、この自分たちの態度と対照させながら、「革命の源」たるムハンマディエ・マドラサで教育を受けたムアッリムは、ムスリム社会を惑わせ、武装化している革命家であり、政令ムッラーを社会から引き剝がそうとしていると訴えた。こうしてムッラーたちは、警察権力と宗務協議会を動員してムアッリムを排除すべきだと提言する。

我々は［貴殿に］、一つのマハッラに二つもマクタブが作られないよう、またマクタブが政令ムッラーの監視下にあるよう宗務協議会の注意を喚起することをお頼み申し上げます。宗務協議会は、ろくでなしの革命家についてムッラーが協議会に報告するか、あるいは勇敢に警察当局に通報するようムッラーに回状を出さなければなりません。（中略）［宗務協議会は］郡のアフンドたちに、カザンからやってくるムアッリムの監視を委ねなければなりません。我らが宗務協議会は、これに関して厳しくムッラーに説明しなければなりません。[30]

さらにムッラーたちは、ムハンマディエ・マドラサで教育を受けた者に宗務協議会が聖職者の試験を行わないことも求めた。そして、帝国の法とシャリーアに則った自分たちの行動がムアッリムの存在のせいで妨げられていると述べ、ムアッリムを帝国秩序からも、ムスリム共同体からも排除すべき存在として位置付けた。

このムッラーの密告に基づき警察局は、一九〇八年一一月、カザン、オレンブルグ、サラトフ、シムビルスク、ウファの各県知事と憲兵局長にムアッリムの情報収集を要請した。これに対してカザン県憲兵局長は一九〇九年一月八日付で、「トルコからロシアにもたらされた汎イスラーム主義は、今やロシア・ムスリムの間で協力者を得て、ますます伸張している」と回答した。ここでマハッラ内部の革命家は、国際的な汎イスラーム主義者に仕立て上げられる。ムスリムの多く住む県内のカザン、ライシェフ、スパッスク、チストポリ、ママディシュ各郡に派遣された諜報員によれば、汎イスラーム主義の協力者の目標は、全ムスリムの統合と統一イスラーム国家の建設にある。そして、カザンのバルーディー、アパナーエフ、アミルハノフの三つのマドラサは、汎イスラーム主義者の直接の監視下にある。よって、これらのマドラサで教育を受けたムアッリムは、汎イスラーム主義の熱心な宣伝者だというのである。さらには、過去三回の国政選挙でも汎イスラーム主義の支持者は「宗教的な音色を奏でることで」、無知なタタール大衆を動員したのだった(31)。

憲兵局長は首都の警察局に報告を上げると同時に、知事にも情報を提供している。憲兵局長は、タタール人の学校は汎イスラーム主義の温床であるので、タタール語の知識を有する特別な視学官がすべてのタタール人学校を綿密に監視すべきだと提言した。これを踏まえて、カザン知事は一月一五日付で警察局に、「タタール住民の進歩的分子」の活動を警察が監視すると同時に、タタール人の教育機関の監視体制について、カザン学区総監やカザン県学校局長とも協議に入ったと伝えた(32)。

地元の非ロシア人正教徒がイスラームに改宗する「タタール化」と国際的な汎イスラーム主義を結びつける言説は、一九〇九年前半までにその形を整えていった。この頃、ママディシュ郡の主教アンドレイの動きが活発だったのは偶然ではない。四月四日に知事がカザン市と各郡の警察に出した「タタール化」対策の指示には、汎イスラーム主義者はまだ登場していない。それによれば、今やムッラーや他の「ムスリムの宣教師たち」数千人が県内の正教徒の間でイスラーム宣伝を行い、そのために大規模な棄教が生じている。よって、大規模なタタール化を食い止め正教の国家的意義を守るために、早急にあらゆる措置を講じなければならないのだった。(33) アンドレイは四月一四日に、自分の論文「タタール人の漸次的征服からカザン地方を守るための諸策について」を内務省宗務局局長に送るよう知事に請願している。アンドレイはすでに一九〇八年一月一八日に、この論文を宗務院総監宛に提出していた。知事は論文を送付する際、進歩派ムッラーが行っている宣伝は、「ロシア内部に特別な自治国家（osoboe avtonomnoe gosudarstvo）を作るためにすべての異族人を統合」しようとしていると付け加えた。(34) さらにアンドレイは一九〇九年五月に、ヨーロッパ部ロシアの東部で正教会の直面する苦境について『サンクトペテルブルグ報知』に記事を連載し、同年『沿ヴォルガ地域の異族人における正教生活苦難の時代』としてまとめて発表した。(35)

汎イスラーム主義者の自治国家にはタタール人だけでなく、実は棄教した他の異族人も統合されるとカザン県知事が語ったことは重要である。アンドレイの提言は県知事に承認され、その知事の言葉が首都の内務官僚の言葉遣いを規定していったからだ。こうして、オスマン帝国と結託する汎イスラーム主義者にして「タタール化」の遂行者というジャディードの表象が姿を現したのである。イスラーム宣伝に対する総合的な対策を審議するという内相の意思を踏まえ、一九〇九年八月一〇日に宗務局が警察局に情報提供を要請した文書には、上記のカザン県知事の言葉も踏まえられていた。

宗務院総監の伝えるところによれば、カザン県と隣接する諸県では現在、正教徒に対するムスリム・タタールの宣伝の強まりが確認されている。宗務局に届いた他の情報からうかがえるように、この運動の先頭に立つのは進歩的な潮流のムスリム聖職者と青年ムスリム党（mlado-musul'manskaia partiia）のメンバーであり、彼らは現地住民を特別な自治国家に統合するという構想を課題に据えている。(36)

もともとマハッラ内部の「革命家」だったジャディードが、青年トルコ人と類比され、汎イスラーム主義者と同一視されたように、内務官僚の国際情勢の認識は、国内のムスリムの政治的信頼度の指標を形作る決定的な要因の一つだった。一九〇五年以降の政府による国際認識と国内情勢との結びつけ方は、その攻撃性に特徴があった。一九〇〇年に蔵相セルゲイ・ヴィッテは、ロシアに対する敵対的な態度をイスラーム世界で醸成するような政策を国内のムスリムに採るのは軽率だと考えていたからだ。[37] 汎イスラーム主義の名の下でムスリムを均質な集団と捉える発想は、ロシア帝国とオスマン帝国のムスリムを対置させる政策も生み出した。一九一〇年二月四日第四八九二一号で内務省警察局は各知事と市長に、統一と進歩委員会の説得でオスマン帝国のイスラームの最高権威シェイヒュルイスラームが、「トルコのスルタンをカリフと認める」すべてのムスリムに「イスラームの救済」のための寄付を呼びかけるファトワーを出したと連絡した。二月一八日にカザン県知事は、カザン市警視監と各郡警察署長に、監視の強化としかるべき対策の実行を指示した。[38] さらに内務省は、イスタンブルの権威に対抗させる措置をウファの宗務協議会に取らせた。宗務協議会は一九一〇年四月二日付の回状第二四四〇号で、管区内の聖職者に次のような命令を下した。

今年三月一五日付第二四六四号の指令で内務大臣は、宗務協議会に以下のことを知らせた。内務省にある情報によれば、トルコのシェイヒュルイスラームによって、ロシアも含むすべてのムスリムに向けて、トルコ艦隊強化のために寄付を要請するファトワーが出された。そして、このファトワーはすべてのモスクで読まれなければならないというものである。内務省は、このような寄付の収集は絶対に容認できないと考え、上記のファトワーをモスクで読み上げることを許さず、それが聖職者によってムスリム住民の間に広められないよう相応の策を講じることをオレンブルグ・ムスリム宗務協議会に要求している。以上のことを報告しつつ、ムスリム宗務協議会は、上記ファトワーをモスクで読み上げること、また自らのマハッラの人々に広めることを差し控えるよう管区内のアフンドとイマームに命ずる。[39]

しかし実際には、警察当局もムスリムがイスタンブルに呼応するとは考えず、むしろそれを禁じた協議会の回状のせいで募金が行われたのではないかと疑った[40]。しかも紛らわしいことに、日露戦争後は毎年、協議会の回状で兵士とその家族のための募金が行われており、一九一〇年は終戦五周年を記念して大々的に行われていた[41]。第3節(1)で取り上げるママディシュ郡上メシェバシュ村の「汎イスラーム主義者」ナフィコフも、流刑後にムッラー職への復職を求めた請願の中で、自分は宗務協議会の指示で日露戦争に参加した兵士の家族のために募金を行ったが、マハッラの若者が虚偽の密告をしたのだと述べた[42]。しかしママディシュ郡警察は、ジャディードとトルコとのいかがわしい紐帯を描き続ける。一九一一年三月に知事に上げた文書によれば、ニジニノヴゴロドでのムスリムの進歩党の大会後[43]、この党の綱領をカザン県のタタール住民に伝えることが決定された。カザン県の主要な活動家はガリムジャン・バルーディーであり、新方式で読み書きを教えるムッラーたちを介して党の綱領を広めている。これらのムッラーたちは様々な募金を無許可で行い、トルコ艦隊のための募金も行っている。集められた金は、バクーの弁護士で第一国会の議員だったトプチバシェフのもとに送られ、彼が計算し領収書を出している[44]。

バルカン戦争時にも、警察機構による国内のムスリムの監視が強まった。開戦一ヵ月後の一九一二年一一月、カザン県知事は県内の警察に、すでにトルコ人のための募金活動が観察されるとして、トルコ語紙の購読者とメッカ巡礼からの帰郷者を監視するように指令を出した。一九一三年三月に要衝エディルネが陥落すると、内務省警察局はムスリムの居住する各地の警察機構に、トルコ人の敗北とロシアが与えているかのようなスラヴ人への支援はとりわけトルキスタン地方でムスリムを興奮させていると伝え、監視の強化を要請した[45]。サラトフ県の憲兵局は一二月末、カザンやウファから来るタタール人教師を介してカザフ人の間に、ロシアがバルカン半島のスラヴ人を支持していることを非難するような見解が広まっていると首都の警察局に伝えた[46]。

一九〇五年革命の余韻覚めやらぬ時期に「ジャディード」と名指された人々は、マハッラの革命家だったが、一九〇八年の青年トルコ人革命以降は、国際的な汎イスラーム主義者でありかつ正教会から離れた異族人をタタール化する担い手となった。この言説を構成するそれぞれの要素は本来、背景の異なる現象だったはずだが、内務省系列の機構内部で渾然一体の脅威として説明され拡大再生産され、そしてムッラーの任命・罷免に際して政治的信頼度調査の重要な指標となった。この過程で専門知識を供与したのが、カザン神学アカデミーのイスラーム研究者とその弟子である宣教師だった。カザンの聖職者は、汎イスラーム主義とタタール化をつなげる論理によって、現地の正教会が直面している困難に政府の注意を喚起し、すでにジャディード摘発に動き始めていた警察機構の作戦に自らの政治目的も組み込むことができたのである。次節では、これらカザンの聖職者の言葉を詳しく分析し、そこで提示された定型句や紋切型が、内務省の政策立案過程にどのように取り込まれていったのかを検証する。

2　政治的信頼度の定式化――カザンの正教会宣教師と特別審議会

一九〇五年四月一七日の信仰寛容令が正教からイスラームへの大規模な棄教を引き起こすと、カザンの正教会は、世俗権力の介入を取りつけるべく積極的に動き始めた。政府は、信仰の寛容の原則に則ってあからさまな介入は避けようとしたものの、イスラーム宣伝やタタール化の脅威から正教徒を保護したいというカザンの正教会からの訴えを無視するわけにはいかなかった。とりわけ、ママディシュ郡主教のアンドレイとカザン神学アカデミー校長のアレクシーは、政府の琴線に触れる政策を提言した。この二人が出席した一九一〇年のムスリム問題に関する特別審議会は、帝政末期に開催された三回の同種の特別審議会の中で、ムスリム・タタールへの敵対姿勢が最も鮮明に打ち出される場となった。

良心の自由も含む宗教の自由への機運が高まる中で、ロシア社会内部からも国家がムスリムの宣教活動に関与することに批判が出た。これは、カザン神学アカデミーの伝統的な対イスラーム部門の存続に関わる重大な危機となった。ほぼ半世紀にわたりこの部門を率いたE・A・マーロフの弟子Ia・D・コブロフと、イリミンスキーの養子でその後継者を自認したものの教会とは距離を置いたN・A・ボブロフニコフとの論争は、以降のカザンの正教聖職者の路線を定める上で重要な局面だった。[47]ボブロフニコフは、ムスリムとの論争を通じた宣教活動は徒にムスリムを刺激し、彼らに信仰の寛容という政府の立場を疑わせることになると批判する。これに対してコブロフは、宣教活動を信仰間の闘争だと捉え、信仰の寛容が宣言された今こそ正教会に対する攻撃が強まるので、宣教活動の拡大を唱導しなければならないと反論した。さらにコブロフは、キリル文字のタタール語によるキリスト教文献の使用を説いたイリミンスキーを自己流に解釈し、アラビア文字のタタール語訳を使用することで、ムスリムにもイリミンスキー方式が適用可能だと主張した。

この二人はジャディードの評価でも対立していた。ボブロフニコフが、ムスリムの「著しい知的運動」に肯定的な関心を示した一方で、コブロフは、彼らの出版物は専ら宗教的なものなので、教育水準の高さも狂信性と矛盾しないと反論した。ボブロフニコフはその後、オレンブルグ学区総監に任じられたが、ジャディードに対する彼の態度は変わらなかった。内務省がムアッリムの調査を始めたことを踏まえて、一九〇八年一〇月にボブロフニコフは教育省に対して、ジャディードに強硬策を取れば、「歴史の領域に早晩消えてしまうべき」旧式学校を支持することになり、ムッラーの密告を助長すると懸念を表明した。彼は、ジャディード運動こそ有害な影響から守らなければならないと説いた。[48]しかしカザンでは、対ムスリム強硬派の聖職者が着実に発言力を強めていった。

ママディシュ郡主教のアンドレイは、中央政府に論文を送り、首都の新聞に記事を寄稿するなど、ヨーロッパ部ロシアの東部で正教会がイスラームの脅威の前でいかに劣勢に立たされているか、またそれに対して何をなすべきかを積極的に説いた。アンドレイが用いた修辞は、カザンの宣教師の間で生まれ、彼らの間では広く使用されていた。彼は、この局地的な言説を、ヨーロッパ部ロシア東部のムスリム問題に政府を介入させるために戦略的に使用したのである。アンドレイはまず、こんにちタタール人による「征服」が進行しているのは、正教徒に対する政府の歴史的な過ちに起因すると指摘する。とりわけ、十月詔書の約束した自由はロシア社会に退廃をもたらしたのだった。そして棄教は、「ロシア人の事業の破綻（gibel' russkogo dela）」であって、異族人のタタール化はロシアの中心に「恐るべき敵」が形成されることにほかならなかった。主教は、この敵との闘争において教会の目的は全国家的な目的と合致するので、国家は教会の採るあらゆる手段を支持しなければならないと訴えた。[49] これに対して「ムスリムは、ロシアにもロシア人の事業にも全くもって無縁で、場所によっては敵対的な分子である。ロシアのムスリムは完全に別個の「国家の中の国家」である」。アンドレイによれば、「我々の青年トルコ人」たるジャディードが共通トルコ語を用いているのは、「ロシアのトルコ人国家（rossiiskii Tiurkistan）」の建設を試みているからにほかならない。また、ムスリムがマクタブ・マドラサの管轄を教育省から宗務協議会に移そうとしているのは、協議会を将来の「トルコ国家省（tiurkistanskoe ministerstvo）」にするためだというのだ。[50]

カザン神学アカデミー校長のアレクシーは、報告書『ロシア・ムスリムにおける現在の運動』を一九一〇年一月の内務省主催の特別審議会に直接提出した。これは、一月一四日の『鐘（*Kolokol*）』紙にも掲載された。[51] 彼は、フランス語の学術雑誌『ムスリム世界（*Revue du monde musulman*）』など外国誌の引用で自らの主張を固めながら、過去三年のムスリムの運動原理はトルコの庇護下に全世界のムスリムを団結させる汎イスラーム主義であると述べる。アレクシーは審議会の出席者に、キリスト教徒との闘争のために団結する全世界のムスリムという国際的な図式にロシア・ムスリムの運動を位置付けてみせる。[52]「ロシアの他のムスリムの中でも文化的な」タタール人が、同信者の中で展開している教育・出版活動はまさに「汎イスラーム主義的傾向の最良の証拠」であった。[53]

一九一〇年一月一二―二八日に開催された特別審議会は、警察機構で蓄積された情報とカザンの正教会の言説が合流し、ヴォルガ・ウラル地域のムスリム政策の方向性と政治的信頼度の指標が定式化される場となった。この審議会は、内相ストルイピンの発意で開かれ、宗務局局長A・N・ハルージンを議長とした。ハルージンは民族学者として、アストラハン県のカザフ人集団ボケイ・オルダ等の研究で知られているが、自身の調査の経験からカザフ草原におけるイスラームの影響を懸念していた。ストルイピンは、一九一一年に審議会の結果を閣僚会議に提出したが、その報告書作成を主導したのはハルージンだった。[54]

特別審議会は、「ムスリムと異族人の間に人工的に作られた宗教的・民族的な凝集性が彼らの間でさらに成長することに抗し、汎イスラーム主義と汎トルコ主義の扇動者の影響に、国益の正しい理解に基づく影響を対峙させること」を「現代のロシア国家建設における最も差し迫った課題の一つ」と位置付けた。とくに「汎イスラーム主義と汎トルコ主義運動の源泉」であり、「タタール・ムスリム民族主義」が脈打つヴォルガ・カマ流域における闘争は他のムスリム地域での前例になりうるはずだった。[55]

審議会は、青年トルコ人革命を主因としたイスラーム世界の覚醒にタタール人の反国家的運動を位置づけ、一九〇五年革命の余波だけでなく、現行の宗務協議会制度が内包する危険にも統合的な説明を与えた。それによれば、一九〇五年に端を発する信仰の自由化と国家体制の改編は、イスラームとトルコ主義の精神に基づく宗教的・政治的扇動の広大な領域を開き、棄教とともにタタール人の宗教的覚醒と民族意識の異常な高揚を招いた。他方、一九世紀後半以降イスラーム世界の覚醒の中核たるトルコで生じた革命は、全イスラーム世界の注目を集めている。青年トルコ人たちは世界のムスリムから精神的・物質的支援を得ようとして、その手先をロシアのムスリム地域に秘密裏に送り込み宣伝工作を行っている。さらに、脅威は国家の外側だけでなく内側にもある。ロシア国家は伝統的にムスリム臣民を信頼してきたから、事実上、ムスリム聖職者の手中で完全に自治的なマクタブ・マドラサの巨大な網の目が帝国の法によって守られている。審議会の理解では、この自立的な状況こそがタタール化の道具として利用されているというのである。[56]

こうした認識に立って審議会が打ち出した主な対策には次の四点があった。第一に、異族人の母語で正教を教えるイリミンスキー方式の普及を促すことであり、これはカザンの宣教師が切望していたことだった。その際に懸念されたのは、かつてイリミンスキー本人を支えたグーリー兄弟団の窮状だ。審議会はこの団体の持つ「全国家的意味」を認めて、国庫から支援しなければならないとした。そして、ロシア化とキリスト教は混同してはならず、ロシア文化に親しむという意味でのロシア化は国家の遠大な目標であって、まずはキリスト教の真髄を母語で伝えなければならないと、イリミンスキーの理念を再確認した。こうして異族人の言葉を駆使する宣教師の養成は、喫緊の課題と位置付けられた(57)。

第二に、審議会はムスリムの学校を宗教学校と普通教育学校とに厳密に分離すべきだという立場を取った。それによれば、マクタブ・マドラサは新方式学校の名の下に普通教育を導入し始めたが、その学習内容は教育当局の監視下にないばかりか、共通トルコ語まで作り出され、ロシア人に敵対的な汎トルコ主義の方向を取っているのだった。よって審議会は、一八七〇年の異族人教育規則で定められたロシア語クラスさえ廃止して、マクタブ・マドラサには厳格に宗教的性格を維持させることにしたのである。そして、マクタブ・マドラサの科目は、内務省とムスリム聖職者の代表との協議で確定されるはずだった。他方、ムスリムの普通教育は公立学校で行うこととされ、それでもなお普通教育を行うマクタブ・マドラサは、私立学校として当局の統制を受けることになるはずだった(58)。

審議会が打ち出した第三の対策は、ウファの宗務協議会を軸とする統治機構の改革だった。とりわけ、聖職者の試験制度と協議会の管轄地域が見直された。出席者の見解によれば、協議会は合法的に反国家的運動を組織し奨励してきたのであった。また、協議会がタタール語で行う試験は、他のムスリムをタタール人に従属させることになるとみなされた。こうして、試験は母語で行われなければならず、ムスリムの多い県では知事と協議会との合意の上で試験委員会を設け、そこで受験できるようにすべきとされた。協議会の管轄地域については、それがほぼロシア全域を覆うことで人工的なタタール化の中心になっているとみなされ、その分割が不可欠と認められた(59)。

第四に特別審議会は、国内外のムスリム出版物を監視し体系的にイスラーム世界の現状分析を行う必要性を認めた。これを進言したのが、カザン神学アカデミー校長のアレクシーだったのは偶然ではない。一九〇五年革命以降、存在意義が問われるようになったアカデミーの対イスラーム部門にとって、現代イスラーム世界の分析は新たな使命となるはずだったからだ。アレクシーは、政府が毎年支援を約束するなら専門家の揃ったアカデミーで目的の機関誌を発行できると自信を見せた。また特別審議会では、ペテルブルグ大学とカザン大学でイスラームの専門家養成を強化すべきだとの提言もあった[60]。

イスラーム世界の現状を分析する雑誌は、ストルイピン亡き後、内務省の働きで実現する。一九一二年三月には首都で、東洋学者のヴァシーリー・バルトリドを編集長に迎え、『イスラーム世界（*Mir islama*）』の第一号が発行され、その年の暮れにはカザンで『異族人評論（*Inorodcheskoe obozrenie*）』が出た[61]。しかしバルトリド自身は、汎イスラーム主義という見方には極めて批判的で、それが宗教自体に由来するのではなく、その背後にある政治目的、とりわけ西欧列強が自らのためにムスリムの統合を利用していることに自覚的だった[62]。バルトリドが内相から「あまりに学術的すぎる」と批判を受けて編集部を去ると、『イスラーム世界』はその活動を停止した。一九一四年に再び招集された特別審議会は、この雑誌をムスリム世論に影響力を行使する政府の機関誌として刷新しようと考えていた。この審議会では関心は学術から実務に移り、ムスリム人口の多い県の県庁にムスリム問題担当の特別のポストを設ける計画も出された[63]。

一九〇五年四月一七日の信仰寛容令と十月詔書で謳われた良心の自由は、正教会優位の下での多宗教の共存という宗派国家の秩序を揺さぶった。受洗タタールやその他の非ロシア人の正教からの棄教を目の当たりにしたカザン県の正教会は、イスラームに正教の優位が侵食されているという観念を喚起することで内務省に直接働きかけた。そして、イリミンスキー方式の学校と神学アカデミーの対イスラーム部門の存在意義を確認させて、これら自分たちの利益に内務省を誘導することに成功した。その際、棄教問題はイスラーム世界の覚醒の一角に位置付けられ、正教会と内務省は、その担い手たるジャディードたちが宗務協議会制度で守られた自治的な空間で跳梁し「国家内国家」を作ろうとしているという言葉を共有した。次節では、こうした言説がどのようにムッラーの政治的信頼度に関わる具体的な事件を作り出していたのか、また、警察機構と正教会宣教師の用いた語彙がマハッラの生活にどのように取り込まれ、政治化されていたのかを描出してみたい。事例としては、カザン県ママディシュ郡の三つの村を取り上げる。

3　ムスリム社会に取り込まれる政治的信頼度

（1）イスラーム宣伝の村　上メシェバシュ村

一九一一年一月ママディシュ郡警察署長は知事に、上メシェバシュ村のムッラー、ナフィコフ（Abdul-Kuttus Nafikov）が宗務協議会の回状にもかかわらず、トルコ艦隊のための募金に応じたと伝えた。知事の報告を受けた内務省警察局は三月に、ナフィコフが「タタール住民の間で汎イスラーム主義の罪悪に満ちた宣伝」に従事したとして、このムッラーをスモレンスク県に警察の監視下、二年間流刑に処すという内相の決定を知事に伝えた。[64] その後まもなく、知事官房は県庁にナフィコフの解任を指示した。

事件の調書は、汎イスラーム主義、オスマン帝国、異族人の「タタール化」問題の結びつきを立証し、国家的危機管理の文脈で事件を意味付ける内容だった。タタール住民の間には、厳格に民族的・ムスリム的な傾向（natsional'no-musul'manskoe napravlenie）を持った確信的な汎イスラーム主義の活動家が現れた。彼らはムスリム学校を通じて、また異族人の間での宣伝と扇動によって自身の信念を実現しようとしている。この運動の源泉はトルコにあり、その前衛活動家である青年トルコ人に象徴される。彼らは、ロシアにおける汎イスラーム主義の運動を支持するために、トルコ艦隊強化のための寄付の呼びかけを含めあらゆる策を講じている。調書は、ムスリムの諸思想の扇動者と戦うためには、汎イスラーム主義の活動家に国家治安規程（Polozhenie o gosudarstvennoi okhrane）を適用しなければならないと提言している。

取調べの過程で、ナフィコフは一九一〇年夏にモスクでトルコ艦隊のための寄付を呼びかけただけにとどまらず、ムスリムと混住する新クモル村の自然崇拝を行うウドムルト人の元を足繁く訪れ、彼らをイスラームに誘惑していたことも発覚した。ナフィコフは、ウドムルト人のところにフスニジャマル・フサイノヴァという女性も派遣していた。[65] 彼女は、ウドムルト人の村人の一人、サペイ・サギトフの家でイスラームと礼拝を教えた。このサギトフは、自分もトルコ艦隊への寄付に五コペイカ出したと証言している。結果として、自然崇拝のウドムルト人六世帯が三、四年前に正式にイスラームに改宗し、ナフィコフがムッラーを勤める上メシェバシュ村に招かれた。その後も彼は、ウドムルト人を改宗させながら、さらに頻繁に新クモル村を訪れた。一九一〇年秋には、村の子供たちに礼拝とタタール語を教えるために農民一人が派遣された。[66]

ナフィコフが流刑に処されたことに対して、彼の妻はツァーリの母マリヤ・フョードロヴナに夫の無実を訴えた。それによれば、夫はロシア語が分からなかったので、尋問の際に偶然、トルコ艦隊への寄付を供述したのだった。彼女は、夫が流刑になったのはウドムルト人たちの偽証のためにほかならないと主張する。現に、彼らは一回目の証言を取り消しているという。また、ママディシュの刑務所で夫から、トルコ艦隊への寄付を納めたことを示す領収書が押収されたということもなかったと述べた。内務省警察局は、彼女の請願を棄却した。[67]

ここで注目すべきは、前述のサペイ・サギトフの証言を含め、トルコ艦隊への寄付というムスリムの政治的信頼度調査で警察機構が用いていた指標を、ウドムルト人が利用した事実である。ウドムルト人は、警察当局や正教会宣教師の言説では「タタール化」の対象であるか、「タタール化」から保護され正教に改宗されるべき対象にすぎなかった。ウドムルト人自身が「イスラーム宣伝」の証拠を当局に突きつけたことは、彼らが単に「タタール化」される存在ではなく、タタール人との間に生じた問題に当局の介入を招き入れる主体であったことを示している。当然、警察当局にとっては、保護すべき対象から得た情報ほど作戦の遂行に都合のよいものはなかっただろう。

一九一三年三月初旬、ロマノフ朝三〇〇周年を記念した恩赦によって、ナフィコフが刑期を切り上げて帰郷した。

彼はまだ、密かに警察の監視を受けた。ところが、六月一九日にマハッラの人々はナフィコフを再びムッラーに選出し、その決議文を、郡警察署を通じて県庁に提出した。ナフィコフ自身は、復職を求める請願を内務省宗務局だけでなくツァーリにも送った。しかし知事は、中央からの調査要請の度にママディシュ郡警察署長の報告をそのまま中央に上げたにすぎなかった。それによれば、ナフィコフは異教のウドムルト人のタタール化（otatarivanie）にかつて傾倒しており、狂信的ムスリムでもあるので、過去の活動を差し控えることはないはずだった。[68]

ナフィコフの復職は、一九一五年一一月に彼自身が県庁に直訴することでかなえられた。そこで彼は、ムッラーの職に専念し異教のウドムルト人とは接触しないこと、無許可に教育活動を行わないことを表明した。さらに戦時中であることを踏まえて、民族と無関係にロシア人として祖国ロシアを助けることが必要だと確信しており、これをモスクで表明する意思も示した。こうして知事もようやく復職に支障がないことを認め、一九一六年三月に内務省宗務局もこれを了承した。[69]

（2）タタール化の村　下ルーシ村

一九一二年七月二一—二八日に『ロシアの辺境（*Okrainy Rossii*）』紙上で「ヴォチャークにおける汎イスラーム主義宣伝の成功について」という記事が連載された。これを見た内務省警察局は、カザン県知事に事実確認を要請した。記事によれば、一九〇五年の「解放運動」時からあからさまにイスラーム宣伝が強まり、それに付随して汎イスラーム主義が扶植されているという。その影響下にあるのが、正教も公民意識も行き渡っておらず、未だ異教の要素を強く残すウドムルト人だった。[70]しかし、ウドムルト人に対しても質よりも量を優先する啓蒙活動が行われたために、一九〇五年四月一七日に「信仰の自由」が宣言されると、彼らは正教から離れてしまった。記事は、「汎イスラーム主義の発酵菌」による被害は正教のみにとどまらず、ロシア文化への否定的態度をも引き起こしかねないと警告する。[71]この記事でも、正教の宣教活動の不振と汎イスラーム主義の進展という本来無関係のものが、「タタール化」というイメージを媒介にあたかも密接な相関があるかのように描かれている。

警察局の要請に応えてカザン知事は、グーリー兄弟団から情報を得る。[72] 兄弟団は、ウドムルト人はより異教に結びついているので、汎イスラーム主義の広まりは限定的に捉えるべきだとしながらも、ムスリムがあらゆる手段を講じて宣伝に従事していると強調する。そして、イスラーム宣伝が功を奏するために彼らはまず、ウドムルト人も含む異族人のタタール化を行っていると主張した。この報告の中で、正教徒のウドムルト人に対するムスリムの影響が最も強い村の一つとして挙げられたのが、下ルーシ村だった。この事例が興味深いのは、県庁自身が一方でモスクの建設を許可しながらも、就任したムッラーの教育活動を著しく制限しようとしたことがうかがえることだ。ここには、四月一七日法の原則に沿ってムスリム・ウドムルト人の信仰を保障しなければならないと同時に、教育を通じた「タタール化」は阻止したいという当局の葛藤が如実に表れている。

下ルーシ村では、信仰寛容令に伴い、男の数で一三四人のウドムルト人が自然崇拝からイスラームに正式に登録されるようになった。一九〇九年の情報ではムスリム以外に、男の数で自然崇拝の人々が一三八人、正教徒はわずかに一〇人だった。[73] モスクを建設するには二〇〇人の男子が必要だったから、ムスリムの村人は近くにあった八二人の男子の住む小さなタタール人集落と共にモスクの建設を請願した。県庁は一九〇六年五月二九日に建設を許可した。[74] 同年一〇月には、マハッラの寄合でムッラーが選出された。招聘されたのは、ママディシュ市の町人フサイン・ミンニケエフ（Khusain Nizamutdinov Minnikeev）である（図4-1）。マハッラの決議を受けて彼の政治的信頼度を調査した県庁は、彼が若い頃、「ジャディードの村」下オシュラン村（本節の次項で扱う）におり、その第一マハッラのムッラーで「汎イスラーム主義者」のアイトフの集会に複数回参加しているという情報を入手していた。[75] しかし県庁は、モスクの完成後の一九〇八年七月二九日付で任命の政令を出した。[76]

一九〇七年春から下ルーシ村に住み始めたミンニケエフは、政令を受け取る前から当局に無断でマクタブを開いていた。しかし一九一〇年五月にそれが警察に発覚すると、学校は閉鎖に追い込まれる。ミンニケエフとその妻は、

図 4-1　下ルーシ村のムッラー，フサイン・ミンニケエフ

出典）NART, f. 2, op. 2, d. 7537, l. 15.

刑罰法（Ulozhenie o nakazaniiakh）一〇四九条に問われ、彼自身は無罪とされたが、妻はカザン地方裁判所で有罪となり罰金を科せられた。彼は県の教育当局に正式に開校を申請したが、開校は望ましくないという県庁側の判断で、教育当局は申請を棄却した。(77) その後、村のムスリム代表として農民サイフッラー・ハビブッリン（Saifula Khabibullin）がマクタブ開校の許可を請願した。一九一一年二月に県学校局長から報告を受けた知事は、ママディシュ郡警察署長に村の調査を要請した。警察署長は、開校は望ましくないと判断した。なぜなら、この村には正教徒も住んでおり、子供同士の付き合いからイスラームが伝わるようになり、「あまり知恵のない」両親が関心を持つようになれば、大勢の棄教者を生み出しかねなかったからだ。また、村にはグーリー兄弟団の学校もあり、兄弟団はムスリムの学校に反対しているのだった。この情報を踏まえて、三月二六日に知事も、開校は望ましくないと県学校局長に伝えた。翌年一〇月ミンニケエフは、ツァーリに対しても自分を宗教教師にするよう請願したが、かなわなかった。(78)

その後、ミンニケエフの尽力で、ゼムストヴォ学校が下ルーシ村に開かれた。教師には正教徒が任じられ、神学アカデミーで教育を受けた視学官の特別な監視下に入るはずだった。ミンニケエフは、自分をムスリム児童のための宗教教師にするよう視学官に請願した。しかし知事は、郡警察署長の判断に基づいて一九一三年一〇月に、ミンニケエフの政治的信頼度は確定できないと視学官に伝えた。郡警察署長によれば、ミンニケエフは「ムスリムの進歩派」に属し、その妻の父親、下ルーシ村の農民ラフメトゥッラ・ラマザノフは金持ちで、噂では受洗タタールや異教のウドムルト人をイスラームに傾かせるよう扇動したという。結局、視学官はミンニケエフがイスラーム教教師になることを認めなかった。すると今度は、ラマザノフがこれを知事に訴えた。ラマザノフは、宗教こそが正しい人間生活の基礎であり、神、国家、人類に対する義務の遂行を命ずるものであるのに、視学官はこれを考慮しなかったと主張した。(79)

ミンニケエフと村の代表サイフッラー・ハビブッリンによる知事への請願は続いたが、イスラーム教育のための許可が下りた形跡はない。ハビブッリンの請願によれば、ゼムストヴォ学校で正教徒の生徒は聖職者から宗教の授業を受けているが、ムスリムの児童はイスラーム教の授業がないままである。ゼムストヴォは宗教教師の雇用に年六〇ルーブルをすでに拠出し、視学官も我々の代表者に適任者を探すように言っているが、この額では見つけることができない。我々には雇う資金がない。イスラーム教の教師がいないので、子供たちは学校に行きたがらない。だからロシア語も身につかない。六〇ルーブルで教えることができるのが、我々のムッラー、ミンニケエフである。他方、ミンニケエフ自身は、ウファのムフティーの回状を引きつつ、すべてのムッラーはイスラーム教を子供たちに教えなければならず、しかも自分には宗務協議会からの宗教知識の証明書もあるのだと説明して、合法性を強調した。ミンニケエフは、学校を開かずに自分の家で男子も女子も教えることにした。マハッラの人々はそれを歓迎したが、郡警察署長は許可しなかった。(80) 一九一六年一月に警察署長は県庁に以下のように報告している。

管見では、下ルーシ村にマクタブを開く必要はありません。おそらく、ミンニケエフは、子供たちに宗教やタタール語を教えるために学校の開校を必要としているのではありません。それは、ゼムストヴォ学校のプログラムに沿って行われているからです。彼は、その妻の父で商売人のラマザノフの活躍でイスラームに改宗したウドムルト人を完全にタタール化するためにのみ学校を求めているのです。現在、改宗した多くのウドムルト人は、自分のことを生来のヴォチャークではなく、タタールだと呼んでいます。しかし、母語はそのままに残しているのです。[81]

(3) ジャディードの村　下オシュラン村

最後に取り上げるこの村には、二つのマハッラがあった。そのムッラーはいずれも「ジャディード」としてその政治的信頼度が当局から睨まれていた。この事例からは、「ジャディード」と「カディーム」の対立軸だけではなく、「ジャディード」同士の競合関係が明らかになる。ここで留意すべきは、ジャディードとカディームとの対立が、従来の研究で語られてきたような形で本質的なものではなかったことである。内務省警察局を頂点とする警察機構は、「ジャディード」排斥を掲げても、組織として意図的に「カディーム」との同盟を指示するようなことはしなかった。むしろ「カディーム」は、「ジャディード＝政治的信頼性の欠如」というレッテル貼りを恐れたムッラーたちが、自己弁護のために積極的に語った「国家秩序の敵の敵」とも言うべき範疇だった。警察権力の介入とムスリム社会内部の政治との相互作用の中で、誰がジャディードでカディームであるのかは、絶えず相対的に入れ替わったのである。

一九〇七年七月二日にママディシュ郡警察署長は、下オシュラン村のムッラーが「反政府的思想」を広めていると知事に知らせた。その第一マハッラのアイトフ（Mukhamet-Gazizutdinov Serazetdinov Aitov）は、ツァーリも大臣も不要で、選出されたムスリムから成る特別な行政機関が必要だと説いているという。また、郡第三分区署長が伝えるところによれば、一九〇五年に郡内のムッラーと各村からの代表者が集まって集会が開かれたとき、請願を出す代表者に選ばれたのもアイトフだった。[82] 一九〇八年三月二七日に県庁は、刑事裁判規則（Ustav ugolovnogo sudoproizvodstva）一〇三五条に基づくこの件が解決するまで、アイトフを職から外すことを郡警察に要請した。[83]

翌年二月一八日に知事は内相に宛てて、アイトフとその協力者の農民の流刑を申請している。その理由として知事は、一九〇五年革命期にあったムスリムの諸大会やアイトフらの宣伝活動によって、タタール人はロシア人に敵

Свидѣтельство.

Дано это изъ Казанскаго Губернскаго Правленія крестьянину Казанской губерніи, Мамадышскаго уѣзда, деревни Нижняго Ошлана Мухаметгу Габидину Аитову въ томъ, что согласно ходатайству прихожанъ Первой Соборной мечети, состоящей въ деревнѣ Нижній Ошланъ Петропавловской вол. Мамадышскаго уѣзда, и удостоенію Оренбургскимъ Магометанскимъ Духовнымъ Собраніемъ по испытаніи въ знаніи Магометанскаго религіознаго закона, званій имамъ хатыба и мугаллима онъ, Аитовъ, по постановленію Губернскаго Правленія, состоявшемуся 25 Іюля 1903 года, утвержденъ къ той мечети хатыбомъ почему ему и предоставляется право исполненія богослуженія и всѣхъ духовныхъ требъ и обязанностей Магометанскаго закона, присвоенныхъ его сану, по приходу вышесказанной мечети.

Казань Іюля „31" дня 1903 года.

№ 2145

За Совѣтника,
И. д. Врачебнаго Инспектора
За Дѣлопроизводителя Иларіонов

У сего свидѣтельства Казанскаго Губернскаго Правленія печать.

図 4-2　アイトフを下オシュラン村第一モスクのハティーブに任じるカザン県庁の政令（1903 年 7 月 31 日付発行）。おそらく彼の解任に伴い没収され，大きく×印が記されたものと推測される。

出典）NART, f. 2, op. 2, d. 8163, l. 12.

意を抱き、正教を軽蔑し、ロシア語学校に疑念の目を向けるに至ったと説明する。しかも、信仰の点でムスリムは結束し、受洗タタールの棄教を精力的に促しているのであった。一週間後、アイトフは県庁の政令によって正式に解任され、五月には協力者の二人をペルミ県クラスノウフィムスク郡に流す決定が内務省警察局から出された。マハッラの住民は九月二四日に寄合を持ち、アイトフを再選する決議文を作成したが、郡警察は一旦解任された者を再び職にはつけられないと判断し、県庁には提出しなかった(84)。

一九一一年一月一九日に郡警察は県庁に、アイトフが罷免されたにもかかわらず礼拝を取り仕切っていること、マハッラの人々も穀物や金銭を与えていることを報告した。県庁は直ちにこれをやめさせるよう指示を出したが、アイトフとマハッラの人々は相次いで請願を提出した。

アイトフは、マハッラで自分に不満を持つガレエフ家が密告したために解職されたと主張した。それによれば、彼らはロシア語クラスや新方式での教育、そして一九〇六年一一月九日法、つまりストルイピンの農地改革に不満だった。アイトフは、自分がこの周辺で最初のロシア語クラスの支持者であって、ガレエフ兄弟はあらゆる進歩的なものを狂信的に否定していると指摘した。また農地改革では、ゼムスキー・ナチャーリニクの指示に従って自分はマハッラの人々に有益性を説いたが、改革が自身に不利に働くガレエフ兄弟は反発したのだと説明した。[85]

マハッラの住民は、請願の中で自らの主張の合法性を主張した。一九〇九年九月の決議文が郡警察から県庁に提出されなかったことについて、外国信仰宗務規程一四三四条と一四三五条の正確な意味では、郡警察は単に取次機関として決議文の形式を調べるに止まり、被選出者の適任・不適任を論じる権利はないはずだと主張し、この問題は専らウファの宗務協議会と県庁の判断に委ねなければならないとした。しかも、一九〇九年四月九日に内相はすでにアイトフの審理を停止している。元老院が一九〇四年一二月一四日に出した政令によれば、県庁がムッラー選出の決議を否認しムッラーを解任できるのは、その人物に対して訴訟が起こされている場合か、その人物について宗務協議会が信仰上の義務に反する犯罪のために免職を決定している場合に限られる。アイトフの場合、前者については今では終了し、後者についてはこれまで一度もなかった。住民は、県庁が決議を承認しない根拠は見つけられないと根拠立てた。[86] しかし、アイトフとマハッラの人々の請願が聞き入れられることはなかった。

アイトフの後任として、一九一一年六月一九日の寄合で選出されたのは、アブルカリム・アブドラフィコフ（Abul Karim Abdrafikov）だった[87]（図4-3）。県庁は、一一月一七日に任命の政令を出した。[88] しかし、このムッラーにも疑いが生じる。一九一三年一月一〇日にカザンの『ヨルドゥズ』紙、一月一九日に『テルジュマン』紙に小さな記事が掲載された。ママディシュ郡「テュベン・テケニシュ（Tübän Täkänesh）」村で一月二日に、アブルカリム師が家宅捜索（tentü）に遭ったという。両紙は、周囲のムッラーと村民の敵意（dishmänliq）が原因とした。[89]『テルジュマン』の記事に気づいた内務省宗務局は一月二七日に、カザン県知事に対して事実確認を求めた。知事の要請を受けた郡警察署長は、第三分区署長に調査を要請した。

調査の過程で際立っていたのは、前ムッラーのアイトフを密告したとされるガレエフ家の一人サミグッラー・ムフリスッリンの証言である。この証言は、警察当局が「ジャディード」のムッラーを「汎イスラーム主義者」や「革命家」として描く格好の材料となった。このことは、ロシア社会の言説や表象が、ムスリム社会にいかに深く浸透していたかを如実に示している。アブドラフィコフは一九一二年秋、無許可で学校を開き、文字の名前ではなく音に基づいた方法でマハッラの児童に読み書きを教えた。農民サミグッラーによれば、ムッラーは自分の手で生徒の帳面に、もしロシアのムスリムがこの音声方式で読み書きを学ぶならば、世界中のムスリムとの統合を勝ち取れると書いたという。またこのムッラーは、一九〇六年までカザンのガリムジャン・バルーディーのマドラサで学び、一九〇五年にはカザン市警の武装解除に加わったことも分かった。農民サミグッラーは、アブドラフィコフが当時、「赤旗の一団」にいたことを聞いたとも証言している。(90)

図 4-3　下オシュラン村第一マハッラのムッラー，アブルカリム・アブドラフィコフ

一九一三年三月に知事は宗務局に、アブドラフィコフが政治的に不穏な動きを見せたという具体的な情報はないが、周辺のムッラーの証言として、信頼度が疑わしい人物であると結果を報告した。注目すべきは、下オシュラン村の隣のマハッラにいた「進歩派」のムッラー、ハイルッリンもこの証言に加わっていた。四月には県憲兵局長も知事に、アブドラフィコフが政治的に穏健ではないと伝えたが、取調べを監督したカザン地方裁判所検事は、この人物に国家的・社会的犯罪の兆候は見られないとして審理を停止した。(91)

ハイルッリン（Kashaf Khairullin）は、一九〇六年一月一三日付の政令で下オシュラン村第二マハッラのムッラーに就任していた。(92)一九一一年六月に県憲兵局は知事に、ハイルッリンが政治的信頼度に欠けると報告したが、そこで使われている言葉は、タタール人がオスマン帝国のスルタンの庇護の下「国家内国家」を作ろうとしているという正教会宣教師の語り口を想起させる。「ツァーリに従順で善良なものの考え方をする」多くのタタール人によれば、このムッラーは一度もツァーリの名をあげて祈ることはなく、「パディシャー・ハズレト」つまり、トルコのスルタンのために祈っている。(93)また大多数の供述によれば、ハイルッリンは一度ならずタタール・ハン国（tatarskoe khanstvo）の建国が必要だと語っていたという。彼によれば、この国家ではハンは三年に一度選出され、すべての役人も選出されることになる。そしてこの実現は、トルコ人の支援によってのみ可能であるので、今トルコ人を支援しなければならないというのである。ある者は、ハイルッリンがモスクでトルコ艦隊のために寄付を集めたとも証言している。さらに憲兵局の報告は、第一マハッラの前ムッラー、アイトフについても言及する。報告書は、アイトフもロシア人のツァーリは不要で、タタール・ハン国を作らねばならないと語っていたとし、ハイルッリンとアイトフを北部県の一つに流すべきだと提言した。(94)

一九一二年一月にママディシュ郡視学官は、ハイルッリンとその妻がマクタブを開く許可を求めていることについて、知事から政治的信頼度の評価を求めた。知事は、県憲兵局長と郡警察署長に情報提供を求めた。県憲兵局長は、前述の見解を繰り返し、ここでも流刑を提言した。郡警察署長は、このムッラーの経歴からも政治的信頼度が欠如することを示そうとする。ハイルッリンは郡内で生まれ、郡内のマドラサで学んだが、一九〇三―〇四年にメッカとメディナに留学した。彼は一九〇六年以降、ムスリムのすべての集会に参加した。このムッラーは自身を進歩派とみなし、タタール・ハン国復興の考えを広め、タタール人の運動のために金を集める活動も行った。知事は一九一三年八月になってようやくママディシュ郡視学官に、ハイルッリンが有害な政治活動を行っており、汎イスラーム主義運動にも関与しているので、開校は全く容認できないという判断を伝えた。(95)同月、県庁は同様の根拠に立ってハイルッリンを解任した。(96)

政治的信頼度が疑われ始めた一九一一年四月時点でハイルッリンは、知事にマハッラ内部の政治状況を説明し、自分は断じて革命家などではないと訴えた。注目すべきは、「進歩派」の彼が、第一マハッラの前ムッラーで「ジャディード」のアイトフとの競合を語っている点だ。ハイルッリンは、アイトフの解任後、第一マハッラの管理も行った。それ以来、アイトフの収入は穀物の施し以外なくなってしまい、そのためにアイトフは彼に腹を立てるようになった。アイトフはハイルッリンの評判を損ねようとし、彼の職も邪魔するようになった。ガレエフ家のサミグッラー・ムフリスッリンもハイルッリンを侮辱して、一五日間逮捕された。ハイルッリンの考えでは、アイトフはかつてガレエフ家と対立していたが、今では意気投合しているので、彼らのうちどちらかが自分を密告したのだった。ハイルッリンは、子供たちにムスリムの礼拝を教えることはムッラー各人に許されていると自らを正当化する。しかも、教育当局の許可を得るには長い時間がかかるので、一時的に礼拝の仕方を教えたのだと弁明する。そして、学校建設のために九五ルーブルが集められたが、それはマハッラの合意で行われたのだと述べた[97]。ハイルッリンは、一九一四年六月に県内視察の途中でママディシュ市に立ち寄った知事に直訴を試みた。彼は、職を失って四人の子供を養えないこと、偽りの密告によって罷免されたことを説明した。しかし、望みはかなわなかった。マハッラの人々はハイルッリン再選の決議文を作成し代表者も請願したが、これも聞き入れられなかった。ハイルッリンは、ウファのムフティーにも聖職者の代表としてその擁護に動くよう請願した[98]。

一九一六年六月にハイルッリンは再度、文書で知事に請願を試みている。この請願で彼は、自身をカディームだと名乗った。ここでは誰が本質的にジャディードでカディームなのかは重要ではない。警察機構が「ジャディード」を摘発していたとすれば、ムスリム社会内部で競合する者は互いに相手が「ジャディード」だと密告したし、その結果として政治的信頼性が疑われた者は、自分は「カディーム」だと自己弁護したのである。ハイルッリンも、自分が全く政治に無関心な人間で、祖国とツァーリの従順な息子であり、宗教教育を受けた人間として古い性向のムッラーに属していると語る。そして彼は、自分のマクタブでは厳密なカディームの方式を堅持して、その宗教性

(konfessional'nost') を損なったことはないと述べた。一九一〇年の内務省の特別審議会がマクタブから世俗的科目を排除する立場を採っていたことを想起すれば、ハイルッリンは警察の実務やタタール語の出版物からこの点に自己正当化の理屈を見出したと考えられる(99)。

しかしこの請願も県庁で無効とされた。その後、ハイルッリンはツァーリにも請願した。これを受けて内務省宗務局は知事に調査を求めた。郡警察署長と県憲兵局長が復職に支障なしと判断したので、一九一六年一二月に県庁も宗務局にその旨を伝えた。翌年一月二六日には、宗務局から復職可能という判断が下された。それは郡警察からハイルッリンにも伝えられ、三月三日にマハッラはムッラー選出の決議文を作成した(100)。

首都の二月革命から二週間後、カザンではムスリムの学生、知識人、実業家が中心となって、カザン・ムスリム委員会 (Kazanskii musul'manskii komitet) が結成された。その目的は、ムスリムの要望を調査し、勢力を結集し、憲法制定会議に備えることだった(101)。五月四日にこの委員会が県庁にハイルッリンを任命するよう要請すると、県庁は二日後には任命の政令を出した(102)。就任式を執り行ったのは、下ルーシ村のミンニケエフだった。そこではツァーリの名のない新しい宣誓文が読み上げられた。

神と己の良心の前で、己の祖国としてのロシア国家に従順かつ常に献身的であるよう市民の名誉にかけて誓い、約束する。あらゆる手段を講じてロシア国家の栄誉と繁栄を促進し、最後の血の一滴まで国家に奉仕することを誓う。憲法制定会議の調停で人民の意思による統治形態が確定するまで、現在ロシア国家を指導している臨時政府に服従する義務を負う。国家の利益を専ら考え祖国の福祉のために己の命を惜しまず、全力を尽くして己に課せられた奉仕の義務を実行する。私の上に置かれるすべての上官に従い、祖国の前にある将校（兵士、市民）としての自分の義務が要求されるあらゆる場合に、完全に服従することを誓う。誠実で、良心的で勇敢な将校（兵士）となり、私欲、血縁、友情、敵意のために宣誓を損なわないよう誓う。聖クルアーンに接吻して宣誓を締めくくる。アーミン。[103]

タタール知識人の応答

一九〇五年に政府は、タタール人の「革命家」がロシア・ムスリムに独自の利益があることを明確に口にするようになったことを目撃し、その後彼らの監視と排除に乗り出した。この「革命家」はマハッラで教育改革に勤しむ「ジャディード」と同一視され、青年トルコ人革命後はそれとの連動が疑われた。他方で一九〇五年以降はカザンの正教会にとって、信仰の自由を得た受洗タタールや自然崇拝の人々がイスラームに改宗する「苦難の時代」だった。この「タタール化」を阻止すべくカザンの宣教師は、「革命家＝ジャディード」の存在と並んで、「タタール化」をもイスラーム世界の覚醒の一角に位置付ける論理を提供し、内務省とその警察機構を自分たちの利益のために動かすことができた。しかし、事態は単にロシア当局と正教会がムスリム社会に対峙したにとどまらなかった。政治的信頼度に関する新しい語彙は、警察とマハッラとの伝統的な連絡経路を通じて浸透し、ムッラーもマハッラの人々もそれを駆使することで共同体内部の対立者を排除できるようになった。そうしたマハッラ内部の政治の中で、信仰深くツァーリに従順な「カディーム」という自己防衛の範疇も作られた。ムスリム社会内部の政治は一見、「ジャディード」と「カディーム」という二項対立に収斂したが、マハッラの人々は便宜的にこの区別を利用したので、内務省系列の役人には誰が本来取り締まるべき分子なのかが不明瞭になっていった。

ロシア社会に蔓延する汎イスラーム主義の脅威論とそれに基づく治安当局の行動に対して、ムスリム知識人はタタール語の印刷物で事態を人々に説明しなければならなかった。オスマン艦隊への募金の差止めを求める一九一〇年四月二日付の宗務協議会の指令が管区内のムッラーに伝わると、カザンの『ヨルドゥズ』紙は、この募金の情報を内務省は、ロシアのムスリムが政府に敵対しているかのように見せようとしている輩から得たにちがいなく、これはムスリムに対する誹謗（iftirā'）であると反応した。そして、十年ほど前にダマスカスとメディナを結ぶヒジャーズ鉄道のための募金が世界のムスリムの間で行われた時も、ロシアのムスリムは参加しなかったのだと解説した。[104]

とはいえ、知識人は苦しい弁明を強いられていたとも言える。一九〇五年革命を機に現れたロシア・ムスリム連盟や国会のムスリム会派に象徴されるように、タタール知識人を中心に、ロシア・ムスリムの糾合を志向する運動や思想は確かに存在した。第2章で見たように、宗務協議会制度の改革論にもそれは表れていた。また、一九世紀末から二〇世紀初頭には、留学、巡礼、商用でオスマン帝国を往来するムスリム臣民も増大した。[105]カザンのタタール語紙『カザン報知』は、カイロのアズハル学院一万人の学生の中でタタール人が努力と思想の面で傑出していると述べ、「近年ロシア・ムスリムに著作と教育で最も貢献し、人々の啓蒙に誠心誠意尽くしているのは、イスラーム諸国で学んで帰国した若者である」と称揚した。[106]知識人は帝国を跨ぐテュルク語の公共圏の担い手となり、相互に印刷物を参照した。タタール知識人の民族の概念も、イスタンブルとの知的交流の中で彫琢される側面があった。[107]本章で繰り返し示してきた通り、これらの要素がイスラーム脅威論の偏見によって形を変え、内務省系統とカザンの正教会の生み出す言説に織り込まれていたのだ。

こうした皮肉な状況は、一九一二―一三年のバルカン戦争時に尖鋭化する。それを鮮明に伝えるのが、自らイスタンブルに乗り込んで戦時下のオスマン社会を仔細に観察した『ワクト』編集長ファーティフ・ケリミーの『イスタンブルの手紙』だ。当時のロシア語の世論は、海峡を通過する小麦の輸出を死活問題と捉える産業界に後押しされ、「トルコのヨーロッパからの駆逐」を掲げるなど好戦的だった。汎スラヴ的な気運が右派から自由主義者まで幅広い政治勢力の間で醸成され、バルカンの同胞を救援するための募金活動がさかんに組織された。[108]ケリミーは、好戦的な論調の先鋒『ノーヴォエ・ヴレーミャ（新時代）』紙について、その在イスタンブル通信員とタタール商人との口論を取り上げている。通信員がロシア人はトルコ人が好きなのですよと親しげに話しかけるのに対して、商人は「ではなぜロシア人はトルコ人のために支援しないどころか、我々ムスリムにも支援をさせないのですか」と尋ねる。これに対して通信員は「ロシア・ムスリムの若者は汎イスラーム主義に奉仕して、一緒に煽動活動をしているじゃありませんか」とやり返す。商人は、『ノーヴォエ・ヴレーミャ』のでっち上げる幻影はロシア人とタタール人の関係を損ねる以外の何ものももたらさないと反論する。(109) こうしたやりとりを伝えることでケリミーは、タタール語の世論に、ロシア語の言説の脆弱さを示したのである。

他方でケリミーが特記するのが、イスタンブルのタタール人社会の活気であり、とりわけ街の信頼の篤い商人と勤勉な学生を称賛する。ケリミーは、これらの人々の活躍でオスマン人はロシアがムスリム臣民に規律と高邁な精神を与えていると理解するので、彼らの存在は結果としてロシアの名声も高めると強調する。(110) しかし同時にケリミーは、多くのロシア・ムスリムが傷病兵の看護どころか義勇兵としてもイスタンブルを訪れ、ロシア国内の治安当局の警戒にもかかわらず、クリミア半島ヤルタのムスリムが精力的に支援活動を展開する様を活写している。ケリミーは、ロシア・ムスリムの跨境的な活動はロシアの国益と矛盾しないと論じながらも、それとは重なり合わないロシア・ムスリムによるオスマン帝国のための行動も描くのである。(111)

さらにタタール知識人は、ロシア帝国自体が多元性への寛容をますます狭めていく文脈の中でも汎イスラーム主義脅威論を捉えていた。一九一一年一月にヴャトカ県サラプル郡の革新的なブビ・マドラサが閉鎖された事件が、二ヵ月後キエフで起こったユダヤ人に対するベイリス事件としばしば重ねられたのは偶然ではない。国会議員サドリ・マクスーディーは、ブビ・マドラサが閉鎖された一ヵ月後、一九一一年度の内務省の予算審議に際して、汎イスラーム主義者摘発の名目で行われるムッラーやムアッリムに対する逮捕や捜査をロシア人右翼の仕業として厳しく非難する演説を行った。マクスーディーによれば、彼らはポーランド問題やユダヤ人問題に並べて今度はムスリム問題を捏造しているのだった。彼は、一九一二年度の内務省の予算審議でも発言し、政府の対策は汎イスラーム主義に向けられたものではなく、反イスラーム、反進歩の性格を帯びていると非難した。マクスーディーは、一九一〇年の特別審議会とカザンの宣教師大会の決議を逐一比較してみせ、両者の一致を確認し、正教会宣教師の企みが内相ストルイピンの下で成果を上げたのだと指摘した(112)。

メディナとカイロでイスラーム諸学を修めたザーキル・カーディリーは、ウファの『トルムシュ』紙で、ブビ・マドラサ閉鎖事件とベイリス事件を同質とみなし、汎イスラーム主義はムスリムに対する全くの中傷だと非難する論説を出した。ここでは非難の矛先は、ロシア社会だけでなくカディームにも向けられる。カディームは、西欧やロシアの文明に抗せないと悟ると、ジャディードを革命家、分離主義者呼ばわりし、トルコの資金供与を受けているなどと警察に密告したために、今やジャディードが祖国の裏切り者で、自民族にも有害だということが疑いの余地のないほどになってしまったのだった。カーディリーによれば、汎イスラーム主義とはムスリムの敵がムスリムの民族文化の発展を阻害するために考え出した全くの空想にほかならず、ムスリムの進歩的現象すべてがロシアや西欧の出版物で言うところの汎イスラーム主義運動であるならば、我々すべてが汎イスラーム主義者になってしまうのだった(113)。

では、カーディリーの指摘するムスリム社会内部の監視と密告の仕組みは解消しえただろうか。実はムッラーと警察機構との関係は、知識人とムッラーとの立場が割れる局面だった。一九一四年六月に首都で開催されたムスリム大会で、南コーカサスからの代表は外国信仰宗務規程一四八七条を広くロシア・ムスリムに適用するよう提言した。この条文によれば、「ムスリムの間で政府が許容できない有害な解釈や教義、また悪意のある扇動行為が発覚した場合、聖職者各人は、説得と説諭によって未然にこれを防止し、直ちに地方当局に通報しなければならない」。マクスーディーをはじめ世俗的な知識人たちは、聖職者が警察の奉仕者、密告者に成り下がってしまうと反発したが、ムッラーたちはこの業務を当然のことと考えた(114)。ロバート・クルーズが論じるように、警察権力を招き入れて宗教共同体内部の「正統派」を維持することは、彼らの伝統的な役割だったからだ。

帝政最後の十年間は、政府とムスリム社会の双方にとって、相手に関する情報量が飛躍的に増大した時期だった。

政府は、国内のムスリム社会に何が起こっているのかを監視するための情報収集の仕組みを従来にない関心をもって作り出した。ムスリム社会はこの監視制度から政策の変化を知覚するだけでなく、タタール語の印刷物から知識人がその政策をどのように分析・批判しているのかを読み取ることができた。しかし、内務省系統の情報伝達と政策立案の過程では、摘発と危険の除去が先行するあまり、マハッラの人々や知識人の声は目的に合致する限りで掬い上げられたにすぎない。こうして、ムスリムへの偏見は深まり、ムスリム行政の仕組みも変わらなかったので、市民としての同権を求めるムスリム知識人は被抑圧感を表明し、マハッラは混迷の度合いを深めた。では、ロシア人社会とムスリム社会が直に情報交換し利害を調整する仕組みはなかったのだろうか。実はそれを可能にする数少ない公共空間だったのが、第II部で扱う地方自治体である。

第Ⅱ部

地方自治とムスリム社会

第5章

カザンの休日

——都市空間の民族関係と宗教的権威——

20世紀初頭のカザンの繁華街ボリシャーヤ・プロロームナヤ（現バウマン通り）。左手に，クルバンガリー・カシャーエフというムスリムの商店が見える[1]。

これ、お前たち信徒のもの、集会の日の礼拝に人々を呼ぶ喚び声が聞こえたら、急いでアッラーのお勤めに赴き、商売など放っておけよ。その方がためになる。と言うてもお前たちにはよく分からないかも知れないが。礼拝が終了したら、方々に散って、今度はアッラーのお恵みを求めるがよい。但し、繰り返し繰り返しアッラーを念ずることだけは忘れぬよう。そうすれば必ず商売繁昌しよう。

——『クルアーン』第六二章九—一〇節

汝ら三日月を見たとき断食を始め、次の三日月を見たならば断食を解け。

——ブハーリーのハディースから「断食の書」第一一節

ロシアでイスラームの祭日はどのように可能か

「我々のロシアにおいてこんにち、民族間の衝突が始まってしまった」。カザンのタタール語紙『ヨルドゥズ（星）』の編集長ハーディー・マクスーディー（Hādī Maqṣūdī 一八六八—一九四一）が警告する。一九一〇年五月二八日金曜日、二〇〇〇人近い人々がカザンの商人クラブに集い、「イスラームの祭日をキリスト教の祭日に取り替える」という国会の決議に抗議した。ハーディーの弟で国会議員のサドリ・マクスーディーは、苛立つ会衆に首都サンクトペテルブルグで起こったことを説明した。この集会で議長を務めたのは、第一ギルド商人のアフメトジャン・サイダシェフで、彼自身『バヤン・ウルハック（真実の表明）』という新聞を主宰していた。彼が「国会の決議したこの法律は、我々の経済的な利益よりも宗教的な感情を逆撫でするものである」と断じると、タタール人の商店従業員の代表たちも「我々の宗教をなくしてしまうものだ」と呼応した。ターイブというムッラーは、本章の題辞にある金曜日についてのクルアーンの節を引いて、預言者ムハンマドも礼拝の後は友人や病人を訪ねたり、死者に祈りを捧げたり、来世に有益なことをするようにと解釈していたのだと解説した。そして、国会の決議はこうしたイスラームの伝統に反するばかりか、信仰の自由を謳った一九〇五年の十月詔書とも矛盾すると指摘した。抗議集会は最後に、ウファのムフティーから支持を求める決議を採択した。[2] 三日後には集会で委任された元市会議員と現職議員を含む代表が、国会議長アレクサンドル・グチコフと主要ロシア紙『ロシア』『ノーヴォエ・ヴレーミャ』『レーチ（言論）』に電報を送った。そこには次のように記されていた。もし国会の決議が撤回されないならば、「ロシア人と国会に対する我々の理解を全く覆すことになり、我々の祖先が打ち立てた相互の信頼と共感の殿堂を直ちに倒壊させることになるだろう」と。[3]

ストルイピン時代にしては大規模なこの抗議集会は、政府に対する伝統的な請願方法と一九〇五年以降に現れた公共圏とが渾然一体となっている状況をよく示している。一九世紀後半に政府が一連の改革を通じて、それまで信仰の寛容の下で自治的な営みを許容してきたヴォルガ・ウラル地域のムスリム社会に介入するようになると、ムスリム住民は自分たちの生きる特別な秩序の象徴として「シャリーア」を持ち出して抗議した。そこではすでにアフメトジャン・サイダシェフら商人が人々を動員する役割を担い始めていた。[4] 一九〇五年以降の新しさは、ターイブのようなウラマーと並んで幅広い地元のタタール人指導者が発言するようになったことにある。象徴的にも、上記の抗議集会は、カザン市民の自発的な結社の一つである商人クラブで催された。しかもハーディー・マクスーディーもサイダシェフも、自分たちの新聞で集会について報じることで、出来事そのものをさらに大規模なものに変換することができた。そしてタタール人の国会議員と市会議員は、地元のムスリムと国会との媒介者として振る舞いながら、歴史的に保障されてきた信仰の寛容の原則に依拠して国会の決議を批判した。

本章では、カザン市会と地元のタタール語紙で繰り広げられた宗教上の祭日に関する論争を取り上げ、国家が都市の様々な公共圏とどのように関わっていたのかを検討する。その際、一九一四年に焦点を合わせる。まさにこの年に、祭日問題の二つの側面が実に興味深い交わり方をしたからだ。その側面とは第一に、ロシア人人口の優勢なカザンでイスラームの祭日を承認する問題であり、第二に、祭日の正しい実践をめぐるムスリム社会内部の論争である。本章ではまず、商店従業員の休日を決めるにあたって市会がロシア人とタタール人の商人の利害をどのように調整しようとしていたのかを描く。次に、ムスリム社会が一斉に揃って祭日に入るために誰がどのように各月の初めを決めるのかをめぐってタタール語紙上で生じた論争を分析する。この論争は、一九一四年一月の預言者生誕祭（Mawlid al-nabiyy）と夏のラマダーン月に際してとりわけ大きくなった。というのも、この二つは具体的な日時の問題だけでなく、その実践自体が論争的な問題を含んでいたからである。イスラームの祭日の時期と意味を議論することを通じて地元の様々なタタール知識人は、どのような行動が正しくイスラーム的で民族的なのかを定義しようとしていたのだ。(5)

カザンの休日問題は、現地の歴史家の注目を集めてきた。しかし彼らの分析は、ロシア人とタタール人の商売上の競合を強調する点で、前述の二つの側面のうち第一のものを扱うにとどまる。しかもそこでは、ムスリムが一様に信仰の実践に一意専心することが前提とされているので、この問題に関わった様々な人々の主体的な動機が十分に検討されているとはいえない。とりわけ、彼らの記述には祭日問題の第二の側面で枢要な役割を果したウラマーの姿が全く見えない。(6)

そこで本章ではまず、従来の研究を補う論点として、信仰の寛容という帝国統治の原則と地方自治との矛盾を分析する。カザンのタタール人は、彼らの目に信仰の寛容の違反と映っていた事態に市会が適切に対処できるか確信を持っていなかった。市会は通常、国家の官僚機構と比べてリベラルな機関だとみなされがちだが、選挙資格としても富裕層を優遇したから、職種に基づく社会階層と民族的な差異の重なりがしばしば政治的な係争に発展した。(7)実はカザンの休日問題では当初、ロシア人とタタール人の議員が市会を通じてイスラームの祭日を認める方針で合意していた。しかし、正教徒の商業的な利益の擁護を掲げて政府が市会の決定を無効にすることを繰り返したので、ロシア人とタタール人が交渉できる余地が著しく狭まったのである。この隘路の中でタタール人の市会議員と商人は、信仰の寛容の原則に賭けることになる。こうして、ロシア人が休日問題を専ら経済問題とみなし、タタール人はこれが純粋に宗教的な問題だと言い張るに至って、一九一四年の市会ではその公共圏も宗教の違いに沿う形で溝が深まったのである。

次に取り上げる新月の定義をめぐる論争は、二〇世紀初頭の新しい現象ではない。一九〇五年以前、この問題での唯一の権威はウファの宗務協議会だったから、ウラマーたちは月の初めを決める権限を協議会から得ようと競った。第二代ムフティー、ガブドゥルサラム・ガブドラヒモフは、オレンブルグの金曜モスクでイマームだったとき、定められた日よりも早く祭日に入ったので、一八〇二年に初代ムフティー、ムハメトジャン・フサイノフにより解任された[8]。カザンの傑出した学者シハーブッディーン・メルジャーニー（一八一八―八九）は、ムフティーを介して数学を用いた月の定義を確立すべく努めたが、周囲のムッラーの反発は大きく、かえってカザンの第一モスクのイマーム職から一時解任された[9]。以降も宗務協議会は、管轄下のムッラーが同じ日に断食を始め、祭日を祝うように通達を出して徹底を促し、シャリーアに基づいて異なった判断を出したムッラーには反駁し、郡警察を通じて厳重に戒告する措置も取った[10]。

この問題の一九〇五年以降の新しさは、ムスリムの定期刊行物の作り出す世論（afkār-i ʿumūmīya）が、ウファの権威と競合する事態が生まれたことにある。しかもその言論空間には、ウラマーだけでなく「青年たち（yāshlar）」と呼ばれた知識人たちも「科学的な真理」を振りかざして参入した。ムッラーたちは、自分たちの発言を権威付けるために、この急速に成長している公共圏の中にも宗務協議会や警察権力を引き入れることができると示唆した。しかしそれは、宗務協議会がシャリーアの解釈や礼拝・祭日のタイミングをより画一化できるようになったということではない[11]。それまでイスラームの解釈を独占してきたウファの権威は、イスラームや共同体について語る人々が増えたことで相対化されたばかりではない。タタール語の新聞・雑誌上では、ウファに従属しているムッラーたちでさえ、地元での権威を維持するために、宗務協議会の判断の妥当性にあからさまに疑問を投げかけることも稀ではなかったのである。

1　市会と商人

カザンの経済界で少数派のタタール人は確かな存在感を持っていた。一八九七年の統計によれば、カザンの人口は一二万九九五九人で、そのうちロシア人は七四％、タタール人は二一・九％だった。商人身分では二三〇八人中ロシア人が七八・三％で、タタール人が一五％だった。これに対して商業従事者は、七九七六人のうちロシア人の割合は六八・五％と低くなり、タタール人は三〇・二％を占めた。[12] カザンには一八七二年から一九一六年の間に約三〇〇の商館と株式会社を数え、うちタタール人の起業によるものは二八％に達した。タタール人の商人は、一八七〇―八〇年代にカザンに移ってきた富農であり、すぐに商人身分に登録して特権を手に入れた。一八七〇年にタタール商人は八六人（第一ギルド商人一五人、第二ギルド商人七一人）を数え、一八八一年には一〇八人（第一ギルド商人一四人、第二ギルド商人九四人）に達した。そしてこれら農村出身の商人たちこそが、カザンのムスリム社会にイスラーム的な価値観を重んじる雰囲気を持ち込み、政治運動の中核となっていく。[13]

カザンの街は、中心を流れるブラク川を境に左岸がタタール人街、右岸がロシア人街に分かれていた（図5-1）。タタール人街は、岸に近い旧街区（Starotatarskaia sloboda）とそこから南西に離れた新街区（Novotatarskaia sloboda）から成り、商業の中心は、旧街区の北に位置し、町で第二の規模を誇ったペシェン・バサール（干草市場）だった。ロシア人街では、高級店や一流ホテル、保険会社や銀行が並ぶボリシャーヤ・プロロームナヤ通りと、カザン大学や聖堂、図書館や裁判所などの公的機関が並び、その景観が首都のネフスキー通りにたとえられたヴォスクレセンスカヤ通りが商業の中心だった。[14]

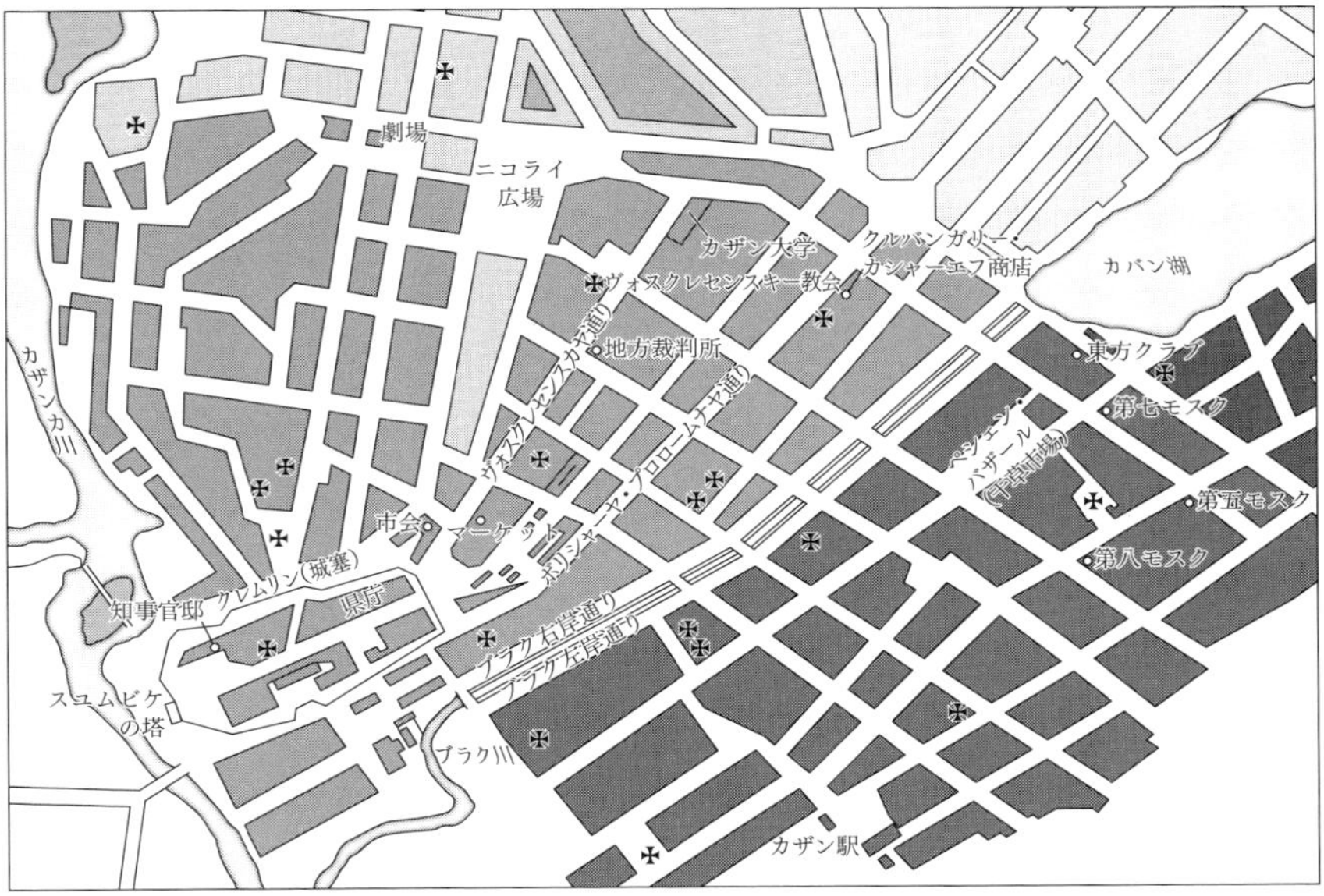

図 5-1　カザン市街の中心部

出典）ウェブサイト Kazanskii kartograf にある 1903 年の街路図に基づいて作成。http://tat-map.ru/index/0-9

二〇世紀初頭には、これらロシア人街の大通りにタタール人の商店も進出するようになったので、休日問題は一層緊迫感を増した。というのも、日曜日や他の正教会の祭日に店を閉めることになっていた多数派ロシア人の労働者や職人は、これらの日に店を閉めない少数派のタタール人の店で買い物をするようになったからだ。逆に、タタール人が金曜日に店を閉めたとしても、町の住民の大多数は働いているので買い物客にはならず、ロシア人の同業者に比べて損失は少なかった。

カザンには一八七〇年の都市法で市会が設置された。被選挙権は、都市居住の財産所有者や営業税納入者に限られ、議員の半数以上を商工業者が占めた。七二人の議員のうち商人身分に属する者は一八七九―八三年に四四人、一八八三―八六年に五〇人、一八八七―九一年に五三人だった。都市法の第三五条は、非キリスト教徒の議員数を全体の三分の一に制限していた。タタール人議員の数は、一八七二―七四年に八人、一八七五―七八年に一二人、一八七九―八二年に一六人、一八八八三―八六年には二〇人を数えた。とはいえ地元ロシア語紙は、タタール人一人でロシア人三人力であり、多くの場合、タタール人議員の要望に沿って問題が解決されるほど、彼らが大きな力を発揮しているのは信じがたいと評した。[15] 一八九二年の都市法で非キリスト教徒の割合が全体の五分の一にまで制限されると、それ以降ムスリム議員の数は一六人を超えることはなかったとはいえ、町の商工業で無視できない地位を占めていた少数派のタタール人の意見が尊重される空間が存在していたことは見逃せない。

カザン市会で商業施設の従業員の休日問題が浮上したのは、一八八二年に従業員支援協会が市会に請願を出したことにさかのぼる。市会では、一八八〇―九〇年代に条例制定の議論を繰り返したが、いずれも「時宜に適わない」と結論付けられた。この時にも、カザンの多民族・多宗教の人々の間で、宗教上の利益と商工業上の利益という互いに相容れない利益を合致させるのはほとんど不可能との意見も上がった。[16] 一九〇二年五月二八日の市会は、日曜日と祭日に営業時間を制限する条例を出すことが必要だと認め、問題を検討する委員会を設ける決定をした。九人から成る委員会には、第一ギルド、第二ギルド商人のタタール人議員四名も加わった。六月四日の市会で委員会は、まずタタール人の委員が問題の性急な解決に反対していることを伝え、モスクワ、サマラ、オレンブルグ、アストラハン、バクー、チフリスの市参事会に、関連する条例について照会するよう要請した。[17]

その後、タタール人の商業従事者一一八人の代表三名が、市参事会と休日問題の委員会に声明文を提出した。実はこの時彼らは、金曜日を完全な休日にするようには求めておらず、経済的な観点から一定時間の休息を求めていたにすぎなかった。彼らによれば、経営者がイスラームの祭日でない祭日に商売を停止し、従業員が休日に金を浪費するのは、双方にとって高くつくのだった。よって、経営者と従業員を問わず、商業に従事するカザンのすべてのムスリムには金曜日に集団礼拝を済ませて午後二時まで休息することで十分と表明した。確かに請願者は、日曜日の代わりに金曜日、パスハ（復活大祭）とクリスマスの三日間の祭日に代えて、ウラザ・バイラム（断食明けの祭）とクルバン・バイラム（巡礼月一〇日の犠牲祭）の各三日間を休日にすることは可能と考えていた。しかし、市会が日曜日と正教の祭日を強制すると、タタール人が現時点でも商売を控えている金曜日に加えて、日曜日の商売も制限されるので、タタール人に不利益になると訴えた[18]。

一〇月三一日、休日問題を検討していた委員会は、祭日の商業を昼の一二時から四時までの四時間に制限することを基本に、条例案を具体化する会議を開いた。ここでもタタール人は、経済的な観点から不満を表明した。委員で第二ギルド商人のM・I・ガレエフは、今までムスリムは日曜日に商売ができたので金曜日に休んでも損失にはならなかったが、日曜日も休むことになれば損失だと述べた。しかも、正教の祭日八〇日とイスラームの祭日六五日を合わせれば、半年近くも商売ができなくなると訴えた。しかし、イスラームの祭日にのみ営業時間の制限を適用するようにとのムスリムの要望は、正教の祭日のほうが多いので、逆に正教徒の経営者に不利になりかねず、ロシア人には容認できなかった。議長のアレクセエフが、商業を営む権利のあるムスリムは、町で同じ権利を有する者全体の四分の一に過ぎないのだと発言すると、タタール人の委員は会議を退席してしまう。

こうして委員会は、タタール人の委員が出席しないまま、信仰に無関係に適用される条例案を作成した。それによれば、パスハとクリスマスの各二日間と生神女福音祭（Blagoveshchenie）の一日には営業を完全に停止し、それ以外の祭日と日曜日には四時間の営業時間を厳守しなければならなかった。この条例案は、一九〇三年一月二八日の市会で承認された。しかし市会はムスリムへの配慮も見せる。「カザンの商業の相当な部分がムスリムの手中にある」ので、キリスト教徒の従業員のいないムスリムの経営者に条例を適用しない権利と、ムスリムのために特別な規則を制定する権利が市会に与えられるようにとの請願を、しかるべき手続きで内務省に行うことも決定したのだ。そして、ムスリムのための規則を作成するために、六名のタタール人議員から成る委員会も選出した[19]。

しかし、ムスリムの祭日を別に規定することを求めた内務省への請願は功を奏さなかった。市会は、祭日の商業をさらに限定する条例を決議することになり、一九〇五年四月一一日に知事の承認で条例は公布された。それは、日曜日の営業時間を正午から三〇分に一律に限定するものだったが、タタール人の新街区には適用しないという配慮もあった。

こうした中、一九〇五年革命時の労働運動に応える形で一九〇六年一一月一五日に、商業施設における従業員の休日の保障に関する法律が出る。その第五条は、日曜日と正教会の一二大祭日の営業を完全に禁止していたとはいえ、「非スラヴ系の宗教あるいは異教の住民が著しく優勢な居住地」では、日曜日と一二大祭日の代わりに、別の日に商業を制限あるいは停止できるとも定めていた。そして第九条六項は、別の祭日に関する条例の作成を地方自治体に委ねた。ただし、日曜日と一二大祭日には正午前に商業を始めてはならず、パスハの初日、三位一体祭、クリスマスの初日は、全面禁止という条件が付いた[20]。この法律は、国会閉会中の立法措置を定めた国家基本法八七条に基づいて公布されたので、第三国会でムスリム会派も加わった論戦に発展する。

この一一月一五日法を踏まえてカザン市会も、新しい条例を作成せざるをえなくなった。市参事会は、市の代表に加えて商店経営者と従業員の代表者から成る合同委員会に条例案の作成を委ねた。一九〇八年一〇月二八日の市会で、タタール人議員アブドラヒモフは、一一月一五日法に基づいた休日問題が国会の審議に入ったので、その結果を待って市会で審議するように提案した。しかし市長は、各地の市会が用意する資料が、国会で法案を作成する基礎になるとして審議を継続した。一一月一二日の市会は、キリスト教徒とムスリムそれぞれに祭日を設定した。タタール人議員B・K・アパナーエフは、双方の祭日は同数でなければならないと主張し、キリスト教徒とムスリムそれぞれに、日曜日と金曜日を除く二六日間と二三日間の祭日が定められた。そして、ムスリムのもとで勤めるキリスト教徒はキリスト教の祭日に、キリスト教徒のもとで勤めるムスリムはイスラームの祭日に仕事から解放されることとされた。ムスリムについては次の祭日が与えられた[21]。

前述の一九〇二年の議論では、ムスリムの祭日は金曜日を含めて六五日とあったが、これはウファの宗務協議会が公的機関に配布していたカレンダーで定められた祭日である。ムスリム議員は、正教徒の休日と同数にするために新たに祭日を加えたのであるが、彼らが加えた祭日には傍線を施す。

マハッラム月：新年（一日）、アーシューラー（一〇日）、カブール・イスラーム（一二日）
ラビー・アルアッワル月：ガール（Ghār）（一日）、預言者生誕祭《マウリド》（一二日）、ウスール・ナビー（二六日）
ラジャブ月：ラガーイブ（第一金曜日）、キブラ変更日（Taḥwīl-i Qibla）（一五日）、ミウラージュ（二七日）
シャーバーン月：バラー（一五日）
ラマダーン月：断食初日、ワヒー（waḥy）（一七日）、マッカ占領日（Fatḥ-i Makka）（二〇日）、カドル（二七日）
シャッワール月：断食明けの祭（一日から三日）
ズー・アルヒッジャ月：月の初日、犠牲祭（九日と一〇日）、犠牲祭に続く三日間（Tashrīq）（一一、一二、一三日）

この市会の決議から一ヵ月後、ヴォスクレセンスカヤ通りのマーケット（Gostinnyi dvor）で商売を営む人々は、タタール人が日曜日と一二大祭日に商売できるのは不公平だと知事に訴えた。なぜなら、すべての工場労働者や職人はそれらの祭日に街に出かけて日用品を買い込むが、彼らは金曜日に働いているので、ムスリムは休業しても損はしないと考えたからだ。マーケットの経営者たちは、信仰に関わりなく日曜日と祭日に店を閉めるか、あるいは営業時間を正午から四時間に制限するように求めた[22]。一九〇九年六月四日、知事と地方自治体を仲介する県ゼムストヴォ・都市問題執務室は、キリスト教徒、ムスリムそれぞれに休日を与えることは、一九〇六年一一月一五日法の正確な意図に合致しないとして、市会の決議を承認しないと市参事会に伝えた[23]。

これに対して市会は、イスラームの祭日を保障した自らの決定を擁護すべく、一九〇九年一〇月八日の審議で、県執務室の判断を元老院に訴えることを決議し、市長は知事に訴えを元老院に送るように要請した。市の法律顧問トカレフによれば、正教以外の祭日の商業を制限する権利が、「非スラヴ系の宗教あるいは異教の住民が著しく優勢な」都市でしか認められないのは、信仰の寛容に関する法律に反するのだった。また、タタール人はこれまでも事実上イスラームの祭日に休業し、キリスト教の祭日に営業してきたから、県執務室の判断はムスリムへの打撃になるとした。議員のI・P・ステパノフも、ムスリムに彼らの祭日を与えることは、一一月一五日法に合致すると述べた。別のロシア人議員は、警察が一九〇五年四月一一日条例に基づいて、キリスト教の祭日に商売したタタール人の調書を取らないように知事の指示を求めることを提案した。タタール人議員M・A・サイダシェフは、一九〇七年の初めに、キリスト教の祭日が強制されることで改宗も迫られるという噂がムスリムの間に広まり、これを打ち消すべく知事が声明を出したことを指摘し、休日問題が悪意を持った人々に利用されることを懸念した。(24) このように、ムスリムの信仰生活を守ることと市の自治を守ることは、この時点では矛盾しなかった。

市会は、一九〇五年の四月一一日条例の改正という形で、ロシア人とタタール人の利益を調整する方向を追求し続ける。一九〇九年一〇月三一日、タタール人議員のサイダシェフとギゼトゥッリンら一五人は、信仰と無関係に祭日の営業を制限する四月一一日条例の第七条を削除するように求めた。同じ頃、小物・食料品店のロシア人店主一六〇人は、日曜日の商売の制限をなくすことを知事に請願した。まず彼らは、自分たちが個人経営で従業員を雇わないので、条例に違反することもないと述べる。そして、日曜日に店を閉めると、代わりにタタール人がロシア人街に出店するようになり、ロシア人の商売には壊滅的だと訴えた。一一月一〇日の市会で参事会は、四月一一日条例の廃止が双方の要求を満たすと認め、一九〇六年の一一月一五日法で四月一一日条例はすでに無効になったと表明した。市会は結局、条例第七条に「ムスリムを除く」という文言を挿入し、従業員のいない小物・食料品店には条例を適用しないと決議した。しかし、またしても県執務室は市会の修正を承認しなかった。一九一〇年六月三日、市長S・A・ベケトフは知事を通じて再び元老院に請願した。(25)

市会の議論が袋小路に入っていく中、ロシア人とタタール人の議員が期待を寄せたのが国会の審議だ。それを控えた一九一〇年四月二七日の市会は、ムスリムに金曜日とその他のイスラームの祭日を与えるのが望ましいことと、休日問題は地方自治体の条例で解決すべきことの二点を確認した。そしてこの二点について、通産大臣と国会議長に電報を送り、カザン県選出の国会議員にも国会に持ち込むよう働きかけることを決議した。この決議は、タタール人議員サイダシェフの提案に、市長、その他のロシア人議員の支持が寄せられて実現した[26]。そこには、地方自治体が住民の利益を守るという積極的な姿勢が共有されていたのである。

ところが国会では、ムスリム会派やカザン県議員の発言は全く考慮されなかった。カザン県の議員カプースチンとカリャーキンは、カザン市会の状況を考慮して、地方自治体が条例で祭日の営業を規制できる権利を求めた。ムスリム会派もこの線で合意することができた。しかし、審議では終始否定的な雰囲気が支配し、クルスク県選出の議員に至っては、キリスト教徒が自身の祭日に、ムスリムやユダヤ人のところで日用必需品を買わなければならないのは、「人道と信仰の寛容のいかなる理解とも矛盾する」と発言するありさまだった。結果としてムスリム会派は、「帝国の二〇〇〇万人のムスリムの宗教的、民族的、社会的特殊性に対する侵害である」と抗議して、議場から撤退しなければならなかった[27]。このような国会での審議は各地のムスリムに衝撃を与え、本章の冒頭で描いたカザン以外に、オレンブルグやウファでも抗議集会が開かれた。また、ウファとシンフェロポリのムフティーとチフリスのスンナ派、シーア派それぞれの最高指導者も、シャリーアの観点から国会に抗議文を送るべく互いに協議した[28]。

こうして市会はいよいよ手詰まりに陥った。一九一〇年六月にカザン市長が県執務室の決定に関して行った元老院への訴えも功を奏さなかったことが判明した。元老院の見解によれば、一九〇八年一一月一二日にカザン市会が設定した祭日では、キリスト教徒のほうが多いので、商業の条件の平等に反するのだった。一九一四年初頭までに市参事会は、知事の承認を得て唯一施行されていた一九〇五年四月一一日条例の枠を超えられなくなっていた[29]。しかも、法律上の曖昧な状況を利用して、タタール人はあいかわらず日曜日に店を開けていた。これに対しては警察も断固たる処置を採ることはできず、一九〇九年から一九一一年までの間に一二一四件の調書を作成したものの、一一九五件について三〇コペイカから一ルーブルの罰金を科したにとどまった。県知事はこうした状況に苛立ち、一九一一年末から一九一四年までに一一回も市会に新しい条例の審議を始めるように促した[30]。市会は結局、一九一四年一月八日に議論を再開することにした。

一九〇五年革命を挟んだ商店従業員の休日をめぐる議論の中で、街のタタール人の態度にも変化が生じた。前述のように、一九〇五年以前、この問題は経済効率の側面から論じられた。しかしそれ以降は、共同体の宗教実践の問題として捉えられるようになったのである。それは、タタール人従業員においても例外ではなかった。革命時、タタール人とロシア人の従業員は、共通の労働組合を結成して経営者と対峙した。しかし革命後、組合の幹部だったイシュムハメドフは、「宗教や民族の別なく（dīn wa millat āyūrmāyincha）」という社会主義の運動形態に違和感を表明している。なぜなら、組合の全体集会がキリスト教の祭日に行われると、ムスリムの従業員は仕事から離れられないし、彼らの大多数はロシア語を解さなかったからだ。したがって彼は、「民族とイスラーム」に基づく従業員組織を別個に設けることを提起する。また彼は、革命時の全ロシア・ムスリム大会で結成されたムスリム連盟について、労働者と農民の必要に応えていないと批判しながらも、この党に参加することでその綱領を変える努力をすべきだと説いた。[31]一九一四年一月にカザンの休日問題を報じたオレンブルグの『ワクト』も、数年前まで青年たち（yāshlar）は経済的な利益を優先して従業員と経営者との衝突を呼びかけ、ロシア・ムスリム連盟を軽蔑していたが、今日ではムスリムが共通の考えにあると評している。[32]休日問題は、階級の問題から宗教・民族の問題へと変容したのである。

他方でロシア人は、休日問題を純粋に経済上の問題として捉えていた。彼らは、市会に提出した請願書で、四月一一日条例をムスリムに徹底させることを要求した。今や多くの人々が、祭日にタタール人の店が開いていることを知って、そこで買い物をすることに慣れてしまい、ロシア人の商売は多大な損害を被っているのだった。一九一三年一二月一六日に一一三のロシア人商社から市会にもたらされた請願には、次のような記述があった。

すべての者が十分よく知るように、数年前にはタタール人の商売人は、日曜日とその他の祭日に休業することに苦情を申し立てることもなく、ロシア人と一緒に店を閉めて、金曜日には平穏に商売をしていたのです。ただ最近になってタタール人の商売人は、見かけは「良心の自由」を引っ張り出して、ロシア人とタタール人の間で商売の曜日を分けるよう執拗に要求するようになったのです。[33]

2　決裂する公共圏——信仰の寛容と都市の自治

一九一四年一月八日の市会での審議再開を控えた一九一三年一二月三一日に、「タタール人の商工業従業員のグループ」を名乗る人々が地元のロシア語紙『カマ・ヴォルガの言論』に寄せた記事は、市のムスリム社会を大いに刺激した。彼らは、タタール人の経営者が休日問題を宗教上の観点から論じる装いをしながら、実は金儲けに執着していると非難したのだ。彼らによれば、地元のタタール語紙『コヤシュ』も、イスラームの祭日をキリスト教の祭日と取り替えてはならないという論調だが、実は専らタタール商人を擁護し経営者に有利な路線を採っているのだった。記事の寄稿者は、信仰と民族に無関係に共通の休日を設けることを要求する。なぜなら「ロシア人の同志」と共に、労働組合の全体会合を開かなければならないからだった。そして、タタール人とロシア人の従業員の利害が一致した事例として、チェリャビンスクとトロイツクのタタール人従業員が、ロシア人の祝日に賛成したことを挙げた。[34]

名指しされた『コヤシュ』は、一九一四年一月二日に反論を掲載し、『言論』紙への寄稿者を、一九〇五年革命後に残った「塵（chüblar）」「生煮えの（pishūb yitmagān）社会主義者」と呼んで厳しく非難した。『コヤシュ』によれば、この「社会主義者」は、タタール人の民族的・宗教的自由を主張することがプロレタリアートの統合を妨げると叫んでいた「小童（mālāylar）」なのだった。そして今や、ロシア人の祭日に招集される組合の会議で発言権を確保するためだけに、全タタール民族（butūn Tātār millatı）に宗教的祭日を放擲することを強要しているのだった。(35)

翌日『ヨルドゥズ』は、一月八日の市会で休日問題が取り上げられることを伝え、それを「カザン・ムスリムの宗教的・民族的問題の中で最も重要なものの一つ」と位置付けた。『ヨルドゥズ』は、ロシアでは公認された宗教すべてに自由があるはずだが、市会はムスリムのために金曜日とその他の祭日に店を閉めるための決定を今日まで出せないでいると確認する。そして、「ブラク川の向こう側」つまり伝統的なロシア人街では、タタール商人は日曜日に店を開くことができないとしても、「ブラク川のこちら側」つまり伝統的なタタール人街を一般規則から分けることは合法だと提言した。(36)

タタール人従業員も動き始めていた。市警察署長から許可を得て一月三日に、サミグッラー・サリホフ（Samīʿ Allāh Ṣāliḥuf）を議長に、三〇〇人のムスリム従業員が「東方クラブ」に集まった。(37) 集会では、二人だけが日曜日の休日を主張したが、彼らの発言はほとんど許されなかった。『ヨルドゥズ』は、この集会が経営者と従業員という二つの階層の利益ではなく、問題の宗教的・民族的側面に注目したと特記している。集会では、ムスリム議員と市長に請願書を提出するための委員会も選出された。請願書は、一〇月一七日詔書の精神に加えて、地域の特殊性を考慮できるとした一九〇六年一一月一五日法に基づいて、ムスリムに自身の祭日を与えることを求めた。また出席者は、多くの宗教的・民族的慣習が祭日を通じて後の世代に受け継がれるとし、祭日の法的な保障が教育上も大きな意義があると訴えた。そして、金曜礼拝の度に、皇帝とその一家、祖国の平和と安寧のための祈りが捧げられていることを強調した。(38)

二日後には経営者も集会を開いた。ペシェン・バザールのヌルガジーズ・フサイノフの茶館に三〇〇人ほど集まったこの集会は、市会議員イブラヒム・ヤフインを議長に、従業員の集会で議長だったサミグッラー・サリホフを書記に据えていた。また、市会議員バドルッディン・アパナーエフとサドリ・マクスーディーの姿もあった。集会は全会一致で、金曜日と他のイスラームの祭日に店を閉めること、ロシア人の祭日にはブラク両岸で営業時間の制限は行わないという強硬な決議を採択した。この集会でも、決議の実現を図るために委員会が選出され、この委員会は従業員の委員会と行動を共にするはずだった[39]。また、経営者の委員会は、町のイマームたちから宗教的な根拠を得て、タタール人が自身の祭日を行わなければならないことを説得する役目も担うはずだった[40]。

一月八日、市会の審議当日の『カマ・ヴォルガの言論』紙上には、休日問題に関する大きな記事が掲載された。それは、市会が新しい条例の設定を試みた一九〇八年以来、タタール人がロシア人街にまで進出して、日曜日に商売をしている現状を憂慮するものだった。同じ紙面には「タタール人の商工業従業員のグループ」の手紙も掲載されていた。そこでは、生活の現実的な条件を考慮して日曜日が休日でなければならないこと、ロシア人従業員と共通の利益を犠牲にするわけにはいかないこと、そしてタタール商人は疑いなく日曜日の商売で儲けているのだということが繰り返されていた[41]。

市会は市民の注目の的になった[42]。市会の建物には審議を傍聴すべく大勢の人々が押し寄せたが、その多くはタタール人だった。結局、整理券が配られ、議場には七五人だけが入場できた。市長は、まずムスリム経営者の請願とムスリム従業員の請願書を読み上げた。これに対してロシア人議員は、なぜロシア人の請願を最初に読まないのかと不満をもらした。市長が議員の意見を求めると、サドリ・マクスーディーは、自分たちの祭日を拒否することは信仰を拒否するのと同義であるので同意できないと主張し、タタール人とロシア人には伝統的に友好が存在してきたのだから、その名の下に金曜日を祭日として設定するように求めた。

ロシア人議員の反応は冷ややかだった。議員S・A・ウシャコフは、この問題はもはや国会のみが解決できるという立場を取った。P・P・シメリョフは、ロシア人の商業を犠牲にタタール人の商業が成長している事態は看過できないと述べた。E・E・ソフロノフは、タタール人が一九〇五年までは金曜日に商売することを宗教に適うと考えていたのに、今になって宗教に反すると言っていることからしても、宗教は問題に全く関係ないと強調した。同情的だったN・N・ユシコフは、一九〇六年一一月一五日法に基づいて、一九〇五年四月一一日条例にあったタタタール人新街区を例外とした規定を残すことを提案したが、I・I・ステパノフは一部の例外は許されないという見解を示した。

タタール人議員も譲らなかった。バドルッディン・アパナーエフは、ロシア人議員たちの宗教に触れる発言に強く抗議した。サドリ・マクスーディーも、ロシア人は金曜日に商売して大いに儲けているではないかと反論し、一九〇六年一一月一五日法に依拠すれば、ムスリムの希望を覆さないことは可能だと主張した。さらに、国会議員を二期務めていたマクスーディーは、帝国各地から金曜日の祭日を求めるムスリムの請願を受け取った経験を踏まえて、問題はカザンのタタール人のみには留まらないと訴えた。結局、市会の議論は物別れに終わった。

かつての市会では、ロシア人とタタール人の議員が協働して従業員の休日を調整すべく努めていたので、地方自治と信仰の寛容との間に矛盾は見えなかった。ところがここに至って両者の溝は埋めがたくなった。多数派のロシア人議員の主張は、地方自治を守る観点から、一九〇五年四月一一日条例の有効性に立脚していた。これに対して、市会での議論に閉塞感を覚えたタタール人議員とタタール語紙は、ツァーリの与えた法律と信仰の寛容という帝国の原則に立ち返ることで問題を解決しようとした。よって彼らの主張は、一九〇六年一一月一五日法だけでなく、正教以外の信仰に対する制限措置の撤廃と既存の法律の見直しを定めた一九〇四年一二月一二日法や良心の自由を宣言した一九〇五年の十月詔書に依拠していた。彼らはその際、神の命令をまず守った上で人間の作った法律に従うことができるとも述べた。こうして彼らは休日問題を、帝国のムスリム二〇〇〇万人の共同体《ミッレト》に市民権（ghrāzhdānliq）を与える問題だとも位置付けることができた。(43)

地元のロシア語紙も、タタール人が日曜日に商売をすることで、ロシア人の商売が減退しているという論調を変えず、両者の関係をことさら敵対的に描いた。『カザンの電報』紙は、一九〇五年を機に発生した「分離主義的運動」に連なる「青年タタール人」の宣伝によってカザンの正常な商業は損なわれたのだと書いた。(44) また『電報』は、タタール人が専ら宗教的観点で問題を説明することを逆手に取って論争を挑んだ。この記事は、ゴルディ・サブルコフのロシア語訳クルアーンから金曜礼拝を定めた節を引用しながら、該当箇所には礼拝の前後で商売を禁ずる言葉はなく、休日でなければならないとも言っていないと主張する。(45) そして、「汎イスラーム主義」が出現した比較的最近になって初めて、ムスリムは金曜日の休日に固執するようになったのだと指摘し、タタール人は商売上の打算から日曜日の営業を要求しているのだと締めくくった。(46)

この挑戦には『ヨルドゥズ』が応じた。「イマーム、ハティーブ、ムダッリス」という署名の寄稿者はまずサブルコフの解釈を批判する。彼は、「礼拝が終了したら、方々に散って、今度はアッラーのお恵みを求めるがよい」という節の「お恵み（fadl）」をサブルコフは「富（shchedroty）」と訳しているが、我々の解釈学者は「慈悲（rahmat）」としていると述べ、金曜日に商売をするとはどの注釈書《タフシール》にもないと反論した。また、「金曜日は、諸曜日中の主である。そこには無限に神聖な時間がある。この時間になされた祈りは、他の時間になされた祈りよりも受け入れられる」というハディースも引用し、クルアーンの該当箇所にあるように、「繰り返し繰り返しアッラーを念ずる」ためには、商売の時間はないと述べた。しかも、金曜日の商売の禁止は、古くからイジュマー（イスラーム法の法源としての合意）に達しているのだった。そして、『電報』による商業上の打算という批判について寄稿者は、ロシア人街が金曜日にタタール人の買い物客で満たされているのに対して、ペシェン・バザールでは日曜日にロシア人は一人も見られないと指摘した。(47)

市会やロシア語紙の論調が宗教の差を明確にしていく中、タタール語紙も民族性や宗教の維持を前面に押し出したが、そこでとくに敵視されたのは、宗教とは別の目的を追求する同信者だった。その中には『カマ・ヴォルガの言論』に投稿した前述の従業員のグループだけでなく、ロシア人街で商業を営んでいたタタール商人も含まれていた。『コヤシュ』は、このようなタタール人経営者には民族意識も宗教感覚もないと名指しで厳しく非難した。ラビー・アルアッワル月一二日の預言者生誕祭《マウリド》（宗務協議会のカレンダーで一月二六日日曜日）は、ペシェン・バザールとプロロームナヤの多くのムスリム商店が店を閉めて祝ったにもかかわらず、クルバンガリー・カシャーエフ

(Qurbān'alī Kāshāyif) に従う四人のプロロームナヤの店主は営業を行った。『コヤシュ』によれば、カシャーエフは常にイスラームの祭日を軽視しており、プロロームナヤのその他のタタール商人も、カシャーエフがタタール人に正教の祭日を与えるように市参事会に求めていると噂したという。[48]

他方で、タタール人経営者の中には問題が決着していないことを利用して、日曜日も店を開く者が後を絶たなかった。とはいえ事実上、一九〇五年四月一一日条例が有効な状況が続いていたので、これを根拠に警察は日曜日に店を開いた経営者から調書を取り、罰金も科した。例えば、三月九日日曜日に商売をしていたかどで、タタール人経営者六〇人とロシア人経営者五人が警察に調書を取られた。[49] 治安判事に起訴されると、タタール人経営者は弁護士ブホフに処理を委ねた。この弁護士は、市会が一九〇六年一一月一五日法に基づいて新たに条例を制定せず、商店の休日問題は未解決にとどまっているので、この件は延期すべきだという立場を取った。治安判事はこれに同意する場合もあったが、治安判事会議は同意せず、被告に罰金を科す判決を出した。[50]

五月二〇日の市会は、ムスリム議員を除く全会一致で、正教会の祭日をロシア人にもタタール人にも休日として定める決定をした。[51] サドリ・マクスーディーは、正教徒とは別個の休日をムスリムに与えるように政府に請願することが市会で認められなければ、タタール人議員は審議に参加できないと発言した。これに対してロシア人議員は、休日問題は宗教とは無関係なのにタタール人はわざと信仰上の義務と結びつけていると批判した。結局、タタール人議員は審議を放棄して退場してしまった。かくしてこの市会の条例案は、七月一四日に知事の承認を得て施行された。

『コヤシュ』は一方で、タタール人議員には退場しか道はなかったと理解を示しつつも、これでロシア人街のタタール人が安心して金曜日に店を開けるようになったと指摘し、彼らは一五—二〇ルーブルの当座の利益と宗教と民族の未来を交換していると非難した。[52]『ヨルドゥズ』は、市会が認めなかったとしてもしかるべき場所に請願することはやめないと語気を強める一方で、商業を唯一の生業とするタタール人にとって、この決定で生業だけでなく自らの祭日をも放棄せざるをえなくなると懸念した[53]。

ところが、条例の施行は最終的な解決とはならなかった。ペシェン・バザールの第二ギルド商人アブドゥルラフマン・クシャーエフ（ʻAbd al-Raḥmān Qūshāyif）が、二七八名の署名の入った請願書を内務省に送り、ムスリム国会議員エニケエフと首都のムスリム社会の代表A・G・ムサリモフにも必要な人物と面会するように働きかけたのだ[54]。八月一一日には、彼らからクシャーエフに電報が来た。ムサリモフは、内相が知事に条例を停止するように指示を出したと伝えた。エニケエフも、首都で問題が詳細に検討されるまで条例を停止する命令が出たことを伝え、通産相とも交渉予定なので、最終的な解決にはまだ時間を要すると付け加えた[55]。『ヨルドゥズ』がこの電報を掲載して最初の日曜日の八月一七日には、ムスリム経営者は店を開いた[56]。また九月五日には、国会議員アフチャモフも、内務省は地域の状況に応じた条例の変更を認めて、その旨を知事に指示したと電報を打った。彼は、法廷でタタール人の弁護をしていたブホフにもそのことを伝えるという周到さだった[57]。

『カマ・ヴォルガの言論』は、タタール人が噂のみに基づいて日曜日に商店を開き始めていると非難し、条例違反者には断固たる措置を取って「市の自治の権威」を維持するよう市参事会に訴えた[58]。『カザンの電報』には、アブドラフマン・クシャーエフと思しき人物の手紙が掲載された[59]。彼は、ムスリムにとって信仰が第一で商売は二の次なので、タタール人はこの十年間一致団結して問題の解決に奔走してきたのだと強調した。そして、今後も自らの利益を守るために可能な法的手段を採ると宣言した。

内相の指示を受けて県知事は、市会と協議することなく、祭日に一二時から五時まで商売する権利を希望者すべてに与えるという臨時の条例を出した。『コヤシュ』は、この条例を歓迎しながらも、以降ロシア人が日曜日の半日だけ休み、ムスリムが日曜日の半日と金曜日も休むことになるのは損失だと認めた。しかし『コヤシュ』は、物質的損害には目をつぶり、祭日を敬う努力をするよう呼びかけた。そうすることで、休日問題が宗教的なものであることをロシア人も納得するはずだった。そして、とくにロシア人街で商売する者に向けて、その行動によって祭日がなくなってしまうようなことになれば、そうした人々は「共同体と宗教の不義者（khā'in-i millat wa dīn）」であると警告した[60]。

九月二三日の市会は、内相と知事による地方自治の侵害に対処せざるをえなくなった。市会は、タタール人議員の反対にもかかわらず、内相に陳情する決議を行った[61]。これに対してタタール人の代表者は、宗教的な言葉で自らの正当性を証明することで対抗した。彼らは、クルアーンなど多数の文献を引用して金曜日を休日にすることが義務であることを証明した意見書を作成し、それを元老院に提出しようとしたのである。しかも事前に、ウファの宗務協議会から、このファトワー《ファトワー》はシャリーアに適っているというお墨付きを得ることにも成功した[62]。こうして市会内部の公共圏は、宗教の違いという断層に沿って完全に裂けてしまったのである。

なぜ、地方自治と信仰の寛容は両立できなかったのだろうか。一九〇五年革命後、市会のロシア人とタタール人の議員は、市の経済でタタール人の占める重要な位置を考慮して、自治体が正教徒とムスリムの休日を調整することで一致していた。しかし、知事と元老院からの反対で条例が施行されない状態が続くと、タタール人の商売が規制されないことに対してロシア人の不公平感が高まった。市会は、地方自治を機能させるために多数派のロシア人の意見を容れて、条例の制定を強行せざるをえなかった。市会が問題を公平に解決できないことを看取したタタール人の議員や商人は、信仰の寛容という帝国の原則を持ち出して主張を展開した。他方でタタール語紙は、「社会主義者」の従業員やロシア人街で儲ける商人を難詰し、ムスリム共同体内部の一体性を高める論陣を張った。そして、タタール人の代表者たちは、国会議員を利用して条例を停止に追い込み、さらに宗務協議会も巻き込んで自分たちの正当性を訴えるようになる。こうなると市会は、地方自治を守ることに専念することになり、タタール人との交渉の余地は失われたのである。

ロシア人人口が優勢なカザンでイスラームの祭日を保障する問題では、タタール商人、その従業員、市会と国会の議員がイスラームとムスリム共同体の名の下で活躍した。そこには、伝統的な宗教権威としてのムッラーの姿が現れることは稀だった。しかしそれは、彼らが休日問題から疎外されていたことを決して意味しない。彼らの主導権は、ロシア人との交渉ではなく、祭日をいかに正しく実施するのかというムスリム社会内部の論争において発揮された。休日問題は、ロシア人との対立を深めただけでなく、ウラマーをはじめとする様々なタタール知識人の間で、ムスリム共同体内での権威をめぐる競合も引き起こしたのである。

3　宗教的権威をめぐる政治——宗務協議会と公共圏

実際、カザンのタタール語紙『ヨルドゥズ』と『コヤシュ』は、市会や国会で権利を獲得するために統一戦線を張ったが、それと並行してヒジュラ暦の月はじめをどのように規定するのかをめぐって論争を展開した。論争の焦点は、ラビー・アルアッワル月一二日の預言者生誕祭《マウリド》とラマダーン月の始まりと終わりだった。とくに、一九一四年のラマダーン月の終わりは日食と重なるという偶然のために、論争は一層激しさを増した。また、マウリドとラマダーン月はそれ自体で問題を含んでいた。マウリドはヴォルガ・ウラル地域で新たにイスラーム的な行事として加わった祭日だった。二〇世紀初頭のラマダーン月は日の長い真夏に当たり、それを厳密に遂行するか否かは論争的だった。

イスラームにおける新月（hilāl）とは、闇夜（maḥāq）の晩になった後、夕方の西空に現れる極細い月を指す。そしてそれを裸眼で観察（ruʾya）し確認することで、新しい一ヵ月の第一日が始まる。しかし肉眼観察では、同じ村や町のマハッラの間でさえ祭日がずれることが頻繁に起こった。そのためウラマーの中には、天文学（haiʾat）の計算を利用して統一を図ろうとする者がいた。しかしそれは、聖典に抵触する恐れがあった。なぜなら、天体観測で月が合（ijtimāʿ）から離れる時間は厳密に計算できるが、その時点は裸眼では見えないからだ。しかも、月を目視できるには一日が経過する必要があるので、闇夜から数える場合、祭日が一日早まることになる。一九一四年の論争は、『ヨルドゥズ』が聖典の字句に厳密に従おうとする者の主張を掲載し、『コヤシュ』が聖典を科学的知識で補おうとする者を支持するという図式で展開した(63)。

この論争は、旧習墨守のカディームと先進的なジャディードとの対立という図式では、全く説明がつかない。なぜなら、『ヨルドゥズ』と『コヤシュ』はともに従来の分類ではジャディードに属す新聞だからである。『ヨルドゥズ』編集長のハーディー・マクスーディーは、イスラームの教義や儀礼の教科書、アラビア語やテュルク語の文法書をマクタブ・マドラサのために多数執筆していたことでも知られる。彼の新聞は宗教的な言葉で改革を説き、主にウラマーや保守的な中小の事業家の間で読まれた。『ヨルドゥズ』が一九〇六年から発行しているのに対して、『コヤシュ』は一九一二年に活動を始めたばかりで、大商人や「科学的（fannī）」なものを好む若い知識人を惹きつけていた。そこでは、作家のファーティフ・アミルハン（Fātiḥ Amīrkhān　一八八六—一九二六）が編集方針を牛耳っていた(64)。よって、カザンの世論形成で中心的な役割を果たしていた人々は、聖典と科学の両方とも等しくイスラーム的な生活に秩序を与える不可欠な手段として見ていたのである。

したがって『ヨルドゥズ』と『コヤシュ』の論争はむしろ、誰がムスリム社会を導くのかという、ウラマーをはじめとする様々なタタール知識人の間での主導権争いとして見ることができる。一方で、科学の力を信奉する若い知識人たちは、祭日の実施をめぐる問題をタタール人の民族意識が試される場として捉えた。他方で町のムッラーたちは、裸眼の支持者と科学の支持者（以下、裸眼派と科学派と略記）に分かれつつも、自分たちの宗教上の権威を維持すべく、いずれかの立場で合意を形成しようと競った。その際、ムッラーの両派閥とも、ウファの宗務協議会が軍や公的機関にイスラームの祭日を知らせるために内務省宗務局に毎年提出していたカレンダーに依拠した。しかしそれは、正統派を体現する宗務協議会の伝統的な地位が安泰だったことを意味するものではない。確かに両派閥とも、自身の立場と宗務協議会の立場が一致した場合には、後者の権威を引合いにその立場の正統性を主張し、もう一方を非難できた。ところが、食い違いが生じた場合、宗務協議会は新聞・雑誌上で、聖典の字句あるいは科学の観点から批判に晒されたのである。

一九一四年の論争はまず、マウリドをめぐって生じた。マウリドのあるラビー・アルアッワル月の初めは、裸眼派の『ヨルドゥズ』の見解では一月一五日水曜日で、宗務協議会のカレンダーと一致していた[65]。しかし、科学派の『コヤシュ』の計算では一月一四日火曜日になり、前日の紙面では翌日のガールの祭日に店を閉めるようムスリム商人に呼びかけていた[66]。概ねカザンの住民は『コヤシュ』の計算に従ったが、『ヨルドゥズ』は宗務協議会との一致に力を得て、自らの紙面に「ウラマーへの公開書簡」を掲載して異議を申し立てた。

公開書簡は、宗教上の祭日が数年来、個人の恣意で気まぐれに定められていると指摘し、ウラマー自身が判断できないならば、宗務協議会の決定に従って合意（ittifāq）するのが合理的だと提案した。そして、あなたがた聖職者（rūḥānīlar）が協議会の決定に従わないのなら協議会の存在にどのような意味があるだろうか、あなたがたは協議会に反して生き始めたのではないだろうかと問いかけた。書簡によれば、宗務協議会の決定をオレンブルグとアストラハンのウラマーも受け入れたのだった。書簡は、裸眼での観察の目安となる計算も付け加える。それによれば、月が完全に隠れるのは一月一三日のちょうど午前一〇時であり、この日の午後六時に月が見える可能性は全くない。月は一月一四日に現れるので、一月一五日水曜日がラビー・アルアッワル月の第一日目となる。最後に書簡は、ウラマーのあなたがたは宗教にのみ奉仕しているので、あなたがたの仕事は誤ったカレンダーから自由なのであり崇高なのだと訴えた[67]。

『コヤシュ』も、「我々の祭日を統一する問題は今日、すでに完熟するに至った民族の問題」であるとの認識を持っていた。しかし、この問題の解決に必要なのは、「学問と知識の時代に適合し、シャリーアの字句に反しない考えを実現することなのである」。したがって、宗務協議会の追随者になるように我々の尊敬すべきイマームたちを

表 5-1　宗務協議会が示した 1914 年のカレンダー（カッコ内は 1ヵ月の日数）

ラビー・アルアッワル月（29 日）　1 月 15 日水曜日
預言者のマウリド　1 月 26 日日曜日
ラビー・アルアーヒル月（30 日）　2 月 13 日木曜日
ジュマーダー・アルアッワラ月（29 日）　3 月 15 日土曜日
ジュマーダー・アルアーヒラ月（30 日）　4 月 13 日日曜日
ラジャブ月（29 日）　5 月 13 日火曜日
ラガーイブ　5 月 15 日木曜日
ミウラージュ　6 月 8 日日曜日
シャーバーン月（30 日）　6 月 11 日水曜日
バラー　6 月 25 日水曜日
ラマダーン月（29 日）　7 月 11 日金曜日
カドルの夜　8 月 5 日火曜日
カドルの日　8 月 6 日水曜日
シャッワール月（30 日）　断食明けの祭　8 月 9 日土曜日　三日間の祭日
ズー・アルカーダ月（30 日）　9 月 8 日月曜日
ズー・アルヒッジャ月（29 日）　10 月 8 日水曜日
アラファート　10 月 16 日木曜日
犠牲祭　10 月 17 日金曜日　三日間の祭日
ムハッラム月（30 日）　新年　11 月 6 日木曜日
アーシューラー　11 月 15 日土曜日
サファル月（29 日）　12 月 6 日土曜日

出典）*Waqt*, 14 January 1914, 2 より。

説得することは、シャリーアを時代に適合させる彼らの能力を軽視することになると批判した[68]。また、『コヤシュ』には「信者（Mu'min）」と名乗る人物が、天文学の利用を正当化する長い論説を寄せた。彼は、カザンの各出版社が観測所から情報を得て一九一四年のカレンダーを作成したので、シャリーアと理性に合致する統一のカレンダーができたと評価する。そして、『ヨルドゥズ』は、ともに誤りを犯した宗務協議会を賞賛することで、自らの誤りを認めていないと批判した。「信者」氏は、カザンの第五モスクのイマーム、ガリムジャン・バルーディーの発行する『宗教と道徳』誌も引用して、シャリーアは観測による計算を禁じていないという見解を正当化する。彼によれば、預言者様は人が難なく用いることができる方法として目で見ることを示したが、今日ではそれを都市で実践することは、観測に基づく計算よりも困難である。よって、ヨーロッパの諸都市に住むムスリムも、信頼できる科学者に従って、観測による計算で行動する道のみが残されているのであり、大都市のイマームはこの方法を受け入れなければならないと説いた[69]。

オレンブルグの『ワクト』も、カレンダーを統一する問題に無関心ではなかった。編集長のファーティフ・ケリミーは、ウファの宗務協議会を訪れ、ムフティーにこの件を照会している。これに対してムフティーは、イマームたちが返信用の電報も用意して問い合わせるなら協議会も回答するが、基本的にはイマームたち自身に目視してもらいたいという態度だった。この返答はおそらく、カレンダーの準備費用が、すでに莫大だった戸籍の印刷費用への上乗せになることを懸念したためだろう。ウファのイマーム、ムハンマドサービル・ハサニーは、協議会からカレンダーの写しを得て、それを掲載するように『ワクト』に送付した。ハサニー自身は、月が見える時には観察に従い、見えない時はカレンダーに従えばよいと考えていた。(70)

　月の初めをめぐる論争は新聞紙上の論争にとどまらず、マウリドの実施においてもカザンで二つの日付が並立するという混乱を招いた。当時カザン最大の第九マハッラのムッラー、サーディク・イマーンクリは、ラビー・アルアッワル月の始まりを一月一五日とし、その一二日後の一月二六日をマウリドとすることを表明した。これは、宗務協議会と『ヨルドゥズ』の見解と一致する。(71)他方、新街区の第一一モスクのムッラー、カシャフッディン・テルジュマーニーのところでは、二四日夜九時半からムハンマドの頌詩（qaṣīda）が朗誦される見込みだった。(72)つまり、カザンの各出版社や『コヤシュ』ら科学派の主張する二五日がマウリドになるはずだった。(73)

　祭日の権利を政治的に獲得しようとする際にタタール人の代表者は、それをロシア帝国のムスリム共同体の問題と位置付けたが、『ヨルドゥズ』は、祭日を定義する問題をイスラーム世界の中に置いて自らを正統化しようとした。寄稿者の「ムスリム」氏は、月の始まりの問題でロシア・ムスリムの間にこれまで一致はないが、イスラーム世界（diyār-i Islām）では、月が生まれること（ayning tuūyu）は、日没後に裸眼で新月が見られることという見解で合意（ijtimāʿ）していると述べる。例えば、イスタンブルの観測所も、裸眼での観察に基づく計算（ruʾya hisābī）を行っているのだった。「ムスリム」氏は、月が見えるためには月のない状態から一二時間弱ほど時間が過ぎなければならず、月のない状態から数えるとすべてのヒジュラ暦を一日前に送ることになってしまうと指摘する。そして、預言者様は、裸眼で見えることを前提にした計算でラビー・アルアッワル月の一二日目にお生まれになったのであり、一一日目にマウリドを行う権利はどのムスリムにもないと主張した。(74)一週間後『ヨルドゥズ』は、イスタンブルの新聞もマウリドを一月二六日日曜日にしていたと伝え、自身の見解の正しさを強調した[75]。

『コヤシュ』は、まずカザンのムスリムが一致して一月二五日土曜日にマウリドを盛大に祝ったことを民族意識（millī āng）の成長を示すものだと特記した。そして、宗務協議会も「反科学的」な『ヨルドゥズ』も、第九マハッラのサーディク・ムッラーも、民衆を誤りに陥れることはできなかったのだと主張した[76]。これに対して『ヨルドゥズ』は、イスラームの天文学に依拠するサーディク・イマーンクリの反論を掲載した。一三世紀にチャグミーニー（Chaghmīnī）がアラビア語で著した『天文学の凝集（*al-Mulakhkhaṣ fī al-Hai'a*）』のペルシア語の註釈などを参照しながら、イマーンクリは月が合（ijtimā'）からどのくらい離れると裸眼で確認できるのか数値を示した。それによれば、合から六度強進めば、見える割合は満月の二八分の一に達し、極めて鋭い目には見える。つまり、月は二四時間に一二度進むので、合から最低一二時間は過ぎなければならない。また、普通の健全な目に見えるためには、九度つまり一八時間経過する必要があり、その時には満月の二一分の一が見られる。そして、どの人の目にも見えるためには、一二度つまり一日経過しなければならず、その時には満月の一四分の一が見られるはずであった[77]。

オレンブルグの『ワクト』も、カザンの指導的なタタール語紙の論争とそれによってもたらされたムスリム社会の混乱に注目した。『ワクト』は、アストラハン、オレンブルグ、コーカサス、クリミアのムスリムも、宗務協議会が設定した一月二六日を選んだのだから、『コヤシュ』も全体に従うのがよいと述べた[78]。これに対して『ヨルドゥズ』は、自分たちが学問とシャリーアの観点から議論しているのに、『ワクト』は自ら何ら方法も示していないと批判した[79]。

マウリドの日付をめぐる論争が熱を帯びたのは、ヴォルガ・ウラル地域のムスリムが、とくに一九〇五年以降、マウリドを断食明けの祭と犠牲祭に比肩する「民族的な祭日」に仕立て上げようとしていたことと無関係ではない。マウリドは、少なくとも一九世紀にはこの地域で広く認知された祭日ではなかった。それは、この地域のウラマーの多くが学んだブハラ周辺では、二〇世紀初頭に至るまで二大祭のみが祝われていたこととも関係するだろう[80]。一九世紀半ば、高名なウラルのイシャーン、ザイヌッラー・ラスーレフ（一八三三—一九一七）は、メッカ巡礼とイスタンブルでの修行後、マウリドを故郷に持ち帰り、カザフ草原にも普及させようとした。しかし、マウリドの実施は周囲のウラマーに容認されず、それどころかウファの宗務協議会から異端とみなされ、彼が流刑に処せられる一因となった。(81) 同時期に著名な改革派ウラマーだったメルジャーニーも、マウリドを迷信（khurāfa）とみなしていた。ところが、二〇世紀初頭の指導的な改革派ウラマーであるガリムジャン・バルーディーは、マウリドの普及に貢献したと言われる。(82)

ヴォルガ・ウラル地域のムスリムの間で、二〇世紀初頭にマウリドという「伝統の創造」が生じた重要な背景は二つある。第一に、経済的に安上がりなマウリドをイスラーム的な祭として推奨し、サバン・トゥイやジュエンのようなこの地域の異教的な祭に対置したことだ。サバン・トゥイは畑仕事の始まる春に、ジュエンは刈り入れ前の夏に行われた。これらの祭は、飲酒、男女の交遊、踊りや音楽も伴い、イスラームの観点からは容認しがたかった。(83) また、祭に伴う浪費も共同体には重い負担だった。(84) 第二に、メッカ巡礼や留学を通じて中東のムスリム社会を見聞する機会が増大したことである。(85) こうした情報の普及では青年知識人（diyālilar）の役割が大きかった。(86) 彼らの同人誌と言うべきカザンの『マクタブ』によれば、「我々のイマームやムアッリムたちがマウリドを敬い祝い始めたのは、ほんのつい最近のことにすぎず、人々がイスタンブルやカイロに遊学し、その土地のよい習慣を見て帰ってきてから始まったにすぎない」。しかも、祭の詩歌や説教も、カイロやイスタンブルで使われていたものがそのまま詠まれていたので、『マクタブ』は、若いイマームや知識人が自分たちの言葉で心のこもった作品を作らなければならないと訴えた。(87)

ヴォルガ・ウラル地域のマウリドは、モスクやマドラサ、その他文化施設で夕べを開いて、預言者を称える詩歌を詠み、ムッラーが預言者の生涯に関する講話を行うような静かなものだった。(88) これはすでに脱祝祭化していた中東のマウリドを参照していたこととも関係するかもしれない。(89) しかしウラマーの中には、マウリドの夕べで子供たちが音楽を聞いたり演劇（図5-2）が上演されたりすることを逸脱《ビドア》とみなし、マウリドに反対する者がいた。[90] 他方で、マウリドの合法性について照会を受けたオレンブルグの『シューラー』編集長リザエッディン・ファフレッディンは、許容行為（mubāḥ）、つまり実施してもしなくても罰が下されることはないという立場を示した。[91] 特記すべきは、マウリドの実施にとりわけ熱心だったのは女性であり、彼女たちが理想的な人間としてのムハンマドを介して、子供たちがイスラームに親しめるように努めていたことである。[92]

イスラームの実践をめぐる論争が再燃したのは、ヒジュラ暦九月のラマダーン月である。この月の第一日は、宗務協議会だけでなく『コヤシュ』と『ヨルドゥズ』も七月一一日金曜日としていたから、断食は論争もなく始まるはずだった。しかし別の争点が持ち上がった。ヴォルガ・ウラル地域のような高緯度地帯で日の長い夏に断食を厳密に行うべきか否かをめぐる論争である。本来、断食は日が落ちるまで守られなければならないが、白夜のような場合、ほとんど終日何も食べない状況を一ヵ月続けることを意味することになるからだ。ヒジュラ暦は季節と連動していないから、断食月が夏季に当たるのはおよそ三〇年間隔だが、毎年夏季にこの地域のムスリムが直面したのは、夕焼けが消えない場合、夜の礼拝《イシャー》（タタール語でyastü）を省略してよいか否かという問題だった。[93] 実は、これら地域特有の現象にどのように対処すべきかという問いが、この地域のイスラーム改革思想を育んだ一つの土壌であった。[94]

興味深いことにこの論争でカザンの二紙は聖典の字句を厳守するという立場で合意した。この立場は、オレンブルグの保守的な雑誌『宗教と生活』とも共通していた。しかし、地域のムスリム知識人の間で合意が形成されていたわけではなく、ウファの『トルムシュ』とオレンブルグの『ワクト』は柔軟な対応を主張した。『ヨルドゥズ』と『コヤシュ』の対立は本質的なものではなく、扱う問題に応じて立場は変化したのである。

『宗教と生活』は、「断食に抗する闘い（rūzagha qārshī ṣūghish）」が始まったと見て、その攻撃からの防衛を図る論陣を張った。その背景には、当時急速に広まっていた宗教への無関心があり、今や礼拝時間さえ知らないムスリム

مەسكەودە ٣ سنەدن بيرلى صادق ايرزين طرفندن تربيەلنمكدە بولغان قزلار
مكتبينك مولد بيرەمندە ياسالغان ادبيات كيچەسندە «چەچەكلر آراسندە» ديگان
اويـن قويلو مناسبتيلە، مخصوص فوتوغراف كينرلوب‌اوينغە اشتراك اينكان
بالالارنك چقارتلغان رسملرى. آرتدە باسقانلارنك اوڭ طرفدەغى معلمە خديجە
دونايۋا، صول طرفدەغى روسچە اوچيتلنيتسە.

طرويسكى‌دە مولد مناسبتى بلەن يوسفجان افندى اوچارف اويندە ياصالغان بالالار كيچەسينە اشتراك ايتوچى طوتا-
شلارنڭ رسميدر. آرادە برنيچە اير بالالاردە بار.

図 5-2　マウリドでの子供たちの演劇。上：モスクワの女子マクタブにて，
下：オレンブルグ県トロイツクにて

出典）モスクワ：*Sūyum Bīka* 10（1916）：181，オレンブルグ県トロイツク：*Sūyum Bīka* 8（1915）：10.

が増える中で断食の延期が認められれば、聖ラマダーン月も忘れ去られる時が来ると懸念した[95]。『宗教と生活』は、当時の有名な学者ムーサー・ビギが『日の長い時の断食（*Ūzūn kūnlarda rūza*）』で断食の柔軟な実行を認めたことを踏まえ、これに共感する「新しいイマームたち（yāngī imāmlār）」も、マハッラの人々の前では自分の保身を考えるから、従来どおり断食を強制していると指摘する。これに対して「旧いイマームたち（iskī imāmlār）」は、何の打算もなくただ信者を地獄の罰から救おうとしているのだと主張した[96]。さらに『宗教と生活』の支持者は、断食を行わない者を警察が罰するように知事に請願さえした[97]。

ウファの『トルムシュ』は、断食は宗教の基本（rukn）であるが、信仰を構成するもの（juz'）ではないので、たとえ適切に行わなくとも、宗教に外れることはないと反論した。また、宗教を敬いその義務を遂行するか否かは各人の良心に関わるので、警察権力で強制してはならないと主張した。そしてイマームたちに、長く暑い夏に断食をせず冬に延期することを許容するファトワーを出すように呼びかけた[98]。『ワクト』も、勤労者が冬に断食を延期することは許されるだけでなく必要だと主張した。『ワクト』は、神がムスリムの守るべき規則を普遍的な表現（'āmm bir iṣṭilāḥ）で語り、その細則をウラマーの見解（ra'y）に残したことにイスラームの特長があると述べる。そして、クルアーンは病人に断食の延期を認めているが、断食の前に健康だった人が断食をして病気になってしまうとどうなるだろうと問いかける。『ワクト』によれば、健康な人を病気にさせないことは、宗教上の義務（farḍ）なのであった。よって、断食の延期が許されずに衰弱して断食ができなくなると、神に許しを請うだけになってしまい、断食を行うこと自体の重要性がなくなってしまうと懸念した。さらに、農民は夏の労働で一年分の食糧をつくらなければならず、断食が免除されなければ、ロシア人の家々に乞食をして歩くことになるとも付け加えた[99]。

これに対して『コヤシュ』は、断食を行わないようにファトワーや言い訳を考えること自体が、断食を低めていると非難した。また、胃の健康のためだとか、断食明けの食事の喜びのためだとかいう正当化も、断食の聖性を減じるものだった。そして、断食は神の命じる神聖な行為なのだから、夏の長い日に断食を行うことも神聖なのだと訴えた。[100]『ヨルドゥズ』も、健全な者が断食を怠ることは信仰における怠惰の証であると主張した。一九一四年の夏は戦争が始まり、出征する兵士で町が溢れ、カザンの茶店も飲み食いする人で溢れた。それでも『ヨルドゥズ』は、来世の幸福と現世の健康のために有益な断食を奨励している者を賞賛するとともに、怠っている者に正義と懺悔を求めたのだった。[101]

再びカレンダー問題が持ち上がったのは、断食月の翌月シャッワール月一日から始まる断食明けの祭に入る日付をめぐってであった。宗務協議会と科学派の『コヤシュ』によれば、シャッワール月一日は八月九日土曜日になるはずだった。その場合、断食の日数は二九日になる。しかし、ラマダーン月の明ける前日の夕刻には日食（アラビア語で kusūf、タタール語で qūyāsh ṭūtulū）が予想されていた。これを受けて、裸眼派の『ヨルドゥズ』やそれを支持するウラマーたちは、八日は日食で月は見えないはずだから、九日の夕刻に月を見て一〇日日曜日に断食明けの祭に入るべきだと主張した。その場合、断食の日数は三〇日になる。ラマダーン月の明けをめぐる論争では、マウリドの時とは逆に、裸眼派が宗務協議会と競合することになったのである。

『コヤシュ』は裸眼派に対して、シャリーアの精神（rūḥ）よりも字句（lafẓ）に拘泥するイマームが、祭を日曜日に延期しようとしていると非難した。[102] ファーティフ・アミルハンも、新しい月が太陽と月の合（ijtimāʿ）を過ぎる時点から生まれることのような科学的な事実（fannī ḥaqīqat）を宗教に反すると考えるのはうわべだけの信仰だと同調した。彼は、往年の思想家クルサヴィーもメルジャーニーも、「狂信的な人々（mutaʿaṣṣiblar）」に計算の意義を説いたが、当時のウラマーには理解できなかったと付け加えた。そして、日食は八月八日金曜日に午後三時から五時まで続くとはいえ、五時以降に月が太陽との合を過ぎることは、観測所に行けば、誰でも神の名の下に証言できると説いた。アミルハンは、宗務協議会のカレンダーも八月九日土曜日をシャッワール月一日としていることを引き、協議会は科学的な考慮を行うことで全ロシア・ムスリムに正しい道を示したと高く評価した。[103] 今回は、科学派がウファの権威を自らに引き寄せたのである。

カザンのウラマーは、同じ町で祭日が二つに割れないように、アフンドのヒサムッディン・ガッファーリー(Ḥisām al-Dīn Ghaffārī 一八四九―一九二三)[104]の家で協議して、宗務協議会のカレンダーに従って、断食明けの祭第一日目を八月九日土曜日にすることを決定した。『ヨルドゥズ』はこれをイスラーム世界でも前代未聞の決定であり、今後は、新月(hilāl)から新月に数えてきたシャリーア上の月が、月の見えない状態(maḥāq)から次に見えなくなる状態までで数えられることになるだろうと述べ、困惑を隠さなかった[105]。そして、月の始まりについてムフティーがイジュティハード(ijtihād 発見的解釈行為)によってファトワーを出し、管区内のイマームたちにカレンダーを配布することを求めた[106]。カザンの第八モスクのイマーム、ムハンマドアーリフ・サーリヒー(Muḥammad ʿĀrif Ṣāliḥī 一八七〇―一九二一)[107]は、第一モスクのイマーム、サフィウッラー・アブドゥッラー(Ṣafī Allāh ʿAbd Allāh 一八五九―一九二六)[108]とその追随者たちが、合法的な新月を月の見えない状態から数えることを主張して、八月九日土曜日に断定したのだと批判した。サリヒーによれば、それは個人的見解(raʾy)にすぎないのであって、預言者と教友の言行に反するのであった。そして、以降論争の余地がないように、サフィウッラーとその追随者から法的な根拠(sharʿī dalīl)を要求した[109]。

ムフティーの膝元ウファでは、イマームたちが協議会の判断を誤りとみなす事態となった。彼らは八月二日にムフティーに対して、天文学の計算を利用することでハディースに定められた新月を見るという行為がなくなってしまうと訴えた。翌日午前には、第一モスクのアフンド、ジハンギル・アビズギルディン(Jihāngīr Ābizgildīn 一八七五―一九三八)の呼びかけで、市内の他の四つのマハッラから代表が集まり、カーディーと協議した。しかし結局は、協議会のカレンダー通り八月九日が断食明けの祭の第一日と決まった[110]。

宗務協議会も、祭日を統一させるべくタタール語紙の利用に乗り出した。しかし、各紙のムスリム世論形成をめぐる競合を考慮に入れなかったために、協議会はかえってムスリム世論の前で厳しい批判に晒されてしまう。一九一五年のカレンダーの作成をムフティーから委ねられたのは、改革派ウラマーから支持のあったカーディー、ハサンガター・ガバシだった。彼はウファの地元紙『トルムシュ』の強い求めに応じて、作成したカレンダーの公表の全権を『トルムシュ』に売った。これを知らずにウファのイマーム、サービル・ハサニーは、一九一四年初めにしたように、宗務協議会のカレンダーを『ワクト』に送付した。そして、『ワクト』がこれを掲載すると『トルムシュ』は、自分の全権を侵害するものだと『ワクト』に抗議したのである。これに対してウファのハサニーは『ワクト』の紙面で、カーディーが協議会の公文書を私物化したと非難し、『ワクト』編集部も、協議会の無思慮のために混乱が起きたのだと指摘した。(11)

イスラームの祭日の正しい実践をめぐる論争では、ウラマーは依然としてカザンのタタール人社会で主導的な位置を占めていた。それは、裸眼派であれ科学派であれ、イスラームの規範に拠りながら町のウラマー間で合意を形成しようと努めたことに顕著に表れている。その際、二つの派閥ともウファの宗務協議会の判断を引きながらそれぞれの立場を強化し、タタール語紙上で論争を展開した。これは一方で、宗務協議会が帝政末期までに地域社会の政治にいかに深く根を下ろすようになっていたかを物語っている。しかし他方で、タタール語各紙の競合が織り成す世論の中で、宗務協議会の権威は相対化され、批判対象とさえなったので、協議会はかつてなく危うい立場に置かれていたのである。

市民社会は少数派の声を拾えるのか

カザンの休日問題は、タタール人とロシア人の商業従事者間の交渉、様々なレベルの政府の介入、そしてイスラーム的・民族的な生活を確立する際の主導権をめぐるタタール人知識人同士の競合といった広範な政治を伴って展開した。タタール人は、問題の局面ごとに様々な経路を使って事態の打開を試みたが、その経路の組み合わせ方によっては、所期の目的を達成することが著しく困難になった。とりわけ、市会という都市住民の利害を調整する自治制度と宗務協議会に体現される信仰の寛容に関わる制度は深刻な矛盾に陥った。カザン市会は当初、ムスリム住民の要望を条例に反映させようとした。しかし、ロシア正教徒の利益擁護を掲げる上位の国家機関がそれを無効にし続けたので、市会は地方自治を機能させるべく、国家の方針に沿った線で議論を組み立てざるをえなくなった。市会のムスリム議員数がそもそも法律で制約されている上に、市会が多数派のロシア人住民の利益を優先するようになると、タタール人の市会議員や商業従事者、そしてタタール語紙は、地域さらには帝国全体のムスリム共同体を代表するような形で、直に国家の仲裁を求めるようになった。彼らは、一九〇五年前後に出された信仰の寛容に関するツァーリが発した一連の文書を振りかざしただけでなく、国会のムスリム議員にも頼ることができた。タタール人は、公認された宗教共同体が政府による個別の対応を期待できると考えていた点で、宗派国家としてのロシア帝国の伝統的な原則に忠実だったのである。しかし、それに依拠して市会の頭越しに問題を解決しようとすると、地方自治の堅持に固執するロシア議員との妥協の余地が失われ、市会の生み出す公共圏は宗教の違いに沿って決裂した。

カザンのロシア語紙とタタール語紙もまた、宗教の違いに沿った亀裂を著しく増幅した。ロシア語紙は、タタール人商人との競争に不満なロシア人商人を代弁して、タタール人に敵対的姿勢を取り、彼らを「汎イスラーム主義者」呼ばわりした。そしてタタール語紙は、休日問題をムスリム共同体の試練と捉えて、個々人が民族意識を持ち、自覚的に信仰を実践するよう呼びかけた。したがってタタール語紙は、従業員組合の活動家であれ、ロシア人街で商売を営む商人であれ、イスラームの祭日の調和を乱すような同信者には手厳しかった。とはいえ、祭日をめぐる論争が言語の壁を越えて共通の言論空間を作り出していたことも見逃せない。カザンのタタール人住民は、ロシア語紙が彼らについて何を言っているのかを注視していた。『コヤシュ』は、『カマ・ヴォルガの言論』で意見を表明するのに成功したタタール人従業員の活動家を非難したし、『ヨルドゥズ』は、金曜日はクルアーンに定められた休日ではないと論じた『カザンの電報』に反論したのである。

イスラームやムスリム共同体の名の下にロシア人との交渉の場や新聞紙上で発言する人々が増えたことは、カザンのタタール人社会内部の指導権をめぐる政治にも影響を与えた。カザンの休日問題は、商店の従業員、その雇用主、市会と国会の議員、新聞の記者と投稿者、そして町のムッラーたちという多くの集団を巻き込んだ。ヒジュラ暦のカレンダーの標準化をめぐる論争は、こうした多声的な言論空間の中でウラマーたちが自身の権威を維持すべく奮闘する様を映し出していた。ファーティフ・アミルハンや『コヤシュ』の支持者は、科学的な真実を持ち出すことでムッラーの知識や発言に異議を唱え、自分たちの立場もイスラームの観点から正当なのだと主張した。これに対してウラマーは、何が正しいのか自体が彼らの間で論争的だったとはいえ、正しいイスラームの知識と実践に信徒を導くことができるように宗教の領域を確保しようと努めた。彼らの中には、宗教への無関心の広まりを戒めて、警察を介入させようとする者もいた。またある者は、人々がすすんで信仰を実践できるような解釈を出すことに努めたので、夏季の長い昼間の断食を冬季に延期する可能性が生まれ、マウリドという新しい催しを通じて子供たちをイスラームに親しませることができるようになった。月の始まりをめぐる論争では、カザンのウラマーたちは合意形成に努め、彼らが占める宗教の領域を保守しようとした。その際、彼らは宗務協議会の優越した権威を根拠に据えた。これは一見、タタール人がまたしても、しかし今度はタタール語紙の周りに形成された公共圏に、宗派国家の伝統的な制度を引き込むことを選んだように見える。しかし実のところ、宗務協議会の立場は脆弱だった。宗務協議会はウラマー同士の権威をめぐる綱引きに絡めとられ、それが下す判断は、タタール語の新聞・雑誌上でウラマーらによる公開審問に絶えず晒されたからである。

最後に、信仰の寛容と地方自治との矛盾、そして公共圏の中での宗教に沿った境界線の固定化といった事態が、近代化しつつある専制国家が不可避的に陥る隘路であったのかどうか問うてみてもよい。実のところ、自由民主主義も政教分離の中立性も、多宗教の共存のための万能薬ではないように見える。例えば、国家が多文化主義の名の下で宗教的な少数派の地位改善に介入してくるとき、自治体は地域の多数派の利益を損ねることなく、また彼らの怒りを買うことなく、その介入を快く受け入れることができるだろうか。国家が地域の紛争を調停しようとするとき、多数派も少数派も、相互に相容れない主張を繰り広げて、宗教的なナショナリズムを展開させることにならないだろうか(112)。そしてその際、それぞれの共同体は、その内部の個々人が持つ宗教に関する様々な態度や意見に寛容でいられるだろうか。カザンの休日問題は、市民社会における少数派の権利や宗教の理解をめぐる軋轢を国家がどのように調停できるのかという難題に、帝政末期のロシアも直面していたことを示唆している(113)。

第6章

マクタブか，公立学校か

——義務教育に直面するムスリム社会——

マクタブか，公立学校か。オレンブルグの『ワクト』紙に掲載された記事（右側）に反論する記事がウファの『トルムシュ』紙（左側）に載る(1)。

ムスリムのマクタブは、ますます世俗的になり十分に組織化した教育施設となっており、将来的には何の疑いもなく、ロシア人学校と共にムスリム住民の文化的成長に顕著な役割を演じることになるだろう。また、おそらくマクタブは、ロシア人初等学校と同等の資格で共通の県学校網に入ることができ、かつムスリム住民も納得のいく、合理的に組み立てられた異族人初等学校にぴったりのモデルを与えてくれるだろう。

――オブホフ『ウファ県のマクタブ』一九一五年(2)

我々の子供たちが偉大なロシアの臣民であり、偉大なロシア国家の自由な市民としてロシアを愛するように。ロシアのために自らを犠牲にするよう備えるように。しかし、ロシアに住む偉大なムスリム民族の子として、民族精神で鼓舞されるように。

――「我々のマクタブとゼムストヴォ」『ワクト』一九一六年三月二日(3)

ムスリム社会とゼムストヴォ

ヴォルガ・ウラル地域のムスリムは、クリミア・タタール人とともに、アレクサンドル二世の大改革から生まれたゼムストヴォの活動を享受できた点で、帝国の他のムスリムと著しく異なる。(4)ゼムストヴォは地域の教育事業に積極的に取り組み、一九世紀末から二〇世紀初頭とりわけ一九〇五年革命後に政府がゼムストヴォに補助金を出すなどの政策で参入してくるまでは、初等学校の普及もゼムストヴォに負うところが極めて大きかった。他方で教育省は、一八七〇年の異族人教育規則の制定以来、官立学校やマクタブ・マドラサ付属のロシア語クラスの設置を通じて、ヨーロッパ部ロシアのムスリム住民にロシア語学習を普及させるべく多大な努力を払ってきた。また、こうした動きに刺激されたムスリム自身も、マクタブ・マドラサの改革に着手した。そしてさらにゼムストヴォも、ロシア人農民と同様に重要な納税者であるムスリムの初等教育事業に着手するようになると、ムスリムの学校をめぐる状況は複雑さを増した。とくに一九〇五年以降、教育省とゼムストヴォは、異族人教育の主導権をめぐってこれまでになく競合するようになった。その中でムスリムには二つの選択肢が突きつけられる。教育省とゼムストヴォの推進する初等義務教育の学校網（shkol'naia set'）に入るために新方式マクタブの改革を続けるのか、それとも教育省とゼムストヴォの用意する初等学校をムスリムの利益に適合させる努力をするのか。

本章では、ムスリム知識人とゼムストヴォとの協力が最も進展したウファ県を中心に、義務教育の導入という国家事業にムスリム社会がどのように向き合ったのかを分析する。ウファ県でのゼムストヴォとムスリムの代表者の交渉は、近接するカザン県とオレンブルグ県のゼムストヴォにモデルを提供し、これらの県や近隣のムスリム社会にも、標準化した初等教育の中でどのように民族性を維持すべきか、という議論を広く喚起したからである。本章ではまず、ウファ県とカザン県を比較して、なぜウファ県のほうがゼムストヴォとムスリム社会との合意が形成されやすかったのかについて考察する。第二に、ウファ県ゼムストヴォが異族人教育事業に積極的に参画することで、教育省の地方当局との間に軋轢が生じるようになった事態を描出する。そして第三に、教育省とゼムストヴォが競合しながら推進した義務教育の導入が、タタール語の新聞・雑誌上で「マクタブか、公立学校か（Maktab mī Ushqūla mī ?）」という論争を惹起したことに着目し、ムスリムの世論に生じた亀裂を分析する。そこでは、ウファ県とオレンブルグ県のゼムストヴォとムスリム知識人との交渉が深まるにつれて、双方に受け入れ可能な初等学校の輪郭が浮き上がってくる様が看取できるだろう。

ヴォルガ・ウラル地域のムスリム住民に対する教育政策について従来の研究は、中央省庁や国会での立法過程、そして地方での教育当局や正教宣教師の活動を対象とし、それらに対するムスリムの反応を間接的に扱うのが普通だった。よって、地方自治体とムスリム社会との交渉という文脈で教育の問題を考察することは稀だった(5)。その意味で、米国の歴史家チャールズ・スタインヴェデルが、ウファ県を中心としたバシキリアにおける帝国統治の変容を総合的に把握する試みの中で、ゼムストヴォとムスリム知識人の協働を論じているのは括目に値する。ただしそこでも、そうした協働がムスリム知識人内部の議論にどのように作用したかという点までは論じられていない。[6] 逆に、一九世紀後半から二〇世紀初頭のヴォルガ・ウラル地域におけるムスリム知識人の形成と変容を内在的に描いたダニエル・ロスの研究では、彼らとゼムストヴォとの関係の重要性は繰り返し指摘されつつも、両者の協働や交渉の実態を取り上げて分析するまでにはいたっていない。[7]

ゼムストヴォの教育事業については、二〇〇〇年代初頭にウファとカザンで博士論文が出ている。その背景にはバシュコルトスタンとタタルスタンの教育政策に対する今日的な関心がある。[8] しかし、この二つの博士論文は共通して「保守的なムスリムはゼムストヴォ学校に反発した」というステレオタイプを前提にしてしまっている。こうした単純な図式は、ムスリム知識人の評論も含めた帝政期の文献にも広く見られる上に、今日ではウファとカザンで生み出される民族運動史の中で再生産されている。本章はこのステレオタイプの修正を目指す。その際、ウファ県とカザン県を比較しながら、各県のムスリム社会とゼムストヴォが置かれていた政治上・行政上の諸条件を抽出し、その中でムスリム社会の知識人と農民が示した多様な反応を分析する。

また本章は、従来ロシア人農民を対象としてきたゼムストヴォの教育事業に関する研究の地平を拡大することも目指している。一八七五年に設置されたウファ県ゼムストヴォと一九一三年にようやく導入されたオレンブルグ県ゼムストヴォは、既存の新方式マクタブを活用することで義務教育の学校網を補おうとしたが、その前例は一八六四―九〇年にあった。この時期のゼムストヴォは、農民が運営する既存の識字学校を公式化することで初等教育の普及に努めた。また、ゼムストヴォ学校でも新方式マクタブと同様、音声方式は進歩的と理解されており、旧方式で文字を学んだロシア人農民の間で抗議を招いた。[9] 他方、一九〇五年以降の展開についてこれまでの研究は、教育省の初等教育への支出が増大したことで学校への教育省の介入が強まり、学校からゼムストヴォの影響が遮断されたかのように考えがちだった。[10] しかし、スコット・セレグニがウファ県の校外学習の事例で示したように、一九〇五年以降のゼムストヴォは、ムスリムも含めた農民のためにその全史五〇年間で最も野心的な教育活動を展開した。[11]

ベン・エクロフが、ゼムストヴォは教育行政を実地で担うことで独自の政策方針も打ち出せたと述べている点は、ウファ県とオレンブルグ県のゼムストヴォの異族人教育事業にも当てはまる。[12] ただし、エクロフが教育省とゼムストヴォとの現地レベルでの関係を概して親和的で相互補完的に描きがちであることには留保が必要だ。ムスリム住民の間に標準化した初等学校を導入していく過程では、「ロシア市民」の理念をどのように扶植するのかという点で教育省とゼムストヴォとの齟齬が大きくなり、両者の競合関係はより一層深刻なものとなったからである。

本章が中心に扱うウファ県は、そうした競合が最も顕著に現れた県の一つである。教育省の管轄でヴォルガ・ウラル地域は、カザン学区とオレンブルグ学区に分かれていた。[13] カザン学区が正教宣教師の学校の普及に指導的な役割を演じたのに対し、オレンブルグ学区はゼムストヴォと教育省の運営する異族人学校を設置することに重点を置いていた。[14] この二つの学区で見てもウファ県の特異性は際立っている。まずウファ県は、ロシア帝国でフェルガナ州に次いで最もムスリムが密集していた地域であり、県の全人口の半分を占めていた（第1章の表1-1を参照）。一九一〇年にはオレンブルグ学区の異族人学校のうち実に約半分がウファ県に集中していた。[15] またウファには、ムスリム行政の中心である宗務協議会があり、ゼムストヴォは学校事業を推進する際にも協議会の権威をうまく利用することができた。さらに強調すべきは、ウファ県ゼムストヴォが、ムスリム住民との建設的な協力のモデルを周辺諸県のゼムストヴォとムスリムに提供したことだ。ウファ県では一九〇九年にズラトウスト郡から義務教育導入の試みが始まったが、その時から県のゼムストヴォはマクタブ・マドラサの存在を真剣に考慮した。[16] カザンのタタール語紙は、ウファ県ゼムストヴォのムスリム住民に対する教育事業を高く評価する一方で、カザン県ゼムストヴォが重視している道路や橋の建設は人々にとって二次的な必要にすぎないと不満をもらした。[17] 一九一三年にオレンブルグ県にもゼムストヴォが導入されると、ウファ県の経験が直ちに参照され、両県のゼムストヴォはムスリムの教育事業で具体的な協力関係を築いていった。[18] オレンブルグ学区の東隣のシベリア学区のムスリムも、ウファ県の試みを熱心に見守っていた。[19] こうして、ムスリム住民の啓蒙に関して独自の方針を打ち出したウファ県ゼムストヴォは、初等学校の標準化の方法をめぐって教育省と対立を深めた。

教育省はゼムストヴォの義務教育事業への参画を財政面に限定したかったが、ウファ県とオレンブルグ県のゼムストヴォは教育内容にまで踏み込むつもりだった。そのおかげでムスリム知識人たちは、「市民性」の扶植の名の下であからさまなロシア化を掲げる教育省の方針に反発しながら、ゼムストヴォとの間に交渉の余地を見出せたのである。そしてそうした交渉の進展は同時に、ムスリム知識人の間でも「ロシア市民」であることと「民族性」をどのように調和させるのかをめぐる議論を活性化させた。一九一三—一六年にタタール語の新聞・雑誌上で展開された論争「マクタブか、公立学校か」は、その最も象徴的な現れだった。カザンからトムスクまでの中央ユーラシア北辺地域で共有されたこの論争の主要な担い手は、マクタブの教師（muʻallim）を含む世俗的な知識人（ḍiyālīlar）だった。[20] 新方式のマクタブ・マドラサやムスリムのための官立学校で学んだ彼らは、不安定なマハッラの経済に依存する聖職よりも、商人やムッラーの私的な後援で教育や執筆に従事することを好んだ。[21] 一九〇五年革命後にムスリム・ジャーナリズムが出現すると、彼らの活動範囲は格段に広がり、聖職者（rūḥānīlar）とは明確に区別される知識人が立ち現れた。しかし、義務教育の導入はこの新しい知識人の存在を脅かしかねなかった。第3章で見たようにマハッラの財源が限られている中、新方式マクタブを公立学校に比肩する水準にまで高め続けられるだろうか。もしマクタブが公立学校に取って代わられるならば、ムアッリムは公立学校に再就職できるだろうか。論争の参加者各々の立場は、聖職者であるか世俗的な知識人であるかだけでなく、参加者の出身地におけるゼムストヴォとムスリム住民との相互関係の度合いを色濃く反映した。

1　教育事業を取り巻く環境——ウファ県とカザン県の比較から

これまでゼムストヴォ学校は、ムスリムの宗教的な保守性ゆえに不人気で、「キリスト教化の中心」としての学校はムッラーの頑強な抵抗に遭ったと説明されてきた[22]。しかしムスリムの事例は、一九世紀後半におけるロシア人農民の識字学校の歴史と相通じる点が多い。ゼムストヴォは、農民が運営する識字学校の存在を潜在的な教育への希求を示すものだと考え、識字学校を初等学校として組み込もうとした。この過程でロシア人農民は、宗教教育の必要性を主張し、教師の側も宗教の科目を含めることで学校への支持を取りつけられることに気づいた。ゼムストヴォからの財政面での支援が限られていたうちは、農村共同体は学校の資金面だけでなく、カリキュラムでも発言権を維持した[23]。実はムスリムもまた、マクタブや公立学校が「民族精神（milli rūḥ）」に適うように、学校運営や教育内容の点でゼムストヴォと交渉することができた。そして、第3節で見るように、ムスリムとゼムストヴォとの交渉が進展するにつれて、「マクタブか、公立学校か」論争の論点は、既存のマクタブでも公立学校でもない第三の学校の模索へと移っていった。

一九〇五年革命後ムスリム農民は、納税者としてゼムストヴォに参加しなければならないという権利意識を高め、マハッラの財源の一つとしてゼムストヴォの支援に注目し始めた。すでに一九〇五年六月には、ウファ県内のバシキールの代表が集った集会で、ムスリムが郡会に選出されるようにあらゆる制限を撤廃し、郡参事会にも参画できるようにとの要望が出された。またバシキールたちは、不作に備えて手に職をつけるために、ゼムストヴォの出資で技術学校を開校するよう提案した[24]。ゼムストヴォの支援を受けることを正当化する宗務協議会のファトワーを引き出したウファ郡サファロヴァ村（第3章第2節（3）を参照）は、その後も支援を享受し続け、ゼムストヴォとの良好な関係の模範としてタタール語紙で紹介された。今やこの村には男女別々のマクタブの他、ロシア・タタール学校も開かれ、男子五〇人と女子七〇人が分かれてロシア語と「ムスリムの言葉（muslimāncha）」を学んだ。[25] 一九一三年末、ウファ県ゼムストヴォが県内六ヵ所に異族人のための地方図書館（raionnaia biblioteka）を開設したとき、その一つはサファロヴァ村に設置された。[26]

しかし、ゼムストヴォとムスリムとの協力関係の幅は、内務省系列の諸機関がムスリム問題に介入する度合いに規定されていた。しかもムスリム共同体の内部には、警察権力の後援、財源の配分、宗教的権威や学識をめぐる政治が存在したので、そこでの利害対立がゼムストヴォとの接近を困難にする場合もあった。[27] マハッラの中には、その運営にゼムストヴォの支援を利用できると考える者がいた一方で、それを阻止するためにシャリーアの護持を掲げて警察権力を招き入れようとする者もいたからだ。第4章で見たように、カザン県では一九〇五年革命後、汎イスラーム主義者と同一視されたジャディードの摘発がたけなわだったから、ムスリム住民がゼムストヴォに支援を求めることは容易でなかった。ママディシュ郡シェミャコヴォ村の農民は一九一三年七月、同村出身でトゥルガイ州イルギズ在住の商人ニグマトゥッラー・ガッバーソフと郡ゼムストヴォの支援を受けて、ロシア語クラスのあるマドラサを建設することに合意した。しかしそれは、ムッラーのダヴレトシャー・イバトゥッリンの怒りを買った。このムッラーはかつてブハラで学び、ブハラの方式に忠実だったのだ。農民たちはこのムッラーを排除するために、彼はかつてアンディジャン蜂起の首謀者ムハンマド・アリー（ドゥクチ・イシャーン）に通じていたと県治安当局に密告した。これに対抗してムッラーとその支持者は、商人ガッバーソフが「全世界のムスリムの統合」を語り、政治的に信用ならないことを警察に信じさせようと努めた。[28]

カザン県とは対照的に、ウファ県とオレンブルグ県の知事は、内務省によるジャディード摘発の方針に対して、進歩的な知識人ではなく狂信的なムッラーこそが公共の秩序を乱しているのだと反論さえした。[29] 確かにウファ県知事も、ストルイピンが西部諸県でポーランド人に対して行ったように、ゼムストヴォからムスリム議員を取り除こうとはした。しかし、カデットに共感するゼムストヴォ議長ピョートル・コロパチンスキーは、知事との対立をうまく回避することができた。[30] まさにこのコロパチンスキーの働きかけで、ゼムストヴォはムスリム知識人との協力を進めることができた。

ムスリムの教育改革の研究では、進歩的な知識人と伝統的で隔離され静的で内向的な農民が対置されることが一般的である。[31] しかも二〇世紀初頭のムスリム知識人自身が、こうした図式に依拠して共同体における自身の使命を語ったから、研究者の理解もそれに拘束されてきたことは否めない。しかし実は、彼らのレトリックや交渉術自体が、時としてゼムストヴォとの協力を困難にしていた側面もあった。とりわけ、カザンの改革派知識人は、民族の利益擁護を「並行主義」と「平等主義」で語りがちだった。つまり彼らは、民族精神を護るためにマクタブが公立学校と並行して存在すること、そして政府が正教会の教区学校と同等にマクタブを支援することを原則的に求めたのだった。これは、ウファ県と比べて、カザン県でムスリムとゼムストヴォとの交渉が成果をもたらさなかった一つの原因だと考えられる。

こうした立場の違いは、カザン県とウファ県におけるムスリム知識人の形成過程の違いを反映しているとも考えられる。カザンの知識人は、一八七〇年代から八〇年代にカザン市に移ってきたかつての農民かその子供であり、自身の事業の成功のおかげで都市生活をムスリムの利益に沿う形で再編する発言権を獲得してきた人々だった。[32] これに対してウファ県の指導的なムスリムの多くは貴族の出身であり、国家機関や地方自治体に勤務してきたので、ゼムストヴォとの交渉にも十分な経験の蓄積があった。

カザン県のタタール知識人とゼムストヴォとのすれ違いは、タタール語紙と行政文書の両方で確認できる。オレンブルグの『ワクト』紙によれば、一九〇六年一〇月、カザン郡会で参事会は、宣教活動やロシア化を目指さずに母語の授業を保障するゼムストヴォ学校の必要性を認めた。これを受けて、カザンの改革派ウラマー、ガリムジャン・バルーディーを長に小委員会が作られた。しかしこの委員会は、ロシア語学習を義務付けずにゼムストヴォが既存のマクタブ・マドラサに補助金を配分すべきこと、そして学校の教育内容は、同年八月に行われた第三回全ロシア・ムスリム大会の決議に専ら基づかなければならないことを要望として提出した。しかも、マクタブ・マドラサは宗務協議会の管轄下になければならなかった[33]。これに対して『ワクト』は、補助金だけを要求してロシア語教育もゼムストヴォ側の管理も受けたがらないカザンのムスリムを批判し、今や「信仰の自由」が宣言されたので、ロシア語学習を恐れるのは無益だと述べた[34]。他方で、一九一二年にママディシュ郡警察署長が知事に提出した報告書によれば、一般のムスリムは、教育省の管理を恐れずにゼムストヴォ学校の設置を請願しているにもかかわらず、タタール知識人は、住民がロシア化してしまうことを恐れて、自分たち独自のカリキュラムの承認とムッラーによるマクタブ・マドラサの監督を要求しているのだった[35]。

以上から分かるように、ムスリム農民はマハッラの苦しい財源を補うためであれば、ゼムストヴォとの交渉も厭わないという現実主義的な態度を取っていた。ただし、共同体内部の利害調整に警察やゼムストヴォを巻き込んだので、ゼムストヴォとの接近が相対的に妨げられる事態も生じた。それとは対照的に、とりわけカザンの改革派知識人は「民族の利益」を閉鎖的に捉えていたために、ゼムストヴォとの交渉は平行線をたどった。しかしながら、教育省とゼムストヴォが初等教育の拡充にますます深く参画してくると、知識人は自身の信奉する進歩や文明化から取り残されかねない状況に追い込まれていく。今や教育省は、巨額の投資によって地方自治体から学校の教育内容への主導権を奪おうとしていた。これに対して、とりわけウファ県ゼムストヴォは、学校事業における発言権を維持すべく奮闘し、異族人教育で独自のアプローチを模索した。まさにそうした中でムスリム知識人は、ゼムストヴォとの交渉を進めるために、並行主義と平等主義に代わる別の戦略を練らざるをえなくなったのである。

2　ゼムストヴォと教育省の競合——ウファ県の場合

義務教育の導入と初等学校の再編をめぐる教育省とゼムストヴォとの軋轢は、一九〇〇―〇七年にこれまでになく尖鋭化した。一方で教育省は、宗務院《シノード》管轄の教区学校を除くすべての初等学校を自らの指導と監督下に統合することで義務教育を実現しようとしていた。他方で、広大な空間に子供たちが通いやすい距離で密に初等学校を設けかつそれを監督するにはゼムストヴォとの協働が不可欠だったから、教育省は省の予算からゼムストヴォに資金を割り当てる約束をせざるをえなかった[36]。一九〇八年五月三日法は、初等教育に六九〇万ルーブルを支出することを定めたが、それによりゼムストヴォは一層活性化した。この法律の適用を受けるために郡ゼムストヴォは、十年以内の義務教育の実現を見込んだ計画書を提出することになった。また郡ゼムストヴォには、教育への従来の支出を維持しながら、農村共同体が担ってきた学校運営のすべての負担を軽減することが求められた。こうしてすべての学校は四年制となり、そこには十分な資格を満たした教師が配置されるはずだった[37]。

ウファ県では同年、ムスリム住民のための学校網の整備がゼムストヴォの議題に上った。その年の県会の前に、弁護士イブラヒム・アフチャモフ[38]は参事会の学校委員会に、ムスリムが学校網に入る必要性を説いた報告書を提出した。彼は、女子は困難だとしても、男子については十年で義務教育を達成することが可能と考えていた。注目すべきは、ここでアフチャモフがすでに、母語とロシア語で授業を行う新しいタイプのムスリム学校の形を模索していた点だ。彼はこの新しい学校のカリキュラムをつくるために、県参事会がゼムストヴォ学校、官立学校、そしてマクタブから代表者を招いて会議を設けることを提言した。さらにアフチャモフは、ウファに男女別のタタール師範学校を開くべきだとの提案もしている。これを踏まえて参事会の学校委員会も、郡と県のゼムストヴォがカザンのタタール師範学校への奨学生を増やすべきだと考えた[39]。

県会が招集されると県参事会は、ムスリムがゼムストヴォ学校にも官立学校にも行きたがらないことを根拠に郡参事会がムスリムを学校網に加えることをためらう姿勢を批判した。県参事会は、ロシア人農民の識字学校が初等学校に編成された時と同様の論理で、ムスリムへの支援を正当化する。つまり、マクタブ・マドラサが住民の手で維持され、生徒で満たされていること自体が、彼らの識字や知識への渇望を十分に示す事実なのだと。参事会は、ムスリムが国家のロシア化政策とゼムストヴォの啓蒙活動を同一視してきたことを反省し、かつ「近年のタタール語の発展」も考慮した上で、将来の学校ではタタール語がロシア語と同等の位置を獲得すべきだと提言した。県会は、新しい学校を模索する会議を持つべきだというアフチャモフの提案も認めた。この会議は一九一一年に実現する(40)。

ウファ県のゼムストヴォには、目的を共有するムスリム議員だけでなく、ムスリムの信仰上の権威であり行政の要である宗務協議会と協力できるという強みもあった。ウファ郡は人口の八分の三をタタール人とバシキール人が占めたが、彼らのための官立学校は五校しかなく、学齢児童の一・三%を集めるにすぎなかった。郡ゼムストヴォの作成した学校網の計画書では、男子校を一〇三校、女子校を一〇二校設ける予定だった。一九〇九年に郡参事会は、バシキール・タタール住民が義務教育に用意があるか否かの情報を宗務協議会に求めた。宗務協議会は、ムスリムとロシア人は同じ生活水準にあるので、義務教育も同じ効果を期待できると回答した。そして、学校に対するムスリムの偏見を取り除くために、学校では母語と宗教が無視されないよう郡参事会に助言した(41)。

ウファ県のゼムストヴォとムスリム知識人は、公立学校の教師とマクタブのムアッリムを養成するという点でも関心を共有していた。初等教育の学校網を拡大する際には、十全に資格を有する教師がいることが条件だったが、新方式マクタブが合法的に発展するにも、正規の資格を持つムアッリムとりわけムアッリマ（女性の教師）の存在が不可欠だった。公立学校もマクタブの場合も、公的資格の欠如は教育省の視学官がこれらの学校を閉鎖する格好の口実となった。かつてウファには、一八七〇年の異族人教育規則に伴って一八七二年に設置されたタタール師範学校があった。しかしこの師範学校は、一八七六年にオレンブルグに移転し、その移転先の建物が一八八九年にキルギス師範学校に移管されるに至って閉鎖された[42]。二〇世紀初頭には、ムスリムの受け入れを目的とした師範学校は、シンフェロポリ、カザン、オレンブルグの三校を数えるにすぎなかった[43]。ウファ県ゼムストヴォは、ウファにタタール師範学校を取り戻す努力を続けた。一八九八年にムスリム議員テフケレフがこの問題を取り上げて以降、ゼムストヴォは一九一二年までに六回の要請を教育省に行った[44]。教育省は、師範学校を設けるにしてもロシア人との共学を考えていた。なぜなら、ムスリムが別個に学ぶことによって、「望ましくない民族的な分離傾向、汎イスラーム主義と汎トルコ主義の志向」が助長されることが憂慮されたからだ[45]。

ムスリムの指導者は、政府が師範学校の必要性を認識するようにあらゆる機会を利用した。一九一一年にあったムフティー、スルタノフの在職二五周年記念もその一つだった。ウファでは、知事の許可を得て五月二一日に大きな会議が催され、ムフティーの名を冠した男女別々の師範学校を開設するという決議が出された。学校の規程を定めるために特別な委員会も組織され、この計画への寄付は一〇万ルーブルにも上った[46]。別の機会となったのは、国会が一九一三年のロマノフ朝三〇〇周年を記念して、九三校の師範学校を設ける決議をした時だった。しかし、国会のムスリム会派やムスリムの住む諸県の議員は、ムスリムの師範学校のための割当を獲得できなかったので、タタール語の新聞・雑誌上で非難を招いた[47]。

一九一一年五月二三―二五日に県参事会は、一九〇八年の県会の決議にしたがって、ムスリムのための新しい初等学校の形を模索する会議を招集した。出席者は、ゼムストヴォからの一〇人、教育省からの二人に対して、ムスリムの代表がムアッリムやカザンとウファの国会議員も含む二三人だった。この会議でウファ県ゼムストヴォは、異族人教育の唯一の目標は啓蒙（prosveshchenie）であるとの立場を固めることになる。これはウファ県の教育事業にとってだけでなく、当時の帝国全体の非ロシア人教育をめぐる議論の中でも画期的だった。ウファ県ゼムストヴォの会議は、第三国会の会期中、義務教育に関する法案における教授言語の条項をめぐって、教育方法上の必要と

「ロシア化」という政治的要請との衝突が露わになり、世論の議論も喚起していた時に開かれたからである。[48] 前年一〇月にこの法案が国会で審議に入った時には、ヴォルガ・ウラル地域のムスリムも各地で集会を開き、教授言語と科目としての母語と宗教教育を保障するように要求した。[49] 一九一一年五月のウファ県の先進的な立場は、八月にモスクワで開催される教育に関する全ゼムストヴォ大会でも表明されることになる。[50]

この会議では、ムスリムの代表とゼムストヴォとの論戦がすでに「マクタブか、公立学校か」という形を取った。チャールズ・スタインヴェデルは、ウファのムスリムとゼムストヴォの立場の共通性を強調して、ウファとカザンのムスリムの代表を対比している。彼は、前者が母語を教える新しい学校を主張し、後者が旧方式と新方式の学校で宗教を維持することに固執したとみなし、ウファのムスリム代表とゼムストヴォが共にエスニックな原理で学校を組織しようとした点に注目するのである。[51] 確かに、第1節で見たように、カザン県とウファ県のゼムストヴォは互いに異なった環境で活動していた。しかし、会議の議事録からは、カザンとウファのムスリムの代表が共有した立場を読み取ることもできる。彼らは共に、旧方式のマクタブの消滅を当然とし、新方式のマクタブを将来の教育制度に位置づけようと努めていたのである。

カザンとウファのムスリムの代表は、新方式のマクタブの教育内容が普通教育の学校に接近しているという認識を共有していた。とはいえ彼らの中でも、マクタブが新しいゼムストヴォの学校に取って代わられると考える者と、既存のマクタブに対するゼムストヴォの支援を求める者に分かれていた。それでも県ゼムストヴォとムスリムの代表は、ゼムストヴォの作成する新しい初等学校のカリキュラムをマクタブが採用すれば、マクタブが学校網に入ることは可能という点で合意できた。[52] しかし、参事会議長ピョートル・コロパチンスキーは、「宗教的な影」のあるマクタブが学校網に入ることに教育省は同意しないだろうと懸念を示した。ムスリムの代表は、義務教育が実現するまでマクタブに補助金を出すように求めたが、ゼムストヴォ側は、学校は世俗的な普通教育を与えなければならないという原則を強調した。この論理からすれば、マクタブだけでなく正教会の教区学校にも、ゼムストヴォの補助金を受ける資格はないのだった[53]。

マクタブがどの程度「世俗的な初等学校の仕組み」を取り入れているかを調査するために、ウファ県ゼムストヴォは一九一二―一三年に大規模な統計調査を実施した。一九一二年五月には、ムスリムの代表一〇人と参事会の代表四人から成る特別委員会が設けられた。一一月には一一五項目からなる調査票が「タタール語」で作成され、県内二一四四人のイマームに配布された。調査票には、ムフティーが調査を承認していることを示す文書も添付された[54]。このような細心の手法がムスリムの共感を得たことは、一五七九件の回答があったことからも窺える。これと同時期には、すでにマクタブ・マドラサの支援に積極的だったメンゼリンスク郡ゼムストヴォも独自の統計調査を行った[55]。

果たして県ゼムストヴォの調査結果は、マクタブの教育の世俗化傾向を示していた。「純粋な」宗教学校は一八・一％、母語あるいは一つの普通教育科目を教える「移行期の」マクタブは二八・七％あり、三九・二％がイスラームと母語に加えて算術を教え、一四％が歴史、地理、自然科学の初歩を教えているのだった[56]。最終報告書を結ぶにあたり編者のオブホフは、地方自治体の支援がマクタブの世俗的な初等学校への移行を加速させ、世俗的でよりよく組織されたマクタブは、ムスリムの文化的発展の手段となり、将来的にはロシア人の初等学校と同等に学校網に入ることができるだろうとの見通しを述べた[57]。

しかし教育省は、ゼムストヴォの初等学校事業への積極的な関与に対して、自らの権限が掘り崩される可能性を憂慮していた。教育相L・A・カッソ（在一九一〇年九月二五日―一九一四年一一月二六日）は、管轄下にある各地の視学官の査察体制を強化することで、地方自治体の発意に対抗しようとした。しかし現実には、教育省が視学官の数を増やすことは、地元に財源のあるゼムストヴォが学校の数を増やすことよりも困難だった[58]。

一九一二年にオレンブルグ学区の県学校局長と視学官の大会がウファで開催されたとき、一九一一年のウファ県参事会の会議は違法だと非難された。とくに問題視されたのは、ゼムストヴォが提案した、新しいムスリム学校の宗教と言語のカリキュラムだった。このカリキュラムは、修学期間の四年間を通じて教育は母語で行い、ロシア語学習は第一学年の後半から始まるとしていた。またウファ県参事会は、宗教科目の検討を宗務協議会に委ねる方針だった。[59] 学区の大会は、地方自治体の管轄は学校の財政に限定されなければならないという決議を出した。[60] さらに、ウファ県ゼムストヴォが異族人教育の唯一の目標は啓蒙にあるとしたのに対して、学区総監N・ウラジミロフは「ロシア人との融合（sliianie）」が異族人学校の課題であると表明した。彼は一九一〇年にオレンブルグに赴任するまで、ヴィリナ学区で「カトリックとの闘争」を経験していたが、[61] タタール語を通じてロシア語を学ぶことは、ロシア・バシキール学校の「タタール化」を助長すると考えていた。全体として大会はイリミンスキー方式を苛烈に攻撃した。イリミンスキー方式は、諸民族の特性を吹き込むことで異族人を孤立させ、その結果として今や異族人が民族主義的な要求を出しているというのである。出席者は、学校が正教布教の役割を負うことは放棄すべきであり、母語の過剰な利用を警戒しつつ、ロシア語の学習と「ロシア市民たること（russkaia grazhdanstvennost'）」の扶植を最優先すべきだと確認した。[62] 大会は、標準化した四年制の異族人学校でロシア人と異族人が共学すること、[63] そして入学後二、三ヵ月でロシア語学習を始めることを決議した。[64]

ベン・エクロフはかつて、「善意のあるゼムストヴォと反啓蒙主義の政府との綱引き」という二項対立を見直し、政府とゼムストヴォとの協働作業によって学校網が拡大したと捉えた。確かに、教育省の初等学校に対する巨額の補助金の配分は、一九〇八年以降、政府とゼムストヴォそれぞれの管轄をあいまいにした。[65] しかし、ウファ県のゼムストヴォによる異族人教育事業に対する教育省の対応を見る限り、政府とゼムストヴォの間には深刻な立場の違いがあった。ウファ県ゼムストヴォと、当地を監督する教育当局との対立が示すように、教育省は学校建設の財政面でゼムストヴォの貢献を認めつつも、ゼムストヴォが異族人学校の教育内容に口出しする機会を排除するように努めた。教育省とゼムストヴォは、異族人教育の理念をめぐって競合していたのだ。

一九一三年にオレンブルグ県にゼムストヴォが導入されると、南ウラルはゼムストヴォのムスリム教育事業の中心になったと言ってもよい。オレンブルグ県はムスリムが二二—二三％ほどで、ロシア人の人口はウファ県よりもずっと多かったが、ウファ県の経験は早速モデルとなった。一九一四年末、オレンブルグ県参事会内の異族人教育部部長としてイブラヒム・ビクチェンタエフが任命されると、一九一五年はムスリムの教育事業にとって実りの多い年となった。これは、肉親の赴いたヨーロッパの戦争への関心が文字情報ひいては教育全般への関心をムスリムにも引き起こしたことと無関係ではない[66]。この年には、オレンブルグ県ゼムストヴォも県内のマクタブ調査を行った。また、ビクチェンタエフは、ロシア・タタール学校とマクタブの教科書を調査するために、ウファ県ゼムストヴォの提案で催された会議にも出席した。そして彼は、マクタブがゼムストヴォの補助金を得るための四年制カリキュラムを作成した。このカリキュラムは、県内の郡ゼムストヴォに配布されただけでなく、「ムスリムの世論に提示するために」ウファの宗務協議会とオレンブルグの『ワクト』にも送られた。こうして各郡ゼムストヴォはマクタブへの補助金を設定した。オレンブルグ郡は七〇〇〇ルーブル、オルスク郡は一万五〇〇〇ルーブル、チェリャビンスク郡はマクタブ一校につき二〇〇ルーブル、上ウラリスク・トロイツク合同ゼムストヴォはマクタブ一校につき一四〇ルーブルの支援を行うはずだった。『ワクト』はこの補助金の受け取り方をムスリム社会に説明した。さらに一九一五年には、オレンブルグ県でムスリムのために六つの地方図書館が開設され、それぞれの図書館は三つの分館を配置した[67]。

教育省がロシア語を通じた異族人のロシア人との融合を目指し、ゼムストヴォが「ロシア化」という政治目的を掲げず母語を用いた啓蒙に従事したように、南ウラルでは異族人の初等教育の理念をめぐって教育省とゼムストヴォは明確に対立した。とはいえ両者は、学校が世俗的であるべきだという原則では一致していた。これは、たとえ正教会の教区学校であっても、世俗化の要求を免れられなかったことを意味する[68]。既述のように、ウファ県ゼムストヴォは、マクタブと教区学校に同等の補助金を求めるムスリム知識人の要求を拒否したし、教育当局も学校に宣教活動を担わせることを放棄した。こうした教育省とウファ県ゼムストヴォの世俗主義に異議を唱えたのが、かつてカザン県ママディシュ主教として中央のムスリム政策に影響力を振るったアンドレイだ（第4章を参照）。

一九一一年半ばから南コーカサスのスフミ主教だったアンドレイは、一九一三年末ウファ・メンゼリンスク主教として戻ってきた。アンドレイは、教育相カッソがその腹心たる「無原則で無信仰の」視学官の権力を強化する一方で、教会による教育をあからさまに無視していると非難する。彼は、カザン学区でイリミンスキーのあらゆる活動が罵詈雑言の対象となっている現実に胸を痛めた。そこでアンドレイは、「信心深いロシア人」が集うと彼の信じるゼムストヴォに救いを求める。彼は、様々な出費のかかる教区学校よりもゼムストヴォ学校が好まれる現実を踏まえ、「教会・ゼムストヴォ学校（tserkovno-zemskaia shkola）」を設置できるように、各郡ゼムストヴォに働きかけ始めた。しかし、反応は主教の期待を裏切るものだった。ウファ郡は、主教への敬意から一二五〇ルーブルの一時支援を決めたものの、正教徒もムスリムもユダヤ人も公平に支援するという原則は譲らなかった。アンドレイが最も怒り心頭に発したのは、教区学校に支援を認めない代わりに、一九一五年予算でマクタブ・マドラサ支援に一万四七〇〇ルーブルを計上したメンゼリンスク郡に対してだった。アンドレイはこれを「全く無思慮で、理性に欠けた自由主義のひどい発作」と酷評し、ゼムストヴォ議員は隠れムスリムだと糾弾した。[69]

とはいえ、政策決定の中枢では依然として、正教会の学校を擁護する立場が根強かった。国会が教区学校の学校網への編入も視野に入れる義務教育法案を可決した一方で、国家評議会は一九一二年六月にこれを否決した。なぜなら、「教区学校と宗教教育の独自の管理がロシアから奪われてはならない」からであった。[70] 宗教学校と世俗学校との分離という政府の立場は、ムスリム学校にも厳密に適用された。すでに一九一〇年に、内務省の主導で開催されたムスリム問題の特別審議会は、マクタブの教育は厳密に宗教的な科目に限定されなければならないと決議していた。[71] これは、公立学校が「ロシア市民」たるべきことを教える役割を独占することを意味した。このような区分に基づいて教育政策が遂行される限り、ムスリム知識人は、新方式マクタブを私立学校として公立学校に並存させる立場に固執せざるをえなかった。しかし、南ウラルのゼムストヴォが、新方式マクタブを積極的に支援するようになると、マクタブの学校網への編入、そして既存のマクタブでも公立学校でもない第三の学校の形態を模索するゼムストヴォとムスリムとの交渉が深まった。

3 「マクタブか、公立学校か」論争

一九〇五年革命後ムスリム知識人は、ロシア市民であること（Rūsiya ghrāzhdānlighī）と民族性（millīyat）の両立という課題に一貫して取り組んできたが、義務教育の導入という国家事業を前に彼らの課題は一層切実さを増した(72)。一方で、標準化した公立学校の導入は、マクタブ運営の負担から人々を解放してくれるはずだった。また、公立学校はロシア語の他、市民生活に不可欠な知識も与えてくれるはずだった。折しもヨーロッパでの大戦は、肉親の赴く戦争への関心を高め、世界情勢に関する知識の需要は増大していた。他方でムスリム知識人たちは、学校のカリキュラムで母語とイスラーム教育をどのように保障すべきかを熟考しなければならなかった。それは、知識人たちが将来の学校教育で自らの役割を確保するためにも必要な作業だった。そうした模索の中で、ある者はマクタブが義務教育の学校網に入ることを期待し、またある者は公立学校を民族精神（millī rūḥ）に適うように改革すべきだと主張した。そしてこの「マクタブか、公立学校か」論争には、各地域でのムスリムとゼムストヴォの交渉の度合いが明確に映し出されることになる。

論争は一九一三年にカザンの『マクタブ』誌で始まった。この雑誌は、ムアッリムを含む世俗的な知識人の見解を反映し、概ね寄稿者は民族《ミッレト》という言葉を「タタール人」の意味で理解していた。口火を切ったのはフアド・トゥクターロフだ。カザンのタタール師範学校の卒業生だった彼は、一九〇五年革命時に社会主義者組織「タンチラル（Tāngchīlar）」の指導者の一人として活躍した。トゥクターロフは問いかける。「初等教育を一般化する（ʻumūmlāshdirū）ために タタール人の村々に学校が広まってしまえば、この学校とマクタブとの関係はどのようになるだろうか」と。彼は並行主義の立場を取る。なぜなら政府は、新方式マドラサを追放しているとしても、タタール人であることやムスリムであること（Tātārliq wa muslimānliq）については攻撃していないからだ。よって政府は、「宗教的・民族的な精神の源泉となってきた歴史的な施設」たるマクタブ・マドラサに対する攻撃をやめなければならないとトゥクターロフは訴える。(73)

トゥクターロフがマクタブの生き残る道を見出したのは、国家評議会で一九一三年五月二一日に可決された私立学校に関する法案だった。それによれば、教育言語の選択は、国語、国文学、国史、ロシア地理がロシア語で教えられることを条件に、各私立学校に委ねられるはずだった。これに対して、地方自治体が設立し運営する学校では、宗教と母語を除き、すべての科目がロシア語で教育されなければならなかった。しかも、ロシア語の授業で説明のために母語の使用が認められたのは、最初の一年だけにすぎなかった。トゥクターロフは、マクタブは国からも地方自治体からも支援を受けていないのだから、私立学校としてみなされるべきだと主張した。(74) では彼は、新方式マクタブの改革を促進するための資金をどこに求めるのか。彼が憂慮するのは、マハッラの不必要な分割だ（第3章第1節（3）も参照）。彼によれば、マハッラの資本の分配をめぐるムッラーとムアッリムの対立こそがマクタブの発展を妨げているのだった。確かに彼も、ウファ県のゼムストヴォがムスリムの請願に応えてマクタブを支援していることに注目していた。しかし彼は、ゼムストヴォにはムスリムが少ないので、人々の信頼は限定されていると述べるにとどまる。(75)

正反対の意見はトムスクから『マクタブ』誌に寄せられた。トムスクは、ロシア人移民の大量の流入で、ムスリム住民は苦しい経済状況に追い込まれていた。(76) ムアッリムのイブラヒム・ビククーロフ（Ibrāhīm Bīkqūlūf）は、シベリアの新方式マクタブは、実生活（tūrmush）により適合したロシア・ムスリム学校にその地位を譲る用意があると述べた。彼が問題とするのは、マクタブが宗教的・民族的精神の源泉であるという考え方自体だ。彼は、ジャディードの改革が、マクタブを実生活に適合させるという目的を専ら宗教（dīn）のためだけに犠牲にしてきたので、もはやその意義を喪失してしまったと論じるのである。こうして彼は、シベリアへのゼムストヴォ学校の導入が公立学校の建設を促進することに期待をかけながら、ムスリムの努力は今後、ゼムストヴォ学校に民族精神を扶植する方向に向かうだろうと展望を述べた(77)。トムスクでは、経済的に苦しいムスリム住民が近代的な教育施設を持つには公的資金に頼らざるをえず、その実現は市会の命運と結びついていたから、市会選挙はムスリム住民の重要な関心事だった。また、市会以外にもシベリア地方主義者やナロードニキの教育・文化活動は一八八〇年代以降、共同体の資本を運用するモデルをムスリムに提供してきた(78)。よってビククーロフは、シベリアのムスリムがその「高い生活水準」によって、ロシア内地のムスリムよりも早く新方式マクタブの危機に気づいたのだと誇らしげに述べることができたのである。

　このような意見にカザンの論客たちは激しい反発を示したが、彼ら自身は、人々の意識と民族愛に訴えかけて、新方式マクタブに対する私的な支援やムスリムの慈善協会（jamʿīyat-i khairīya）の補助が増えることを期待するのみで、有効な代案を示すことはできなかった(79)。カザンの知識人がマクタブと公立学校との並行主義に固執した背景には、地元のゼムストヴォとの交渉がうまく進んでいないことがあった。一九一二年一月にカザン郡参事会は、ロシア・タタール学校への不信を緩和するために、ムッラー、タタール語紙の編集者、教師、商人から成る二一名のムスリムの代表が出席する協議の場を設けた。前年にウファ県参事会が主催した会議とは対照的に、カザン郡参事会は、一九〇七年の異族人教育規則を遵守しようとした。それによれば、教育は最初の二年間のみ母語で行われ、その後二年間はロシア語に切り替えなければならなかった。また、ロシア・タタール学校には反対しないものの、母語と宗教の科目はムッラーよりもムアッリムが担当し、この二つの授業は児童が疲れていない午前の早い時間に設定してほしいとのムスリム側の要望も聞き入れられなかった。ゼムストヴォとムスリムの代表は、ムスリム住民にロシア・タタール学校の必要性を説明するという点で合意できたにすぎなかった(80)。

ゼムストヴォが導入されて間もないオレンブルグ県で最初に問題を提起したのは、『ムアッリム』誌だった。ヌルアリー・ナディーエフ（Nūr'alī Nadīyif）は、ムスリム自身が運営に参加できる新しいタイプの私立あるいはゼムストヴォ学校を提案した。彼は、この弱肉強食の世界では、財源に乏しく時代の要請に適応できないマクタブは公立学校に比肩できないと認める。彼は、公立学校をムスリムの利益に基づいて組織するために、ムアッリムが公立学校の教師として再教育され、公立学校の教師が生徒の母語とイスラームを学べる課程を設置すること、ゼムストヴォとムスリム住民が公立学校の母語と宗教の教師の生活を保障すること、公立学校の理事会員としてムスリムの代表も学校の監督に参加することを提言した。[81]『ムアッリム』の編集部は、人々が公立学校を選択し子供たちにロシア語を勉強させている事実を認めつつも、最初の二年間しか母語での教育が許されない公立学校では民族の言葉と精神を守ることはできないと考えた。編集部は、マクタブが私立学校として教育省の管轄にとどまること、マクタブには国の義務教育（'umūmī majbūrī ūqū）のカリキュラムに基づいたロシア語クラスを導入することを主張した。[82]しかし編集部は、マクタブの財源には言及しなかった。

同じくオレンブルグで出ていた『ワクト』紙上での「マクタブか、学校か」論争は、二〇世紀初頭のムスリム社会における世俗的な知識人と聖職者との役割の分化を反映するものだった。当時、オレンブルグの有名なフサイニィエ・マドラサでムアッリムだったジャマレッディン・ヴァリドフは、『マクタブ』誌と『ムアッリム』誌の議論を概観した上で、新方式マクタブのさらなる改革を支持した。彼は一九一四年に出した冊子『民族と民族性』でも、タタール人の民族意識の覚醒を新方式学校の登場に見出し、ジャディードの運動こそが「タタール人を自らの民族史に引き込んだ」と考えていた。[83]確かにヴァリドフも、公立学校を民族の利益に適うように変革することを「民族の義務」と考え、ムスリムもロシア市民として義務教育を享受しなければならないと認めた。しかし彼によれば、「被支配民族」は「自らの民族の力で」知的・文化的進歩に努めなければならないのだった。ヴァリドフもまた、カザンの論客たちと同様、ムスリムの慈善協会が増えることに期待をかけた。[84]

世俗的な知識人が民族精神の源泉としての新方式マクタブの使命を信奉していた一方で、ペルミ県クングルのアフンド、ザーヒドゥッラー・イバードゥッラー（Zāhid Allāh 'Ibād Allāh）は、初等マクタブ（ibtidā'ī）は公立学校に取って代わられると予測し、今後のムッラーの役割を中等マクタブ（rushdī）に見出した。このアフンドはマクタブの生徒が公立学校に流れている事実も確認しているが、実際、クングル郡のロシア・タタール学校は県内の他郡の学校よりも生徒を集めていた(85)。アフンドは、初等教育でロシア語が義務付けられるならば、初等マクタブは不要になると述べる。そして代わりに、イスラームと母語を守るために、ムアッリムを公立学校に置くよう努めなければならないと提言した。またアフンドは、公立学校で宗教教育が二年間付け加えられるならば、イスラームを集中して学ぶことを望む者の希望もかなえられるだろうと期待した(86)。一見、世俗的な知識人のほうが公立学校への移行の推進者だったかのように思われるが、彼らは民族知識人としての役割と活動の場を確保しようとし、自分たちが生産する「民族」の言説に囚われがちだったので、聖職者のほうが現実的に自らの位置を見定めることができたのである(87)。

ウファの『トルムシュ』紙に掲載された二つの記事は、ウファのムスリムが取った戦略をよく表している。記事の筆者は二人とも、一九一一年にウファ県参事会が主催した会議に出席していた。彼らは、ゼムストヴォとの交渉に際しては、マクタブが将来的にはなくなってしまうことすら示唆しながら、新しいムスリム学校の形を模索していた。しかし、『トルムシュ』紙上で彼らは、民族精神を育む場としてのマクタブの存続を主張した。

第一国会で議員だったセリムギレイ・ジャンチューリンは、マクタブの学校網への編入を支持した。実は彼自身は、オレンブルグのギムナジアで教育を受け、モスクワ大学を卒業したエリートだった。彼はマクタブに民族の源泉を見出すのだが、それはロシア人インテリゲンツィヤが農村共同体を理想化したのと似ている。ジャンチューリンは、クングルのアフンド、イバードゥッラーを批判しながら、マクタブは子供たちに民族愛を扶植しているが、公立学校は民族精神とも民族の必要とも無縁な教育省の役人の管轄下にあると指摘する。彼は、マクタブが宗教学校であるがゆえに国庫からもゼムストヴォからも支援が受けられない事実を認めながらも、マクタブのカリキュラムが公立学校のものに近づくことに何ら障害はないと強調した。その根拠として彼が挙げたのは、宗教教育と普通教育科目は両立可能と判断した一九一三年一二月のムフティーとウラマーによる審議会だった[88]。彼は、マクタブと公立学校との差がなくなれば、マクタブも学校網に入る資格を得られると考えたのだった[89]。

ステルリタマク出身の第三国会の議員シャラフッディン・マフムードフは、一九一一年のゼムストヴォとの交渉では、将来マクタブはゼムストヴォの新しいムスリム学校に完全に取って代わられるとさえ発言したが、ムスリム紙上では公立学校との並行主義を堅持した。マフムードフは、初等マクタブなしに中等マクタブは存在できないとクングルのアフンドを批判する。なぜなら「初等マクタブは中等マクタブの母だからである」。マフムードフは、官立学校で現在学んでいる生徒が将来、母語とイスラームを教えることができるだろうかと疑問を呈す。官立学校はロシアに住む諸民族を一つにするために開かれており、民族精神を植えつけることはできないと彼は考えるのである。また彼は、ゼムストヴォのマクタブ支援が法律上の根拠もなく一時的であることを認め、財政問題はムスリム自身が結局は解決しなければならないとした[90]。マフムードフの見解には、彼が長年ムアッリムを勤めたステルリタマク・ステルリバシュの特殊な条件が反映しているように思われる。イスラーム諸学の拠点だったこれらの場所では、ワクフからの収益が期待できたからである。実はマフムードフ自身も、ステルリタマク市第一マハッラのワクフ管理に携わっていた（第3章第2節（2）も参照）。

「マクタブか、公立学校か」論争の流れが変わり始めたのは、オレンブルグ県のゼムストヴォがマクタブの支援に積極的に乗り出してからだった[91]。『ワクト』での論点は、マクタブとゼムストヴォ学校を再編する際に、ゼムストヴォと具体的にどのような協力が可能かという点に移った。一九一五年四月にオレンブルグ県参事会で教育に関する会議が開催されたとき、異族人教育担当のイブラヒム・ビクチェンタエフは、マクタブの学校網編入が実現可能だと期待して会議に臨んだ。彼は、タタール語の新聞・雑誌上の「マクタブか、公立学校か」論争に言及しなが

表6-1　ビクチェンタエフのカリキュラムにおける1週間の授業数

	1年生	2年生	3年生	4年生
宗教	2	4	6	4
母語	12	8	6	3
算術	4	4	4	4
歴史			1	2
地理		1	1	2
ロシア語	6	10	10	10
唱歌		1	1	1
衛生			1	1
博物		2	2	2

ら、ロシア人の学校がそうであったようにマクタブもまたきちんと組織された学校に生まれ変われると力説した。しかし会議は、マクタブが将来的にはゼムストヴォ学校に代わっていくことを前提とし、学校網が完成するまでの一時的な措置としてマクタブに補助金を出すことを認めたにすぎなかった。そこでビクチェンタエフは、補助金を得る資格として自身の作成した四年制マクタブのカリキュラムを提出した（表6-1）。会議は、カリキュラムを推奨することに支障があるかどうかをウファの宗務協議会に照会することを条件に、その採用を望ましいと判断した。ビクチェンタエフのカリキュラムは、同年の第三回通常県会で承認された。[92]

オレンブルグ近郊のカルガルの第一マハッラのイマーム、ハイルッラー・ウスマーニーが六月末に『ワクト』に投稿した記事は、「マクタブか公立学校か問題の解決」と題していた。カルガルの簡易市会（Uproshchennoe gorodskoe upravlenie）は、すでに一九一四年五月一五日の審議で、カルガルも学校網に入る意思をオレンブルグ郡ゼムストヴォに示し、その予算に計上されるように学齢児童数を報告する決定をしていた。[93] ウスマーニーは、子供たちが十分なロシア語の知識を身につけるために、マクタブはビクチェンタエフのカリキュラムを導入してゼムストヴォの補助金を受けるべきだと主張した。ウスマーニーも、マクタブが学校網に入る必要性を認め、クングルのアフンド同様、今後ムスリム自身が運営していくのは、中等マクタブ（rushdī）とマドラサ入学のための予備課程（i'dādī）になるだろうとの見方を示した。[94]

では、ビクチェンタエフのカリキュラムでイスラーム教育の内容はどのように想定されていたのだろうか。[95] ゼムストヴォの要求を十分に満たすロシア語と他の普通教育科目の授業を行うには、従来のマクタブの中核にあった宗教教育を削らざるをえず、必須のイスラーム的知識として何を残すのかビクチェンタエフも選択を迫られたはずである。中央アジアの新方式学校の教育内容にも同様の事態を見出したアディーブ・ハリドは、イスラームの学習に「脱神聖化（desacralization）」が生じたと捉えた。新方式学校の科目としてのイスラームの知識は、従来限られた師弟関係の中で長い年月をかけて特権的に教授されていた知識体系のうちある要素を切り捨て、教科書を使って広範に普及できる形にまとめ直される必要があった[96]。ビクチェンタエフの試みは、このイスラーム的要素の選別がゼムストヴォとの交渉を通じて行われたという点で、ロシア帝国の他のムスリム地域に見られない独特な挑戦だったといえる。

ビクチェンタエフは、四年間を通じたクルアーン学習の上に、各学年で与えられるべき知識を以下のように定めていた。一年生には、神の唯一性（tawḥīd）と信仰告白の意味を説明する。二年生には、イスラームの「詳細な信仰（īmān-i tafṣīlī）」つまり六信（アッラー、天使、使徒、啓典、来世、定命）を教え、礼拝やその他の祈りの言葉を習得させる。三年生には、礼拝、祈り、断食、喜捨、巡礼に必要な規定を教える。四年生には、法学書から宣誓、結婚、離婚、賃貸、遺産分割、サダカなど実生活に関わる規定を教える。

さらにビクチェンタエフの提案する宗教の科目は、新方式マクタブから三つの要素を継承していた。第一に、二年生の終わりから三、四年生に教えるクルアーンの朗誦術（tajwīd）である。一九世紀末までヴォルガ・ウラル地域では、この技術は特定の場所でしか学べなかった。例えば、シムビルスク郡シャイムルザ村のムッラー、アブーバキルの下には、ロシア内地の各地から学生が集まった。その理由をジャマレッディン・ヴァリドフは、この地域のウラマーの多くがクルアーン朗誦術を重視しない中央アジアで学んだためだとし、改革派のウラマーはカイロやメディナ、イスタンブルの影響でクルアーンの読誦術をマクタブで重視するようになったと説明している[97]。第二に、三年生と四年生が学ぶ道徳（akhlāq）は、宗教に手を付けることに難色を示す人々の理解を得るためにジャディードがとくに重視してきた科目であり、ハリドも指摘するように、ジャディードの倫理観を母語で説く格好の機会だ

ロボットからの倫理学入門　久木田水生他著
今夜ヴァンパイアになる前に　ポール著　奥田太郎／薄井尚樹訳
イブン・バットゥータと境域への旅　家島彦一著
絶海の碩学　池内敏著
戦争国家イギリス　エジャトン著　坂出健監訳
移民受入の国際社会学　小井土彰宏編
社会科学の考え方　野村康著
新版　変動社会の教師教育　今津孝次郎著

グリーンスパンの隠し絵［上］　村井明彦著
グリーンスパンの隠し絵［下］　村井明彦著
ポスト・ケインズ派経済学　鍋島直樹著
核密約から沖縄問題へ　真崎翔著
科学とモデル　ワイスバーグ著　松王政浩訳
放射線と安全につきあう　西澤邦秀／柴田理尋編
最新　人工心肺［第五版］　上田裕一／碓氷章彦編

刊行案内

＊

2017.2
〜
2017.6

＊

名古屋大学出版会

■お求めの小会の出版物が書店にない場合でも、その書店に御注文くだされればお手に入ります。
■小会に直接御注文の場合は、左記へお電話でお問い合わせ下さい。宅配もできます（代引、送料230円）。
■表示価格は税別です。小会の刊行物は、http://www.unp.or.jp でも御案内しております。

◇第28回アジア・太平洋賞特別賞　『中国経済学入門』（加藤弘之著）4500円、『福祉のアジア』（上村泰裕著）4500円
◇第33回大平正芳記念賞　『現代アメリカ選挙の変貌』（渡辺将人著）4500円、『現代中国の産業集積』（伊藤亜聖著）5400円
◇二〇一七年日本公共政策学会著作賞　『介護市場の経済学』（角谷快彦著）5400円
◇第22回アメリカ学会清水博賞　『幻の同盟』上下（小野沢透著）各6000円
◇第38回発展途上国研究奨励賞　『資源国家と民主主義』（岡田勇著）6800円

〒464-0814　名古屋市千種区不老町一名大内　電話〇五二（七八一）五三五三／FAX〇五二（七八一）〇六九七／e-mail: info@unp.nagoya-u.ac.jp

久木田水生／神崎宣次／佐々木拓著

ロボットからの倫理学入門

A5判・200頁・2200円

自動運転車やケア・ロボット、自律型兵器などが引き起こしうる、もはやSFでは済まされない倫理的問題を通し、人間の道徳を考える、知的興奮に満ちた入門書。「本書には、ロボットやAIという新しい隣人たちとつきあう上で参考となる倫理学の知恵がつまっている」――伊勢田哲治。

978-4-8158-0868-6

L・A・ポール著　奥田太郎／薄井尚樹訳

今夜ヴァンパイアになる前に

―分析的実存哲学入門―

A5判・236頁・3800円

進学、就職、転職、結婚、出産など、人生の岐路で大きな決断を迫られたとき、人は合理的に選択することができるのか。何かを選ぶことで、今とはまったく違う自分に変わってしまうかもしれないというのに――。誰もが悩む「変容の経験」、その実存的な問いを分析哲学の視点から考える。

978-4-8158-0873-0

家島彦一著

イブン・バットゥータと境域への旅

―『大旅行記』をめぐる新研究―

A5判・480頁・5800円

中国、インド、北方ユーラシア、アフリカなど、イスラーム世界の海・陸の境域情報を伝える『大旅行記』は、記録史料の宝庫と呼ぶにふさわしい。なぜ巡礼を超えて未知なる驚異の領域へと踏み込んでいったのか。その足跡と写本を追って世界を旅し、完訳を成し遂げた碩学による新たな到達点。

978-4-8158-0861-7

池内　敏著

絶海の碩学

―近世日朝外交史研究―

A5判・512頁・6800円

近世日朝関係のルートは朝鮮通信使にとどまらない。その外交を最前線でささえた京都五山僧の役割と実像を、訳官使の往来、釜山倭館との関係、漂流民送還や詩文絵画・産品のやりとりなど、広い視野でとらえて日朝外政システムの全体像を解明、東アジア国際秩序の理解を大きく書き換える。

978-4-8158-0866-2

デービッド・エジャトン著　坂出健監訳　松浦俊輔他訳

戦争国家イギリス

―反衰退・非福祉の現代史―

A5判・468頁・5400円

二〇世紀イギリスは、衰退に苦しむ福祉国家などではなかった。エキスパートが権力を握り産業界と手を結びつつ科学技術の開発に熱を上げた「闘志あふれる」国家を描き、現代史の神話をラディカルに破壊。ジェントルマン中心の歴史観が見過

-4-8158-0874-7

小井土彰宏編

移民受入の国際社会学

—選別メカニズムの比較分析—

A5判・380頁・5400円

をめぐる風景を一変させた政策と実態の変化を、古典的移民国、EU諸国、後発受入国の比較により鮮明に捉え、排除と包摂のメカニズムをトータルに示す。世界を震撼させる「移民問題」を冷静に考える確かな視点を得るために。

978-4-8158-086

野村　康著

社会科学の考え方

—認識論、リサーチ・デザイン、手法—

A5判・358頁・3600円

学際化がすすむ社会諸学のロジックをいかにして身につけるか。日本で初めて認識論から説き起こし、多様な調査研究手法を明晰に整理して、メソドロジーの全体像を提示する。社会科学を実践するための要諦をつかみ、創造的研究を生み出すための最良のガイドブック。

978-4-8158-0876-1

今津孝次郎著

新版　変動社会の教師教育

A5判・368頁・5400円

繰り返される制度改革を越えて——。変化の激しい世界での教師の役割は「やわらかい学校」の実現として捉えられる。同僚と協働し学校全体の改善へと向かう実践や、その省察を通した能力向上を軸とする、ゆるぎない視座から日本の現実を見つめ、多元的な「教師教育」を基礎づけた決定版。

978-4-8158-0877-8

村井明彦著

グリーンスパンの隠し絵［上］

—中央銀行制の成熟と限界—

A5判・326頁・3600円

揺れ動く日銀。何が正しいのか。前人未到の長期安定を実現したアメリカ中央銀行総裁が中央銀行制を嫌っていたのは何故か。神話の陰に隠れたその思想と行動を初めて経済学的に解明、現代経済学の枠組みを再設定した画期的労作。上巻では、若き日の遍歴から「大平準」までをたどる。

978-4-8158-0869-3

村井明彦著

グリーンスパンの隠し絵［下］

—中央銀行制の成熟と限界—

A5判・290頁・3600円

未曾有の長期安定の後、ITバブルとサブプライム・ローン危機により、非難の的となったグリーンスパン。その成功と失敗から何を学び取れるのか。下巻では、大恐慌の再解釈に踏み込みつつ、予言的な講演から現在までをたどる。現代経済学と中央銀行制を根底から問い直す渾身作の完結編。

978-4-8158-0870-9

鍋島直樹著

ポスト・ケインズ派経済学

—マクロ経済学の革新を求めて—

A5判・352頁・5400円

資本主義経済の不安定性を解明したミンスキーなど、近年あらためて注目を集めるポスト・ケインズ派。その核心をなす貨幣・金融理論の着想源や展開過程を解き明かし、最新の動向を踏まえて学派の全体像に迫るとともに、新自由主義に代わる経済政策を展望する挑戦の書。

978-4-8158-0862-4

真崎　翔著

核密約から沖縄問題へ

—小笠原返還の政治史—

A5判・268頁・4500円

小笠原返還は戦後日米関係の小さなエピソードではない。沖縄の基地問題に影を落としたその実像をアメリカの核戦略の変容を手がかりに解明、二つの返還と核密約の深い連関をトータルにとらえ、日米の非対称な交渉過程がもたらした沖縄問題の知られざる起源を照射する、気鋭の力作。

978-4-8158-0871-6

マイケル・ワイスバーグ著　松王政浩訳

科学とモデル

—シミュレーションの哲学 入門—

A5判・324頁・4500円

モデルとは何か？　なぜ世界を捉えたと言えるのか？　さまざまなモデルが果たす役割を分野横断的に分析し、その核心を哲学者と科学者の双方に向けて明解に提示。「モデル概念を軸に科学哲学を書き換える。よりスリリングでリアルな科学哲学の始まり始まり！」——戸田山和久。

978-4-8158-0872-3

西澤邦秀／柴田理尋編

放射線と安全につきあう

—利用の基礎と実際—

B5判・248頁・2700円

RIからX線・放射光まで、利用にあたり必要な知識を体系的に整理。人体への影響や放射線計測法、緊急時の対応などについて、図表を多用して視覚的に解説した本書は、大学や企業などで実際に放射線を取扱う人はもちろん、中学高校で放射線教育に携わる教員にも最適のテキストである。

978-4-8158-0875-4

上田裕一／碓氷章彦編

最新 人工心肺［第五版］

—理論と実際—

B5判・292頁・5000円

人工心肺・体外循環について、病態生理学的な基礎事項から具体的操作手順などの臨床面までもれなく解説した、定評あるテキストの最新版。周辺知識をまとめた付録の増補や、視覚に訴える読みやすいデザインなど、初学者へのさらなる配慮を

-4-8158-0864-8

った。第三の要素は、イスラームの聖史（ta'rīkh-i muqaddas）であり、二年生はムハンマドの生涯、三年生は他の預言者と正統カリフ時代、四年生はウマイヤ朝とアッバース朝、そしてタタール人のイスラーム受容について学ぶはずだった。ハリドはこれをロシア人学校から触発された科目だとし、ヨーロッパ人と同じ手法でイスラームの歴史を語る試みだと指摘している。[98]

ウファ県とオレンブルグ県のゼムストヴォは、一九一六年秋にムスリム教育に関する地域会議を合同で催すことを計画していた。これを知った『ワクト』はこの会議に対する提言を読者に求めて紙面を割いた。[99]トロイツクのムアッリム、アブドゥッラー・アズィーズの投稿によれば、一九〇五年革命後、トロイツクのムスリムもマクタブに共通のカリキュラムを作成しようとしたが、監督機関（niẓārat）がなかったためにその試みは成功しなかったという。これを踏まえてアズィーズは、ムスリム住民はゼムストヴォの監督下で、民族の必要と利益に適うようにマクタブを再編すべく努力しなければならないと主張し、ゼムストヴォの地域会議に様々な提案を送る運動を展開するよう呼びかけた。彼は、将来のマクタブがロシア市民であることとムスリムであることを十全に両立できることを熱望する。「我々の子供たちが偉大なロシアの臣民（taba'a）であり、偉大なロシア国家の自由な市民（ghrāzhdān）としてロシアを愛するように。ロシアのために自らを犠牲にするよう備えるように。しかし、ロシアに住む偉大なムスリム民族（muslimān millatī）の子として、民族精神で鼓舞されるように。自民族の存在、民族の生活、民族の願望に精通するように」。

アズィーズは、一九一五年にトロイツクのムアッリムたちが作成したカリキュラムを提示する（表6-2）。標準化された公立学校が四年制だったのに対して、トロイツクのムアッリムたちのマクタブのカリキュラムは六年制を想定していた。このカリキュラムでは、六年間を通じて授業は母語で行われ、イスラームと母語に加えて、算術と博物（tabī'iyāt ここには地理や物理なども含む）が教えられるはずだった。イスラーム教育は、読誦術も含めたクルアーン学習、五行などの宗教儀礼（'ibādāt）、教義（i'tiqād）、預言者たちとイスラームの歴史に限定されていた。ロ

表 6–2　1915 年にトロイツクのムアッリムたちが作成したカリキュラム

（単位：時間）

	1 年生	2 年生	3 年生	4 年生	5 年生	6 年生
母語	12*	12	10	6	5	5
算術	6	6	6	4	5	5
宗教		6	6	5	4	4
博物			2	2	2	2
ロシア語				10	12	12

＊ 1 年生は母語と共に宗教も学ぶ。

シア語学習は四年生から始まるとされた。トロイツクのムアッリムの中には、初等マクタブを官立中等学校の予備学校に変えるという考えもあったようだが、アズィーズはこれに反対している。なぜなら、官立学校との接続上、予備学校は五年制以上にはできないし、ロシア語学習に重点が移って民族教育（millī tarbiya）が犠牲になると考えたからである。彼は、大多数の農民が初等マクタブで教育を終えることを考慮に入れるべきだとした[100]。

ウファとオレンブルグの参事会の異族人教育担当者は、既存のマクタブでも公立学校でもない第三のムスリム学校を模索する点で一致していた。一九一三年にウファ県参事会の異族人教育担当に任命されたグメル・テレグロフは、一八七〇年の異族人教育規則以来、異族人は独自の発展を遂げる民族としてではなく、ロシア化の対象として扱われてきたと政府の教育政策を批判する。しかし同時に彼は、一八八〇年代以来ムスリム住民の間に「トルコ・タタール人」としての民族意識が覚醒され、マクタブも宗教学校から民族学校に変容してきたとはいえ、未だ十分に初等学校としての体裁は取っていないという認識を示した。テレグロフは、ムスリムの子供たちがロシア語を学ぶためにマクタブと並行して公立学校に通っている現状を指摘し、教育当局がムスリムの利益を考慮した新しい学校に初等教育を一本化する必要を説いた[101]。

オレンブルグ参事会のビクチェンタエフは一九一六年四月、第三の学校について意見を募るために『ワクト』に九つの質問を掲載した[102]。各地のムアッリムから寄せられた回答は、以下のように要約できる。新しいムスリム学校は六年制で、最初の三年間は母語で教えること。ロシア語学習は四年生から始まり、学習量は通常の四年制初等学校並みであること。五年生と六年生で算術、地理、国史はロシア語で教えられる。科目としての母語は、四年生から六年生にかけても継続し、他の科目も母語で教えられる。サラトフ県フヴァリンスクのロシア・タタール学校の教師は、民族文学を構成する重要な要素としてアラビア語が六年生で週二時間含まれるのがよいとさえ提言した。新しいムスリム学校の運営に関しては、既存の教育省の視学官や学校評議会（uchilishchnye sovety）だけでなく、従来根強い期待が寄せられてきたウファの宗務協議会に従うことに賛成した者もほとんどいなかった。その代わりに提案されたのは、村々に父兄会を組織して、郡あるいは県レベルに父兄連絡評議会（mushtarak pūpīchītilinī şāwītlar）を設け、地方自治体と学校評議会の仲介役にすること、あるいは、マクタブの後見役、ムアッリム、公立学校の教師、マハッラのイマームから成る委員会を組織して、ゼムストヴォ参事会の決定に直接関与できるようにこの委員会をゼムストヴォ内部に設置することであった(103)。

これら『ワクト』紙上での提案を考慮してビクチェンタエフは、第三のムスリム学校に関する報告書を一九一六年夏に県参事会が主催した教育に関する会議に提出した。この報告に基づき会議は、新しい六年制のムスリム学校が国庫と地方自治体の支援を受けて学校網に入るという決議を出した。この決議によれば、学校の教育・財政面での実際の運営は、ムスリム自身に委ねられるはずだった。また決議は、教育省とゼムストヴォの既存の学校を将来的に六年制ムスリム学校に再編することまで視野に入れる野心的なものだった。さらにこの会議は、秋にウファで開催が予定された南ウラルの二つのゼムストヴォの合同会議で取り上げるべき議題も検討した。ウファ県ゼムストヴォが作成した招待者名簿には、ウファ県を除いて、ムスリムの代表者として二二名の名前が挙がり、その中には『ワクト』編集長のファーティフ・ケリミー、「マクタブか、公立学校か」論争を始めたカザンのファアド・トゥクターロフ、そしてトロイツクのアブドゥッラー・アズィーズもいた。一九一六年一一月末、上ウラリスク・トロイツク合同ゼムストヴォは、新しいムスリム学校を早期に実現するよう県参事会に要請した。参事会は合同会議の結果を見極めようとしたが、合同会議は翌年一月まで延期となった(104)。

こうして、ムアッリムとゼムストヴォは共同で新しい学校を構想するようになった。これは、ムスリム知識人の地方自治体に対する態度の変化だけでなく、彼らが思考の枠組みとしてきた民族《ミッレト》の利益という理解自体に生じた変化も示している。本書の第2章と第3章で見たように、ムスリム知識人はそれまで、ウファの宗務協議会を自らの民族的利益を代弁する唯一の機関と位置づけ、マクタブ・マドラサが協議会の管轄下に置かれるように要求し続けていた。しかし、ゼムストヴォと交渉を重ねる中で、ムスリム知識人は「民族精神」を擁護するためにそれまで採ってきた並行主義と平等主義を見直さなければならなくなった。民族的でイスラーム的な価値観を維持する方法が、ゼムストヴォとの交渉を通じて考案されるようになったのである。

ムスリムはロシア市民になれるのか

義務教育の導入は、政府とヴォルガ・ウラル地域のムスリム社会の双方に、ロシア市民であることが何を意味するのか再考を迫った。一九〇五年革命後の政府に急務となったのは、権利意識に目覚めた多民族の臣民を従順なロシア市民として統合することだった。ムスリム社会は革命を機に国家とのそれまでの関係を見直し、国家との交渉を通じて自らの社会を再編し始めた。その際、知識人とマハッラの人々は異なる戦略を採った。革命後に普及し始めたタタール語の新聞・雑誌を活用して、若い知識人たちは自分たちの提示する想像の共同体《ミッレト》に人々を動員しようとした。そして同時に、この民族概念とロシアの市民であることを調和させようとした。しかしこの試みは事実上、マクタブとロシア人の学校が並立しながら、マクタブにロシア人の学校と同等の援助を求めるという並行主義と平等主義のレトリックを取ったから、政府は若い知識人たちの政治的信頼度を疑うことになり、彼らとゼムストヴォとの交渉の余地も狭まった。その意味ではむしろ、マハッラのムッラーのほうが現実主義的に宗教教育の領域を確保しながら、自らの将来の役割を見定めることができた。他方、マハッラの人々の間にも共同体の運営をめぐる政治的な駆け引きが存在し、そこには政府諸機関と地方自治体も各々の利害を持って関与した。人々はマハッラの負担を軽減するためにゼムストヴォ学校を誘致しようとし、共同体内部のイスラーム的秩序を維持するという名目で治安警察を呼び込むこともできた。もっとも、マハッラの経済と治安の間で利害の対立が生じると、その政治は外部の諸機関を巻き込みながら混迷を深めた。しかしマハッラはそれでも、若い知識人たちの想定する閉鎖的な民族の理解とは相容れない開かれた空間だったことは強調しなければならない。

一九〇五年以前のロシア化をめぐる争点は、ロシア人であることがロシア語の習得によって定義されるのか、それともロシア正教の精神の涵養によって定義されるのかという点にあった。カザンの宣教師イリミンスキーは、受洗タタール人やフィン・ウゴル系の人々に母語を通じて正教を教えることを目的とした。これに対して教育省は、一八七〇年の異族人教育規則で非ロシア人を正教化やロシア語能力の程度で分類し、まずロシア語を普及させることを目指した。ムスリムについては、特別な官立学校を設置するだけでなくロシア語クラスをマクタブ・マドラサに付設してロシア語学習を促進しようとしたのであり、「ロシア人」になるための複線的な道筋を用意した。

ところが、まさにこのロシア化政策が西欧的教養を身に付けた知識人を生み出し、彼らが独自の教育改革を提唱し、ロシア人とは異なる集団の利益を代弁するようになると、政府もロシア化の手法を再検討せざるをえなくなった。しかも、ロシア化政策を享受したはずの知識人が初等段階でのロシア語教育に反対するという逆説的な事態も生じていた（第3章第1節（2）を参照）。一九〇五年革命後の政府は、ムスリム自身がマクタブを改革してロシア語を普及させる努力を否定した。一九一〇年の特別審議会の決議が象徴するように、ムスリムのロシア化は専ら公立学校が「ロシア市民」の何たるかを注入することで遂行されるべきとされ、マクタブ付属のロシア語クラスや新方式マクタブは「ロシア市民性」を涵養する機関の選択肢としては放棄された（第4章を参照）。教育省は自身の追求するロシア人性を扶植する方針を堅持することで、結局はムスリムをロシア市民になる資格から疎外することになり、ムスリム知識人も自身の活躍できる場を維持するために、公立学校と新方式マクタブとの並立に固執せざるをえなくなった。

これに対してウファ県ゼムストヴォは、ロシア化という政治目標を放棄して母語による啓蒙を進めようとした。ゼムストヴォはマクタブに将来性を見出し、国の教育政策から疎外されたマクタブを拾い上げたのである。こうして異族人教育をめぐる教育省とゼムストヴォとの理念の対立は明白になった。確かに、ウファ県ゼムストヴォも教育省と同様、世俗主義の原則を掲げ、正教会の教区学校にもマクタブにも支援を行わない方針だった。また教育省は、初等学校への政府の補助金が優勢になることで、ゼムストヴォとの齟齬がうめられると考えていた。しかしウファ県ゼムストヴォは、教育省の反発にもかかわらず、ムスリム学校の教育内容にまで立ち入り、啓蒙という共通の目的のためにムスリム知識人の協力を取りつけただけでなく、近隣諸県のゼムストヴォや教育関係者の注目も集めた。

ムスリム知識人とゼムストヴォの間で進行した交渉と協力の軌跡は、タタール語の新聞・雑誌上で展開した論争「マクタブか、公立学校か」に明瞭に映し出された。大戦の情報を求めるムスリムの渇望、そしてそれに伴う識字と知識への関心の高まりを背景に、南ウラルでは二つの協力のモデルが生まれた。一つは、新方式マクタブがウファ県とオレンブルグ県の提示するカリキュラムを採用することで義務教育の学校網に入るという可能性の模索、もう一つは、既存のマクタブでも公立学校でもない第三の新しいムスリム学校を作る試みだった。いずれの場合も、母語とロシア語の割合、宗教の授業と普通教育科目の配分、マクタブあるいは学校の運営にムスリムとゼムストヴォがそれぞれどの程度関与するのかといった点は、ムスリム知識人とゼムストヴォの間で交渉の余地があった。そして両者の交渉の積み重ねは、ムスリム知識人自身の宗教と民族の理解にも変化をもたらした。イスラーム的であることと民族的であることの内容がゼムストヴォとの交渉を通じて定義されるようになり、同時にそうした民族性とロシア市民であることの調和も模索されるようになったからである。

こうした模索が第一次世界大戦最中のヴォルガ・ウラル地域のムスリム社会で頂点に達したのは偶然ではない。

総力戦体制は、ムスリムがロシア市民としての忠誠を示し義務を果たせるか否かを計る未曾有の試練となったからである。最後の第III部では、この地域のムスリム社会が総力戦の前線と銃後でどのように統合されていたのかを考察してみたい。

第Ⅲ部

戦争とムスリム社会

第7章

国民軍の中の宗派国家

――従軍ムッラーの任命とムスリム聖職者の徴兵免除――

ウファのガリィエ・マドラサの修了者ザイヌッディン・フスヌッディノフ（Zayn al-Dīn Ḥusn al-Dīnuf）が戦場でムスリム兵士に説教をしているところ(1)

ムスリムには各軍に一人ずつムッラーが任じられている。我らが第三軍に任命されたムッラーは、指揮官の許可で全ムスリム兵士を近くの村に集め、祈りを捧げ、我々を諭し、偉大な我々の預言者たちのように戦場で斃れる者は幸いだと説いている。ムッラーは言う。喜びたまえ、若い衆。祖国と将来のお前たちの子供、そしてツァーリのために、預言者たちのごとく死ぬために、神自身がお前たちをここにお連れになったのだ。最後の血の一滴まで敵と戦いなさい。これは我らが偉大な預言者ムハンマドの遺訓である。お前たちはきっちりとこれをやり遂げなければならない。

——第一次世界大戦時のムスリム兵士の手紙から(2)

帝国の縮図としての軍隊

一九〇五年革命後、ヴォルガ・ウラル地域のムスリムが政府に提出した請願書やタタール語の新聞・雑誌の論説には、「ロシア人とともに同信者との戦争でも血を流してきた」という表現がしばしば現れる。事実、ロシア帝国が一八世紀から一九世紀にかけて最も多く戦った相手はオスマン帝国であり、その「カリフ」をいただく同信者と戦うムスリム兵士の姿があった。この地域のムスリムは、軍隊に勤務し戦争に赴くことがツァーリへの忠誠を示す最高の行為であると認識していたのだ。

一八七四年に一般兵役制が施行されると、ヴォルガ・ウラル地域のムスリムは、帝国の他のムスリムと異なり、正規軍に入ることになった。一九〇四年の日露戦争開戦時までにロシア軍にはムスリム将校が二七五人、兵卒は約三万人を数えた(3)。ところがこれまでの研究では、この基本的な事実さえ注目されることが稀だった。日本でも、カザフ草原やトルキスタンで一九一六年に起こった戦時徴用に抵抗する反乱がよく研究され、ロシア帝国の辺境統治の破綻が革命の序曲となったと考えられている(4)。ソ連時代には、一九一七年の革命時やそれに続く内戦期におけるムスリム兵士の運動を除けば、軍隊内での彼らの実態が知られることはほとんどなかった[5]。しかし近年ようやく、帝政期のムスリム統治構造の解明が進むにつれて、ロシア軍の中のムスリム兵士にも注目が集まるようになった[6]。

ロシア帝国政府は、戦時において軍内と銃後の両方でどのようにムスリムの信仰生活の維持に取り組んだのか。本章では、従軍ムッラー（voennyi mulla；'askarī mullā あるいは imām）の設置とムスリム聖職者の徴兵免除の問題に着目する。従軍ムッラー職は、日露戦争前に一旦廃止されていたが、その必要性が戦争で再認識され復活した制度だった。聖職者の徴兵免除は、日露戦争以降にムスリムが出した要求のうち、一九〇五年四月一七日の信仰の寛容に関する法律でも解決の必要が認められた六つの問題の一つであり、その後法制化を見た唯一の要求だった。本章は、日露戦争が出発点となった制度の形成と、その制度が第一次世界大戦期に抱え込むようになった困難とを連続した過程として分析する。

ムスリムと兵役という問題は、ロシア帝国が多民族・多宗教の臣民を統合してきた原理や仕組みを考察するためにも極めて有益である。これまでの研究者も、非ロシア人・エリートを臨機応変に取り込み、ロシア人に変えていく帝国の統治手法が軍隊の編制に反映してきたという点で一致している[7]。とりわけ一九世紀前半のロシア軍は、皇帝を頂点に広大な領土と様々な民族を包摂することにロシア民族の偉大さを見ていた当時の精神を体現し、多様な出自のエリートにロシア人としてのエートスを涵養した。ショーン・ポーロックは、一八一二年の祖国戦争時にロシア軍の二人の将軍、グルジア人ピョートル・バグラチオンとバルト・ドイツ人バルクライ＝ド＝トーリイが、どちらが本物のロシア人であるかを言い争ったという象徴的なエピソードを引いている[8]。ロシア帝国は広大な領域に権力を投射するための人材にも資源にも事欠いたから、激しい抵抗活動が生じている地域でも、現地民エリートを非正規軍の形で取り込み、国境地帯の安全保障に役立てるのが常だった[9]。

ロシア軍のコスモポリタンな編制も、帝政末期になるとナショナリズムの波に洗われる。ジョシュア・サンボーンは、一八七四年の一般兵役制を「ロシア国民」形成の始点と見る。彼によれば、軍隊はロシア語を習得する程度の同化ではなく、その成員の忠誠心も軍隊の外の社会も「軍隊化」することを目指したのである[10]。もっとも、この兵役制は「国民軍」を構成するに値する集団を選別することを前提にしていた。中央アジアの兵役問題を論じた宇山智彦は、現地民が国民形成から疎外される要因となった行政官の擬似学術的な分類の精神に着目している[11]。とはいえ、ユダヤ人と並んでヴォルガ・ウラル地域のムスリムは（少し後にはクリミア・タタール人も）国民軍に統合され、その中で宗教上の特徴も維持することができた。一九〇五年革命後、ロシア軍からのユダヤ人の排除を要求する声が国会で強まったとき、オレンブルグのタタール語紙『ワクト』は、ユダヤ人がこれに応戦しているのは、民族の権利を守るために兵役が重要だからだと指摘した。そして『ワクト』はこの立場から、カザフ人やトルキスタンの定住民《サルト》も徴兵されるのが望ましいと主張した[12]。しかし、第一次大戦時には、多民族を包摂するロシア軍の編制自体が各民族のナショナリズムを増幅させた。交戦国は民族自決を約束しながら国境地帯の諸民族を戦闘に動員したから、民族問題が苛烈化し国際化したのだ[13]。

本章が着目する従軍ムッラーの設置とムスリム聖職者の徴兵免除の問題は、一八七四年以降のロシア軍の国民軍的な編制の中で、多宗教の臣民の信仰と忠誠心を繋ぎ止める宗派国家の原理がどのように実現されていたかを検証する格好の事例である。確かに、ロシア内地のムスリムは別個の部隊を持たなかったから、第一次大戦期に国境地帯で生じたように、軍隊自体がナショナリズムを激化させる事態は生じなかった。しかし、日本との戦争に赴いたムスリム兵士の待遇改善を求める一九〇五年革命時の請願、その後の国会でのムスリム議員の発言、前線のムスリム兵士の状況や銃後の困難を伝えた第一次大戦期のタタール語の新聞・雑誌は、ヴォルガ・ウラル地域のムスリムの間に、ツァーリへの忠誠を示す最高の行為に対する正当な見返りを要求する契約の感覚を尖鋭化させた。兵役は、国家にとって多様な臣民を統合する手段であるばかりでなく、その扱い如何によって臣民が統治の正統性を問うことができたという意味で、専制国家の中に公共圏を生み出す契機としても作用したのである。

1　ロシア軍の中のムスリム

一七世紀半ばまでロシア軍では、軍務タタールが騎兵として特別な価値を有していた[14]。しかしその後は地位が低下し、ピョートル一世期の人頭税導入に伴い、タタール人には一七二二年に、バシキール人には一七三七年に新兵供出義務も課され、兵役は耐え難い負担となった。ニコライ一世は、親衛隊と皇帝直属護送隊で帝国の多民族性を演出し、またコーカサスのムスリムを臣民として教育する目的で、カバルダ人、チェチェン人、ノガイ人、トルクメン人などのエリートを起用した。とはいえ、コーカサス現地で組織されたムスリム部隊は、戦時に増強され、用が済めば解体される非正規軍に留まった[15]。第一次大戦までに、一般規則に基づいて徴兵されたムスリムは、ヴォルガ・ウラル地域出身者とクリミア・タタール人に限られる[16]。よって、一九一二年に実現するムスリム聖職者の徴兵免除も、オレンブルグ宗務協議会の管轄内だけでなく、タヴリーダ宗務管理局の管轄内にも適用された。以下ではまず、従軍ムッラーの設置状況からムスリム兵士の配置の特徴を概観し、最後にクリミア・タタール人が一般規則で徴兵対象になった経緯を簡単に辿ってみたい。

軍の定員規定に含まれる従軍ムッラー職は、一八世紀末から一九世紀前半に法制化が進んだ。その主要な任務は、葬儀（jināza）のほか、新兵に宣誓（prisiaga ; ānt）を行わせることだった。宣誓は、様々な信仰を持つ人々が各々の言葉で神とツァーリを称えるという、帝国のコスモロジーを象徴する行為だった。一八六九年の軍令大全（Svod voennykh postanovlenii）によれば、宣誓は、チャガタイ・タタール語（Dzhagataisko-Tatarskoe narechie）、ペルシア語、トルコ語（Turetskii iazyk）、アラビア語、アゼルバイジャン・トルコ語（Azerbaizhano-Turetskoe narechie）のいずれかでも行うことができた。宣誓する者は、開かれたクルアーンの上に右手の二本の指を置き、ムッラーの読む宣誓の言葉を繰り返し、最後にクルアーンの字句に接吻した。新兵は、皇帝とその皇子のために血を流すのを躊躇しないこと、最期の一息まで命を捧げること、全身全霊をかけて皇帝権力に属するすべてのものを守ること等を誓った。[17]

従軍ムッラーは主に、イスラームを奨励する目的で非正規騎兵隊（irreguliarnaia kavaleriia）に連隊単位で設置された。なぜなら、主に国境警備にあたった非正規軍のムスリム兵を統率し、なおかつ国境を接するムスリムを懐柔するために信仰が極めて有効だったからだ。[18] これに対して正規軍の中のムスリムは、信仰とは無関係に「国家の守護者」として法の庇護にあったが、程度の差こそあれ、一九世紀半ばまで正教への改宗が望まれた。[19] 従軍ムッラーが最初に設置されたのは、一七九八年にカントンを行政単位とする軍政がバシキリアに敷かれ、一種のコサックとしてバシキール・ミシャル軍団が組織された時だ。[20] 軍隊の中にも信仰の秩序を持ち込むという発想は、すでに一七八九年にウファに宗務協議会が設置されていたことと無関係ではないだろう。軍団には、一連隊五〇〇人に一人のムッラーが付いた。一八三三年一月五日の法令によれば、この従軍ムッラーは三〇〇ルーブルの年俸を得ていた。[21] また、陸軍省の法案審議機関である軍事評議会（Voennyi sovet）は一八五五年二月一二日、各地のコサック身分のムスリムのために、既存のムスリム聖職者の任命手続きを導入する案を可決している。[22]

正規軍の中でもムスリム兵士は都市の守備隊として配置されることが多かったから、従軍ムッラーもムスリムが駐屯する都市に設置されるようになった。一八三八年にはシムビルスクとカザンに、一八四四年にはウファに設置された。この場合は、地元のムッラーで事実上、すでに軍内でも勤めていた者を事後承認する形を取った。[23] 一八四五年には、海軍の下級兵士から選出してウファの宗務協議会の承認を得るという形で、クロンシュタットとセヴァストポリに一名ずつイマームとその補佐が置かれることになった。[24] 一八四六年には、ペテルブルグの親衛隊軍団（Gvardeiskii korpus）のムスリム聖職者の権利が確定された。[25] 一八五八年には、サマラに駐屯するムスリムのために、オレンブルグ正規第一一大隊に従軍ムッラーを一名置き、陸軍省が九〇銀ルーブルの年俸を出すことになった。[26] その後、一八六〇年にはフィンランド正規第六四大隊に、一八六五年にはワルシャワの軍司令部にも聖職者が設置された。[27] 一八七四年に国民皆兵制が導入されたことに伴い、ウファのムフティーは、一八七七年四月二〇日に内務省宗務局に対して、ムスリムのいる部隊にムッラーがいないという懸念を伝えた。これを受けて出た一八七七年六月二六日の法律は、ユダヤ教の従軍ラビ職の規定を適用する形で、従軍ムッラーを設置することを定めた[28]。

一七八三年のクリミア半島併合以来、現地のタタール人は非正規軍としてロシア軍に勤務し、ナポレオンとの祖国戦争、一八二八—二九年のロシア・オスマン戦争、そしてクリミア戦争にも参戦した。タタール人が本格的に徴兵対象になったのは、一八七四年の国民皆兵導入時である。しかし、オスマン帝国への移住の動きなどの反発があったので、タタール人は特別扱いになった。彼らは現地クリミアで騎兵部隊に配属された。当初、各一騎兵中隊(eskadron)がバフチサライとシンフェロポリに置かれ、後に騎兵大隊(divizion)に再編された。一般に陸軍の兵役は一八八八年から五年だったが、タタール人は二年にとどまり、毎年二五〇人が兵役に就いた[29]。実は、同様の騎兵部隊は、一八六五年のカントン制廃止で国有地農民に格下げされ、一般兵役規則に服すはずだったオレンブルグ県のバシキール人にも移行措置として認められていた[30]。

現地のオデッサ軍管区司令部は、タタール人の兵役が短く訓練が不十分なこと、そして彼らが特別な部隊にいるためにロシア語を習得しないことが不満だった。そこで、クリミア・タタール人にも一八九二年から内地諸県のムスリムと同様、一般規則が適用された。参謀本部はこの時、クリミア・タタール人は過去一六年間で兵役に慣れ、帝国の他の異族人も徐々に徴兵対象になっているから一般規則の適用は可能だと考えた。これに対してタタール人の代表は、ロシアへの併合一〇〇年を経ても自分たちの独特な世界観は変化しておらず、同信者のいない部隊に勤めることは食事や儀礼の面で極めて過酷だとツァーリに訴えた。結果として、騎兵大隊を補充した残りの新兵は、ベッサラビア県とエカチェリノスラヴ県に駐屯する第一四、三四歩兵師団の中隊で均等に配置された[31]。

このようにロシア政府は、一八七四年の一般兵役制導入の後も、軍隊の中で宗教上の多元性を保障する制度を維持することに配慮した。しかし、当時帝国の統治制度全般に求められていた行政の合理化と画一化という流れに軍隊も無関係ではいられなかった。日露戦争前には、ロシア軍全体から見れば僅かなムスリムに対する特別な聖職者の配置は廃止されていたし、予備役・後備役にあったムッラーも軍事教練を免れず一律に召集されていた。日露戦争は、多民族・多宗教から成る軍隊と銃後の結束力をいかにして高めるべきかという課題も突きつけることになる。[32]

2　問題の発見——日露戦争

(1)　従軍ムッラーの廃止から再設置へ

一八九六年七月九日、ルーテル教会とカトリック教会の従軍牧師は残される一方で、従軍ムッラー職は廃止された。その理由は、イスラームの儀礼は各人で行うことが可能だからというものだった。[33]これに対してウファのムフティー、ムハンマディヤール・スルタノフは、異議を申し立てる。一九〇三年三月二六日、スルタノフはツァールスコエ・セローでニコライ二世に謁見し、従軍ムッラーの廃止がムスリム兵士に信仰生活への抑圧と捉えられ、ムスリム社会全体にも、信仰の寛容を制限するものだとの否定的な印象を与えていると説明した。これに応じてツァーリは、同年八月三〇日に参謀本部に対して次の二点を命じた。第一に、五年間従軍ムッラー職にあって解任されたムッラーに、軍で受け取っていた俸給を一生保証すること。第二に、軍の大きな駐留地でムスリム兵士および周辺のムッラーの数を把握するために統計調査を実施すること。そしてその結果、多くのムスリム兵士がいるにもかかわらず周辺にムッラーのいない部隊に、定員規定に含まれるムッラーを置くのが望ましいとした。[34]その一ヵ月後に参謀本部は調査に着手するが、その結果が明らかになるには日露戦争の終結を待たねばならなかった。

一九〇四年一月二八日（グレゴリウス暦では二月一〇日）に日露両国が宣戦布告をしてから一週間経った二月四日、ムフティーは参謀本部に対して、予備役にあるマハッラのムッラーが召集された場合、イスラームの儀礼に沿って負傷者を激励し死者を弔うために、彼らを病院や衛生部隊、ムスリムのいる隊に派遣できるよう要請した。[35]三月一七日、参謀本部は、ムフティーと沿アムール軍管区に、下級兵のうち以前ムッラー職にあった者を各医療施設に二名を超えない範囲で派遣することに陸軍大臣が同意したと伝えた。また、五月二一日には内務省宗務局からムフティーに対して、この陸相の同意とともに、極東太守E・I・アレクセエフの意見に沿って、満洲軍（Man'chzhurskaia armiia）と沿海州軍管区（Primorskaia oborona）の司令部に各一名、定員規定に含まれるムッラーを設置することについて、陸相がツァーリの裁断を仰いでいる旨が伝えられた[36]。戦闘が進行していく中、ロシア軍では、予備役から召集され各医療施設に派遣されたムッラーと、一八九六年に廃止され戦時に復活したムッラー職の両方が実際に機能していくことになる。

参謀本部と内務省宗務局がムフティーに宛てたこの二つの文書を契機に、予備役から召集された各地のムッラーたちは一斉に、宗務協議会に対してムッラーとしての証明書（udostoverenie; shahādatnāma）の発行を請願するようになった。宗務協議会は、請願者が所属する部隊の司令官の許可が得られるように配慮し、証明書に加え上記二つの文書の写しも添付して発送した[37]。それでも、極東で医療施設にムッラーを設置することは、著しく困難だった。そもそも、極東にはムスリムが極めて少なく、現地でムッラーを確保するのはほぼ不可能だった。また、軍隊には多くのムスリムを抱えるとはいえ、「以前ムッラー職にあったこと」という当局の条件を満たす者が必ずしもいたわけではなかった。

ニコリスク・ウスリースクの第一予備大隊に所属したハキムジャン・イスハーコフは、以前イマーム職になかったとしてもその任務を遂行できるよう宗務協議会が参謀本部に進言することを請願している。この町には、ムスリムはおらず、モスクもマドラサもなく、軍にもイマームはいなかった。町には四つの医療施設があり、日々ムスリム兵士が戦場から搬送され、毎月二、三人のムスリムが死亡していた。そこで、大隊のイスハーコフと下士官ハサノフの二人は、マドラサを修了しているので、臨時にイマームの役割を代行していた。しかし、司令官は二人を正式には任命しなかったので、彼らは部隊での本務の合間を見て、特別な許可を得た上でのみ医療施設を慰問できた。

表 7-1　日露戦争時の従軍ムッラー

ギナヤトゥッラー・アブィズギルディン（‘Ināyat Allāh Ṣafwān ūghlī Ābizgīldīn） 第一満洲軍。ウファ県ステルリタマク郡クサ・タビンスク郷クルマンタエヴァ村のムッラー。
ハビーブルラフマン・ムハマディエフ（Ḥabīb al-Raḥmān Muḥammandī ūghlī） アブィズギルディンの後任。ステルリタマク郡のムッラー。従軍ムッラーになる前は，ハルビンの第 50 野戦病院で勤務。
イスマイル・スルタンガリエフ（Isma‘īl Nūr ‘Alī ūghlī Sulṭānghaliyif） 第二満洲軍。ウファ県ビルスク郡イスマイロフ村第二マハッラのイマーム・ハティーブ。従軍ムッラーになる前は，ウスリー鉄道のイマン駅の病院で勤務。
ガイサ・ラスーレフ（‘Isā Fatḥ Allāh ūghlī Rasūlūf） 第三満洲軍。オレンブルグ県トロイツク郡のアフンド。
ギルファン・ラフマンクロフ（‘Irfān Shaykh al-Mardān ūghlī Raḥmānqūlūf） 沿海州軍管区。ウファ郡バカエフスク郷ペスミャン・ムシナ村のハティーブ。

そのために、イスラームにおいては死後翌日までに埋葬しなければならないにもかかわらず、死後数日経過し、腐食した遺体に対面しなければならなかった。(38)

定員規定に沿ったムッラーの軍司令部への設置も、実現の準備が進んだ。五月二六日、参謀本部は内務省宗務局に、極東太守の提案どおり二つのムッラー職を設置し、各々に六〇〇ルーブルの年俸と少尉級の旅費を軍の資金から支給する旨を伝え、候補者を出すよう要請した。宗務局は六月三日に、ウファの宗務協議会に候補者を打診した。一週間後、宗務協議会は二人の候補者を立てた。一人は、ウファ県ステルリタマク郡のムッラーで、当時オレンブルグで予備役の下士官として召集されていたギナヤトゥッラー・アブィズギルディン。もう一人は、ウファ郡のムッラーで後備軍の二等兵ギルファン・ラフマンクロフで、ムッラーとして軍に派遣される希望を事前にムフティーに表明していた。内相は二人を参謀本部に報告し、七月五日に参謀本部は、アブィズギルディンを満洲軍司令部に、ラフマンクロフを沿海州軍管区司令部に任命したことを内務省宗務局に伝えた。(39) 後に戦線の拡大に伴って満洲軍は三軍編制となるが、従軍ムッラーはその各軍にも配置された。日露戦争時に定員規定に含まれた従軍ムッラーは表7-1の通りである。(40)

予備役から召集されたムッラーの医療施設への派遣と同様、官費で賄われる従軍ムッラーへの任命を望むムッラーの数は、定員枠が限られていたにもかかわらず、極めて多かった。通常ムッラーは、戸籍業務のような国家行政の末端を担ってはいたが、その生活が国庫から保障されることはなかった（第3章第2節を参照）。国庫から俸給が支払われた聖職者は、宗務管理局のムフティーとカーディーにほぼ限られていたから、従軍ムッラー職は極めて名誉な職だった。したがって、マハッラからであれ戦場からであれ、ムッラーたちはこぞって、宗務協議会と内務省宗務局に請願書を送った。ムスリム聖職者であることを理由に軍務から離脱する者が増大するのを憂慮した参謀本部は七月二〇日、今後はわずかの例外を除き、請願は却下すべきだという陸相の見解を宗務協議会に伝えた[41]。

ムスリムは、自らが軍内で対等に遇されない現実をひしひしと感じていた。オレンブルグ県上ウラリスク郡の予備役から召集され、ハルビン近郊で第一六東シベリア予備大隊に勤務していたイマーム、ギルマン・クトゥルアフメドフは、正教の聖職者やロシア人の学校教師が免除される中、ムスリムの聖職者は軽蔑され卑下され、ムスリムに対する侮辱は上官のあらゆる行動に見られると怒りを露わにする。彼は協議会に対し、ムスリムの惨状をツァーリに上奏して、ムスリム聖職者の帰還がツァーリの命令で行われるよう請願した。しかし協議会は、満洲軍司令部に彼を病院に派遣するよう要請するという決定を出すにとどまった[42]。また、第二満洲軍司令部の従軍ムッラー、スルタンガリエフは、ムフティーへの報告書の中で、同じ司令部の他の聖職者がメダルを得ているのに、自分は得ていないと不満を漏らした[43]。

（2）従軍ムッラーの手紙

一時廃止されたムッラー職が日露戦争時に復活したことで、ウファの宗務協議会、軍当局、そして前線の軍隊との間には、ムスリム兵士の信仰生活を保障するという観点から、密接な連携が生まれた。宗務協議会、内務省宗務局、参謀本部の検討の上で、前線の各軍司令部にムッラーが設置されると、彼らは自身が現地で見出したムッラーを管轄内の病院に次々と配置した[44]。その度に宗務協議会は、通常のマハッラのムッラーと同様、戦場のムッラーたちにも戸籍簿を発送した。この場合の戸籍簿には、勤務する医療施設でのムスリムの負傷者、病人、死亡者が記録され、自らが行った儀礼なども書き留められた。また、協議会は現地のムッラーの要望に応えて、聖職にふさわしい衣服や被り物、クルアーンをはじめとする宗教書、カレンダーなども極東に送った。(45) このような宗務協議会と戦場のムッラーとの関係、さらには軍内のムスリム兵士の具体的な姿は、従軍ムッラーがムフティーに提出していた報告書に見出すことができる。

一九〇四年一二月二三日、沿海州軍管区のムッラー、ラフマンクロフはハバロフスクから、ラマダーン月の経過について報告した。それによれば、ムフティーの電報に従って、一〇月二七日水曜日に断食が始められた。ハバロフスクにはモスクがなかったので、ペンザ出身のアブドゥッラーという人物が八〇ルーブルで大きな部屋を確保して、ラマダーン月の特別な礼拝（tarāwīḥ namāzī）を行った。ラフマンクロフは、管区内のムスリムが断食と礼拝ができるよう司令官に協力を求めたが、礼拝についてのみ許可が得られた。一一月二六日金曜日には断食明けの礼拝を行い、そこには五〇〇人のムスリム兵が出席した。ムスリムの求めに応じて、兵士には三日間の祭日が与えられた。(46)

一九〇五年一月二九日、宗務協議会のカーディー、リザエッディン・ファフレッディンは、極東の四名の従軍ムッラーに、次のような指示を出した。病院のムスリム兵への勤行（dīn khidmatlarī）に励むこと。予備役から召集された政令イマーム（ukāzlī imāmlar）をすべての病院に配置するよう努めること。イマームが足りない場合、宗務協議会の試験の証明書を持つか、勤行のできるマドラサの生徒《シャキルド》を置くために、しかるべき当局に働きかけること。そしてファフレッディンは、従軍ムッラーの権限を証明するために、参謀本部の一九〇四年三月一七日付文書と内務省宗務局の五月二一日付文書の写しを宗務協議会が送ると伝えた。(47)

オレンブルグ県トロイツク郡のガイサ・ラスーレフは、宗務協議会とマハッラとの仲介役たるアフンドとして、周辺地域でサダカを収集するなど、積極的に戦時協力に取り組んでいた。しかし、彼はそれだけでは飽き足りず、まだ中央で従軍ムッラーに関する方針が定まらない一九〇四年五月一〇日、トロイツク郡軍事長官に従軍ムッラー職への希望を表明した。この請願はカザン軍管区司令部を経て参謀本部にも伝えられ、そこから内務省宗務局に渡った[48]。しかし彼は七月上旬、請願の回答を待つことなく協議会に無断で、単身ハバロフスクに乗り込んだ[49]。そして、当地の第一野戦総合病院でイマームとして勤めていたとき、第三満洲軍の従軍ムッラーに任命された。一一月八日に宗務局から任命の報告を受けた宗務協議会は、ラスーレフに戸籍簿を送った。こうして彼は一二月三一日にハバロフスクを発ち、ハルビンを経由して一月一〇日に任地の奉天に到着した[50]。

奉天でラスーレフは、宗務協議会からの電報に基づいて一九〇五年二月二日水曜日に巡礼月の犠牲祭の始まりを宣言した。この町には回民のモスクが三つあり、そのうちジャマールッディンという若いアホン（導師）のいるモスクで、約百名のムスリム兵士も祭日の礼拝に参加した[51]。当時ロシア軍は奉天から鉄道に沿って撤退中だったが、二月一三日から二五日に残存部隊と日本軍との間で激しい戦闘が生じた。町が包囲されると、ラスーレフは捕虜になってしまう。日本軍の攻撃前から中国人や匪賊による掠奪が始まっていたが、日本軍はそれを阻止したという。二週間後、奥将軍の指示で戦闘員は日本へ送られ、ラスーレフは非戦闘員、衛生兵、医師、低階級の兵士、ロシア人聖職者の計三〇七人と共に、三月九日に奉天で釈放された。日本軍の監視下、ロシア軍の最前線まで無事に護送され、三月一四日に公主嶺駅に到着した[52]。ちなみに、ラスーレフには、戦時の活動に対して一九〇六年四月一九日に首都で聖スタニスラフ三位勲章（Orden sviatogo Stanislava tret'ei stepeni s mechami）が授与され、一九一〇年一二月一三日にも同じく首都で、彼の功績に対して聖アンナ三位勲章（Orden sviatoi Anny tret'ei stepeni）が授与されている[53]。

第二満洲軍の従軍ムッラー、スルタンガリエフは、自身の視察旅行についてムフティーに報告した。この旅行は、同じウファ県ビルスク郡出身の二人のムッラーも同行して、マイマカイ（媽々街）市から始まった。スルタンガリエフは、ハルビンの軍後方司令官ナダロフ（Nadarov）の承認を得て、一人を満洲里駅、もう一人を海拉爾駅に置いた。そして宗務協議会に、この二人に戸籍簿を送るように要請した。また公主嶺駅や寛城子駅、ハルビンのムッラーたちとも面会した。彼らには資金が十分でなく、身なりはみすぼらしく、服装も聖職者のものではなく軍服のままだったという。ロシア人聖職者以外は、慈善協会の支援を受けているとはいえ、スルタンガリエフは、革靴（kāwsh）一三、平靴（chītwk）一三、フェス（トルコ帽）一〇、チャルマ（ターバン）一〇、ガウン（jubba）一三の提供と月五ルーブルの俸給（waẓīfa）の支給をムフティーに請願した。これに対してカーディーのファフレッディンは、チャルマとフェスそれぞれ九つずつを送った(54)。

沿アムール軍管区のムッラー、ラフマンクロフは、終戦時からしばらくウラジオストク周辺のムスリム兵士の中にいた。一九〇五年八月二三日のムフティーへの報告の中で、彼はラガーイブ・バイラムについて伝えている。ヒジュラ暦の七月にあたるラジャブ月には、ムスリムにとって重要な二つの夜があり、その夜の勤行は、日頃の数倍もの神の祝福が受けられると考えられている。その一つが第一金曜日の前夜のラガーイブで、もう一つがラジャブ月二七日のミウラージュである(55)。ラフマンクロフは、参謀本部と司令官の了承を得て、八月一九日と二〇日の二日間、ムスリム兵士を任務から解かせた。一九日にはムスリム兵士三〇〇〇人が集まって金曜礼拝が行われた。彼は報告書の中で、兵士たちは戦闘の終了を望んでいるが、将軍や将校はまだ戦うつもりだとも付け加えている(56)。

一九〇五年一一月一六日の報告書の中では、ウラジオストクでのラマダーン月の模様が伝えられている(57)。一〇月一六日にムスリム兵士は断食を始めたが、ラフマンクロフは、軍管区にあるすべての司令部と要塞に連絡してこれを承認させていた。こうしてムスリム兵士はラマダーン月の間、この月の特別な礼拝と断食をあらゆる場所で自由に行うことが可能となった。ムスリムの多い連隊では、兵士自身が獣を屠って、別個の鍋で食事を作る光景も見られた。この報告書の中でとくに目を引くのが、一九〇五年一〇月末から一一月初頭にかけてウラジオストクで起こった反乱に関する記述である。

一〇月三〇日に無秩序（nizāmsizliq）が始まった。この事件はもともと、市場と兵士の間で始まった。始まると当然、海軍や陸軍、あらゆる兵士に続いてその他望む者が加わった。一〇月三一日、この無秩序はあらゆるものを覆い尽くしながら続いた。すべての商店や宿場、役場、刑務所を破壊し、すべてのものを強奪し全市に火を放った。町の相当な部分が完全に焼けた。（中略）この無秩序を鎮圧するために軍は一斉の作戦行動が取れなかった。その後、コサックが来て完全に鎮圧した。我々の軍団には四〇〇〇人近いムスリムがいるが、神に称えあれ、ムスリム兵の一人も無秩序に荷担することは見られなかった。今日、この事件で逮捕された者もなかった。この無秩序は一一月一〇日までゆっくりと続いた。私は毎日、各師団からすべてのムスリム兵を集めさせて訓戒を行った。我々ムッラーの任務はムスリム兵士に完全な権威を保っており、ムスリムの優秀さを際立たせた。反乱者を懲罰するために動員されたとき、当然、負傷したムスリムが大勢いた。トボリスク県イシム郡のフスヌッディン・クルバンガリエフという若者が死んだ。

一一月一五日火曜日に断食明けが宣言され、兵士には完全に三日間自由が与えられた。兵士は各地に散らばっているので、ラフマンクロフは日を分けて四ヵ所で祭りを祝うことにした。ウラジオストクでは一五〇〇人以上のムスリム兵士が集った。

3　制度化——一九〇五年革命後

日露戦争は、ムスリム社会にロシア軍の二つの問題を露わにした。第一に、従軍ムッラーの廃止でムスリム兵士の信仰生活が保障されていないこと、第二に、正教の聖職者と異なりムッラーが徴兵免除の対象ではなかったことである。そして後者の問題は、予備役・後備役のムッラーが召集されるとマハッラの信仰生活も維持できないという銃後の困難とも結びついていた。ウファの宗務協議会は戦時中、自らの限られた権限を駆使してこの二つの問題の解決に努めた。協議会は、聖職者としてのムッラーの体面を保ちつつ、前線の信仰上の要求を満たすために、予備役・後備役から召集されたムッラーを医療施設に派遣するという策を取った。また、中央政府が従軍ムッラー職の復活を決めると、協議会はその候補者を立てる機能を担った。こうして任命された従軍ムッラーは、管轄内の医療施設に自分に従属するムッラーを次々と配置し、各管轄内の司令官と交渉することで、金曜礼拝、ラマダーン月の勤行、祭日をムスリム兵士に保障すべく尽力した。

軍における信仰生活の改善は、一九〇五年革命時にムスリムが出した請願書の中で、最も頻繁に挙がった項目の一つだった。一九〇五年初頭、カザン市のムスリム名望家は、大臣委員会議長ヴィッテに宛てた請願の中で、兵役においてムッラーが正教会の聖職者と同権であるようにと訴えていた。[58] また、ムスリムの請願書の多くは、イスラームで禁じられているもの（harām）以外の飲食物がムスリム兵士に与えられるよう要求していた。[59] これらの問題は、信仰の寛容に関する法令を準備するために開かれていた大臣委員会の会議でも提起された。[60] この会議でムッラーの徴兵免除の問題が前向きに検討されたことを受けて、ウファのムフティーは三月二六日に、現在臨戦態勢にあるすべてのムッラーをもとの予備役に編入し、マハッラでの任務に復帰できるよう参謀本部に指示を求めた。[61] こうしてムッラーの徴兵免除問題は、信仰の寛容に関する四月一七日の法令の中で法制化の議論に上ることが約束されるに至った。[62]

この節では、従軍ムッラーの設置とムスリム聖職者の兵役免除が一九〇五年革命後に実現していく過程を具体的に辿りたい。

（1）従軍ムッラー

従軍ムッラー設置問題は、陸軍省参謀本部と内務省宗務局の間で交渉が行われた。一九〇五年一〇月一〇日に参謀本部は、軍の定員規定に含まれるムッラー職の設置案についてツァーリに上奏する前に、宗務局に内務省としての結論を求めた。その際、一九〇三年八月三〇日にツァーリから指示のあった統計調査の結果も示された。参謀本部の案によれば、ワルシャワ、キエフ、沿アムールの三つの軍管区からの申請に従って、前二つの軍管区には各一名、沿アムール軍管区にはノヴォキエフスクとハバロフスクに各一名、計四つのムッラー職が設けられるはずであった。しかし、他の軍管区では聖職者を現地で確保できるので、ムッラーは不要と判断された。また、新たに設置されるムッラー職の年俸については、ダゲスタン非正規騎馬連隊とクリミア騎兵大隊のムッラー職を参考に、二九四ルーブルが支給されるとした。(63)

内務省宗務局は一九〇六年一月一一日に、タヴリーダ宗務管理局とオレンブルグ宗務協議会に参謀本部の案についての意見を求めた。クリミアの管理局は、同意を示しながらも俸給の不十分さを指摘し、年俸は正教の聖職者と同等の七〇〇ルーブルを支給すべきだと回答した。(64)ウファの宗務協議会では、回答を作成するために、二月一五日にムフティー、スルタノフが会議を招集した。(65)そこには三人のカーディー他、ムスリム将校や日露戦争時の従軍ムッラーが出席した。この会議では三つの提言が出された。第一に俸給、年金、褒章において従軍ムッラーが正教の従軍牧師と同等であること、第二に三〇〇〇―四〇〇〇人から成るムスリム部隊を編制し、各部隊に一名のムッラーを配置すること、(66)そして第三に、ムッラーの病院への慰問やムッラーと兵士との対話を義務化することであった。

内務省宗務局への回答で宗務協議会は、計四名のムッラーでは明らかに不十分と指摘した。その際、参謀本部案がムッラーを現地で確保することを前提としていることについて、ムッラーにも自身のマハッラでの本務があり、常に軍隊に赴けるわけではないと主張した。また二九四ルーブルの俸給は、都市に住むことになるムッラーには全く足りず、俸給、年金、褒章は正教の従軍牧師と同等でなければならないと訴えた。宗務協議会は、従軍ムッラーの任務が兵士の宣誓と葬式に限られるものではなく、金曜礼拝や祭日の集団礼拝を指導し、フトバ（説教）を読み、新兵と対話し、病人の精神を癒すことも含まれると強調する。そして、宗教的勤めを怠ることがあらゆる任務に対する怠慢や軽視を引き起こすと説き、ウラジオストクの反乱にムスリム兵士が荷担しなかったという事実にも言及しながら、彼らの任務への忠実さが将来にわたって強化されるためにも、従軍ムッラーの道徳的な影響力が必要だと主張した。[67]

以上の意見を踏まえて、宗務局は一九〇六年五月一九日に内務省としての結論を参謀本部に伝えた。[68] 宗務局は、クリミアの宗務管理局とウファの宗務協議会から得た各管区内のマハッラの分布状況に関する情報に基づいて、参謀本部のムスリム兵士の統計調査と比較検討し、参謀本部案よりも五つ多い九つのムッラー職を提言した。ワルシャワ軍管区には九〇〇〇人のムスリム兵がいるのに対して、管区内には三県に分かれて三つのマハッラしかなかった。[69] よって、参謀本部案に一名足した二名が妥当だとした。ヴィリナ軍管区には八〇〇〇人のムスリム兵がいるにもかかわらず、参謀本部案では設置が予定されていなかった。[70] 軍管区内でマハッラは五県に二八を数えたが、宗務局は二名のムッラーを置くことがふさわしいと考えた。三〇〇〇人のムスリムを抱えるキエフ軍管区は四県に五つのマハッラを数えたが、三県とベッサラビア県ホチン郡にはムッラーがいなかったので、参謀本部案より一名多い二人のムッラーが必要とされた。二〇〇〇人のムスリム兵がいたモスクワ軍管区には、ムッラーの設置は予定されていなかった。しかし管区内一四県のうち七県にはムッラーがいなかったので、宗務局は一名のムッラーを置くことが望ましいと判断した。また、クリミアとウファのムスリム行政機関の意見が踏まえられ、ムッラーの年俸として、ローマ・カトリック教会とルーテル教会の従軍牧師と同等である、俸給三六六ルーブル、食費一八三ルーブルの計五四九ルーブルが提示された。

一九〇六年一〇月二六日、陸軍省の合議機関である軍事評議会は、内務省の結論通り九つのムッラー職を設置することを妥当とし、これに陸相も同意した。そして、ムッラーの俸給についての最終判断は、蔵相に委ねることになった。評議会は、ムスリムの軍人としての忠実な働きは証明済みであり、ムスリムは従軍ムッラー設置を期待する権利があると評価した。しかも、マハッラのムッラーが警察機構と連携して治安維持に貢献していたように（第

4章を参照)、従軍ムッラーも軍当局にとって、ムスリム兵士の「政治的気分」を監視する有益な役割を担うはずだった。軍事評議会は、「ムスリム聖職者の存在という事実そのものが、そうした人々が必要であることの争う余地のない証拠であり、その必要はイスラームの儀式の性格によって条件付けられている」と認めた。これは、一八九六年に従軍ムッラー職が廃止されたとき、イスラームの儀式は各人で実行可能と判断されたことと大きく異なる。[71]

ところが蔵相は、従軍ムッラーにキリスト教の従軍牧師並みの待遇を与えることに難色を示した。なぜなら、ムスリム聖職者にはキリスト教聖職者ほどの神学教育が要求されていないと考えられたからだ。そして、国庫の窮状と陸軍省の赤字予算という状況も合わせて指摘した。これに対して参謀本部は、信仰の寛容が宣言された今では、ムッラーの生活保障を正教以外のキリスト教聖職者と比較考慮しないわけにはいかないと反論した。[72]ウファのムフティー、スルタノフは一九〇七年に上京した際に、問題が蔵相に委ねられた事実を確認していたので、宗務協議会の機関誌は、第三国会の予算審議でムスリム会派が従軍ムッラー設置問題を提起しなかったことを批判した。[73]

従軍ムッラーの定員規定は、一九〇八年六月一九日のツァーリの裁可によって確定した。設置される軍管区とムッラーの数には、内務省宗務局の修正案が採用された。基本的には、俸給は二四〇ルーブル、食費は二四〇ルーブル、住居費は一二〇ルーブルとされた。任務のために軍内を巡回するにあたっては、カトリック教会やルーテル教会の従軍牧師と同等の旅費が支給されるはずであった。また、キリスト教の聖職者と同等の年金を国庫から受け取る権利も保障された。[74]以降は、参謀本部、宗務局、ウファの宗務協議会の三者が、従軍ムッラー任命の具体的な手順を検討した。一九〇八年六月一九日法に基づいて任命された従軍ムッラーは表7-2の通りである。[75]

従軍ムッラーの任命手続きが形成される際、二つの問題が浮上した。第一に、宗務協議会の役割の縮小である。日露戦争時の任命過程では、参謀本部や前線の司令官が内務省宗務局に従軍ムッラーの派遣を要請し、宗務局の指示で宗務協議会が候補者を提示できた。しかし、一九〇八年の法律制定後の手続きでは、宗務協議会は候補者を立てる機能を失い、その役割は候補者に評価を与えることに限定された。従軍ムッラーの候補者は、各軍管区の司令部が参謀本部に示し、参謀本部は内務省宗務局に結論を求めた。そして宗務局が、宗務協議会と候補者の出身県の知事の評価に基づいて最終的な任命を行った。知事に評価を求めているのは、一般にムスリム聖職者の任命・更迭が県庁の業務だったからである（第4章を参照）。ウファのムフティーは宗務局局長A・N・ハルージンに、現行の手順では、軍管区司令官の示す候補者は偶然的性格を帯びざるをえず、宗務協議会の推薦する者から司令官が候補者を出せるようにすべきだと提言した。[76] しかし、この任命過程は変更されることはなく、第一次大戦時にも継続した。

第二の問題は、ムスリムが極めて少ない西部の都市で、マハッラのムッラーと従軍ムッラーの兼任は可能か否かというものである。リガのダヴィドフ、トヴェリのブルハノフ（図7-1）、ハリコフのウズビャコフの任命を検討した当初、宗務協議会と参謀本部は兼任に難色を示した。しかし各県知事が、これらの従軍ムッラーの任地は彼らがこれまで勤めてきた都市と同じになり、マハッラからの尊敬も篤いとの見解を示すと、兼任は許容された。[77] 他方で、キエフとワルシャワの状況は単純ではなかった。西部諸県とポーランドのムスリムは、タヴリーダ宗務管理局の管轄内にあったから、キエフとワルシャワには、シンフェロポリに従う「文民ムッラー（grazhdanskii mulla）」がすでに存在していた。ところが、従軍ムッラー設置に関与してきたのはウファの宗務協議会だった。こうして、軍人を除くと各四〇〇人ほどのキエフとワルシャワのム

表 7-2　1908年6月19日法に基づいて任命された従軍ムッラー

ヴィリナ軍管区
ダヴィドフ（I. Davydov）：サラトフ県ペトロフ郡の農民，リガのイマーム
サファロフ（A. T. Safarov）：タムボフ県の農民，1906年にヤロスラヴリ市でイマーム
ワルシャワ軍管区
ユスポフ（M. Iusupov）：カザン県テチュシュ郡マールィー・アトリャスィ村のハティーブ
ハフィゾフ（M. Sh. Khafizov）：ウファ県ビルスク郡アシャノフスク郷トイムルズィナ村のイマーム
キエフ軍管区
ウズビャコフ（M. R. Uzbiakov）：ハリコフ市のアフンド
アリモフ（Iu. Alimov）：キエフ市のムッラー
モスクワ軍管区
ブルハノフ（Kh. S. Burkhanov）：トヴェリ市でムッラー
沿アムール軍管区
ムルゼンコフ（G. Murzenkov）：ハバロフスク市の町人
バガウッディーノフ（Dzh. S. Bagautdinov）：ニジニ・ノヴゴロド県セルガチ郡の農民，ノヴィ・ペテルゴフ在住

スリム社会で、文民ムッラーと従軍ムッラーが並立し、マハッラの人々も巻き込んだ諍いが生じたのである。

キエフでは、文民ムッラー職にあったアリモフが従軍ムッラーに任じられたので、現地のムスリム社会は、若いジャッバーロフ（Jihān Shāh Jabbāruf）を後任の文民ムッラーに選出した。しかし、アリモフは年寄りを中心に尊敬を集めていたので、彼らのための儀礼は続けた。アリモフの信奉者たちは、彼が文民ムッラー職も兼ねることができるように現地の軍当局に請願さえした。これに対してジャッバーロフは、従軍ムッラーが民間人のマハッラに介入してムスリム住民の間に反目を引き起こしていると見て、この状況を一九一二年と一三年にウファの宗務協議会に訴えた(78)。

図 7-1　モスクワ軍管区の従軍ムッラー，ブルハノフ

出典）I. K. Zagidullin, *Musul' manskoe bogosluzhenie v uchrezhdeniiakh Rossiiskoi imperii (Evropeiskaia chast' Rossii i Sibir')* (Kazan, 2006), 38.

ワルシャワでは、一八九六年に従軍ムッラーが廃止される前、セイフッディン・スナーエフ（Saif al-Dīn Sūnāīf）が従軍アフンドを勤め、廃止後も彼が引き続き軍管区内のムスリムの信仰上の必要を満たしてきた。スナーエフは、ウファから送付されていた従軍ムッラー用の戸籍に民間人の記録も残していた。一九〇八年一二月にスナーエフが死去すると、ワルシャワのムスリム社会は、アブドゥルラヒーモフ（ʻAbd al-Dayyān ʻAbd al-Raḥīmuf）を選出して、タヴリーダ宗務管理局とワルシャワ総督の承認も得た。そしてムスリム社会は、アブドゥルラヒーモフを従軍ムッラー職にも就けるよう軍管区の司令部に請願した。他方で、従軍アフンドの息子アリー・スナーエフも、父親の後継を求めて軍司令部に近づいた。これに対抗してワルシャワのムスリムは、アリー・スナーエフに聖職者の試験を行わないようウファのムフティーに請願した[79]。

セイフッディン・スナーエフの死後、文民ムッラーのアブドゥルラヒーモフのもとには、ウファから送られてきた一八六三―九六年のワルシャワ軍管区内の戸籍と一八九七―一九〇九年のワルシャワ市内の戸籍も移管された。ところが、アブドゥルラヒーモフはシンフェロポリからも戸籍を受け取っていたので、ウファの宗務協議会は一九〇九年九月、過去の戸籍を彼から取り上げて、従軍ムッラーのユスポフに渡すようにワルシャワ市警に要請した。アブドゥルラヒーモフはまもなく死去したので、ワルシャワのムスリムは、従軍ムッラーとして派遣されてきたユスポフを新しい文民ムッラーに選出した。宗務協議会は、ユスポフが従軍ムッラー職を離れた後で、彼を文民ムッラーに承認できるという立場を示した[80]。

ウファとシンフェロポリとの管轄をめぐるムスリム内部の政治はその後も続く。一九一〇年にタヴリーダ宗務管理局の承認を得たアフメトフがムッラーに選出されたとき、反対派は従軍ムッラーのハフィゾフを推して、ウファの宗務協議会に介入を求めた。なぜなら、彼らによれば、ワルシャワ市のムスリムはすべてオレンブルグ管区の出身者であるにもかかわらず、アフメトフがムッラーに就くと、シンフェロポリから戸籍を受け取ることになるからであった。そして彼らは、「宗教上、我々の父と祖父が従ってきたオレンブルグ・ムスリム宗務協議会との精神的紐帯の断絶を望まない」と訴えた。これに対して、宗務協議会は一九一二年二月に、ワルシャワはタヴリーダ管区にあるので、従軍ムッラーは許可があるまで軍人以外に儀礼を行ってはならないと決議した[81]。

（2）ムスリム聖職者の徴兵免除

一八五七年版の『外国信仰宗務規程』によれば、ムスリム聖職者は新兵供出義務（rekrutskaia povinnost'）を免除されていた[82]。しかし、一八七四年に全身分の二〇歳青年男子を対象に国民皆兵制が施行されると事実上、兵役を終えて予備役・後備役に登録されている者だけがムスリム聖職者になることが可能になった。なぜなら、聖職に就くには年齢の条件があり、カーディー、アフンド、ムダッリスは二五歳以上、ハティーブとイマームは二二歳以上、ムアッズィンは二一歳以上でなければならなかったからだ。一八九六年版の『外国信仰宗務規程』では兵役免除規定は削除されている。(83)

日露戦争前にもウファの宗務協議会は、予備役・後備役のムッラーが軍事教練に召集されるとマハッラの業務が滞るので、ムッラーを免除にするよう度々、内務省に申し入れていた。しかし、「ヨーロッパの戦争に備えて」欠員を出さないという考慮から、内務省と陸軍省は一八九八年八月にこの問題の処理を停止した。(84)ところが日露戦争では、一八七七―七八年のロシア・オスマン戦争以来はじめて後備役の動員が大規模に実施され、多くのムッラーが召集された。(85)その結果、後に残されたマハッラでは宗教儀礼が執り行われず、戸籍業務も滞るといった事態が生じた。宗務協議会はムッラーを徴兵免除にできる権限を持たなかったから、免除の請願を出したムッラーを医療施設に派遣できるよう軍当局に働きかけることができたにすぎなかった。(86)

ムスリム聖職者の徴兵免除は、一九〇五年四月一七日の信仰の寛容に関する法律で解決すべき問題として明記されていたので、一九〇六年の特別審議会でも取り上げられるはずだった。この審議会に提出した報告書でチェレヴァンスキーは、ムッラーは社会階層や職業とは無関係にマドラサの修了者から選出されているので、彼らが召集されてもマハッラに聖職者がいなくなることはないとムスリムの訴えを退けている。それどころか彼は、ムッラーに恣意的に登録する者が現れると、無制限の乱用を招きかねないと懸念した。しかもチェレヴァンスキーによれば、イスラーム自体の「戦闘的性格」と戦争は矛盾しないどころか、シャリーアこそが信者に対して、ムスリムの君主であれキリスト教徒の君主であれ、国家と君主を外敵から守ることを義務付けているのだった。(87)他方で、ウファのムフティー、ムハンマディヤール・スルタノフとその補佐ギナヤトゥッラー・カプカエフも、大臣委員会議長セルゲイ・ヴィッテに宛てて上申書を提出している。ムフティーは、徴兵制自体が依拠している戸籍業務の滞りを指摘するとともに、公認のムッラーの不在中に県庁の政治的信頼度検査を経ていないムッラーが権威を持ちかねないと懸念を表明した。(88)

特別審議会の立法機能が国会に移されると、タタール語紙は国会の動きを注視するようになる。一九〇八年五月にオレンブルグ選出の国会議員ジハンギル・バイブーリン（一八五二―一九一五）は、国会の国防委員会で、予備役のイマームを戦時の動員や軍事教練から免除する決定が出され、国会ではオクチャブリストの協力を取りつけたと伝えた。(89) こうした中でコサックのムスリムも、徴兵免除が自分たちのイマームにも適用されることを期待した。なぜなら、コサックのイマームは、予備役のイマームよりも頻繁に軍事演習に召集され、イマームの不在が常態化する場合があったからである。(90)

問題の最終解決を占う一九一二年一月三〇日の国会の審議では、ウファ県選出のアリアスガル・スィルトラノフとカザン県選出のガイサ・エニケエフが演説した。スィルトラノフは、ムスリム聖職者が誰であるかは『外国信仰宗務規程』で明確に規定されているので、他のキリスト教聖職者と共に直ちに免除対象になれると強調した。エニケエフは、ムスリム聖職者こそが人々に正統な権力と法への敬意を教える「市民性の教師（uchitel' grazhdanstvenno-sti）」であり、ムスリム聖職者を徴兵することで国家は、離婚や遺産相続の訴訟、戸籍業務などの任務を無償で行う貴重な人材も失うことになると主張した。こうした訴えは、国会の保守派の琴線にも触れた。エニケエフが、ロシアのムスリムは母国の従順な息子として、すべての戦争で祖国に対する義務を果敢に果たしてきたことを誇りにしていると発言すると、右派はそれを「ブラボー」の声で迎えた。

かくしてムスリム聖職者の徴兵免除は国会で可決された。(91) その後、国家評議会の承認を経て、オレンブルグ管区とタヴリーダ管区のムッラーの徴兵免除は、徴兵規則が一九一二年六月二三日に改定されて実現した。それによれば、免除対象となるのは二二歳以上で、マハッラによる選出と県庁の承認という正規の手続きを踏んだ者となった。ムスリム聖職者の徴兵免除は、政府がムッラーを聖職者と認知し特権を与えた重要な一例である。日露戦争時に軍当局は宗務協議会に対して、ムッラーが戦線を離脱する可能性について懸念を表明し、一九〇五年革命期の請願でムスリムは、ムッラーと正教の聖職者が同権となることを求めた。徴兵免除が実現した後、内務省宗務局は、「イスラームの規定では、区別される身分として聖職者は存在しない」にもかかわらず、政府がムスリムの慣習をキリスト教徒のそれと誤って同一視してきたことを想起せざるをえなかった。それによれば、ほかならぬ政府がムスリムの宗教者の統合に率先して取り組んできたのであり、その結果形成されたムスリム聖職者のヒエラルヒーを政府は考慮せざるをえなくなったのである。そして今やこの機構は、国益と矛盾する独自の課題を追求しているかのように映ったのだった。これを教訓に宗務局は、中央アジアに徴兵制が導入される場合には、ヨーロッパ部ロシアの聖職者制度を適用してはならないと結論付けた。(92) ムスリム聖職者を定義する問題は、既存の宗務管理局制度に対する批判にもつながっていたのである。

(3) 残された課題

従軍ムッラー設置とムスリム聖職者の徴兵免除の法制化で、ロシア軍内のムスリムの問題がすべて解決したわけではない。ムスリム社会には軍隊への不信が根強く、徴兵忌避も跡を絶たなかった。例えばクリミア半島において、徴兵検査での不適格者はロシア人とドイツ人で全体の二〇―三〇%だったのに対して、ムスリムではその半数に及んだという。その原因をバフチサライの『テルジュマン』は、自分で飢えるなどの自損行為であるとし、このままでは民族が破滅してしまうと警鐘を鳴らした。オレンブルグの『ワクト』は、ムスリム青年の兵役に対する恐怖を和らげるためには、食事を分けること、礼拝ができること、ムスリムを一ヵ所に固めること、従軍ムッラーの数を増やすことが必要だと提言した。(93)

陸軍省は、ムスリムの信仰を保障することで軍の統合を作り出そうとした点で、宗派国家の原則に忠実だった。しかし同時に、「軍隊は厳格に国民的でなければならない」という切迫感も持っていた。参謀本部は、ハプスブルグ帝国とフランスを除けば、「ヨーロッパの一等国」は将校団の国民的な構成を厳格に維持していると認識していた。参謀本部は一方で、信仰に基づく制限の撤廃を掲げた一九〇四年一二月一二日法に則って、軍を点検しなければならなかった。しかし他方で、制限が設定された経緯を民族ごとに個別に検証し、各民族の特徴、そのロシア国家への態度、ロシア人の法的地位、軍の利益を考慮して、制限を残す可能性を模索した。また、帝国の民族人口比に合わせて、将校の割合を規制しようともした[94]。軍の編制には、信仰を制度化して得られる統合と、国民たるにふさわしい集団を選別することで得られる統合という二つの原理がせめぎ合っていたのである。

4　試される制度——第一次世界大戦

（1）従軍ムッラー

第一次大戦時には、一九〇八年六月一九日法の従軍ムッラー職の数では全く対応しきれなくなった。日露戦争時には、予備役・後備役から召集されたムッラーを引き抜いて、医療施設に配備することができた。しかし、第一次大戦時にはムッラーが徴兵を免除されたから、宗務協議会の試験の合格証書を持つ兵士が、従軍ムッラーの重要な候補となった。ワルシャワ軍管区のムッラー、ハフィゾフは、儀礼（ʻibādat）のために巡回した際、合格証書を持つムスリム兵士をその兵士の属す連隊や移動式病院にムッラーとして配置するように努めた[95]。ヴィリナ軍管区のサファロフも、一九一五年五月に管区内のムスリム兵士を慰問した際、ドヴィンスク、ヴィテプスク、モギリョフ、ボブルィスクなどの各都市に、イマーム一人、補佐（nāʼib）二人を軍当局に任じさせた[96]。

第一次大戦時の従軍ムッラーは基本的には、一九〇八年六月一九日法に伴って形成された手順で任命された。ただし、陸軍省内の連絡機関が、参謀本部から総司令部総局（Glavnoe upravlenie General'nogo shtaba）の動員部門

(Mobilizatsionnyi otdel) に移った。まず、軍管区や前線の司令部がムッラーの候補を総司令部総局に示し、その動員部門の連絡で、内務省宗務局が宗務協議会と知事から候補者の必要な情報を集め、最終的な承認を総司令部総局に与えた。候補者の調査の際に宗務局は、ロシア語能力があり軍隊の規律に通じている者を優先させた。総司令部総局がムッラーを承認すると、その人物が軍にいない場合、動員部門がムッラーの任地と旅費を与える場所を指定して宗務局に伝えた(97)。

一九一五年六月、総司令部総局の動員部門は、北西方面軍に四名、南西方面軍に三名、コーカサス方面軍に一名の従軍ムッラーを早急に任命するよう内務省宗務局に要請した。その際、以下の候補者の名が挙がった(98)。北西方面軍の司令部は、第一シベリア補給大隊の兵長ワリウッラー・ベリャーロフをムッラーに任命するように要請していた。立候補者としては、日露戦争時にも従軍ムッラーを勤め勲章も得たガイサ・ラスーレフ、一九〇八年六月一九日法に伴う従軍ムッラーの設置でも立候補していたエニセイ県ミヌシンスクのアフンド、ミールサイード・クチューモフ(99)、ザバイカル鉄道のスリュジャンカ駅のムッラー、アブドゥルバリー・スルタンガリエフがいた。

ウファの宗務協議会は、上記四名について、従軍ムッラーに任命するにふさわしいと判断した。これを受けて内務省宗務局は、ベリャーロフを要請どおり北西方面軍に送ることに支障なしとし、ラスーレフを北西方面軍か南西方面軍のムッラーに任命できると結論付けた。コーカサス方面軍では、司令官がチフリスのスンナ派モスクのムッラー、テレグーロフを推したので、宗務局はコーカサス総督と連絡を取った上で、従軍ムッラーへの任命を承認した。他方、クチューモフは、エニセイ知事の評価によれば、ロシア語ができなかったので、宗務局は彼を候補者に留めた。スルタンガリエフは、出身のウファ県の知事の評価では、宗務協議会の試験に合格しロシア語能力が高いことが認められたが、イルクーツク県知事の評価では、彼がムッラー職に就いたことがないことが問題視された。宗務局は、スルタンガリエフを従軍ムッラーには不適格と判断した(100)。

従軍ムッラー候補者の調査を要請されると、カザン県知事は、候補者の道徳、裁判歴、政治的信頼性、ロシア語能力という宗務局が示した項目に加えて、候補者がジャディードであるか否かも警察に調査させた[101]。第七七歩兵師団の司令部にいたスヴィヤシスク郡アゼレエフ郷の農民サビルジャン・ビクムルジンは、宗務協議会の試験の合格証書を持ち、ムッラーに就くためのロシア語試験にも合格していた。彼は、自分の勤める師団のムッラーに任命するように請願した。知事の照会を受けて、スヴィヤシスク郡警察は、ビクムルジンが政治的に不審な点はなく、カディームであって、ロシア語会話もできるので、従軍ムッラーにふさわしいと評価した[102]。第九四予備歩兵連隊にいたカザン郡バルタシンスク郷の農民ムハンマドサリフ・ザリフォフは、カザン郡警察署の情報によれば、旧方式で学び、政治的にもカディームであるが、ロシア語能力は低かった。また二一歳と若いので、従軍ムッラーにはふさわしくないと判断された[103]。

内務省宗務局は、かつて従軍ムッラーだった者も追跡調査していた。一九一五年六月、カザン県知事は、カザンの従軍ムッラーだったムハンマド・アブドゥルワリーエフに従軍ムッラーになる意思があるか確認を求められた。アブドゥルワリーエフは、一八八八年からカザンで従軍ムッラー職にあったが、一八九六年の廃止後はアルハンゲリスクで商業を営んだ。一九〇二年から約十年、当地のモスクでムッラーも勤めた。一九一二年に彼は、復活した従軍ムッラー職を求めて請願していたが、すでに空きがなく請願は棄却されていた。当時彼が住んでいたライシェフ郡の警察は、アブドゥルワリーエフが道徳的にも政治的にも目立たず、カディームで、ロシア語会話もできると知事に伝えた[104]。

首都ペトログラードの軍管区には、一八九六年の従軍ムッラー職廃止まで従軍アフンドがいたが、一九〇八年六月一九日法では復活しなかった。第一次大戦が始まると、管区内の病院に負傷した多数のムスリムが運ばれてきたので、現地のムスリム社会や兵士には、従軍ムッラーの設置が切実な問題となった。町の第二マハッラのアフンド、サファー・バヤズィトフは、一九一四年八月から軍管区司令部の招聘で、兵士のために儀式を執り行い始めた。一九一五年三月にバヤズィトフは内務省宗務局に対して、俸給がなくとも自分を従軍ムッラー職に就けるよう請願した。宗務局は、バヤズィトフが首都のムスリム聖職者の中でギムナジアを修了している唯一の人物であり、多くのムスリムに特徴的な狂信と不寛容から免れており、ロシア・ムスリムの中で、よい意味で保守的なグループに属していると評価した。そして、戦時の説教でもツァーリと祖国に対する彼の忠誠は秀でているので、ムスリム兵士のもとで宗教指導者になることは大変有益だとペトログラード軍管区司令部に推薦した。参謀本部も一九一五年六月にこれを承認した(105)。

しかし、その後まもなくバヤズィトフはウファのムフティーに任じられたので、首都の従軍アフンド職は再び空席になった。その後継には、首都の第三マハッラのムッラー、アフマドギレイ・スィトディコフ（Sytdikov）や軍港クロンシュタットのアフンド、アルトゥンバーエフが立候補したが、結局は、ムフティーの親族と思われるシェリフジャン・バヤズィトフが任命された。その後この人物が病気で辞職すると、ムフティーの意向で、かつて彼自身が勤めた第二マハッラのイマーム、ファティフッディン・ダウレカモフ（Davlekamov）が跡を継いだ。当時バヤズィトフのムフティー就任自体がムスリム社会の激しい反発を招いていたから、その彼の息がかかった人物が従軍アフンドに就任したことにムスリム住民は大いに不満だった。二月革命後の六月、ペトログラード守備隊のムスリム兵士ソヴェトは、ダウレカモフの解任を決定し宗務局に報告した。その後、従軍アフンドには著名な学者のムーサー・ビギが任命された(106)。

第一次大戦時には、ムスリムの要望に応じて多くの場所に従軍ムッラーが配置された。しかし皮肉なことに、人々の実感としては、従軍ムッラーの制度がなかった日露戦争時のほうがムッラーの存在が感じられた。「日本とムスリムの戦争のとき、兵士から来た手紙や戦争から帰還した人々の語るところでは、ムッラーが戦場に入ると、ムスリム兵士に訓戒をし、改悛させていたこと、死ぬ時にはムッラーが対話して、ヤースィーン［クルアーン三六章］を詠んだこと、死後は葬儀を行って埋葬したことを、喜んで話していたものだった」。ところが今回は戦場の手紙からムッラーの存在はうかがえず、人々は動揺した(107)。『ワクト』に手紙を寄せた兵士は、従軍ムッラーが「広大な戦場では海に滴る雫ほど」にすぎず、祖国のために犠牲となっている勇敢なムスリム戦士がキリスト教の聖職者によって埋葬されていると嘆いた。[108] しかし、従軍ムッラーが完全にムスリム兵士の信頼を勝ち得ていたというわけでもなかった。二月革命後、戦場で臨時政府への宣誓を行ったムスリム兵士の中には、戦闘を続行しようとする将校とムッラーを旧体制の残滓とみなし、今度は自分たちの自由のために戦うべきだと考えるに至った者がいた。[109]

（2）ムスリム聖職者の徴兵免除

大戦が始まるとタタール語紙は、後備役のムッラーが徴兵免除されていることを知らせ、その手続きを示す記事を掲載した。第三国会で議員だったシャラフッディン・マフムードフは、イマームが郡の徴兵を扱う部署に、任命時に県庁から得た政令（ukaz）と兵役免除の法律の条項を示して、徴兵名簿から外されるように申請しなければならないと説明した。そして宗務協議会の協力も求めた。[110] ムッラーは中央に直訴する場合もあり、その請願は、総司令部総局の動員部門か内務省兵役局（Upravlenie po delam o voinskoi povinnosti）に宛てていた。動員部門に入った請願は内務省兵役局に回され、そこから同省宗務局に伝えられた。宗務局は請願者の出身県の知事に、請願者の年齢と実際にムッラー職にあるか否かの調査を要請した。そして宗務局は、自身の判断を兵役局あるいは動員部門に報告した。ムッラーの徴兵免除は無条件に実施されたのではなく、法律の悪用を防ぐために県知事から情報が集められ個別の対応がなされたのである。

事実、人々は新しい制度を徴兵から逃れるために利用しようとした。それは、高位聖職者も例外ではない。一九一五年九月、ウファのカーディー、カプカエフは、ムフティーのサファー・バヤズィトフとともに、徴兵された二〇歳の一人息子ムハンマドガリフ・カプカエフをウファ駐留軍の従軍ムッラーにするよう宗務局局長メンキンに直接請願した。それによれば、ウファには多くのムスリム兵士がおり、軍の小病院も多く設置されているが、アフンドのアブィズギルディンは自分のマハッラの業務で忙しい。そこで、シャリーアの知識の証明書も従軍ムッラーにふさわしいという証明もあり、自身も従軍ムッラー職を希望しているカプカエフの息子が適任だというのである。これに対してメンキンは、彼が徴兵免除の対象となる二二歳より若いことを理由に棄却した。(111)

法律ではムアッズィンの徴兵免除が認められていたが、実際には免除されない場合が多かった。礼拝時を告げる役割はマハッラで知識のある者ができるという判断で、ムアッズィン職にある者は県庁の承認を得ていない場合や、宗務協議会の試験を受けていない場合があったからだ。他方で、ムアッズィンは比較的容易に資格を取ることができたから、召集年齢にある息子を持つムッラーが、自分のマハッラのムアッズィン職に息子を就ける場合が少なからずあった。(112)こうした状況を懸念した県庁は、マハッラで選出された人物の承認を停止するようになった。そうすると、県庁の承認を待っている間に候補者が召集されてしまう事態が頻繁になった。とはいえ、内務省宗務局と知事は、ムッラーや教育のある人材の不在など個々の状況を判断して、マハッラの選んだ候補者の召集を免除することもあった。(113)

ムアッズィンの免除の広がりを懸念した宗務院《シノード》は一九一七年一月に内務省に対して、ムスリムの聖職が特権的な地位を作り上げ、徴兵忌避に広く悪用されていると訴えた。ムアッズィンとは異なり、正教会の読経者（psalom-shchik）が免除されるには、ある程度高い教育資格が要求されたからである。内務省宗務局は、法律の変更はムスリム社会の反発を招くと考え、まだ召集されていない正教会の読経者すべてを免除にすることで対処するのが正当だと同省兵役局に伝えた。他方で、ムアッズィン職にある者が実際に職務を行っているか否かを監視するよう知事に通達した。(114)

二月革命後、マハッラの人々は召集免除にとどまらず、一旦ムッラーに選出されたものの召集されてしまった者を戦場から帰還させるべく宗務協議会に請願し始めた。このような事態を受けて、当時、宗務協議会で臨時政府の代表（コミッサール）を勤めていた国会議員イブニヤミン・アフチャモフも一九一七年六月に、県庁の承認のないまま召集された人々を兵役から解除するよう内務省に要請した。(115)各地の県庁には、軍への召集を間近に控えた者を聖職者に承認するように求める請願が多数もたらされたが、宗務局は、聖職者の選出が合法的だったか、被選出者のマハッラへの帰還が必要か否かを個々の状況に即して判断するという立場を崩さなかった。この立場は十月革命まで変わらなかった。(116)

大戦は、マクタブ・マドラサのムアッリムとマドラサの学生《シャキルド》を召集免除にすべきか否かという新しい問題も突きつけた。一九一五年一二月末にムフティーのバヤズィトフが内務省宗務局に伝えたところによれば、ウファのウスマニィエ・マドラサのアブィズギルディン、ガリィエ・マドラサのズィヤウッディン・カマリー、カザンのムハンメディィエのガリムジャン・バルーディー、トロイツクのラスーリィエ・マドラサのザイヌッラー・ラスーレフらが、学生に修了まで徴兵猶予を与えることを請願していた。ムフティーは、マドラサには公認の規則も権利もないが、徴兵免除の対象となるイマームやムアッズィンを養成しているのだと説明した。(117) 同様の請願は宗務局に次々に寄せられたが、内務省兵役局は、教師と学生の地位も含めたマクタブ・マドラサの全体的な規定がない限り、請願に応じられないという立場を取った。ただ、ムフティーの示したマドラサについては、教師の代理を探し、学生が授業を修了できるように、一九一六年六月一日まで猶予を与えた。(118)

内務省が示した躊躇には、特権を享受しうるマクタブ・マドラサの教員が明確ではないという法律上の問題だけでなく、過去十年間に蓄積されてきた「進歩的な」ムスリムの学校に対する偏見も作用していた。内務省の認識では、ムアッリムや学生の召集猶予問題は、ムスリムの学校がかつての「厳格に宗教的な性格」を失い、普通教育を与える学校に変容してきたがために生じたのだった。しかもムアッリムには、「民族主義的傾向」があり、彼らに召集猶予を与えることはロシア人国家にとって有害なのであった（第4章も参照）。さらに、教育省側の監視が不十分なために、兵役義務のあるムスリムが容易に教職に就いて徴兵を免れる可能性も懸念された。(119)

しかし、教育省の要請を受けた参謀本部は、ムスリムの教育に過大な損失を与えないように、各地域のムスリム人口に応じて、ある程度の教師を徴兵免除にする可能性はあると考えた。一九一六年七月と八月に初等国民学校と教会学校の教師が召集から免除されたことを受けて、内務省宗務局も、タヴリーダ管区のマクタブ・マドラサ五五八校の教師二五二人と、オレンブルグ管区の四五八三校の教師二七九四人について検討することになった[120]。九月に内相は、召集免除の対象となりうるマクタブ・マドラサの教師の分類を陸相に報告した。それによれば、四〇歳以上の教師のほか、タヴリーダ管区ではムダッリスに加えて、法律上ムアッズィンと同等だったゴチ（gochi）、オレンブルグ管区ではマクタブ・マドラサ付属のロシア語クラスの教師など、教育当局の同意で教職にある者が対象になるはずだった。参謀本部もこの方針に同意し、一〇月六日には各軍管区に伝えられた[121]。

一九一六年一〇月二五日の召集を前にして、国会議員ガイサ・エニケエフは、まだ召集されていないムアッリムのすべてを兵役免除にするよう内務省と参謀本部に働きかけた。このエニケエフの要請に応える形で、参謀本部は一〇月二〇日と一一月一〇日に、一九一六年七月四日までにムスリム学校の教師だった者に、特別な指令があるまで一時的に召集猶予を与える指示を各軍管区の司令部に出した。これによって、四〇歳以上という年齢制限は外され、すでに召集された兵役免除者を解放し、まだ召集されていない者にも猶予が与えられた。エニケエフはウファの『トルムシュ』紙に電報を打ち、オレンブルグの『ワクト』は、『トルムシュ』に掲載された電報をロシア語とタタール語で転載した。宗務協議会のカーディー、マムレエフも、オレンブルグのアフンド、ザヒドゥッラー・カシャーエフに電報を打って、一〇月二五日の召集までにムアッリムに証明書を出して、軍当局に報告するよう求めた。他方、参謀本部は、カザン県、ウファ県、オレンブルグ県で上記二つの指令が実行されていないことを知ると、カザン軍管区司令官に徹底を促す指令を出した[122]。

『ワクト』は、国会議員テフケレフ、アフチャモフ、エニケエフの努力を高く評価した。そして、ムアッリムが銃後で子供たちの教育に従事することは、戦場で兵士であることと同様に祖国に不可欠の勤めであり、兵士も子供たちが以前と同様に学校に通っていることを知ると安心し精神も高揚するだろうと述べた。他方で『ワクト』は、戦前から続く、マハッラのイマームとムアッリムとの緊張関係が及ぼす悪影響を懸念した。なぜなら、ムアッリムであることの証明書には、イマームの印が必要だったからである。『ワクト』は、全国家の利益に個人的な打算が働かないようイマームたちの責任感を喚起した。[123]

一九一七年一月には、召集年齢に達しない者が召集される予定だったから、エニケエフは新年早々、一八九八年生まれのムアッリムに猶予を与えるように内務省に請願した。彼が不満だったのは、初等国民学校や教会学校の教師が兵役免除になったにもかかわらず、ムアッリムには一時的な猶予が与えられたにすぎなかったことである。しかも、一九一六年七月四日以前にすでに多くの教師が召集されてしまっていたので、マクタブ・マドラサで教職にあるのは、召集年齢に達していない一八九八年生まれの青年たちだった。[124] エニケエフは、ムアッリムに特典を与えることは、国家が祖国防衛のために戦うムスリム兵士の家族を気遣っていることを明確に示すことになると訴えた。[125] しかし、内務省の宗務局と兵役局の協議を踏まえて参謀本部が二月に出した指示は、エニケエフの期待を裏切るものだった。それは、三一歳以上の教師を猶予対象とするにとどまり、召集年齢に達しない教師には猶予が与えられなかったからである。しかも、猶予は学生ではなく教師にのみ与えられることが強調され、その教師も一九一六年七月四日までに教職に就いていたことが、知事によって証明されていなければならなかった。[126]

二月革命後の三月三一日、臨時政府が問題を地方の兵役猶予問題委員会に委ねると、[127] 革命後に結成されたムスリムの自立的な組織が、ムアッリムと学生の徴兵猶予を要求するようになった。サマラ県ブグルマ郡のムスリム・ビューロー（Bugul'minskoe musul'manskoe biuro）は、郡のムスリム集会の決議を踏まえて、郡の兵役猶予問題委員会に対して、ムスリム教師とロシア人教師を同等にして前者に直ちに猶予を与えるよう要請した。ウファのムスリム学生委員会は、臨時政府、国会議員エニケエフ、宗務協議会に対して、教師と学生の喪失はムスリムの市民性、組織力、文化を停滞に陥れてしまうと電報を打った。[128] 同市のムスリム委員会（Ufimskii musul'manskii sovet）も、正教神学校の学生と同様に、ウファ県のマドラサの学生にも修了まで徴兵を猶予するよう教育省に請願した。教育省から連絡を受けた宗教省は、これまでの総動員で学生は徴兵を免除されず、聖職者の不足が多くの場所で感じられるので、ムスリムの信仰上の必要を満たすためにウファのムスリム委員会の請願は尊重に値すると考えた。[129]

信仰の特殊性を介した統合

帝政末期のロシア軍は、それを構成するにふさわしい集団を選別して国民軍としての性格を高めようとすると同時に、多様な信仰実践を保障する確固とした仕組みを内蔵していた。日露戦争で問題が露わになり、一九〇五年革命時にムスリムが要求した従軍ムッラー職の復活とムスリム聖職者の徴兵免除とに陸軍省が示した理解は括目に値する。蔵相が従軍ムッラーに従軍牧師並みの待遇を与えることに難色を示したのに対して、参謀本部は信仰の寛容の原則を振りかざして、両者の対等な待遇を正当化した。また、中央の軍当局や前線の司令部は、戦闘活動に直接関係のない従軍ムッラーの設置に奔走し、戦力の確保にはむしろマイナスになるムスリム聖職者やムアッリムの徴兵免除や猶予に配慮した。こうして、様々な宗教に属する人々が各々の言葉で、各々の聖典の前でツァーリに忠誠を誓うという帝国の伝統的な秩序は、第一次大戦という総力戦の前線と銃後で維持された。

とはいえ、政府とムスリム社会との交渉を通じて実現した制度それ自体が、新しい困難を内包するようになった点は見逃せない。一九〇五年以降、政府は、宗務協議会の機能強化がムスリムの分離主義を助長すると懸念していたが、日露戦争の経験を踏まえた徴兵免除問題では、ムッラーを聖職者と認めて特権を与えることになった。しかし、ムッラーが徴兵免除になると、第一次大戦時に戦場でムッラーを確保することが困難になった。その結果、軍内で宗務協議会の試験の合格証書を持つ者や銃後の志願者から従軍ムッラーを任命する業務が増大した。ムスリム聖職者の中ではムアッズィン職が比較的容易だったので、召集を逃れる抜け道になった。県庁は制度の悪用を阻止するために、マハッラが選出した候補者を承認しないという策を講じた。しかしそれによって、ムッラーの不在が

図 7-2　巡礼月の犠牲祭に際して礼拝を行うムスリム兵士（1917年 9 月 14-16 日）

出典）S. M. Iskhakov, *Rossiiskie musul'mane i revoliutsiia (vesna 1917 g.–leto 1918 g.)* (Moscow, 2004)，付録写真 11 頁目。

続き、儀礼や戸籍業務が行われないマハッラが急増した。そしてさらに大戦期には、将来のムスリム聖職者を確保するために、ムアッリムと学生に召集猶予を与えなければならないという新しい問題も生じた。

宗務協議会やムスリム国会議員は、ムスリム兵士と銃後の状況を改善するための交渉を国家機関と進める際、愛国と信仰の寛容という言葉を共有していた。当然のことながら、その対話が醸し出す感動的な統合のイメージは、現実に戦場にあったムスリム兵士の境遇とはかけ離れていた。とりわけ、ロシア語の不自由さと食生活は、彼らの境遇をより過酷なものにした。[130] 確かにムスリムの中にも、勲章を得て自身の活躍を誇ることのできた者は多数いた。[131] しかし、ムスリムであるがゆえに捕虜として投降しようとしていると疑われ、各人にロシア人の見張りが付けられる措置に、屈辱を感じる時もあった。[132] 従軍ムッラーに立候補するにも、彼がカザン県出身者ならば、戦前と同様、ジャディードか否かの政治的信頼度が調査された。二月革命後、ムスリム兵士が独自の部隊の結成を目指すようになるのも、軍内での自らの特殊な位置に対する認識が背景にあった。とはいえ、民族ごとの部隊編制をロシア軍の瓦解とみなす臨時政府に対して彼らが自己正当化に用いた論理は、宗派国家の統合原理を彷彿とさせるものだった。「民族別に構成された軍隊だけがこれ以上の紊乱と崩壊から母国を救うことができます。（中略）我々がムスリムの民族部隊を作ろうとしたのは、幻想でも空虚な妄想でもありません。これは国家にも有益な着想であり、国家にも不可欠なのです」[133]。

ロシア帝国は、多様な信仰を公認することを通じて統合を生み出す仕組みを備えてきた。ヴォルガ・ウラル地域のムスリム社会の場合、ウファの宗務協議会とその管轄下で聖職者として組織された集団が国家機関と社会との結節点となり、実務上の矛盾を内包しながらも両者の交渉を取り次いでいた。一九〇五年革命後は、国会議員が中央政府に働きかける重要な役割を担った。確かに、大戦時の政策立案レベルでは、ムスリムとの交渉を通じて強化される制度や新たに生まれる現実が、国家統合という本来の目的から外れて、ムスリムに無用な特権を付与したり、厭戦気分を助長したりしているのではないかという強迫観念が着実に侵食していた。しかし、ムスリムの代表者が愛国、忠誠、銃後への配慮などの言葉を駆使して交渉に臨んでいる限り、彼らの要求を撥ねつけるのはたやすくなかった。まさにそのために、戦時検閲の制約の中で、政府からの情報を伝達しながらそれについて微妙な形で意見を表明するタタール語の言論空間も維持された。次章で見る慈善協会の事業はそこで最もよく取り上げられた話題の一つであり、慈善活動自体も政府と個々のムスリム社会との間にあった公共圏の拡大に寄与した。

第 8 章

総力戦の中の公共圏

——慈善活動と女性の進出——

1917 年 4 月 29 日にカザンで行われた第 1 回全ロシア・ムスリム女性大会の参加者[(1)]

田舎の人々は戦争とそこから来る情報に、新聞の情報であれ兵士の手紙であれ、必要以上に重要性を与えはじめた。聞いた情報をそのままに、加えも引きもせず別の人に語って、一緒に判断するようになった。田舎のムスリムが、戦争の要求に対して田舎のロシア人よりも多くの支援をしているのは、彼らの勇猛な血が震えているからであり、戦争が忍耐と支援を最大限に必要としていることを察しているからである。

――「ムスリムの慈善協会の大会と田舎の人々」『コヤシュ』一九一四年一二月三一日(2)

宗派国家と市民社会

ペトログラード、カザン通り四〇番。この建物には首都に住むムスリムのための慈善協会が入っていた。会長は、一九世紀前半のコーカサス戦争で活躍したイマーム・シャーミルの子孫のザーヒド・シャーミルだった。その彼の計らいで一九一四年一二月六日、この場所に各地から二八名のムスリムの慈善事業家が集った。彼らの出身地は、ペトログラード、モスクワ、カザン、ウファ、オレンブルグ、クリミア半島、バクー、さらにはアルハンゲリスクやトムスクにも及び、三日目からはトルキスタンの代表二人も加わった。開会に際しては、カザンのイマーム、アブドゥッラー・アパナーエフの導きで、ツァーリとその家族の健康とロシア軍の勝利に祈りが捧げられた。その後、シャーミルの提案で、ニコライ二世と最高司令官ニコライ・ニコラエヴィチ大公に電報を送り、ムスリム臣民が祖国のために献身する用意があることを表明することにした(3)。

各地のムスリム慈善協会の代表が集ったこの大会は、ウファ県の国会議員イブニヤミン・アフチャモフを議長に、前線と銃後でロシア・ムスリムの名の下に取り組むべき救援活動について協議した。発言の端々には彼らの愛国的な気分が発露していた。モスクワ代表のラウィール・スィルトラノフ（Rāwīl Ṣirtlānūf）は、「今日は、愛国心

（waṭan ḥisslarī）に突き動かされて、我々の全存在をかけて、すべての同国人と一体になる重要な時であります」と述べた。[4] 五日間の大会では、戦禍に見舞われた兵士、その家族、その他の同信者を支援するために各地のムスリム慈善協会が行っていた募金活動を統合・調整する中央委員会を首都ペトログラードに設置することが決議された。この中央委員会は、一九〇五年革命後、急速に衰退したロシア・ムスリム連盟《イッティファーク》に次ぐ、帝国全体を視野に入れるムスリム組織となるはずだった。この慈善協会の大会は、愛国心だけでなくロシア・ムスリムの一体性を確認する上でも重要な機会だったのだ。象徴的にも、ザーヒド・シャーミルは一二月一〇日の閉会にあたり、九月に死去した啓蒙家イスマイル・ガスプリンスキーを鎮魂すべく、出席者にクルアーンの章句を読誦することを促した。

この大会は、総力戦の中で専制権力と社会の活力が調和的に協働できることを予兆しているように見える。ロシア帝国で慈善協会が急増し始めたのは一八九〇年代初めのことだが、ヨーロッパ部ロシアのムスリム商人や名望家も、ロシア人の協会の支部として活動するよりも独自の協会を作ろうと努力した。これらのムスリム協会は一九〇五年革命後、ゼムストヴォや市会の支援も受けながら発展した。[5] 第一次大戦が始まると、ムスリムの慈善活動は新たな段階に入る。大戦時に政府は、銃後の福祉を改善すべく社会の活力に依存せざるをえず、それが社会の組織化を促したからだ。その典型例が全露ゼムストヴォ同盟と都市同盟の結成だ。[6] これと類比できるのが、首都のムスリム団体の主導で、前述の大会の二ヵ月後に政府の許可を得て結成された「兵士とその家族を援助する臨時ムスリム委員会（ʻAskarlarga wa ānlarining ʻā'ilalarīna yārdamchī muwaqqat muslimān kāmītītī）」である。第4章で論じたように、戦前の政府は、宗派国家の統制の枠を外れるかのようなムスリムの活動家同士の紐帯を敵視し警戒した。このことからすれば、愛国を掲げるとはいえ、ロシア・ムスリムを代表する組織を政府が容認したのは極めて異例だ。

前章では、政府が従軍ムッラーを任命しムスリム聖職者を徴兵免除することで、前線と銃後で宗派国家の維持に努めていたことを示した。ヴォルガ・ウラル地域においてその要として機能したのはウファの宗務協議会である。よって宗務協議会が、徴兵を免除された聖職者を介して銃後のムスリム社会を戦時協力に動員すべく活動していたことは偶然ではない。事実、宗務協議会は、日露戦争時にも第一次大戦時にも、内務省、ツァーリ家の慈善協会、赤十字と連携しながら、兵士とその家族を支援するために、管轄下のモスクにおけるサダカ（sadaqa 施し）の収集を奨励した[7]。では、こうした伝統的な行政のあり方と前述のようなムスリムの社会団体の行動との間にはどのような関係があったのだろうか。本章では、ヴォルガ・ウラル地域のムスリムが主導した慈善事業が、当初は宗派国家の枠組みから外れない形で展開していたが、次第にそこから離れて全ロシア・ムスリムを救済対象とする運動へと変容する過程を描出する。その際まず、日露戦争期にムッラーがマハッラで募金活動やツァーリへの忠誠心の涵養に努めていたことを確認する。そして、第一次大戦期にはそこに慈善協会の活動が重なり、ムッラーとの協力を通じて大きな成果が挙がったことを示す。その上で、戦時に拡大した社会活動が地元のムスリムの共同体意識や宗教の理解にどのように作用したのかを分析するために、戦地からこの地域に到達したムスリム避難民との遭遇や女性の役割の増大に着目してみたい。

前章でも述べたように、ヴォルガ・ウラル地域のムスリムは一八七四年以来、正規軍への徴兵対象だった。つまり彼らは、肉親が赴く戦争に無関心ではいられない人々だった。そしてまさにそれゆえに、個々人の力では解決しえず国家も十全に対処することのできない諸問題に取り組む慈善団体や地方自治体が、この地域のムスリム社会で枢要な役割を果たしたのである。第一次大戦期には、タタール語の新聞・雑誌も、戦況や銃後の支援体制など人々が渇望する情報の提供に努めた。そして、そうした情報を理解するための識字や知識の普及は、ゼムストヴォと地域のムスリムの活動家との協働によって促進された[8]。第6章で論じたように、ムスリムのための学校改革の方向性をめぐる両者の交渉が進行したのもまた第一次大戦期だった。その時、男性教員の召集に伴い女性教員の果たす役割が増大したのだが、これについてはこれまで十分に注目されてきたとはいえない。

一九一六年六月二五日の勅令で前線後方の労働に徴用されることになったトルキスタンの現地民の間でも女性たちがロシア当局への抗議の声を上げたが、ヴォルガ・ウラル地域のムスリム女性は、ロシア人のフェミニスト運動にも触発されながら、自分たちの団体を組織したり雑誌に投稿したりするなど、戦前からすでに独自の公共圏を作り出していた(9)。とりわけ、一九一三年からカザンで出ていた『スユム・ビケ』は、戦時動員の社会でしかるべき役割を果たそうとする女性たちの声を体現していた(10)。この地域の女性の経験は、革命、戦争、民族運動の中で、出版物を通じて積極的に発言し、慈善団体の組織化や女子教育に取り組むことで自身の政治活動の領域を拡大させた同時期のトルコ人やイラン人の女性と比較できる(11)。ヴォルガ・ウラル地域のムスリム女性は、まさに第一次大戦期に自分たちが活発に展開した社会活動のおかげで、一九一七年の革命時に堂々と選挙権を要求できたのである。これは当時の世界でも先駆的だった(12)。

近年の研究で有力になっているのは、戦時体制と国民形成を一組で捉える見方であり、ロシア帝国は国民形成の機会を失ったので総動員に失敗したと捉えるのが一般的である。日露戦争時の救援活動を論じた土屋好古も、日本と比較してロシア帝国には臣民を国民として統合するナショナリズムが希薄だったと指摘している(13)。しかし、戦争遂行に必要な公民意識が不十分だったとすれば、政府は手持ちの動員技術を積極的に用いなかっただろうか。ここに、国民形成の有無や程度を指標とするのではなく、ロシア帝国の伝統的な統治機構が引き出しえた力を再評価する必要が生じるのである(14)。本章が、帝国の宗派国家構造の一角を担ったウファの宗務協議会を軸とする募金活動とともに、そこに接合したムスリム慈善協会の活動を分析対象にするのもそのためだ(15)。

ただし、宗務管理局制度から自立したムスリムの慈善事業の組織化を理解するには、第一次大戦期における民族の範疇をめぐる特殊な状況を考慮する必要がある。戦闘は、多くの民族がドイツ、オーストリア＝ハンガリー、ロシア帝国の国境をまたいで居住している地域で展開したので、軍事作戦と民族政策は不可分の関係にあった(16)。軍の総動員は民族の差異を際立たせ、「敵性民族」に対する政策が苛烈になった(17)。そして、銃後の救援活動も民族ごとに組織されるようになった。一九一五年初めのドイツ軍の進撃に伴って、避難民が西部諸県からウファ県にも達するようになると、ポーランド人、ユダヤ人、ラトヴィア人それぞれが同胞への支援活動を展開した。これをモデルに、ウファ主教アンドレイはロシア人避難民のための組織を作った。こうして、前線からほど遠いヨーロッパ部ロシア東部辺境においても、民族に基づく初期的な組織化が始まったのである(18)。

確かに、マハッラでのムッラーによる募金活動は、宗派国家の中のムスリムという枠内で行われていたという意味で、民族を単位とする新しい組織方法と親和性を持っていた。開戦初期のタタール知識人は、祖国《ワタン》に貢献している諸民族《ミッレト》の一つに「ロシア・ムスリム」を位置付け、戦争が終わった暁には各民族に相応の報いがあるはずだと期待していた。ところが一九一五年半ば、ロシア軍が帝国の西部地域から大潰走したことと相俟って、政府がムスリムの世論を無視して拙速に新しいムフティーを任命したことは、ムスリムの愛国心と宗務協議会の権威を大きく揺さぶった。これ以降、慈善協会の活動を伝えるタタール語の新聞・雑誌は、愛国よりもむしろロシア・ムスリム一丸となった相互扶助を強調していった。そしてその感情は、コーカサスとポーランド・リトアニア地域からムスリム避難民が到達するに至りますます高まった(19)。

ヴォルガ・ウラル地域のムスリムの慈善活動を分析することは、帝政末期のロシアが直面し、総力戦の中で昂進した二つの緊張状況を明らかにすることにもなる。第一に、多民族・多宗教から成る帝国を国民国家的な統合に導くと同時に、多宗教の臣民のツァーリへの忠誠を繋ぎ止めておくために、各宗教共同体を個別に束ねる機構を維持するという緊張。第二に、慈善活動と出版物が専制国家の中に市民社会を作り出すという緊張である。そして、まさにこの二つの緊張状況が、一九一七年の革命時に現れるロシア・ムスリム運動や女性の参政権運動の礎を築くことになる。

1　宗務協議会と慈善協会

日露戦争開戦まもない一九〇四年二月一〇日、ウファのムフティー、ムハンマディヤール・スルタノフは、管区内のムスリム聖職者に向けて、祖国のために戦う兵士のために支援を集めるよう訓示（naṣīḥa）七四五号を発した。これに応えて各地のマハッラではサダカが集められ、次々とウファに送られた。例えば、ワルシャワからは一三ルーブル一〇コペイカ、オデッサからは五三ルーブル四〇コペイカが寄せられた(20)。カザフ草原のウラリスク州イレクのアフンドは、マハッラの人々に金曜礼拝や市場でムフティーの訓示を説明して四一ルーブルを集め、周辺のカザフ人からも収集しようとした(21)。この訓示は、クリミアの啓蒙活動家イスマイル・ガスプリンスキーの『テルジュマン』一七号にも掲載され、それを読んだセミパラチンスク州カルカラル在住のトボリスク・ブハラ人は、住民から八〇着のシャツ（külmäk）を集めてウファのムフティーに発送した(22)（図8-1）。極東で従軍ムッラーを勤めたオレンブルグ県トロイツク郡のアフンド、ガイサ・ラスーレフも、近隣の三つのマハッラから計三〇ルーブル五三コペイカを収集した(23)。一九〇四年を通じてウファのムフティーのもとには、五万七九一四ルーブル一三コペイカが集められ、そのうち五万三八八九ルーブル一〇コペイカが内務省の指示で支出された。残金の大半は、戦後この地域を襲った飢饉に際して聖職者への義捐金に当てられた(24)。

兵士とその家族を支援するための募金活動は、日露戦争後、毎年行われた。一九一〇年には、ツァーリの弟ミハイル大公を名誉議長に置く「兵士の記憶を不朽化するための委員会」が、「日本との戦争で犠牲になった地元出身の勇猛果敢な母国の息子たちを思い起こして敬意を表するために」、死亡者、行方不明者、怪我・病気による死亡者の名前の入った掲示板を各教会に設置することを決定した。そして、この事業のために全国で募金活動を行うことになった。ツァーリの後援する「傷痍軍人とその家族のための一斉支援協会（Obshchestvo povsemestnoi pomoshchi

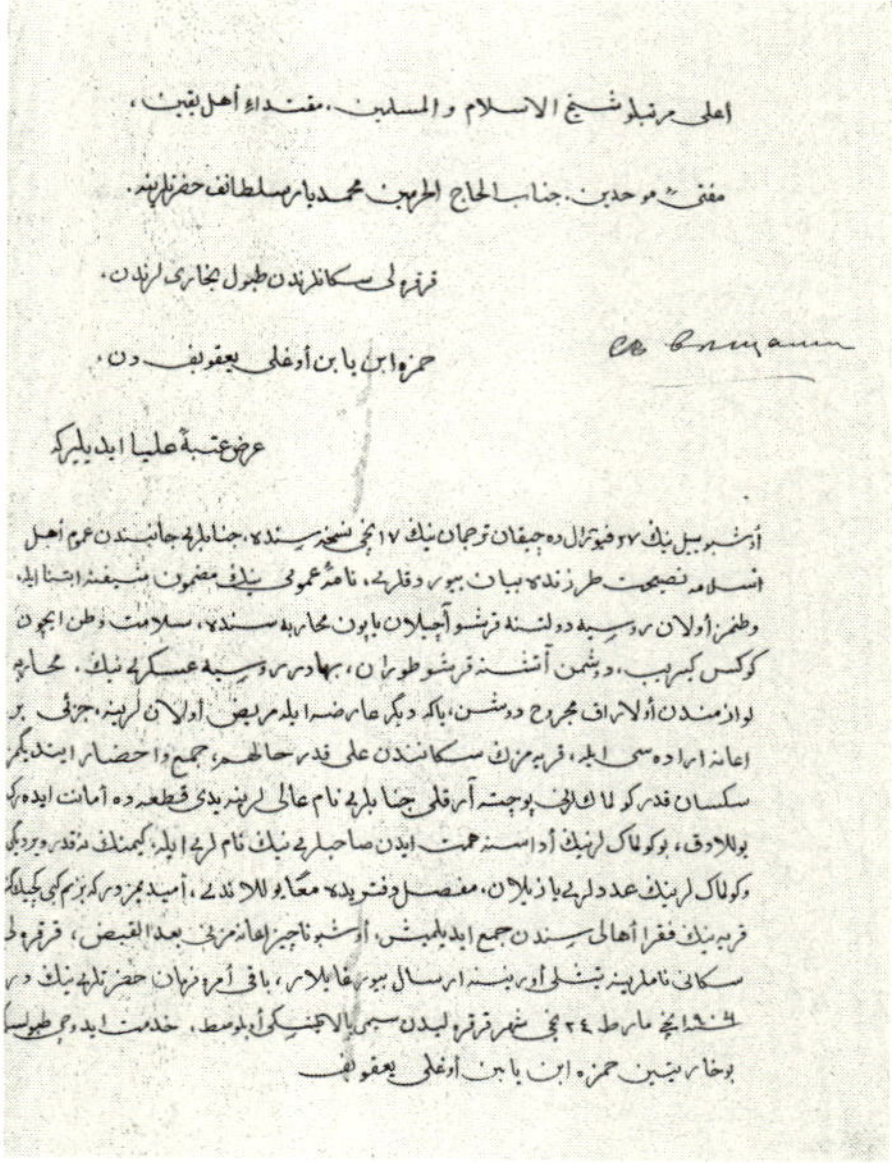

図 8-1　セミパラチンスク州カルカラル在住のトボリスク・ブハラ人からの寄付

出典）TsIA RB, f. I-295, op. 11, d. 40（紙番号なし）.

postradavshim na voine soldatam i ikh sem'iam)」のウファ支部は四月一三日にムフティーに対して、モスクに掲示板を設置することが「シャリーアの規定で実現可能ならば」、ムッラーを介した募金活動に協力するように要請した(25)。

第一次大戦が始まるとムフティーは、一九一四年八月一六日付四五号通達で管区内の聖職者に向けて、ロシア赤十字社が内務省に帝国の全モスクで傷病兵援助の募金活動を行う許可を求めたことを伝えた。そして、各マハッラで義捐金を募り、送金のために地方の出納局に納め、納めた金額を宗務協議会に毎月報告するように指示した(26)。これに応じて、ヴォルガ・ウラル地域だけでなく、カザフ草原ではアストラハン県のカザフ人集団ボケイ・オルダ、ウラリスク市、セミパラチンスク市、シベリアではトボリスク、トムスク、エニセイ、イルクーツク各県からも募金活動の報告がウファに届いた(27)。ボケイ・オルダのタロフ部（Talovskaia chast'）のアフンド、アブドゥッラー・ウマロフ（'Abd Allāh 'Umr Ū'īī）は、自分が議長を務める郷の赤十字が九〇〇ルーブルでカザフ人の天幕を購入して、発送する予定であることを伝えた(28)。イルクーツク県ウスリィエ村（Ūṣūlīya Qarīyasī）では、家族を支援するための委員会が組織され、すでに五〇ルーブルあまりを集めていたが、ムフティーの要請に応じて、赤十字のために一一ルーブルの寄付が集められた(29)。

これらの募金活動は通常、金曜礼拝のフトバなどマハッラのムッラーの訓示を伴い、ツァーリと祖国を守るロシア軍の勝利に祈りが捧げられたので、ムスリムの愛国心を高揚させた。マハッラによっては、金曜日や祭日に際して表明された自分たちの忠誠心を、知事を介してツァーリに伝えようとし、ツァーリもまた、内務省を通じてこれに返礼を行うことで対話的な情景を演出した(30)。一九一五年八月二三日にニコライ二世が最高司令官に就任すると、新任のムフティー、サファー・バヤズィトフは二八日金曜日に、ウファの五つのモスクの聖職者とともに、ツァーリとその一家の健康と安泰、ロシア軍の勝利を祈った。ムフティーは、この祈りが「ツァーリと祖国の従順で献身的な息子」たる管区内の全ムスリムに共有されていると内務省に報告した(31)。

しかし内務省は、ムスリムは閉鎖的なので真意は不明だとして、警戒を緩めなかった。オスマン帝国とすでに交戦状態になっていた一九一四年一一月四日には、カザン県知事が「コンスタンチノープルの汎イスラーム主義者」の宣伝工作に対する警戒と断固たる措置を県内の警察機構に求めた(32)。イスタンブルのシェイヒュルイスラームがジハードを宣言すると、ウファのムフティー、スルタノフは、オスマン帝国はイタリアやバルカン諸国との戦争後休息が必要だったにもかかわらずドイツの教唆でロシアに攻撃したのだと述べ、数世紀来ムスリムが安寧を享受してきた祖国ロシアを防衛することは義務だと説き、流言に惑わされないよう訓戒した(33)(図8-2)。すでにムフティーは一〇月二五日にも、コーカサス方面に出征するムスリム兵士に向けて、「あなたがたは皆つい先ごろ、最後の血一滴までツァーリと祖国に尽くすことを信仰と正義をもって誓いました。覚えておきなさい。己の誓いを破るものは、深い罪を引き受けることになるということを」と諭していた(34)。それでも一九一五年一月に内務省警察局は、カザン県知事の情報に基づいて、メディナから聖戦を呼びかける手紙がムスリム住民の間に広まっているとして、カザン県憲兵局長に対策を要請した(35)。宗務協議会を軸に演出されるムスリムの忠誠や愛国は、ムスリムが第五列になりうるという政府の不信感を払拭できなかったのである。

もちろんムスリムは、伝統的な宗派国家の機関を通じて動員されるだけの受動的な存在ではなかった。日露戦争時とは異なり、第一次大戦時には、各地の慈善協会も自発的な支援活動を始めた。開戦後まもない七月二五日に、

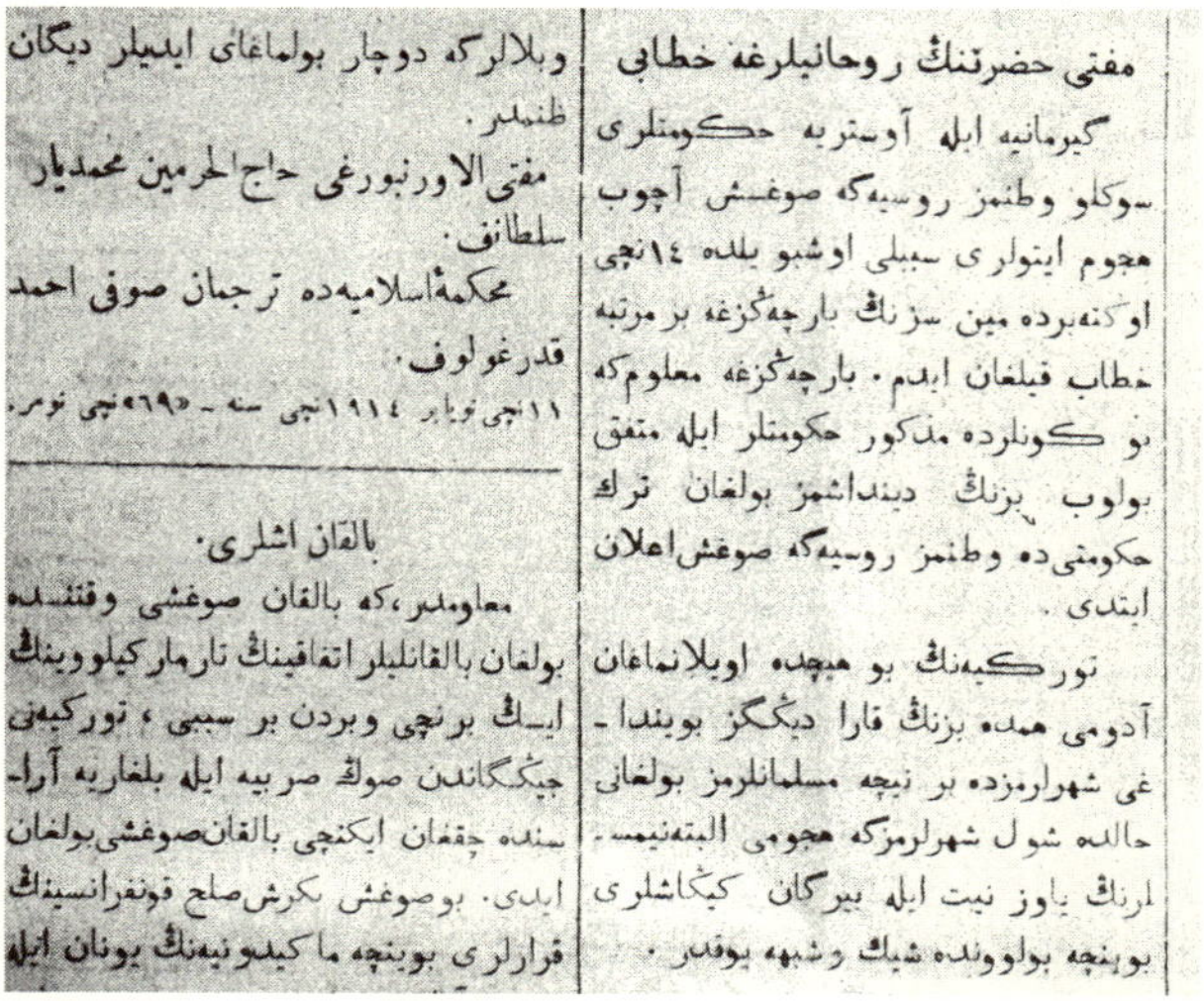

مفتی حضرتنڭ روحانیلرغه خطابی

گیرمانیه ایله آوستریه حکومتلری
سوكلو وطنمز روسیه‌گه صوغش آچوب
هجوم ایتولری سببلی اوشبو یلده ١٤نچی
اوکتبرده مین سزنڭ بارچه‌ڭزغه بر مرتبه
خطاب قیلغان ایدم. بارچه‌ڭزغه معلوم‌که
بو کونلرده مذکور حکومتلر ایله متفق
بولوب بزنڭ دینداشمز بولغان ترك
حکومتی‌ده وطنمز روسیه‌گه صوغش اعلان
ایتدی.

تورکیه‌نڭ بو هیچده اویلانماغان
آدومی همده بزنڭ قارا دیڭگز بویندا-
غی شهرلرمزده بر نیچه مسلمانلرمز بولغانی
حالده شول شهرلرمزگه هجومی البته‌نیمه-
لرنڭ یاوز نیت ایله بیرگان کیڭاشلری
بوینچه بولووندە شبك وشبهه یوقدر.

وبلالرگه دوچار بولماغای ایدیلر دیگان
ظنمدر.

مفتی الاورنبورغی حاج الحرمین محمدیار
سلطانوف.

محکمهٔ اسلامیه‌ده ترجمان صوفی احمد
قدرغولوف.

١١نچی نویابر ١٩١٤نچی سنه - «٦٩٥»نچی نومر.

بالقان اشلری.

معلومدر، که بالقان صوغشی وقتنده
بولغان بالقانلیلر اتفاقینڭ تارمار کیلووینڭ
ایڭ برنچی وبردن بر سببی، تورکیه‌نی
جیڭگاندن صوڭ صربیه ایله بلغاریه آرا-
سنده چقغان ایکنچی بالقان صوغشی بولغان
ایدی. بوصوغش بکرش صلح قونفرانسینڭ
قرارلری بوینچه ماکیدونیه‌نڭ یونان ایله

図 8-2　カザンの『コヤシュ』紙に掲載されたムフティー，スルタノフの訓戒。それと並んでバルカン情勢も伝えられている。

出典）*Qūyāsh*, 23 November 1914, 1.

オレンブルグの協会は、負傷兵の医療支援に一〇〇〇ルーブルの寄付を決定し、軍に衣類を提供するための受付を組織する方針を固めた。九月には、町のムスリム社会の代表が、寄付を募り負傷兵の世話にムスリム女性を派遣する特別な委員会の設置の許可を知事に請願し承認を受けた[36]。カザンでは、九月にムッラーや大商人が中心となって二万八〇〇〇ルーブルの寄付金を集め、ムスリムの病院を設置すべく協議が始まった[37]。アストラハンの協会も九月一四日に臨時の会議を開いて、民族に関係なく兵士を救援することを話し合い、八五八ルーブル四三コペイカの資金を集めた[38]。ウファでは、現地の協会が赤十字に三〇〇ルーブル、市に一〇〇ルーブルの寄付を行い、ムスリム女性が組織する別の協会は、一〇床のベッドを備えた病院を開設した。また、市の全ムスリムの名で支援委員会も結成され、その議長にはカーディーのハサンガター・ガバシが就いた。市会やゼムストヴォの支援組織にも、ハサンガターをはじめ、町のアフンド、ジハンギル・アブィズギルディン、ガリィエ・マドラサの校長ズィヤウッディン・カマリーら著名なムスリムが名を連ねた。現地の『トルムシュ』紙は、これまで汎イスラーム主義や汎トルコ主義の非難を浴びてきたムスリムが支援活動を自発的に組織して、祖国に対する義務を遂行しているのだと主張した[39]。

開戦後まもなく、ゼムストヴォと都市自治体は、傷病兵救護のために全国規模の組織化に着手し、全ロシア・ゼムストヴォ連合と同都市連合を結成した。こうした動きに刺激されて、首都ペトログラードの三つのムスリム組織の指導者は、全国に分散しているムスリムの慈善事業を統括する組織を作るべく動き始めた。ペトログラード・モスク建設委員会委員長で少将のアブドゥルアズィーズ・ダウレトシン、ペトログラード・ムスリム慈善協会会長ザーヒド・シャーミル、教育普及協会の女性の会長アミーナ・スィルトラノヴァは一九一四年一〇月末、各地の協会の代表者を集めて協議を行うために会合開催の許可を内務省に申請した。彼らは、全ロシア・ムスリムの名で戦場の傷病兵の支援を組織することが望ましいという考えはすべての慈善協会に共有されているとして、各地に分散した活動を現実の要求に沿った形でより広範に組織する必要性を訴えた。大会は、資金源、負傷者支援の形態（移動式の病院か、前線の衛生部隊か、病院列車か）、その計画の実現、人員の確保、支援組織の整備・監督のあり方、募金活動の組織、出納の管理を議題とし、出席者は四〇人で、一一月半ばに一週間ほど開催する計画だった。[40]

内務省から許可を得た三人の発起人は、一二月六日の大会開催に向けて、各地のムスリム慈善協会に代表者を派遣するように要請した。[41] 各地の協会の積極性は、その資金状況と比例していた。「ロシア・ムスリムの社会的・民族的事業の先導者」となることが期待されたカザンの協会は当時、財政難に陥っており、ペトログラードのムスリムの呼びかけにも応じることができなかった。カザンの協会は長年、一部の商人の寄付に資金を依存してきたので、世代交代がうまくいかず、町のムスリムの共感も乏しかったからだ。[42] これとは対照的に、アストラハンのイスラーム慈善協会（Jamʿīyat-i khairīya Islāmīya）は、ムッラー、知識人（diyālīlar）、意識の高い青年たち（ānglī yāshlar）ではなく、民衆（ʿawāmm）が中心となることで苦境から再生した。この協会は、先行するイスラーム評議会（Shūrā-i Islāmīya）が財政難で活動を停止した後、その債務を引き継いで活動を開始したにもかかわらず、借金を返済した上に、孤児院や民族劇場を設置する新しい事業にも乗り出していた。[43] 大会当日の記事で『ワクト』は、概して慈善協会の活動に対するムスリムの関心が低いことを指摘し、「我々は、知識や思想の面で他の諸民族に比べて大変後れており、公共的で社会的な事業（ʻumūmī wa ijtimāʻī ishlar）を行い、組織立てて働くことを学ばなかったようだ」と述べた。そして、二〇世紀において、民族の「偉大さや尊厳（zūrlïq wa shānlïlïq）」は、数の多さではなく、知識、教育、豊かさで測られることを忘れてはならないと忠告した。[44]

本章の冒頭で述べたように、一二月六日にムスリムの慈善協会の大会は開会した。大会の議長にはウファ県の国会議員アフチャモフが選出され、副議長はシンフェロポリの弁護士アフマド・ミルザ・ムフティーザーデ（Aḥmad Mīrzā Muftī Zāde）とバクーの石油事業家アガ・ミルザ・アサドゥラエフ（Āghā Mīrzā Asadullāīf）、書記はウファ県の元国会議員セリムギレイ・ジャンチューリンとオレンブルグの代表ブルハン・シャラフ（Burhān Sharaf）が務めた。また、ペトログラード市当局からは二人の監視役が派遣されていた。

大会の始めから各地の慈善協会は、資金援助を積極的に申し出た。モスクワの協会は、共同の病院のために五〇〇ルーブルの支出を約束した。アストラハンの協会の代表ファーティフ・シャマーソフ（Fātiḥ Shamāsuf）は、全ムスリムによって実現される支援組織が戦場にあることを望むと表明し、現時点で二〇〇ルーブルの支援の用意があること、またその後も特別な委員会を組織して可能な限り支援を集める努力を行うことを伝えた。[45] ウファの代表サービルジャン・シャムグーロフ（Ṣābir Jān Shamghūluf）は、一〇〇〇ルーブルの支援を約束し、現在自身の管轄にある病院を全ロシア・ムスリム組織の中央委員会に移す考えを示した。[46]

大会では、クリミア半島のワクフや「バシキール共同体基金（Bashkirskii mirskoi kapital）」といった地域で貯蓄された公的資金を投入する可能性も検討された。[47] タヴリーダ県には九万デシャチーナの土地と一五〇万ルーブルの資金がムスリム聖職者の管理下にあるといわれ、そのうち、クリミア戦争後のタタール人のオスマン帝国への移住に伴って廃止されたモスクのワクフは、ワクフ特別委員会（Osobaia komissiia o vakufakh）という内務省の出先機関によって管理されていた。[48] そのワクフは一九一四年一一月二〇日時点で、四五万六三七九ルーブル一〇コペイカに達していた。クリミアの代表ムフティーザーデは、日露戦争時にも、廃止されたモスクのワクフから病院が作られたので、今回の救援組織にもそこから出資が可能であるとの判断を示した[49]。そして、ウファ県のアフチャモフらがバシキール人の貧困を根拠にバシキール基金からの支出に難色を示したとき、ムフティーザーデは、クリミアのタタール人も貧しいのだと反論した[50]。

大会では、官費で戦場にムッラーを派遣する問題も話し合われた。モスクワの代表ラウィール・スィルトラノフは、各師団に一人ムッラーを派遣し、戦場に医療団を送る場合もムッラーを数名同伴できるよう許可を得なければならないと提言した。彼は、ムッラーの存在が、兵士だけでなく、祖国への奉仕のために息子を送り出した年老いた両親も慰めることになると述べる。そして、「ムスリム各人の最も強力で最も神聖な宝物は自身の信仰であるので」、死に際に祈りを行い、イスラームに則って葬られるならば、ムスリム兵士は死の恐怖を完全に忘れ、さらに勇敢に戦うことができるだろうと訴えた。スィルトラノフは、戦場をイマームで満たすことはできないまでも、イマームの存在が「神聖な宗教の影（muqaddas dīnining kūlagasī）」となることを期待した[51]。ペトログラードのアフンドで、一九一五年夏からウファのムフティーになるサファー・バヤズィトフは、宗務協議会がロシア語に通じたムッラーを戦場に置くことができるようにと提言した。出席者は、ロシア語の必要性は認めたものの、宗務協議会によるムッラーの派遣は否決した。とはいえ、派遣方法の代案は示されなかった[52]。前章でみたように、従軍ムッラーの派遣は軍部が候補者の選定を主導し、宗務協議会は候補者について評価を与えるのみだったから、大会出席者も宗務協議会に現状以上の役割を期待できなかったのだろう。

大会は三日間の予定だったが、会期を二日延長することが当局に許可され、一二月一〇日まで続いた。五日間の協議の結果、大会は次のような決議を出した。まず、前線での傷病兵に対する救援活動として、ロシア・ムスリムの名で、コーカサス戦線に衛生部隊（sanitarnyi otriad）を派遣することになった。この部隊は、半月の中に「アッラーの他に神はなし」という信仰告白の文言が入ったマークを掲げるはずだった。そして、この事業を管理し資金を募るために、首都に中央委員会を設け、諸県に支部を開くことになった。さらに、ムスリムが物心両面で支援活動に積極的に参加するように、シンフェロポリ、チフリス（トビリシ）、ウファのムフティーに、管轄下のムスリムに呼びかけを行うことを要請することにもなった。首都の中央委員会の構成員としては、以下の者が選出された。ペトログラードからダウレトシン、ハサン・マンスーロフ、アリーム・マクスードフ、クリミアからムフティーザーデ、バクーからアサドゥラエフと国会議員ジャファロフ、ウファからセリムギレイ・ジャンチューリン、イブニヤミン・アフチャモフ、トルキスタンからバイザーコフ（Bāy Zāq Ūghlī）。

また大会は、兵士の家族の支援について、衛生部隊を組織するために集められる資金の一〇％を充てることも決議した。この資金は、中央委員会の判断で、地方支部が必要とする家族に支給することとされた。また、死亡・負傷した兵士の家族に、年金を受け取る方法に関する法律をタタール語に訳して配布することも決まった[53]。最後に、大会は次の課題を中央委員会に委ねた。第一に、中等・高等学校就学のための奨学金がムスリム傷病兵の子供たちにも開かれるよう努力すること。第二に、この「祖国戦争（waṭan ṣūghshi）」でムスリムの志願兵、正規兵、負傷者、死亡者数がどれくらいで、戦場でどれほどの者が英雄的に活躍し勲章を得たのか、どれほどの支援活動が展開されたのかについて記録を残すこと。第三に、トルキスタンのムスリム社会で集められた支援の一部が、全ロシア・ムスリムの名で組織された委員会に与えられるように要請すること。第四に、オスマン帝国の参戦に関連して、ムスリムの宗教感情を傷つける記事や絵がロシア人の出版物で掲載されていることに鑑みて、政府の注意を喚起すること[54]。

当時ムスリム知識人は、「全ロシア・ムスリム」を戦時協力のために組織化する試みを他の諸民族の行動と同じ流れに位置付け、各民族が祖国に貢献することで、戦後、相応の見返りが期待できると考えていた。カザンの『コヤシュ』紙の論客ファーティフ・アミルハンの見立てによれば、非ロシア人のうち文明的な諸民族は祖国のために貢献すると同時に、その貢献に自分たちの民族的な色彩を添え、全体の事業の中に自分たちの役割を定めている。そして、今日労働に従事する諸民族だけが、祖国の将来からしかるべき分け前を得ることができるのだった。「祖国に奉仕するために今、諸都市が団結し、各地のゼムストヴォが一体となった。諸民族は各々結束した。それらがすべて我々の手本になるように。それらすべてが我々にも、ロシア・ムスリムにも、歴史的な日々にふさわしい事業をなすことのできる熱意と力を付与するように！」アミルハンは、カザンの地方支部がロシア・ムスリムの支援活動の最重要拠点になるよう訴えた(55)。

第一次大戦期にゼムストヴォの教育事業が進展した背景には、農村の人々が肉親の赴く戦争を理解するために、国家や国際関係に関する情報を渇望したことがあった。これはムスリムも例外ではなかった。『コヤシュ』は、「ムスリムの慈善協会の大会と田舎の人々」という記事を掲載し、大会の決議が「なくした物を見つけたように、心に浮かんでも言うことのできなかった言葉を不意に言ったように」、田舎のムスリムの要望に適うものであり、これまでのムスリムの集会にも増して人々が高い関心を寄せていると指摘した。それと同時に田舎の人々の声として、ムスリムの傷痍軍人の児童に与えられる奨学金が公立学校だけでなく、マクタブのためにも支給されるようにと提言した。戦争には宗教や民族の違いに関係なく参加しているので、ロシア語を学ぶ児童に支援を与えて、ムスリムの言葉を学ぶ児童に与えないのは不公平（figizsizlik）なのだった。また、田舎の人々は、勲章をもらった兵士の情報よりも、負傷した自分の肉親がどこの病院にいるかを知りたかった。それに関する情報は郷ごとに名簿が作成されていたが、ムスリムはロシア語が不自由なので、タタール語の出版物で伝えるのがよいと考えた(56)。

一二月末、大会の議長だった国会議員イブニヤミン・アフチャモフは、一三条から成る「傷痍軍人を支援するムスリム社会組織臨時委員会」の規程案の承認を内務省に求めた。この案はムスリム各紙にも送付された(57)。規程案は、基本的には大会の決議に沿ったものであるが、地方支部の活動に関する条項が詳細になった。それによれば、地方支部はその土地のムスリム協会の全体集会で選出された者、少なくとも三人から成る。この支部は、中央委員会の規程と中央委員会の指示で業務を行う。支部で集められた資金は、中央委員会に送られる。支部を組織すると直ちに、その構成員と活動を地方政府に届け出る。中央委員会のために支援を募る人々は、中央委員会あるいは地方支部の出す証明書を持つ。彼らは、中央委員会が送る帳面に集まった支援を記録しなければならない。中央委員会に集められた資金は毎月新聞で公表される。終戦後、中央委員会と支部の活動は停止し、詳細な決算を公表する。この規程案は翌一九一五年二月初めに承認され、「兵士とその家族を援助する臨時ムスリム委員会」が正式に発足した(58)。

こうして臨時ムスリム委員会は、一九一四年一二月の大会決議を実現すべく、内務省や軍当局と交渉に入り、地方支部の設置に着手する。一九一五年三月、臨時委員会の議長になったアブドゥルアズィーズ・ダウレトシンは、内務省宗務局局長メンキンに宛てて、ウファのムフティーが管轄下のイマームに通達を出して募金活動を行うのが効果的だと提言した。彼は、その効果がセミレチエ州の地震被災者のために行われた募金でも証明されており、現在では赤十字の募金でも同様の方法が取られていると説明した(59)。ダウレトシンによれば、傷痍軍人のために意味のある支援を組織するには一〇万ルーブルは集める必要があり、戦時下で様々な組織が募金活動を行う中、人々から特別な共感を期待するにはムフティーからの呼びかけが有効なのだった(60)。この提言は内務省に承認され、ムフティーのスルタノフは一九一五年四月五日付第二一号通達で、近い金曜日に臨時委員会のための募金活動を行うよう管区内の聖職者に呼びかけた(61)。従軍ムッラーの派遣については、アフチャモフと国会のムスリム会派議長テフケレフが最高司令官に請願し、最高司令官は全軍の司令官にその旨を要請したという(62)。臨時委員会は、全ロシア・ムスリムの名で組織される衛生部隊が掲げる半月と信仰告白のマークの承認を求めて、赤十字のロシア本部に問い合わせた。しかし、ジュネーヴ会議で承認されていないマークは使えないと判断されたので、赤い星を使用できるよう内務省に許可を求めた(63)。

臨時委員会は、『ワクト』を通じて地方支部の支援活動の方法を説明した。大会決議にもあったように、地方支部で集められた支援は首都の臨時委員会が一元的に管理し、その判断で支出することになっていたから、地方支部の主要な役割は募金活動の組織と情報収集だった。地方支部は、当該地域とその周辺のムスリム兵士の家族、とくに困窮者と孤児の状況、病院やベッドの設置、様々な救援施設への援助など、ムスリムが戦争のために行っている支援活動について、首都に情報を提供することが求められた。臨時委員会は、各支部が地域のムスリムを祖国救済の道で一致団結させる努力をしなければならず、貧しくて支部を開けない場合にも、そういう場所こそ困窮する家族が増える可能性があるので、支部を開く努力をしなければならないと訴えた。そして、全ロシア・ムスリムの名で行われているこの大事業に、政府当局も大きな重要性を付与していると激励した[64]。

首都の臨時委員会に集まった資金は一九一五年五月一日までに、七一五九ルーブル七七コペイカに達した。支援はウファ県とオレンブルグ県を中心に、シベリアでは、イルクーツクの慈善協会から二〇〇ルーブル、オムスクの個人から一〇〇ルーブル、トムスク県タイガ市のムスリムからムッラーを介して七八ルーブル、パヴロダールの慈善協会から三〇〇ルーブル、ヨーロッパ部ロシア西部では、ヴィリナの慈善協会から四〇〇ルーブル、ワルシャワのムスリムから三三ルーブル、オデッサの慈善協会から五〇ルーブル、クリミア半島のケルチの慈善協会から一二〇ルーブルが寄せられた。地方支部や各地の慈善協会は、コンサートや演劇、映画を上演して支援を募った。ハリコフのムスリム慈善協会は、映画を上演した収益二〇〇ルーブル二三コペイカを臨時委員会に寄付し、サマルカンドの知識人（diyālīlar）は「東方の夕べ（Sharq kīchasī）」を催して一二八ルーブルを集めた[65]。中央アジアのジャディードにとって演劇は、保守的なウラマーらの反発を受けながらも、自身のメッセージを伝える手段と同時に自身の活動の資金源ともなっていた。第一次大戦期に彼らは、ムスリム兵士のための野戦病院の設置や、とくにコーカサスのカルス戦線の戦災者支援を掲げた催し物を組織した。また彼らの著作には、オスマン帝国の参戦後も愛国感情が表明され続けた[66]。

一九一五年五月一九日の『ワクト』によれば、地方支部はウファ県とオレンブルグ県を中心に、西はワルシャワ、東はイルクーツクにまで三四ヵ所に設置された。基本的に、地方支部は各地の慈善協会が母体となったが、慈善協会のない場所では支部が慈善協会の役割を果たすことが期待された。注目すべきは、地方支部が宗務協議会の管轄地域を越えてカザフ草原やトルキスタンにまで広がっていたことだ。カザフ草原ではトゥルガイ州カラブタク（Qarābūtāq）、アクモリンスク州アトバサル、セミパラチンスク州ザイサン、トルキスタンではタシュケントをはじめ、セミレチエ州トクマク（Tūqmāk）、シルダリア州チムケント、サマルカンド州飢餓草原（Golodnaia step'）、そしてブハラ領では旧ブハラとケルキにも支部が置かれた。興味深いことに、中国領のクルジャにも支部が出現した(67)。ウラリスク州の六つの郷では、ウラリスクのカザフ人で元国会議員のバフトジャン・カラタエフの尽力で、各郷のカザフ人が一〇〇〇ルーブルの寄付を約束して決議を下した。カラタエフは、他の郷でも同様の決議がなされることを期待した。

首都の臨時委員会は、支部の開設をさらに促すために、沿ヴォルガの諸都市とトルキスタン方面にアブドゥッラー・イスマティー（'Abd Allāh 'Iṣmatī）、オレンブルグ、ウファ、ペルミ、ヴャトカ各県にアブドゥッラー・シナースィー（'Abd Allāh Shināsī）を派遣することにした。同年九月二九日の『ワクト』によれば、支部は六六に増え、九月半ばまでに委員会に集まった資金は五万二〇〇〇ルーブルを越えた。中央には、毎月一万一〇〇〇から一万二〇〇〇ルーブルの支援が寄せられ、その大半はムッラーを通じて集められたものだった(68)。これは、ムフティーの訓示によるサダカ収集の慣例と臨時ムスリム委員会の組織化がうまく組み合わさり、機能していたことを示唆するだろう。

全ロシア・ムスリムの名で運営される衛生部隊は一九一六年六月、赤十字の第四八前線衛生隊として実現した。一九一四年一二月の大会決議ではコーカサス戦線への派遣を希望していたが、西部前線のドヴィンスクに派遣された。そこには、オスマン軍との接触を避けるという軍当局の判断が働いたのかもしれない。隊長には教育普及協会会長のアミーナ・スィルトラノヴァ、部隊のムッラーには、ウファ県ベレベイ郡のアフンドで第一国会の議員でもあったジャマールッディーン・フラムシン（Jamāl al-Dīn Khūrāmshīn）が就いた(69)。

2　拡大する公共圏

第一次大戦時には、各地の慈善協会の活動が活性化し、首都の臨時ムスリム委員会がそれらの連帯を促すという形で、ムスリムの公共圏が全国的に急速に拡大した。ヴォルガ・ウラル地域においてこの新しい公共圏は、伝統的なムスリム行政と連動することで一層効果的に機能したが、臨時委員会の支部の分布は、宗務協議会の管轄地域を大幅に越えていた。大戦期の慈善事業は、既存の宗派国家の枠組みを利用しつつ、そこには納まらない形でもロシア・ムスリムの連帯を強めていたといえる。しかし、戦争の長期化とともにロシアの戦況が厳しくなり、政府も戦時協力の見返りを求めるムスリム臣民の期待に応えられないことが明らかになってくると、宗派国家と公共圏との協働も崩れ始める。

不協和音が生じたのは、一九一五年六月一二日に二九年間ムフティー職にあったムハンマディヤール・スルタノフが死去したときである（第2章第1節も参照）。これを機にカザン、ウファ、オレンブルグのタタール語紙では、ムスリム自身がムフティーを選出すべきだという、一九〇五年革命以降、繰り返し持ち上がってきた要求があらためて提起され、後継者候補の名前が具体的に上った。宗務協議会はムスリムの忠誠心を戦時体制に結びつける要だったから、内務省はその長の空位が長引くことを恐れ、七月二七日にはペトログラードのアフンドだったサファー・バヤズィトフの任命を皇帝から取りつけた。これは、ムスリム聖職者よりも知識人の激しい反発を引き起こし、タタール語紙はそうした声を増幅する役割を果たした。カザンの知識人の代表者は国会のムスリム議員に、ウファの代表者は内相にそれぞれ抗議文を送った。オレンブルグの『ワクト』には、遺憾の意を表明する手紙が大量に寄せられた[70]。その後も新しいムフティーに対する不満はくすぶり続ける。一九一六年七月二二日にバヤズィトフはクルアーンの章句や国家の法律を引きながら、管轄下のマハッラの人々に対して、共同体の資金を聖職者の生活保障に優先的に充て、その残りを慈善事業や親族の支援に使うよう要請する通達を出した[71]。これに対してタタール語の新聞・雑誌上では、イスラームに聖職者（rūḥānīlar）はいるのか否かという論争が展開された。これは、バヤズィトフの宗教的権威に対する間接的な攻撃だった（第1章第2節を参照）。

とはいえ、ヴォルガ・ウラル地域のムスリムは政府に対する希望を完全に失ったわけではない。バヤズィトフの通達が出たのと同じ頃、六月二五日の勅令で突如として前線後方の労働に徴用されることになったカザフ草原とトルキスタンのムスリムが叛乱を起こしていたが、『ワクト』は彼らもロシア内地の同信者と同様、兵役に服すべきだという立場だった。ただし、「カザフ人への呼びかけ」と題された記事の論調には、満たされない想いも滲み出ている。「ロシア内地のムスリムは兵役に就いて久しい。他の同国人と共に祖国防衛のために命を捧げている。それに相応しく他の人々と同等の権利を得ることができていないとはいえ、希望を失ってはいない。いつかは手にできると願っている[72]」。

ムスリムの慈善事業は、宗務協議会の指令系統に頼りながらモスクを中心に行われた募金活動を離れて、独自の領域を開拓していく。ペトログラードの臨時委員会も、地方支部の自立性を高めようとした。従来、地方支部で集まった寄付金の使途は首都で判断されていた。しかし、一九一五年九月一八日の臨時委員会の会議で、以降は地方支部が自身の判断で、それまで中央に送金してきた、また手元に集まっている資金を支出できるようにした。この決定は各地の支部にも通達された[73]。それによれば、国庫による配給を超えないことを条件に、支部の資金の一〇％を国庫や地方自治体の配給や年金等の受給対象ではない養子、義父母、老人らに与え、四〇％をゼムストヴォ学校、マクタブ、技術学校で兵士の孤児を学ばせるために充てることになった。臨時委員会は、後者の事業を最重要課題に位置づけ、各学校長も児童の名簿を作成して学資の援助を求めることが可能だとした。

多くの負傷したムスリム兵士が前線から運ばれてきたペトログラードでは、地元の慈善協会がイスラームの二大祭に際して、兵士たちに娯楽を提供しご馳走をふるまった。集まった傷痍軍人は一九一五年には二〇〇〇人以上、一九一六年には三〇〇〇人を数えた。その費用は、祭日期間中に町のムスリムや臨時ムスリム委員会が寄せた寄付金で賄われた。例えば、巡礼月の犠牲祭に際して、一九一四年には八六七ルーブル一四コペイカ（うち五〇〇ルーブルはヒヴァ・ハンから）、一九一五年には一一七三ルーブル五〇コペイカ（うち三〇〇ルーブルは臨時委員会から）、一九一六年には一二〇〇ルーブル六五コペイカ（うち一〇〇〇ルーブルは臨時委員会から）が集まった。しかし、戦争が長引くにつれて娯楽の資金は縮小し、寡婦、孤児、傷痍軍人への義捐金が膨らんでいった。[74]

前線から遠く離れたヴォルガ・ウラル地域でも、一九一五年秋にコーカサス（とりわけカルス州）と西部諸県から避難民が到来すると、ムスリムの慈善協会による救援事業の緊要性が著しく増した。ポーランド人、ユダヤ人、ラトヴィア人、ムスリムなどから成るこれらの避難民は、ロシア軍がこれらの人々の住む地域から退却していること、そして戦争に負けつつあることを地元民に日々思い起こさせる存在となった。[75] 第一次大戦は、様々な局面で民族意識を尖鋭化させる契機を孕んでいたが、それは銃後の救援活動も例外ではなかった。ヴォルガ・ウラル地域でも、ポーランド人、ユダヤ人、ラトヴィア人それぞれが、避難民の中の同胞を助けるべく組織を作った。当局は、これらの民族組織が政治運動の新しい温床になることを警戒したが、結局は、国家の負担を軽減すべく、こうした社会の自発的な活力を受け入れざるをえなかった。[76]

首都の臨時ムスリム委員会も九月に、避難民に対する救援活動にまで事業を拡大すべく、内務省に働きかけ始めた。従来の規程によれば、義捐金の使途は兵士とその家族の支援に限られており、避難民を支援することができなかったからだ。臨時委員会は、一一月に内務省の承認を得て、避難民も含めた戦災者にまであらゆる支援を提供できるようになった。そして、帝国全土に活動を広げ、病院、療養所、衛生部隊、避難所、養護施設（priiut）、食堂、学校、貧窮院（rabotnyi dom）等を設置することも許可された。地方支部は、兵士や戦災者支援のための様々な地元組織と合同で事業を行い、他の公的機関から補助金を求めることも可能となった。さらに、地方当局に届け出れば、業務拡大に伴い支部の人員を増やすこともできるようになった。[77]

オレンブルグでは一足先にムスリム戦災者支援委員会が設置され、コーカサスから避難してきたムスリム児童のために養護施設を開くための支援を臨時委員会に求めていた。この委員会は一九一五年一〇月までにバクーの慈善協会を介して、カルス県の戦災者に一万五〇〇〇ルーブルの資金を送っていた[78]。カルスでは戦災孤児の問題が深刻化していたことを受けて、委員会は『ワクト』を通じて、「父母を失った無垢の子供たちに父母の務めをはたすことは、民族（millat）の責務である。これは、ムスリム一人一人に課せられた義務（farḍ）である」と訴えた。さらにこの委員会は、西部からのムスリム避難民を援助する事業にも着手し、地元の同信者にさらなる協力を求めた。「彼らはすべて、数世紀来よその人々の海に溺れても自分の宗教を失わなかった我々の同胞である」。委員会は、ポーランド人、ユダヤ人、ラトヴィア人が自民族を支援している時に、西部のムスリムは自分の同信者以外、誰に頼れるのだろうかと問いかけた[79]。

カザンではすでに、ムスリムの慈善協会が一九一五年二月一八日にカルスのムスリム戦災者のためにチャリティーの夕べを開き、七七二枚のチケットを売って二六七五ルーブル八五コペイカの収益を上げていた[80]。秋から初冬に西部諸県から避難民が到達しはじめると、市当局も救援活動に乗り出し、各民族の同胞がそれに連携した。地元のムスリムも自前の救援委員会を立ち上げた。一二月初めの時点で、市当局に登録されたムスリム難民の数は六五〇人を越えた。ムスリムの救援委員会には中等・高等学校の生徒が無償で多数参加し、女性も少なくなかった。委員会では業務が分担され、避難民を駅で迎え給食する班、住居を手配する班、委員会に登録する班、食費を支給し住居を訪問する班、医療を担当する班、子供の就学を担当する班、就労を斡旋する班から成っていた。委員会は、学齢児童をギムナジアからマクタブまで様々な学校に在籍させた。また、労働可能な者には仕事をあてがったので、ムスリム避難民一七〇世帯のうち七〇世帯はよい給料を得て自活し始めたという[81]。

避難民の中にいたポーランド・ムスリム（Pūlsha Muslimānlarī）は、その存在自体に対する現地ムスリムの関心を高めた。前述のオレンブルグ支援委員会の言葉にもあるように、彼らのヨーロッパ部ロシア東部への到達は「四〇

○年ぶり」の同胞との邂逅として語られた。『ワクト』ではリザエッディン・ファフレッディンが、リトアニア、ポーランドのムスリムの歴史を解説した。[82] この同胞に対する地元のムスリム知識人の眼差しと戦時下の支援活動の組織化との関係が典型的に現れているのが、『ワクト』に掲載されたマフムードフ（H. D. Maḥmūduf）の記事である。彼は、ポーランドのムスリムを「暗い森で迷ったままでいるか、あるいは父母と別れ、家のない孤児になっている幼児の状況」にたとえる。なぜなら、彼らの間では今日、テュルク・タタール人（Türk-Tātārliq）としての痕跡は何も残っておらず、宗教上、祈りの言葉をわずかに知っているにすぎないからだ。しかも、「ロシア国家の隅々にまで広がって商売を行い、（中略）マハッラを形成し、マクタブやモスクを建てる我々の熱心なタタール商人も、文明の中心であるこの西部諸県で他の者と競合できないので」、当地のムスリム同胞と交わることができないでいるのだった。またマフムードフは、ポーランド・ムスリムの大部分は貴族や官僚であり、身内以外の者を後援することは少ないので、極東、天山山脈、カザフ草原にも広がっている献身的なムアッリムも、ポーランド・ムスリムの間で勤めることができないとも述べる。そこで彼は、ウファの宗務協議会とシンフェロポリの宗務管理局が、シャリーアと法の擁護者として、また「精神的な父（maʻnawī ātāliq）」として、ポーランド・ムスリムに同情を示して行動すれば、同胞が孤児のように取り残されることはないだろうと考える。

　こうしてマフムードフは、平時にはめぐり会えなかった同胞が、苦境の中で「同胞の紐帯（qardāshlik rābiṭasī）」に導かれてロシア内地の身内（tūghānlar）のもとにやってきたのだから、「数世紀来、よその人々の間にいた宗教と血縁上の同胞に、我々自身が助けの手を差し伸べられないことは、全く弁明が受け入れられないほど大きな過ちである」と主張する。そして彼は、政府、都市、ゼムストヴォが全体的な支援活動を展開する一方で、ポーランド人、アルメニア人、ラトヴィア人、ウクライナ人がそれぞれ委員会を組織し支援活動に従事していることに注意を喚起し、民族（millat）の一致団結を読者に呼びかけた。[83] また『ワクト』は、援助をする際にもポーランド・ムスリムの心理を考慮すべきだとも忠告している。それによれば、彼らはもともと財産のある暮らしをしていたので、サダ力を受け取るのに躊躇しているのだった。『ワクト』は、クルアーン第二章二七三節から「そんな人たちのことを愚か者ならきっと金持ちだと思うかもしれない。あまりに嗜みがいいものだから。だがその特徴をよく観ればすぐそれと分かるはず。何しろ、そういう人たちはちっともうるさく物をねだったりしないから」を引いて、犠牲祭に際して地元のムスリムが故郷を離れた同胞に気遣いを示すことを求めた。(84)

同信者の辛苦を和らげるべく展開されたヨーロッパ部ロシアのムスリムを中核とする慈善事業は、参加者の間に「ロシア・ムスリム」を民族的な統一体として捉える言説を生み出し、タタール語の新聞・雑誌はその声を増幅させた。それは、宗務協議会を軸とする宗派国家の枠内で愛国心を表明することによってツァーリとつながっていたムスリム共同体のあり方とは異なる。確かに、国家と個々のマハッラとのそうした和合は、宗務協議会が両者をうまく取り次いでいる間は有効に機能した。しかし、兵役を含めたムスリムの懸命の戦時協力に対して政府が境遇を改善しないどころか、その世論を無視して性急にムフティーを任命したことは、ムスリムの忠誠心を挫いた。加えて、この地域に到達したムスリム避難民はロシア軍の劣勢を伝達すると同時に、地元のムスリムの関心を同胞の相互扶助により強く傾斜させた。これらの体験を通じて人々は、苦難を共にするロシア・ムスリム共同体《ミッレト》への帰属意識を新たにしたのである。(85)

3　公共圏への女性の参入

ヴォルガ・ウラル地域のムスリムは、慈善協会や地方自治体の事業を通じて総力戦体制に深く参入することで、一定の自立的な行動領域を生み出すことができた。実は、こうした公共圏が発達する上で無視できない役割を果たしたのが女性だった。この地域ではムスリム男性が徴兵対象だったから、その動員の程度が強まるほど、公共の場でムスリム女性の活躍がより顕在化したのである。ここでは、この地域のムスリム女性が、世界的な総力戦の時代、ロシアの戦時体制、そしてその中での自身の役割をどのように捉えていたのかという点を論じたい。

大戦が始まると、ムスリム女性の知識人は、祖国防衛のために男性が戦っているように、女性も傷痍軍人やその窮乏した家族の支援に取り組むことで祖国への責務を果たすべきだと繰り返し訴えた。その時、彼女たちの念頭にあったのは、家庭の中に閉ざされた女性が日露戦争時に陥った苦境だけではなかった。他山の石としてしばしば引かれたのは、バルカン戦争時のムスリム・トルコ人女性の無力な姿だった(86)。バルカン戦争は、ムスリム社会が総力戦にどのように対処すべきか、という精神上の課題をこの地域のムスリム知識人に鋭く突きつけた極めて重大な事件だったのだ。

こうしたバルカン戦争像の形成に決定的な影響を及ぼしたのが、『ワクト』の編集長ファーティフ・ケリミーが著した『イスタンブルの手紙』だ(87)。彼は、一九一二年一一月から翌年三月までイスタンブルに滞在し、第一次バルカン戦争下のオスマン社会を具に観察し、刻々と自らの新聞に記事を掲載した。これを一九一三年にまとめたのが、『イスタンブルの手紙』である。実は、ケリミーが読者の注意を喚起してやまなかったテーマが、総力戦下における民族の団結とその中における女性の役割だった。彼の以下の言葉は、総力戦の時代の到来を明確に表している。

> ブルガリアは、三五年間で強国になれた。（中略）トルコ人はといえば、ヨーロッパに六〇〇年もいながら、強国にとどまり続けられなかった。今日も、強国となる道に進んでいない。（中略）二〇世紀における力は、兵器よりも、国土の繁栄、人々の豊かさと健康、教育と文明の普及にあることは言うまでもない。（中略）無知で、貧しく、虐げられ、祖国や民族への愛もなく、気概もない民族の、飢えて、病気で顔の黄色くなった子供たちが握る兵器の力など取るに足りない(88)。

ケリミーは、バルカン戦争を諸民族《ミッレト》の間の総力戦と見る立場から、アナトリアのトルコ人に目を向けるようオスマン帝国のトルコ知識人に呼びかけていた。それと同時に彼が繰り返し批判したのが、「民族の半身」としての女性の社会的地位の低さだった。彼によれば、トルコ人がオスマン帝国のキリスト教徒に経済面で立ち後れているのは、後者が全身で運動しているのに対して、トルコ人の場合、女性に自由が与えられていないために半身不随だからだ。ケリミーは、日々の生活こそが戦場なのであり、「民族を軍事的、経済的、宗教的、思想的な隷属から救う者になれるのは、自由な母親から生まれた自由な子供たちだけだ」と訴える[89]。

　では、総力戦に直に向き合うことになったヴォルガ・ウラル地域のムスリム社会の実態はどうだったか。カザンの女性雑誌『スユム・ビケ』によれば、タタール人女性は、男性に隷属してきたので知識も技術も欠如しており、男性が召集されてしまうと彼らの生業を引き継ぐこともできないでいる。覆いを着けないで市場に行こうものなら、「違反」「背教」などと後ろ指をさされる始末である[90]。このような状況を踏まえてファーティフ・ケリミーは、バルカン戦争時のブルガリア人とトルコ人との対照をあらためて読者に想起させながら、男手が召集された家庭の健康な女性は外で労働しなければならないと説いた[91]。

　タタール語紙上では、兵士の妻の再婚や遺産相続をめぐる混乱もしばしば伝えられた。シムビルスク県ブインスク郡のイマーム、カーシム・ビククロフ（Qāsim Bikqūluf）は、自身の周囲の状況をカザンの『コヤシュ』紙に報告したが、それはオレンブルグの『ワクト』紙にも転載された。それによれば、ある若者が死んだという複数の証言に基づいてその人の遺産が分割され妻が再婚してしまった後で、本人から「オーストリアで捕虜になっている」と手紙が来たのだという。また別の事件として、死亡通知を郷長から得た兵士の妹が、ビククロフに遺産分割を申し出て遺産の半分を得たものの納得せず、郷裁判所で訴訟を続けていたところで、兄から捕虜になっている旨の手紙が届いた。『ワクト』は、編集部に寄せられる手紙から同様の混乱が他県でも起こっていると判断できるので、ウファの宗務協議会が問題を検討して通達を出すか新聞で報告するならば、マハッラのムッラーも前線の兵士も困難を避けられると提案した[92]。

兵士の妻の再婚には否定的な意見が多かった。前述の『コヤシュ』は、ペトログラードの赤十字に捕虜の情報を照会する方法を示しながらも、戦死情報が確実でない場合、ムッラーは結婚を執り行わないで家族の尊厳について説諭すべきだとした。ビククロフの記事を踏まえて『ワクト』に投稿したマフムードフ（H. D. Maḥmūduf）は、この問題には忍耐（ṣabr）と慎重さ（iḥtiyāṭ）が必要だとし、戦場にいる夫の記憶と、戦死したならばその魂を敬うために兵士の妻に戦争が終わるまで再婚しないよう呼びかけた。しかも、兵士の家族には政府、ゼムストヴォ、市から支援が与えられるので、まったく困窮してしまう可能性は低いと考えられた(93)。この投稿者は、もし再婚するにしても、夫の戦死ではなく生活苦を根拠にするのであれば、夫が生還しても争いは起こらないだろうと論じる。そして彼もまた、宗務協議会が統一的な指示を出すことに期待した(94)。

しかし、大戦期のタタール語の言論が銃後の女性の悲劇を強調したり、慎ましさを要求したりするような男性目線で占められていたわけではない。むしろ、女性の受動的な像は読者に反省を促す効果も備えていた。事実、同時期のロシア語のフェミニストの雑誌にも、女性に公的な役割を果たす備えも能力もないという論調は共通していた(95)。またムスリム女性の論者は、総力戦体制への女性の参加がムスリム社会だけでなく、広くヨーロッパにおいても試練であることを知っていた。「我々ムスリムの間でこんにち女性が閉ざされていることや、社会生活で賞賛に値する貢献を示していないことをイスラーム教の制約と見ているヨーロッパ人も［実際は］、自分たちの女性をそのような貢献や必要にふさわしい人材とは考えていない(96)」。

とりわけ女性雑誌『スユム・ビケ』からは、総力戦体制が女性の社会的役割を着実に変容させていた様が窺える。兆候は、人々の暮らしに最も身近なモスクでも見られた。実はこの地域には、女性はモスクに入ってはならないという慣習が存在した。ところが既述のように、戦時におけるモスクは、肉親への私的な祈りから慈善活動や愛国心の向上といった公的な活動までを包摂した重要な空間だった。こうして、現実の要請から、旧来の慣習が批判にさらされるようになったのである。その際、論拠となったのは、「誰より一番いけないのは、アッラーの礼拝所で妨害行為をはたらいて、アッラーの御名がそこで唱えられないようにする人々だ」というクルアーン第二章一一四節に加えて、正統カリフ時代の学識ある女性の存在だった。そして、これらイスラームの原典を参照することで、かつてブハラで学んだムッラーたちこそが、イスラームを歪曲してきたのだと非難したのである。一九一五年五月三日には、ムフティーのお膝元ウファのイマームたちも、女性はモスクに行くことができるという合意に達した。(97)

ムスリム女性の進出が顕著だったのは教育現場だった。そして、彼女たちの活動を支えたのがゼムストヴォである。第一次大戦は、肉親の赴いた戦争の状況、肉親の安否、苦しい生活への補助など、様々な情報への渇望をムスリム住民の間に生み出した。オレンブルグ県ゼムストヴォも、こうした住民の要望に精力的に応えようとした。まずこのゼムストヴォは、苦しい財政にもかかわらず、ムスリムのための図書館の開設に熱心だった。一九一五年には六つの地区図書館と一七の分館を設けた。そこには、本章で史料として用いている『ワクト』『トルムシュ』『コヤシュ』『スユム・ビケ』といったタタール語の新聞・雑誌も揃っていた。また、各地のムスリム慈善協会による図書館事業にも資金面・運営面での支援を行った。オレンブルグ県ゼムストヴォの中には異族人教育課という部署があったが、戦時下の重要な情報をタタール語の冊子で無料配布する活動もした。その中には、自身の作成した『ゼムストヴォとは何か』の他、既述の臨時ムスリム委員会が作成した『後備兵の家族のための食糧と配給』や『兵士とその家族のための年金と手当』があった。(98)

人々の情報への渇望は教育熱も生み出した。第6章で論じたように、ゼムストヴォの対ムスリム教育事業は大戦時に大きく前進し、新しい学校の考案など新展開の兆しさえ見えていた。しかし、前章で見たとおり、既存のマクタブ・マドラサの教師やその志望者の多くが徴兵されたため教師不足は深刻だった。この問題を解消すべく動き出したのが、地域で指導的だったムスリム女性教師である。彼女たちは独自に、あるいはゼムストヴォの協力を得ながら夏期講習を組織して、女子教師の技能向上に努めた。受講生の募集は、新聞・雑誌上でも行われた。(99)そのうち、オレンブルグ近郊のカバン村でバグブスタン・ムクミノヴァが一九一六年五月二〇日から八月初旬まで開いた講習には、オレンブルグ県ゼムストヴォも組織に加わり、ロシア各地から一〇〇名近くの受講生が集まった。このゼムストヴォは、一九一七年にムスリム女子教師の夏期講習を主導する計画を立て、各郡も二〇名ずつ教師を派遣することになった[100]。一九一七年にカザンでムスリム兵士の妻たちが自分たちの団体を立ち上げた際も、寡婦や孤児の支援と並んで、学校や図書館の設置、授業の開講は、組織が取り組む中心課題と位置付けられた[101]。

ヴォルガ・ウラル地域のムスリム女性は、兵士の衣服を縫ったり、傷病兵を看護したり、子供の世話を焼いたりといった妻や母の役割を再生産するような存在ではもはやなくなった。彼女たちは総力戦体制下のムスリム社会を変容させる主体だったと言っても過言ではない。本章でも言及したように、慈善協会の事業にも多くの女性が参加し、彼女たち自身も独自の団体を組織した。また、マハッラにおける女性の存在感の高まりは、現地の支配的な伝統に挑戦する言説も生み出した。さらに、彼女たちとゼムストヴォとの教育分野での連携は、タタール語の出版物を能動的に消費する公衆の裾野を広げただろう。一九一六年九月の『スユム・ビケ』は、ムスリム女性が銃後で著しい社会進出を遂げたことを認めながら、それがムスリム社会を将来さらに変容させていくことを展望している。

（前略）戦争は女性の運動をとても大きく促進したように見える。とはいえ、戦争が女性の進出を妨げる障害を完全に破壊し、彼女たちに広範な活躍の場を提供するだろうと考えることはできない。（中略）いつか戦争が終わり、すべてが普通の日常に戻っていくだろう。まさにその時、女性の力と男性の力がまったく恐るべき形で衝突を来たすことになる。（中略）まさにこの時、女性はそれまで手にしてきた地位を守らなければならなくなるだろう。この将来の闘争の日々で屈しないように女性は当然、前もって今から対策に取り掛からなければならない[102]。

民主主義の旗手か

本章では、多様な臣民の信仰と忠誠を繋ぎ止めてきた宗派国家の仕組みがヴォルガ・ウラル地域のムスリムの間ではウファの宗務協議会を軸に総力戦体制においても機能していたことと同時に、その枠組みを越える形でムスリムの市民社会が拡大していたことを示した。換言すれば、総力戦という形態そのものが、多様な臣民の忠誠を確保する伝統的な行政のやり方と同時に、地方自治体や慈善団体といった様々な社会の活力にも依存することを国家に余儀なくさせたのである。首都ペトログラードの臨時ムスリム委員会にしても、宗務協議会とその管轄下のムッラーと積極的に協力しようとしたが、それはそうすることが自分たちの活動を正当化し、その影響力を農村の奥深くまで波及させる上で有効だったからにほかならない。マハッラにおいても、皇帝とその家族、そしてロシア軍のために祈り、兵士やその家族のために募金を行うことは人々の愛国心が試される機会だった。もっともロシア当局は、ムスリムが敵国のオスマン帝国と内通しているのではないかという猜疑心を常に抱き続けたのだが。一九一五年半ば、政府がムスリムの世論を考慮することなく、ムスリム行政の要であるムフティーを任命したとき、宗務協議会と慈善協会を率いていた知識人との協力関係は綻び始める。そして、戦争が長引くほどマハッラも困窮し、聖職者の生活を維持しながら戦時の募金に応じることが著しく困難になった。

ムスリムの慈善協会が戦時に行った救援事業は、そこに関与する人々が、帝国各地に分散するムスリム社会と想像上だけでなく直の接触を持ち、それを通じて新しい集団意識を育むことを可能にした。ヴォルガ・ウラル地域のムスリムは、宗務協議会を核とした共同体意識を持っていたという意味で、帝国の宗派国家の枠組みに収まっていた。しかし、帝国を構成する一つの民族《ミッレト》としてロシア・ムスリムを位置付け、その内部での相互扶助に人々が義務感を持つというあり方は、明らかに従来の集団意識からの離脱だといえる。首都の臨時ムスリム委員会は、戦前に帝国各地の都市で急速に発展していた慈善協会と連携を図ると同時に、宗務協議会の管轄地域を越えて地方支部を広げた。臨時委員会の活動に参画した知識人たちはタタール語の新聞・雑誌上で、中央・地方政府やムスリム世論の前で、ロシア・ムスリムの代表として発言した。これらの知識人にとって、適切な支援やチャリティーの催しを提供するために地域の実情を調べるということは、自身が奉仕する共同体についてよく知る機会ともなっただろう。コーカサスやポーランド・リトアニア地域からロシア内地に避難民が到達すると、その中のムスリムに対して地元の同信者は積極的に救援活動に乗り出し、これらの予期せぬ訪問者も自分たちと同じ民族の構成員なのだという意識を高めた。帝国各地のムスリムが、社会的な活力の動員や辺境の戦闘地域からの避難民との遭遇を通じて互いに関係を結ぶことで、帝国大の一つのムスリム共同体という新しい想像力が育まれたのである。

一九一七年五月初頭、新生ロシアにおけるムスリムの自治を模索すべく全ロシア・ムスリム大会がモスクワで招集されたとき、その運動の枠組みを主導したのがヴォルガ・ウラル地域のタタール人だったのは偶然ではないだろう。ただし、一九一六年の中央アジア反乱に典型的に見られるように、大戦の経験は帝国のムスリム地域間で大きく異なった。この大会でも、ロシア・ムスリムの一体性を前提とする文化的自治の主張が、各地の領域的自治の要求によって掘り崩されたことはよく知られている。

他方この同じ大会では、戦時中のムスリム女性の社会進出が彼女たちの参政権を認める宣言として結実した。これは、当時のタタール人女性が世界の女性参政権運動の先駆けを成していたことも意味する。さらにこの大会は、宗務協議会のカーディーを三名から六名に増員し、その一人に協議会創立以降初めて女性を選出した。[103] ムフリサ・ブビ（一八六九―一九三七）は、ヴャトカ県サラプル郡イシ・ブビ村の高名な啓蒙活動家一家の娘としてすでに広く知られており、戦時中はムスリム女性のための夏期講習を精力的に組織していた。[104] 彼女は、ソ連体制下の一九二〇―三〇年代にも、宗務協議会の後継組織である中央宗務局で勤務し続けた。一九一六年に『スユム・ビケ』誌が予言したように、革命と内戦を経てかつての習慣が息を吹き返すのを目撃したムフリサ・ブビは、管轄下のイマームに向けて、一四歳以上の女子がモスクでイスラームの勉強ができるよう通達を出した。彼女は、将来母親が子供たちに宗教への愛を植え付けられるように腐心していたのであるが、その際に彼女が依拠したのは、預言者と正統カリフの時代だった[105]。第一次大戦期に生み出されたムスリム世論の言説が、一時的ではあれ、ソヴィエト政権のイデオロギーとどのように共生しえたのかという問題は、今後取り組まなければならない課題である。

こうして世界大戦は、ヴォルガ・ウラル地域のムスリムの間に、来るべき革命時に躍動する二組の民主主義の担い手を育てた。ロシア・ムスリムを一つの民族と捉えて政治参加を求める知識人と、その民族の枠組みの中で発言力を増大させた女性である。このような展開は、ロシア帝国の他のムスリム地域では起こらなかった。もちろん、専制国家のロシアでは、ムスリムだけでなくロシア人を含むすべての臣民が、個々人の権利の保障や法治という意味での市民権など望むべくもなかった。しかし、帝国の他のムスリム地域を見渡すとき、ヴォルガ・ウラル地域のムスリムは、交渉と組織の能力に長け、ツァーリと国家に対してある種の鋭い契約の感覚を持ち合わせていた点で際立っている。それは、隣人のロシア人との日常的な接触だけでなく、宗務協議会、軍隊、地方自治体、国会といった様々な制度との関わり合いを通じて育まれてきたものにほかならない。専制国家の社会福祉を拡充する能力の限界を補う慈善協会の発展は、この地域のムスリムのロシアへの統合の新しい段階だといえる。そしてそれは、第一次大戦期の愛国的な救援事業の中で、ロシア人やその他の民族の活動も参照しながら、最高潮を迎えるかのように見えた。しかし同時に、ムスリムの慈善事業は、国家の過度な介入を回避しつつ、自分たちの戦争協力に対する相応の見返りを要求する自立的な集団意識も醸成した。世界大戦は、帝政の慣行に習熟したヴォルガ・ウラル地域のムスリムを新しい政治秩序の支持者に変貌させたのである。

終　章

帝国の遺産とムスリム公共圏の変容

1　帝国秩序とムスリム公共圏

一九一七年二月末、首都ペトログラードで女性、労働者、兵士による革命が起こり、三月二日に臨時政府が成立した。その一週間後の三月一〇日にムーサー・ビギは『改革の基礎』を再版するにあたり、次のように扉に記した。「こんにち自由の太陽が正義の地平の上に姿を見せた。進歩の道に困難や障害はなくなった。ロシア・ムスリムの生活に全面的な革命の時が到来した。マクタブ・マドラサの革命、宗務管理局の革命、家庭の大きな革命、イスラーム法学の大きな革命」。同時代の多くの人々は、二月革命を一九〇五年の再来として捉えた。一九〇五年革命後に提起され、その後実現することのなかったムスリム政党の構想と宗務協議会の改革論をビギが再び世論に問おうとしたのは偶然ではない。(1) これまで「全ロシア・ムスリム二〇〇〇万人」の利益を代弁しようとしてきた元そして現職ムスリム国会議員も、国会の臨時委員会から任務を得ると同時に、帝国各地のムスリム指導者と連携を図り、五月初旬にモスクワで大会を催す計画を立てるに至った。(2)

しかし、ロシア・ムスリムを統合する政治運動が実現することはなかった。五月一日―一一日に行われた全ロシア・ムスリム大会には八〇〇人の代表が集ったものの、集住地域を持たないタタール人が文化的自治を掲げ、ロシア・ムスリムのまとまりの中で影響力を保持しようとする試みは孤立した。大戦中に異なる経験を経た各々のムスリム地域の要求はこの頃までに、新生ロシアの枠内で領域的な自治をめざす運動として表現されるようになっていたからである。(3) タタール人の隣人のバシキール人でさえ、宗教に基づく同盟よりもトルキスタン人とカザフ人の自治運動との合流を目指し、先祖代々の土地の所有権を要求した。(4) そして十月革命後になるとタタール人もまた、「テュルク・タタール」の領域確保をめざす動きを加速させることになる。(5) 帝政の崩壊はムスリムという宗派に基づく行政単位の正統性も失わせたのであり、その枠組みを前提としてきたムスリムの公共圏もまた、それと併存し

ネイションの形を模索してきた言論空間にその座を譲り渡すことになった。(6)

ムスリム公共圏が存在したのは帝政最後の十年ほどだ。それは、ロシア正教会優位の下で多宗教を寛容に統治機構に組み込んだ帝国秩序が一九〇五年の革命に対処しようとする最中に生起した。この公共圏が帝国のムスリム居住地域のうちヨーロッパ部ロシア東部のヴォルガ・ウラル地域で最も強力に発達したのは偶然ではない。この地域のムスリム社会は、ロシアが大陸規模に膨張しはじめた一六世紀半ばに併合されて以降、その国家編成の変容に絶えず晒されてきた。一八六〇年代以降の大改革で政府は、多様な人間集団を柔軟に取り込んで権利と義務を分配してきた帝国統治の仕組みを維持しながら、ロシア人を核とした画一的編成に近づけるという困難な課題に取り組んだ。それは地域のムスリムの目には、エカチェリーナ二世が与えた自治的な宗教生活の領域が侵犯されているかのように映った。彼らはムッラーや商人を中心に激しい抗議活動を展開したが、それは同時に、各地の指導者を結びつけ、政府との対話に習熟する機会となった。他方、市会、ゼムストヴォ、地方裁判所といった宗派の垣根を取り払った制度が、隣人のロシア人住民と交渉する機会をムスリム住民に開いたことは無視できない。兵役に就いた若者は、ロシア語の緊要性を農村部にまで広げた。また、一八七〇年代から九〇年代生まれで教育の「ロシア化」政策を経験した者の中から、宗教行政の担い手としてのウラマーとは明確に区別される新しい知識人が現れた。ヴォルガ・ウラル地域のムスリムは一九〇五年以前にすでに、ウファの宗務協議会だけでなく様々な経路を通じてロシアの国家と社会の変容を会得していたのだ。

一九〇五年革命は、一〇月一七日詔書に要約されるように、専制権力の下に良心・言論・集会・結社の自由と国会の設置をもたらした国家再編の最後の波だった。世論（afkār-i ʻumūmīya）や共同体／民族（millat）という言葉でムスリム社会の利害が表現されたムスリム公共圏の構造もそれに対応したものだった。タタール語の新聞・雑誌の刊行が許されたのもこの時であり、多様な声がこれまでにない形で交わる情報源と議論の場として急速に普及した。そして新聞・雑誌を介して、帝国各地の代表を集めた大掛かりな大会から時々の抗議集会まで、その影響力を増幅させた。国会のムスリム会派は少数にとどまり立法での役割は限られたものだったが、帝国各地のムスリムの声を集約し中央政府と交渉する役割を世論は期待した。市会やゼムストヴォといった地方自治体は、地域の観点に立ってムスリム住民を政府による制限や強制から守り、ロシア人住民との共通の言葉を探索できたと同時に、宗教的・民族的な利益をめぐる言説を尖鋭化させる契機も含んでいた。他方で、国家機関である宗務協議会、とりわけその議長《ムフティー》ムハンマディヤール・スルタノフが示した大衆政治への適応能力も括目に値する。宗務協議会自体の改革を世論が強く求める中、スルタノフは世論に直接耳を傾ける場を設け、それを内務省に伝える仲介者として行動した。また、大戦期の総動員体制下では、結社の自由を享受してきた慈善協会が国家による社会福祉の努力を補う形で自発的な活動を推進できた。ムスリムという宗派に基づく行政単位に伴う権利と義務が政府と交渉されムスリムの間で議論されたという意味で、ムスリム公共圏はいわば「半官半民」の領域で展開されたムスリム社会の声なのであり、その生起と発達はムスリム社会そのものの変容を示している。

これまで一九〇五年革命は、日露戦争による忍耐と犠牲への代償を求める臣民の要望に応えられない政府に対する反乱であり、国民統合を成し遂げられない帝国が崩壊へと向かう予兆として理解されてきた。しかし、危機に直面した政府が臣民の忠誠を再度調達すべく、一九〇四年一二月一二日法、一九〇五年二月一八日の勅令、一九〇五年四月一七日法、そして特別審議会の招集を通じて宗教行政の改革に着手したことは強調されなければならない。政府は、臣民の要求を汲み取りながらエカチェリーナ二世期以来の寛容に基づく多宗派公認体制に調整を加えることで、統治の安定を取り戻そうとしたのである。ここにこそ、国家と多宗教の臣民との豊かな交渉可能性が開けたのであり、ヴォルガ・ウラル地域のムスリム社会内部でも交渉の方向性をめぐる議論が活気づいた。とりわけ革命初期に、その請願の言葉が、しばしば「お婆大王」エカチェリーナ二世が与えてくれたと彼らの信じる権利の回復要求という形をとったのは偶然ではない。

こうしてヴォルガ・ウラル地域のムスリムは、帝国のムスリム行政に関する法律の文言などを参照しながら、ウファの宗務協議会を核とするムスリム共同体のいわば設計図を描けるようになった。論者が共同体の権利を問題とする限り、良心の自由（ḥurrīyat-i wijdān）つまり信仰は各人の心の内にあるという原則を宣言したはずの十月詔書は、宗教の自由（ḥurrīyat-i dīnīya）を保障するものとして読み替えられた。この宗教の自由を掲げながら展開した言論は、既存の宗教行政で規定された共同体の相似形でありながらもそれとは明確に区別される空間を生み出した。そしてそれはもはやエカチェリーナ二世という原点への参照にとどまらず、共同体の利益を代弁できる宗務協議会の指導部の資格と任命方法を問い直し、自治的な宗教の領域で宗務協議会が規律化の役割を高める方法を模索し、その集団的権利を享受できる単位の線引きの見直しを要求するようになった。タタール語の新聞・雑誌はこれらの議論の持続を支えたのであり、広大な地理空間の幅広い社会集団から論者を集めた。そこには、ムスリム行政の末端を担うムッラーのほか、国会議員から社会主義に共鳴する若者までが含まれていた。

ムスリム行政の最小単位である金曜モスクを中心とする共同体マハッラをめぐる議論は、それが現実に経験していた変化と密接に結びついていた。ムッラーたちは一九世紀後半以降、国家による住民把握の手段としてますます枢要な意味を持つようになった戸籍業務に従事し、各種行政機関との連絡を円滑にするためにロシア語の知識も求められるようになった。また、限られた財源の配分をめぐるマハッラの分割問題は深刻であり、改革されたマドラサで学び世俗的な科目を教えるムアッリムの増加は状況をより複雑にした。かくしてマハッラの人々は、多忙なムッラーに代わって共同体の運営を担う後見役を設置し、ワクフを合法的に有効活用し、ゼムストヴォの支援を求めるようになった。宗務協議会はそうした変化に応じて実務を調整し、その上級機関の内務省と交渉した。そしてタタール語の新聞・雑誌やその他の印刷物は、既存の行政手続きを通してマハッラを再編するための方法を示し、その際の問題点を議論する場を提供した。

政府は、ヴォルガ・ウラル地域のムスリム自身が宗教行政の設計図を書き直し、宗務協議会を彼らの集団的利害を代弁する仕組みに変えていこうとするタタール語の公共圏の発達をひどく警戒した。それは、これまで比較的従順に見えたムスリムがロシア人とは明確に異なる利害を持っていることを意味したからであり、政府はこの動きを国外の「イスラーム世界の覚醒」と共鳴しているものと考えた。こうした認識の形成に深く関与したのが、カザンのロシア正教会である。一九〇五年の信仰寛容令と良心の自由の宣言は、受洗タタールの棄教と自然崇拝の人々のイスラームへの改宗を招き、正教会の優位を掘り崩したからだ。カザンの正教会は、イスラーム宣伝やタタール化の脅威から正教徒を保護しなければならないと訴えることで、信仰の寛容を掲げる政府を正教会支持に導いた。こうして、既存の統治制度に変更を迫る進歩的知識人つまり「ジャディード」は、汎イスラーム主義者であり、小さな民族をタタール化する推進者であるという敵の像が結ばれた。

この敵の捜査に直接関わったのが、県庁によるムスリム聖職者の任免過程であり、とりわけ棄教が深刻だったカザン県ママディシュ郡の主教と警察の情報は中央での政策決定にも大きく作用した。しかし問題は、ロシア当局とムスリム社会との対峙にはとどまらない。正教会と警察機構が作り出した敵の像は農村のムスリム社会内部の政治でも利用されたのであり、マハッラで対立する者同士の密告が横行し、マハッラ内部の権威がしばしば転倒された。非難されたムッラーは、自分こそが忠誠と治安維持を優先する当局の同盟者つまり「カディーム」であると自己弁護した。しかも、内務省系統の警察の伝達過程では、摘発と危険の除去が先走り、直属の上級機関の目的に合致する聞こえのよい情報が掬い上げられたにすぎない。そしてそれは結局、誰が信頼できるのかが警察にとっても不明瞭になるという混乱を招いた。ムスリム聖職者は、国家権力を農村の奥深く浸透させそこから忠誠を引き出す上で帝国統治に不可欠な人材だったが、政府がその政治的信頼度に疑いの目を向けると、その指標は、すでに複雑な政治を内包していたマハッラの人々にも利用されたので、聖職者を介した秩序形成がかえって困難になった。

政府がロシア正教会やロシア人の利益に肩入れして、信仰の寛容と市民的自由によって拡大したムスリムの公共圏を押し止めようとすると、ヴォルガ・ウラル地域の実生活で育まれてきたロシア人住民とムスリム住民との相互理解や妥協の契機も損なわれた。確かに、この地域に大改革を機に導入された都市と県・郡レベルでの地方自治体は、国家権力と距離を置きながら双方の代表者が地元の問題について交渉できる公共圏を成し、軋轢を緩和する役割を果たした。こうした仕組みは、ロシア帝国のムスリム地域の中でもヴォルガ・ウラル地域で際立っていた。しかし、この自治体そのものが国家機関と対峙することになると、その緊張は地元の民族間関係にも直ちに反映した。

商業都市カザンでは、ロシア人もタタール人も相互に入り組んで依存しながら生活していた。日曜日にロシア人の店が閉まれば、ロシア人はタタール人の店に買い物に行ったし、金曜日にタタール人の店が閉まれば、タタール人はロシア人の店に行った。タタール人商人の中にはロシア人街に積極的に進出する者がいたし、従業員組合にもロシア人とタタール人が混じっていた。さらにタタール人はロシア語の新聞も読み、そこに投稿することもあった。しかし一九世紀末から二〇世紀初頭には、休業日の違いを利用して少数派のタタール人が多数派のロシア人よりも儲けているという事実が、ロシア人商人だけでなく政府にも無視しがたくなった。

市会のロシア人とタタール人の議員は当初、自治体の主導で正教徒とムスリムの休日を調整できると考えていた。しかし、正教徒の不利益を懸念する知事と元老院からの反対で市会の身動きがとれなくなると、ロシア人はタタール人が日曜日に商売を続けていることに抗議の声を強めた。こうして市会は、休日問題は純粋に経済問題であるという多数派のロシア人の意見を容れた条例の採決を強行することになる。これに対してタタール人の間では、休日問題は、経営者と従業員の違いを越えた純粋に信仰の問題であるという主張が強固になり、ロシア人街で儲ける経営者やロシア人と組合活動を共にする従業員が非難の対象になった。そして、タタール人の代表者たちが国会議員を利用して条例を停止に追い込むと、市会は自治の堅持に集中することになり、タタール人との妥協の余地は失われた。

義務教育の導入をめぐるゼムストヴォとムスリム社会との交渉の深度は、ヴォルガ中流域と南ウラル地方で対照的だったが、そこでもそれぞれの地域に政府がどのように関わったのか、そしてそれぞれの地域でムスリム知識人がどのような反応を見せたのかが重要だった。一方で、この二つの地域のムスリム住民は共通の課題に直面していた。マクタブの維持だけならまだしも、これを時代の要請に応えて改革し続けるには相応の財源が必要だった。マハッラ内部を「ジャディード」と「カディーム」に二分する政治は、資本の分配がいかに困難だったかを物語っている。ロシア人と同じ納税者のムスリム住民が、ゼムストヴォの支援を当てにすることには理があった。また、ロシア語や宗教以外の知識がよりよい生活を約束するのであれば、親は子供にそうした教育機会を与えようとした。他方で、画一的な公立学校が導入されるならば、イスラーム諸学で研鑽を積んできた学者や改革されたマドラサで学んだ青年たちの居場所が失われかねなかった。カザン県では、教育政策における正教会の声が大きく、「ジャディード」の捜査が大規模に展開したから、ムスリム社会の代表者は、民族性を維持するためにマクタブが公立学校と並存し、国とゼムストヴォが正教会の教区学校と同等にマクタブを支援することに拘った。このような主張では、ゼムストヴォと妥協点を探るのが著しく困難だった。これに対してウファ県では、ムスリム指導者の多くが貴族であり、ゼムストヴォの内側から働きかけることができたから、教育省による「ロシア化」の圧力を食い止め、ゼムストヴォと交渉しながら画一的な公立学校の計画に独自の変更を加えることができた。このウファ県の動きは、一九一三年にゼムストヴォが導入されたオレンブルグ県でもモデルとなり、両県の協力が進展した。

地方自治体との利害調整は、政府との交渉と同様に、各種集会やタタール語の新聞・雑誌での議論を活気づけた。カザンの休日問題では、ロシア人が多数派を占める都市でイスラームの祭日の確保を目指す運動が、イスラームの祭日をいつどのように実行するのかという論争と並行していた。後者はとりわけ、ウラマーが自身の権威を発揮し競う場になった。地元紙『コヤシュ』の支持者が、科学的な真実もイスラームの観点から正当なのだとの立場から論争に参入したのに対して、ウラマーもまた、新聞・雑誌という新しい伝達手段を使って宗教の領域を確保し、そこから宗教への無関心を戒め、同信者を導こうとした。そして彼らの解釈によって、夏季の断食を冬季に延期する可能性が生まれ、預言者ムハンマドの生誕祭《マウリド》という新しい祝日も普及した。さらに、月の始まりをめぐる論争でカザンのウラマーは、宗務協議会の権威を根拠に合意形成に努めた。一見これは、彼らが宗務協議会の伝統的な規律化の役割を支持しているかのように映る。しかし、協議会の権威はウラマー同士の競合で都合よく援用されたにすぎず、協議会の判断はムスリム公共圏で絶えず検証にさらされた。

義務教育の導入は、「マクタブか、公立学校か」という論争をムスリム社会で惹起した。ここでは、異なる地域の事情を背景とする論者が、ムスリムのための理想的な初等学校とは何かを争点とした。ゼムストヴォとの交渉が進まないカザンの論者やゼムストヴォが導入されてまもないオレンブルグの論者は、民族性を本質主義的に捉えるあまり、それを涵養すべきマクタブが私立学校として生き残る道を探った。これに対して、ゼムストヴォ導入を切望するシベリアの状況に通じた論者は、ゼムストヴォ学校を民族精神に適うように変えていくほうが現実的だと批判した。ウファの貴族出身の知識人は、ゼムストヴォとの交渉では、将来マクタブがなくなる可能性すら示唆したが、タタール語紙上では、民族精神を育む場としてのマクタブの意義を否定できなかった。こうした中、意外な順応性を見せたのがウラマーである。彼らは、初等教育に世俗化が侵食しても、マドラサ教育で自らの伝統的な役割を維持できたからだ。

第一次世界大戦が始まると、とりわけ南ウラルでの議論の焦点はゼムストヴォとの具体的な協力の仕方に移った。マクタブがゼムストヴォの提示するカリキュラムを採用して義務教育の学校網に入るにせよ、マクタブでも公立学校でもない第三の学校を作るにせよ、母語とロシア語の割合、宗教とそれ以外の科目の配分、マクタブあるいは学校の運営にムスリム社会とゼムストヴォがどの程度参加するのかといった点に交渉の余地があった。そして、交渉を進めるには宗教と民族の理解に修正を加えなければならなかった。義務教育の学校に宗教を取り込むために知識人は、イスラーム諸学の体系から初等課程に必須の要素を選別した。また、地域のムスリム社会は従来、宗務協議会に自らの集団的権利の体現を見出し、マクタブ・マドラサの監督権限を教育省から取り戻すことを要求していたが、知識人は初等教育におけるゼムストヴォの関与を認めた。さらになによりも、これらの交渉と修正は、民族性とロシア市民であることとの両立の模索も伴っていた。

こうした模索が第一次世界大戦期に頂点を迎えたのは偶然ではない。戦時体制は、ムスリムが自身の個性を残しながら、愛国の名の下でロシア市民としての意識を涵養し、その見返りとして権利を要求できる機会でもあったからだ。一八七四年以降、ロシア軍の編制には、信仰の多様性を保障することで得られる統合と国民たるにふさわしい集団を選別することで得られる統合という二つの原理がせめぎ合っていた。そうした中、日露戦争後の革命期にムスリムが出した請願書において、兵士の信仰生活の改善は最も頻繁に挙がった項目の一つだった。陸軍省、そして右傾化した国会までもムスリムの要求に耳を傾けたのは、軍隊という組織では多宗派公認体制と国民統合が矛盾しなかったからにほかならない。こうして、日露戦争前には廃止されていた従軍ムッラー職が復活し、ムスリム聖職者の徴兵免除も実現した。しかし、これらの制度は大戦期に試練に直面した。公認の従軍ムッラーでは全く足りず、ムッラーを確保しようにも、聖職者は徴兵免除になったから兵士の中には見当たらなかった。免除の特権は徴兵忌避に悪用されたし、それをマクタブ・マドラサの教師《ムアッリム》と生徒にも適用する必要が生じた。ムスリム国会議員はこれらの問題の解決に奔走し、その経過は逐一タタール語紙で伝えられた。読者は、政府の対応によっては統治の正統性を問うことができたのであり、戦時下でも公共圏は機能していたのである。

大戦期にムスリム公共圏の拡大に寄与したのは、タタール語の新聞・雑誌、慈善協会、そして女性だった。たとえ戦時に厳しい検閲が敷かれていたとしても、新聞・雑誌は当時の人々の声を意味のある形で映し出していた。それらは、各戦線の戦況や国際情勢に加え、各地のゼムストヴォ、都市、慈善協会などが行っていた支援や教育の事業に多くの紙幅を割いた。なぜなら人々は、肉親の赴いた戦線の状況に加え、肉親が何のために戦っているのかを知りたがり、苦しい銃後を生き抜くために、地方自治体や同信者の慈善協会が提供する支援を必要とし、そもそもこれらの情報を的確に理解するために、識字と知識を渇望したからだ。仮に政府がこれらの情報や事業を制限したならば、ムスリムの忠誠心を挫いたのみならず、銃後の福祉を著しく悪化させたことだろう。かくして政府は、戦前には汎イスラーム主義への警戒から容認できなかったようなムスリムの全国規模の慈善活動まで許した。そして、男性がますます動員されていく中で、マハッラだけでなくその外でも女性が存在感を高めた。また、コーカサスや西部諸県からの避難民が、その存在自体でロシア軍の劣勢を伝えただけでなく、受け入れ先で民族単位の救援活動を促し、ヴォルガ・ウラル地域のムスリム住民に「ロシア・ムスリム」のまとまりへの共感を引き起こしたことも無視できない。かくして、大戦の中で次の時代に利用される言説や組織の土台が用意された。しかし、冒頭で述べたように、宗教共同体を政治の単位に一致させる運動は、帝政の崩壊でその妥当性を失った。

2　ムスリム公共圏のゆくえ——ソ連時代から現代ロシアへ

ソヴィエト政権は公共の場からの宗教の一掃を目指し無神論を推進したが、かつてのムスリム公共圏の担い手たちは、一九三〇年代末までそれぞれの役割を果たすことができた。すでに革命前から科学的な真実を優先し、宗教よりも母語や歴史を共同体の礎に据える発想を身につけていた青年知識人の多くは、その理想を体現するかのようなタタール自治共和国とバシキール自治共和国で教育・文化政策の担い手となった。今やタタール語そしてそれとの差異化によって作られたバシキール語は国家語の地位を得、彼らは作家や歴史家として共産党のイデオロギーを支える出版界の振興に寄与した。ウファの宗務協議会は中央ムスリム宗務局として生き延び、一九一七年五月の全ロシア・ムスリム大会でムフティーに選出されたガリムジャン・バルーディーが一九二一年一二月に死去すると、元カーディーのリザエッディン・ファフレッディンがその跡を継いだ。中央宗務局の機構には、マハッラとの間をつなぐムフタシブ（muḥtasib）という中位の機関が加わり、この三層の指導者が各層の集会で選出されるようになった。革命前の改革の設計図が、ソヴィエト体制による組織の民主化で実現したのだ。また、中央宗務局は、カザンの第一一モスクの元イマームでカーディーとなったカシャフッディン・テルジュマーニーを編集長に、一九二四年から二七年まで『イスラーム雑誌（*Islām Majallasi*）』を発行できた。この雑誌は、月の始まり、女性の地位、イスラーム法上の結婚・離婚、宗教と科学の一致、イスラームの歴史など革命以前の議論を引き継ぎ、管轄下のイマームらの問い合わせに法的意見《ファトワー》も出した。

一九二〇年代はイスラーム教育が厳しく制限されたものの、聖職者の努力でソヴィエト学校との共存も図られた。しかし、一九二七年頃から政権の攻勢が強まり、一九二九年四月八日の法令で宗教教育は禁止され、モスクを中心とする信徒団体には厳密な登録が求められた。聖職者は一九三〇年代の農業集団化の中で富農の味方とみなされ、一九三七―三八年には国外の反ソ亡命者組織との関係を疑われ多くの者が逮捕・処刑された。同時期には、かつての青年知識人も様々な嫌疑をかけられて姿を消した。ファフレッディンは大テロルを待たず一九三六年四月に没したが、その後、中央宗務局の機能は停止した。そして、テュルク語の文字改革が地域の知的・文化的継承に止めを刺した。一九二八―三一年のラテン文字化、一九三八年のキリル文字化で、地域のムスリムはアラビア文字で蓄積されてきた伝統から切り離された(7)。

第二次世界大戦期、スターリンは大祖国戦争の名の下であらゆる動員を必要としたので、一九四三年九月にロシア正教会の指導者とも面会し、同時にイスラームとの和解も進めた。こうして、トロイツクの高名な学者ザイヌッラー・ラスーレフの息子アブドゥルラフマーン（一八八九―一九五〇）をムフティーとして、中央ムスリム宗務局も活動を再開した。しかし、共産主義社会の実現が掲げられたフルシチョフ時代（一九五三―六四）には反宗教宣伝が再び強まり、モスクに通う者や宗教儀礼への参加者は職場や学校で敵対的な目で見られ、宗教実践は個人宅に限られた。他方で、モスクに所属しない未登録のムッラーが田舎で祭礼や儀礼を執り行い、クルアーンの読み方など初歩的な教育も施した(8)。

戦後ソ連のムスリム社会のあり方には近年関心が高まっているが、当局が宗教の領域を把握する際に用いた概念をどのように解釈すべきかなど、克服すべき課題は多い(9)。とはいえこの時期は、現在のロシアのムスリム公共圏を形作る様々な要素が用意されたという意味で極めて重要だ。例えば、革命前にその実施が論争の的だったマウリドが、イスラームの祭日として定着し信者が会する機会になったのもこの時期だ。イスラームを民族文化として捉える発想も、民族を行政単位とするソ連社会の習慣を人々が内面化した結果である。そして、急速な都市化で農村を離れ疎外感を覚えた青年の中から、高等教育機関で人文科学者として自民族の研究に勤しむ者も現れた。(10) ウズベク共和国ブハラのミーリ・アラブ・マドラサは、ソ連でほぼ唯一の公的イスラーム教育機関だったが、ロシアからも多くの若者が将来の宗教指導者として訓練を受けた。さらに、一見矛盾するが、まさに戦後ソ連で、クルアーンとハディースに専ら依拠しながら「民間信仰」を非難する、いわば原理主義的な論法を採るイスラーム指導者が正統派として承認されていた。また、伝統を受け継ぐ私塾で、師匠への反抗として原理主義的な論法を振りかざす若者も現れた。(11)

ムスリム公共圏が再び息を吹き返すのは、一九八〇年代末から九〇年代のことである。一九八五年三月に共産党書記長となったミハイル・ゴルバチョフが始めたペレストロイカのおかげで、一九八〇年代末にはモスクや教育施設が急増し、一九九〇年一〇月二日の良心の自由と宗教団体に関する法律は、一九二九年の法令以来の宗教に対する抑圧に終止符を打った。(12) 一九九一年一二月のソ連解体後、ロシアのムスリム共同体の再建は加速した。それは当初、ロシア連邦内で主権を要求する各地の民族運動に付随する現象だった。民族運動自体も、ソ連時代に自民族の研究に勤しんだ人文系の知識人に率いられていた。しかし、民族運動の勢いを巧みに利用した現地政権がモスクワから大きな譲歩を引き出すと、急進的な民族主義が人々の支持を得ることは困難になった。(13) かくしてそれと入れ替わる形で、一九九〇年代後半からイスラームが公共空間で大きな位置を占めるようになった。その時、人々が参照するようになったのが、ほかならぬ帝政末期のムスリム社会だ。宗教指導者や政治家自身も帝政期の経験を学び、現代的な形で再構築しようとするので、帝政時代を彷彿とさせる状況が意図的に演出される場合さえある。(14)

現代ロシアのムスリム公共圏の中核を成しているのは、国内に六〇から七〇もあるとされる宗務局（dukhovnoe

upravlenie musul'man）だ。特定の民族共和国などを除けば、その指導者はほぼタタール人で占められる。そもそも戦後ソ連期には、ヨーロッパ部（ロシアの他、ウクライナ、ベラルーシ、モルドヴァ、バルト三国）とシベリアの広大な領域にウファの宗務局しかなかった。ではなぜこれほど増えたのか。ブハラのミーリ・アラブ・マドラサとカイロのアズハル学院を修了し、一九八〇年にエカチェリーナ二世期から数えて第一二代目のムフティーに就任したタルガト・タジュッディン（一九四八年生）は、激増するマハッラの管理を効率化すべく、一九九一年一月にそれまで機能を停止していた中位の機関ムフタシブを復活させた。一九九〇年の法律は宗教団体に法人格を与えていたから、ムフタシブはかつての宗教施設の返還、信者からの寄付、そしてサウジアラビアの慈善団体を筆頭とする外国からの莫大な援助などの受け皿となった。また、ロシア連邦で地方分権が進行し競争的な選挙も行われるようになると、民族共和国は自前の宗務局が住民の支持を取りまとめることを期待した。こうしてムフタシブたちは、自らムフティーを名乗ってタジュッディンと袂を分かち、自身の宗務局を持つに至る。その中で最も傑出しているのが、ミーリ・アラブ・マドラサを修めたモスクワの元ムフタシブで、現在のロシア連邦宗務局（DUM RF）のムフティー、ラウィール・ガイヌッディン（一九五九年生）だ。彼はモスクワの地の利を活かして、中央政府や外国の代表部と密接な関係を築くことで権威を確立した。一九九六年七月に彼は、各地のムフティーを束ねるロシア・ムフティー評議会（Sovet muftiev Rossii）を組織しその議長になった。[15]

外部の観察者はこれまで、宗務局が事実上国家機関と化す姿や宗務局同士が中央・地方政府の庇護を求めて競合する政治に関心を集中させる傾向があった。[16] しかし、宗務局が政府と密接な連携を図りながらイスラーム的な生活を実現する条件を着実に整えている側面も見逃してはならない。その活動の枠組みを規定しているのが、一九九七年九月二六日に出された良心の自由と宗教団体に関する法律だ。ロシア連邦となってからあらためて出たこの法律でイスラームは、ロシア正教会、仏教、ユダヤ教と並んでロシアの「伝統宗教」として承認され、国家の後押しも期待しながら様々な権利を享受することになった。[17] ここでは宗務局が、自発的結社（dobrovol'noe ob"edinenie）であり集権的宗教団体（tsentralizovannaia religioznaia organizatsiia）にあたることは強調しておいてよい（第八条）。宗務局は、ムスリム市民と国家をつなぐ半官半民の市民社会組織なのだ。

実際、宗務局は個々にあるいは連携しながら、帝政末期に懸案だったものを含め多くの課題に取り組んでいる。タタルスタン共和国の宗務局を例に見れば、イマーム養成課程を監督する学術教育部を内部に設け、宗教教育事業、モスクの修理・修復、医療施設の建設などに寄進財《ワクフ》を運用する組織、喜捨（ザカートとサダカ）をクルアーン第九章六〇節に基づいて社会的弱者に配分する組織、ハラール食品の生産・流通を監視し認証を行う委員会も付設する。さらに、共和国からのメッカ巡礼を独占的に取り仕切る旅行会社まで持つ[18]。二〇〇六年末には、北コーカサスの諸宗務局を調整する組織、ムフティー評議会、ウファの中央宗務局が参加して「イスラーム文化・学術・教育支援基金」が立ち上がり、全国規模でモスクの管理・運営、宗教教育課程の開発、出版事業、各種会議の組織、児童・青年に関する事業などに助成金を出している[19]。

ロシア軍も宗務局を含め宗教団体の声を真剣に考慮している。まず、聖職を目指す学生は、就学中は徴兵を猶予される[20]。また、二〇〇九年七月にメドヴェージェフ大統領は、帝政期にあった従軍聖職者を復活させることを決めた。これは、一九九七年法で伝統宗教と認められた団体がつくるロシア宗教間評議会（Mezhreligioznyi sovet Rossii）の申し入れに応えたものだ。二〇一三年一〇月末時点で、正教会から一〇〇名、イマームが二名、仏教から一名配置されている。とはいえ、九四％が正教徒から成るといわれる軍では、食事、礼拝施設の設置、また宗教の違いに基づく差別や暴力など課題は多い[21]。

ムスリム公共圏のうち、人々の議論の場にはどのような変化が生じているのだろうか。最大の変化は、金曜礼拝の説教《フトバ》から過激派も含めたイスラーム文献に至るまでロシア語が圧倒的になったことだ。その背景には、ソ連時代の言語政策の結果だけでなく、コーカサスや中央アジアからの移民の増大がある。中央ロシアのモスクでは、フトバがタタール語で行われてきたが、移民には理解できないので、都市部のモスクの共通語はロシア語になっている。

二〇〇三年には沿ヴォルガ連邦管区の行政官が、こうした状況を「ロシア的イスラーム（russkii islam）」と殊更に強調することで、イスラームをロシアの統合に役立つように誘導を試みたこともあった。こうした状況に対して宗教指導者は、民族的な特殊性を否定する過激思想がロシア語を介して普及しかねないと警戒する。しかし実は、それに対抗する手段もロシア語となっている。ニジニノヴゴロドの宗務局を拠点とする出版社「メディナ」は、前述のイスラーム基金の支援も受けながら、ハナフィー派法学、クルアーン、郷土史、政治学などに関する多岐にわたる教科書や学術書を出版している。(22) したがって宗教指導者の中には、ロシアのイスラームからタタール的性格が失われることを危惧する声もある。戦後以来、イスラームを民族文化として捉える思考が定着してきたのであり、「ロシア的イスラーム」への反発は、ロシアのムスリム社会におけるタタール人の優位が移民の増大で損なわれてしまうことに対する懸念と表裏一体でもあるのだ。(23)

インターネットもムスリム公共圏を大きく変えている。帝政末期には、印刷物の普及と教育水準の向上が、特定の学者が占有する知的権威を掘り崩し、多様な社会的背景を持つ人々が公共の議論に参加することを促した。インターネットは、未曾有の規模で学者以外の多様な人々がイスラームの解釈を発信することを可能にし、個々の消費者が権威者を経ることなく好みの生産者から直接知識を得て、消費者も独自の解釈を発信できる市場を生み出している。そうしたコミュニケーションがロシア語で行われることで、今や民族的なロシア人の改宗さえ起こり、彼らもそこに参入している。そしてこの新しい公共圏は、宗務局から独立しそれに敵対さえする宗教権威を生み出している。アゼルバイジャン人の父とロシア人の母の間に生まれたゲイダル・ジェマル（一九四七―二〇一六）は、哲学、セム的一神教、世界史に関する博識を駆使しながら過激主義を擁護するイスラームの解釈を披露し、反グローバル・反欧米志向の人々からも絶大な支持を得た。(24) イスラーム言説が生成・普及し、その中で権威が出現する上で、国家や宗務局の制御しきれない個人の主体性がこれまでになく枢要な役割を演じているのだ。(25)

まさにそれゆえに、宗務局は自らの権威を維持すべく、国家権力と協力しながら執拗に公共空間の言語に影響を及ぼそうとしている。鍵となるのは「伝統的イスラーム」なる概念だ。既述のように、ソ連解体前後にはイスラーム復興を支援する慈善団体が国外から入り込み、多くの若者がサウジアラビアやトルコなどに留学した。一九九〇年代後半から彼らが帰国しはじめると、ソ連時代に細々と維持されてきた宗教実践が、彼らの学んだ「正しいイスラーム」の観点から批判に晒されるようになり、マハッラでも対立が深まった。(26) こうした事態の原因をタルガト・タジュッディンは、自分を裏切った新しいムフティーたちに帰し、彼らを「ワッハーブ主義者＝原理主義者」と非難し、自らを「伝統的イスラーム」の代表者として政府の後ろ盾を得ようとした。一九九九年にチェチェンのイスラーム過激派がダゲスタンに侵入して第二次チェチェン戦争が始まり、二〇〇一年に九・一一米国同時多発テロが起きると状況が変わる。ガイヌッディン率いるムフティー評議会も、国外から流入する「ワッハーブ主義＝過激派」とロシア各地の「伝統的イスラーム」を峻別し、後者こそがロシア国家の統合に寄与してきたのだという大合唱に加わった。ロシアは「グローバルなテロとの闘い」に参加したから、治安機関は宗務局の打ち出す二分法を基準に、国内のムスリム社会を監視するようになった。(27)

これは、国際的な汎イスラーム主義の脅威に対処すべく、国内の宗教指導者を「ジャディード」と「カディーム」に分類して前者の排除を試みた二〇世紀初頭のロシア政府の戦略を直ちに想起させる。しかもそれがムスリム社会内部に引き起こす帰結もまた酷似している。人々は様々な利害対立を、イスラームに関する言論空間を占める二分法に翻訳して、競合者を排除するために国家権力を招き入れているのだ。二〇〇二年の「過激主義活動対策法」成立以来、ロシア連邦司法省の指定する過激派資料一覧は拡充の一途をたどり、それに基づく宗教施設の査察・捜査も跡を絶たない。これらの傾向は二〇一四年の「イスラーム国」の台頭で一層強まり、同年ロシアに併合されたクリミア半島にも広がっている。(28) そこでは、祭日開始のずれやマウリドの実践の有無でさえ、「伝統的イスラーム」をめぐる宗教指導者間の主導権争いの具と化している。(29)

「ワッハーブ主義者」の跳梁の原因として、サウジアラビアなど国外からの影響を専ら強調するのは正しくない。

一九九〇年代の新しい宗務局系の指導者は、戦後ソ連期に形作られた原理主義的な論法に沿って、外からの原理主義的な思想の流入に違和感を持たなかったはずだ。むしろ彼らは、高度に理論武装した活動家に太刀打ちできなくなる中で、「ワッハーブ主義」と「伝統的イスラーム」を対峙させる概念をまず立ち上げ、政府と治安当局の支持を取り込む言説を用意したといえる。マドラサなどイスラーム教育の現場で「伝統的イスラーム」の内容を充塡し標準化が推進されるようになったのはごく最近にすぎない。その内容は、現代ロシアの社会生活に適合した有用な人材を生み出すべく、古典文献のうち信条箇条の思弁よりもクルアーンと法学の知識を優先し、教育学、心理学、地域史といった一般教養を組み込むものとなっている。[30] こうした選択、折衷、標準化自体は、帝政末期のヴォルガ・ウラル地域でも試みられたように、近代化を経るムスリム社会に広く観察される。[31] しかし、宗教指導者自身による実利的な「伝統的イスラーム」の理論化と政治化には、戦後ソヴィエト社会における宗教の位置づけが大きく関わっている。

それを理解する上で最も重要な人物の一人が、ワリウッラー・ヤクポフ（一九六三―二〇一二）である。彼は電気化学技術の教育を受けた後に定時制でカザン大学歴史学部に学び、同市のマドラサを修了した。一九九二年から市内のアパナーエフ・モスクのイマームを勤め、一九九七年から二〇一一年までタタルスタン共和国宗務局の副ムフティー職も兼ねた。彼の最大の貢献は、一九九〇年に設立した青年イスラーム文化センターとその出版社「イマーン」だ。ここからは、低品質の紙を使った廉価な冊子体で、イスラームの入門書にはじまり、帝政期のウラマーや青年知識人の作品、カザン神学アカデミーの出版物の再版、現代の研究者の著作、そして「ワッハーブ主義」を攻撃する戦闘的なヤクポフ自身のテクストに至る膨大な文献が世に送り出された。実は、ヤクポフの言語の根幹を成しているのは、戦後ソ連当局が宗教の領域を把握する際に用いた行政用語と「客観的データ」にこだわるマルクス主義的な発想法である。彼はそれらとイスラーム用語を巧みに接合することで、「伝統的イスラーム」をポスト・ソヴィエト社会で人口に膾炙し国家の支持を得られる形に組み上げたのだ。これは、彼とその同世代の青年たちが無神論と反宗教文献からイスラームに関する基礎知識に親しんでいたことと無関係ではない。二〇一二年七月一九日、ヤクポフは自らが貢献した対立構図の犠牲になる。「ワッハーブ主義者」に暗殺されたのだ。しかしその背後には、宗務局内部の資金配分をめぐる対立があったと推測される。(32)帝政期にもあった国家権力との協働そして資本の再分配をめぐるムスリム社会内部の政治は、こんにち極めて尖鋭化している。

現代ロシアが直面する困難を単純にその権威主義体制、家産的な国家権力の伝統、帝国的秩序の持続などに帰すことはできない。市民社会の公的空間で宗教の役割がどの程度認められるのかという問いは、ムスリム社会の統合に頭を痛めるヨーロッパとも共通の難題でもある。二〇一五年のパリでの悲劇は、無色を装うがゆえに差別の構造を見えにくくする「共和主義」がすでに限界に達していることを物語っている。かといって、国家が公共空間で宗教団体の活動を積極的に認めるならば、誰がそれぞれの宗教の正統な代弁者なのかをめぐる政治がたちまち醸成されるだろう。(33)民主主義の国家体制は多数派に不公平感を引き起こすことなく、かつ少数派の内部に亀裂を持ち込むことなく、様々な人間集団を統合できるのだろうか。多数派の言語と価値観を受け入れた少数派の個々人は、対等な市民として多数派の人々に認められ続けるだろうか。そして、民主主義国家の住人は少数派内部の多様な声に耳を傾けることができるだろうか。ロシア帝国最後の十年間にヴォルガ・ウラル地域のムスリムが辿った軌跡は、百年後の同じ地域に住むムスリム市民の想像力の源泉となっているだけでなく、異質な集団への寛容がますます失われつつあるようにみえる現代世界に生きる我々にとっても学ぶべき豊かな教訓を示している。

あとがき

民族を問わずロシアの人々は政治の話が好きだ。話が政治に及ぶと決まって、ロシアには市民社会がない、だから民主主義もないと自嘲気味に語る。しかし、本書を書きながら私が確信したのは、ロシアには強力な市民社会が存在するということだ。むしろこの強力な市民社会を統治するためにこそ、ロシアは強い国家権力を必要としてきたのではないか。また、市民社会と民主主義を直結させる固定観念自体が、当事者はもとより外部の観察者の判断も歪めてきたのではないか。

この現在の到達点から二〇〇一—〇三年のカザン留学時代を振り返ると、タタール人のさまざまな公共圏や市民社会が目に浮かぶ。タタルスタン共和国では一〇月一五日に近い週末が、ある人々にとって「追憶の日（khatirä köne）」という祭日になっている。これは、一五五二年のロシアのカザン征服を思い起こすものだ。市の公式の許可もあるのだろう、市街中心部は車両の乗り入れが禁止され、プーシキン通りなど決まった道筋を大勢の人々が練り歩く。当時は第二次チェチェン戦争がたけなわだったから、若者の中にはこれ見よがしに過激派の格好をして「アッラーのほかに神はなし、ムハンマドはその預言者」の信仰告白を繰り返す者もいた。その一方で、タタルスタン東部のナーベレジュヌィエ・チェルヌィから駆けつけた、ソ連解体前後の伝説的な民族運動家は、最近の若者は母語や歴史に対する民族意識が低下したと、往時を追懐しながらヴォトカを傾け嘆いた。

この祭日を組織する全タタール社会センター（通称トッツ）は、ペレストロイカ期の一九八八年に自民族の研究に勤しむ人文系の研究者が中心に結成した団体だ。カール・マルクス通りに事務所があり、その二階では毎週土曜日に、大学生と高校生くらいの若者が集って、タタール語でのおしゃべりや歌を楽しむ会が開かれていた。この会は、帝政末期にあった同名の文化発信拠点に因んで「東方クラブ（shärïq krubï）」と呼ばれていた。そして、この会に出入りしながらもっとイスラーム的な話題に関心のある者は、ワリウッラー・ヤクポフの青年イスラーム文化センター「イマーン」の活動にも足を運んだ。

もちろん、これらの活動に参加する人々も関わり具合に差がある。また、こうした意識の高い人々の輪には入らず、名前以外はロシア人とまったく変わらない生活を送る人々もたくさんいる。逆に、意識の高い人々は、日常生活でロシア人と交わることはごく普通だとしても、基本的にはタタール人の人脈の中で生活し、ロシア人には無関心だ。ロシア人やチュヴァシ人の方もまたタタール人のことをほとんど知らない。公共圏の持つある種の排他性、そして多民族社会の基本は相互の無知・無関心であるという留学時代に得た感覚は、本書にも活かされている。

本書の完成には長い時間を要したが、とりわけ近年の世界情勢は否応なく本書に歴史性を刻印している。二〇一四年のウクライナ危機とイスラーム国の台頭は、強圧的な国家権力の消失後、その体制下で発達してきた市民社会が解き放たれ、それが秩序回復のために擬似国家的編成まで獲得してしまうことを示した。そして、これらの惨事から逃れた人々が向かうEUとアメリカ合衆国では、グローバリゼーション、自由貿易、移動の自由、多文化主義など、いわば近代性を背負ってきた（と自負してきた）人々が、その近代性はもはや自分たちの割に合わないと発言し始めている。これは、帝国の中核的民族が帝国の維持は割に合わないと考え始める、「帝国末期症候群」ともいうべき現象との類比をいやが上にも思わせる。とはいえ、本書で描いてきたように帝国末期の矛盾は、帝国の崩壊に直結するわけではなく、様々なレベルの権力と臣民、そして臣民の間での交渉が既存の制度の枠組みで展開することで、かなりしなやかな持続性を持つ。そしてそうした末期症状の持続が今後何をもたらすのかは予断を許さない。ただ本書は、ロシア帝政末期とこんにちの世界との平行性を強く意識したものであることは明記しておきたい。

本書の構想は、二〇〇七年に東京大学に提出した博士論文「帝政末期のムスリム社会と国家——ヴォルガ・ウラル地域 一九〇五－一九一七」に始まる。その後、英語とロシア語の雑誌と論集に投稿した際、各章に新しい史料とアイディアを織り込んだ。さらに、これまでの査読や批評を踏まえ、かつ一冊の本としての統合性を高めるべく各章は大幅に書き改められた。したがって本書は博士論文の修正稿でも既発表論文の翻訳の寄せ集めでもない別個の作品に仕上がっている。それでも、各章の礎となった論文を掲げておくなら、次の通りである。

第2章 "Designs for *Dâr al-Islâm* : Religious Freedom and the Emergence of a Muslim Public Sphere, 1905–1916," in Randall A. Poole and Paul W. Werth, eds., *Religious Freedom in Russia*, in production and forthcoming in the *Kritika* Historical Studies Series at the University of Pittsburgh Press.

第3章 "Molding the Muslim Community through the Tsarist Administration : *Maḥalla* under the Jurisdiction of Orenburg Mohammedan Spiritual Assembly after 1905," *Acta Slavica Iaponica*, no. 23 (2006) : 101–123.（ロシア語訳は以下に収録：*Tatarskie musul'manskie prikhody v Rossiiskoi imperii* (Kazan : Institut istorii AN RT, 2006), 101–128）

第5章 "Holidays in Kazan : The Public Sphere and the Politics of Religious Authority among Tatars in 1914," *Slavic Review* 71, no. 1 (2012) : 25–48.

第6章 "Maktab or School ? Introduction of Universal Primary Education among the Volga-Ural Muslims," in Tomohiko Uyama, ed., *Empire, Islam, and Politics in Central Eurasia* (Sapporo : Slavic Research Center, 2007), 65–97.（ロシア語改訂版は以下に収録：*Nauchnyi Tatarstan* 1 (2012) : 76–99）

第7章 "Musul'manskoe soobshchestvo v usloviiakh mobilizatsii : uchastie Volgo-Ural'skikh musul'man v voinakh poslednego desiatileniia sushchestvovaniia Rossiiskoi imperii," in Norihiro Naganawa, D. M. Usmanova, Mami Hamamoto, eds., *Volgo-Ural'skii region v imperskom prostranstve : XVIII–XX vv.* (Moscow : Vostochnaia

Literatura, 2011), 198–229.

第8章 "A Civil Society in a Confessional State? Muslim Philanthropy in the Volga-Urals Region," in Adele Lindenmeyr, Christopher Read, and Peter Waldron, eds., *Russia's Home Front in War and Revolution, 1914–1922, Book 2: The Experience of War and Revolution* (Bloomington: Slavica Publishers, 2016), 59–78.

博士論文の審査は、山内昌之先生を主査に、中井和夫先生、鈴木董先生、小松久男先生、宇山智彦先生、松里公孝先生という豪華な顔ぶれで行われた。山内先生の導きがなければ、一時は研究者を断念することも考えた私が博士論文を執筆するには至らなかった。中井先生と鈴木先生には折に触れて、極端や狭窄に陥りがちな私の視座を修正していただいた。小松先生は、学部時代から現在に至るまでいつも私の背丈よりも少し高い課題を与えてくださる。宇山先生は私の研究の最大の理解者でありかつ最強の批判者であり続けている。松里先生は、二〇〇二年六月にカザンであった *Ab Imperio* 誌の会議で迫力あるプレゼンテーションを拝見して以来、国際的な研究者の模範であり続けている。本書の構想はこれらの先生方の批判にどのように応えるかというところから始まった。しかし、最終段階で本書の統合的議論を彫琢する際、汎ヨーロッパ的文脈の考察と同時にその世界史における相対化に常に努めておられる橋本伸也先生からの批判が不可欠だった。

英語とロシア語で論文を書くことは、新しい読者を開拓するだけでなく、現地の研究者に恩を返すことにもなる。本書の議論を鍛える上で、とくにポール・ワース氏(Paul Werth)とロバート・クルーズ氏(Robert Crews)との拙稿を介した個人的な対話は決定的に重要だった。この二人からは、説得力のある英文学術論文の書き方も教わった。カザンでは、留学中の受入教官だったイスカンデル・ギリャゾフ氏(Iskander Giliazov)、研究テーマの近さから史料と方法について多大なご教示を賜ったディリャラ・ウスマノヴァ氏(Diliara Usmanova)とイルドゥス・ザギドゥッリン氏(Il'dus Zagidullin)の名前をまず挙げないわけにはいかない。二〇〇八年九月のカザンでの国際会議に基づき、二〇一一年にこの三人の論考も収めた論集をモスクワで出版できたのは大きな喜びだ。また、アイラト・ザギドゥッリン（Airat Zagidullin）とナイル・ガリポフ（Nail Garipov）との出会いがなければ、批判精神を保ちながらタタール人社会を内側から観察する機会には恵まれなかった。タタルスタン民族図書館希少本・手稿部の主任でもあるアイラトは、本書執筆中も史料の確認と提供に快く応じてくれた。ウファでは、やはり研究テーマの近さからマルシル・ファルフシャトフ氏（Marsil' Farkhshatov）に多くを学んだ。氏も前述の論集に寄稿してくれ、また本書執筆中は史料の取り寄せにもご助力いただいた。イリダル・ガブドラフィコフ氏（Il'dar Gabdrafikov）とルシャン・ガリャモフ氏（Rushan Galiamov）の名コンビには、タタール人とバシキール人の複雑な政治について大いに学んだ。現在私は、バシキリア出身のムスリム革命家・ソ連外交官カリム・ハキーモフ（一八九〇―一九三八）の伝記的研究に取り組んでいることもあって、この三人にはお世話になりっぱなしだ。

本書を名古屋大学出版会から刊行するきっかけを与えてくださったのは、秋田茂先生である。二〇一二年に論集『グローバルヒストリーと帝国』の礎になるリレー講義にお誘いいただいたとき、あのいつものにこやかな表情で「今の時代、本があったほうがいいですからね、橘さんに話しておきましたよ」とおっしゃられたので、ついに来るべき時が来たと覚悟を決めた。しかし、実際に橘宗吾氏に博士論文を読んでいただき、修正の方向性をご教示いただいてから四年、ようやく刊行に堪えうるとの判断を得ることができた。それでも、最終稿を出すまでにいただいた追加のコメントは、定評のあるイスラーム研究や帝国論を数多く手掛けられてきた橘氏とあって、それ自体が挑戦的な比較研究だった。そして、橘氏と三原大地氏の微に入り細をうがつ編集作業のおかげで、日本語が磨かれ、体裁の美しい本に仕上がった。なお、職場の笹谷めぐみさんには、情報がよく整理された大変きれいな地図を作成していただいた。

もちろん、著者の手を離れ世に送り出されてしまえば、個人的な感慨とは無関係に、本書は広く批判にさらされなければならない。それでも、最後に四人の身内に普段以上の謝意を示すことをお許し願いたい。まず妻と娘には、いつも時間のない私を辛抱強く待っていてくれることに対して、そして両親には、非常に長い歳月にわたって私のしている勉強の意味を信じて物心両面で支援してくれたことに対して。

なお本書は、日本学術振興会の平成二九年度科学研究費補助金（研究成果公開促進費「学術図書」）を得て刊行される。

二〇一七年一〇月

長縄 宣博

索　引

ア　行

カ　行

サ　行

タ　行

ナ　行

ハ　行

マ　行

ヤ　行

ラ 行

ワ 行

図表一覧

参考文献

文書館史料

ГАОО (Государственный архив Оренбургской области：オレンブルグ州国立文書館).

Ф. 10 (Канцелярия оренбургского губернатора：オレンブルグ知事官房).

Ф. 11 (Оренбургское губернское правление：オレンブルグ県庁).

Ф. 15 (Оренбургское губернское по городским и земским делам присутствие：オレンブルグ県都市・ゼムストヴォ問題執務室).

ГАРФ (Государственный архив Российской Федерации：ロシア連邦国立文書館).

Ф. 102 (Департамент полиции：警察局). Особый Отдел (特殊部門).

НА РТ (Национальный архив Республики Татарстан：タタルスタン共和国民族文書館).

Ф. 1 (Канцелярия казанского губернатора：カザン県知事官房).

Ф. 2 (Казанское губернское правление：カザン県庁).

Ф. 199 (Казанское губернское жандармское управление：カザン県憲兵局).

Ф. 419 (Казанское губернское по земским и городским делам присутствие：カザン県ゼムストヴォ・都市問題執務室).

РГВИА (Российский государственный военно-исторический архив：ロシア国立軍事史文書館).

Ф. 1 (Канцелярия военного министерства：陸軍省官房).

Ф. 400 (Главный штаб：参謀本部).

РГИА (Российский государственный исторический архив：ロシア国立歴史文書館).

Ф. 821 (Департамент духовных дел иностранных исповеданий：外国信仰宗務局).

Ф. 1276 (Совет министров：閣僚会議). Оп. 2. Д. 593.

ЦИА РБ (Центральный исторический архив Республики Башкортостан：バシュコルトスタン共和国中央歴史文書館).

Ф. И-295 (Оренбургское магометанское духовное собрание：オレンブルグ・ムスリム宗務協議会).

タタール語の新聞・雑誌　(　) は参照した年

Āng カザン (1915)

Bayān al-Ḥaqq カザン (1910)

Dīn wa Maʿīshat オレンブルグ (1912, 1914, 1916)

Islām Majallasī ウファ (1924-1927)

Maktab カザン (1913-1914)

Maʿlūmāt ウファ (1908)

Millat サンクトペテルブルグ (1913-1915)

Muʿallim オレンブルグ (1913-1914)

Nūr サンクトペテルブルグ (1905-1906)

Qazān Mukhbirī カザン（1906）
Qūyāsh カザン（1914）
Shūrā オレンブルグ（1914–1915, 1917）
Sūyum Bīka カザン（1914–1916）
Ṭāng Yūlduzī カザン（1906）
Ṭūrmush ウファ（1914）
Waqt オレンブルグ（1906–1916）
Yūlduz カザン（1910, 1913–1914）

タタール語文献

1906 sana 16–21 āwghūstda ijtimā‘ ītmish Rusyā muslimānlarīning nadwasī (Kazan, 1906).

‘Abd al-Khāliq b. ‘Ain al-Dīn Aḥmīrūf, *Yāpūn muḥārabasī yākhūd tātār ṣāldātī* (Kazan, 1909).

‘Abd Allāh b. Muḥammad ‘Ārif b. al-Shaykh Ma‘ādh al-Ūrī, *al-Qaṭra min biḥār al-ḥaqā’iq fī tarjama aḥwāl mashāyikh al-ṭarā’iq* (Orenburg, [1907]).

‘Abd Allāh b. Muḥammad ‘Ārif b. al-Shaykh Ma‘ādh al-Ūrī, *Ta’rīkh-i Ma‘ādhiyya* (Orenburg, 1906).

Āṭlāsuf, Hādī, *Yangī niẓām wa ‘ulamā’larmiz* (Orenburg, 1906).

Baṭṭāl, ‘A., *‘Abd al-Walī Yāwshif* (Orenburg, 1912).

[Bīgī], Mūsā Jār Allāh, *Iṣlāḥāt asāslarī* (Petrograd, 1917).

Bīgīyif, Mūsā Jār Allāh, *Qawā‘id-i fiqhīya* (Kazan, n. d.).

Fakhr al-Dīn, Riḍā’ al-Dīn, *Maktab wa zakāt, khazīna wa zīmstwā yārdamī* (Orenburg, 1909).

Fakhr al-Dīn, Riḍā’ al-Dīn, *Islāmlar ḥaqqinda ḥukūmat tadbīrlarī, birinchī juz’, īkinchī juz’* (Orenburg, 1907, 1908).

Fakhr al-Dīn, Riḍā’ al-Dīn, *Āthār*, 12 juz’ (Kazan, 1907).

Fakhr al-Dīn, Riḍā’ al-Dīn, *Rūsīya muslimānlarīning iḥtiyājlarī wa ānlar ḥaqqinda intiqād* (Orenburg, 1906).

Īshmuḥammadūf, Aḥmadī, *Saudā khidmatkārlarining ma‘īshatī wa ānlarining istiqbālī* (Kazan, 1907).

Karīmī, Fātiḥ, *Istānbūl maktūblarī* (Orenburg, 1913).

Karīmī, Fātiḥ, *Marḥūm Ghilmān Ākhūnd* (Orenburg, 1904).

Muṭahhar ibn Mullā Mīr Ḥaydar, *Īskī Qīshqī ta’rīkhī* (Orenburg, 1911).

Qazānda muslima sāldātkālar ūyūshmāsīning ūstāfī (Kazan, 1917).

Qazān jam‘iyyat-i khairiyyasī wa āning tarbiyyasinda būlghān bālālar maktabī prīyūṭ, wilādatkhāna, āmbūlāṭūriyya ham dār al-‘ājizīnining ḥisābī, 1915nchī yil ūchūn (Kazan, 1916).

Ṭūqāyīf, Muḥammad Shākir, *Ta’rīkh-i Istarlī Bāsh* (Kazan, 1899).

Ūfādaghī kīngāsh majlisīning qarārlarīna īḍāḥ nāma (Ufa, 1914).

Ūṣāl, M. -F., *Birinchī, īkinchī wa ūchūnchī Dūmāda muslimān dīpūṭāṭlār ham ālārining qīlghān ishlarī* (Kazan, 1909).

Walīduf, Jamāl al-Dīn, *Millat wa milliyat* (Orenburg, 1914).

ロシア語の新聞・雑誌　（　）は参照した年

Бюллетень отдела народного образования ウファ（1915–1916）
Вестник Оренбургского учебного округа ウファ（1914）

Инородческое обозрение カザン（1916）
Казанский телеграф カザン（1914）
Камско-волжская речь カザン（1914）
Мир ислама サンクトペテルブルグ（1913）

公的報告集・議事録

カザン市会

Журналы и протоколы заседаний Казанской городской думы за 1903. Казань, 1906.
Журналы и протоколы заседаний Казанской городской думы за 1908. Казань, 1910.
Журналы Казанской городской думы и доклады управы за 1909. Казань, 1911.
Журналы Казанской городской думы и доклады управы за 1914. Казань, 1914.

ウファ県ゼムストヴォ

Доклад №67 XXXVII очередному Уфимскому губернскому земскому собранию. План деятельности Уфимского губернского земства по народному образованию. Уфа, 1911.
Доклады губернской земской управы XXXIX очередному Уфимскому губернскому земскому собранию 1913 года по отделу народного образования. Уфа, 1914.
Журналы совещания при Уфимской губернской земской управе по вопросу о типе начальной общеобразовательной мусульманской школы 23–25 мая 1911 г. Уфа, 1911.
Отчет Уфимской губернской земской управы XXXVIII очередному Уфимскому губернскому земскому собранию по отделу народного образования за 1912 года. Уфа, 1912.
XXXIV Уфимскому очередному губернскому земскому собранию. Доклад губернской управы по вопросу о школьной сети в отношении мусульманского населения губернии. Уфа, 1908.

オレンブルグ県ゼムストヴォ

Доклады Оренбургской губернской земской управы четвертому очередному губернскому земскому собранию. Подотдел образования инородцев. Отдел народного образования. Оренбург, 1916.
Журналы I и II совещания по народному образованию при Оренбургской губернской земской управе в 1915 году. Оренбург, 1915.
Оренбургское губернское земское собрание. 3-я очередная сессия. Доклады по народному образованию. Оренбург, 1916.

国会議事速記録，その他

Государственная дума. Третий созыв. Стенографические отчеты 1910 г. Сессия третья. Ч. IV. СПб., 1910.
Государственная дума. Третий созыв. Стенографические отчеты 1910 г. Сессия четвертая. Ч. I. СПб., 1910.
Государственная дума. Третий созыв. Стенографические отчеты 1912 г. Сессия пятая. Ч. II. СПб., 1912.
Журналы заседаний съезда директоров и инспекторов народных училищ Оренбургского учебного округа в г. Уфе 11–16 июня 1912 года. Уфа, 1913.

Миссионерский съезд в городе Казани 13-26 июня 1910 года. Казань, 1910.

Отчет мусульманского благотворительного общества в Петрограде. Петроград, 1917.

Первый общеземский съезд по народному образованию 1911 года. Доклады Т. I. Москва, 1911.

Протокол уфимского губернского совещания, образованного с разрешения г. министра внутренних дел из доверенных башкирских волостей Уфимской губернии для обсуждения вопросов, касающихся магометанской религии и вообще нужд башкирского населения. 22, 23, 25 июня 1905 года. Уфа, 1905.

法令集・統計・史料集

Башкирия в годы Первой мировой войны. 1914-1918 : Сборник документов и материалов. Уфа, 2014.

Западные башкиры : По переписям 1795-1917 гг. Уфа, 2001.

Императорская Россия и мусульманский мир / Сост. Д. Ю. Арапов. М., 2006.

Ислам в Российской империи (законодательные акты, описания, статистика) / Сост. Д. Ю. Арапов. М., 2001.

Материалы по истории Татарии второй половины XIX века. Ч. 1. Аграрный вопрос и крестьянское движение 50-70-х годов XIX в. М., 1936.

Мусульмане и мусульманское духовенство в военном ведомстве Российской империи : сборник законодательных актов, нормативно-правовых документов и материалов / Под ред. Х. М. Абдуллин. Казань, 2009.

Мусульманские депутаты Государственной думы России 1906-1917 гг. Сборник документов и материалов / Сост. Л. А. Ямаева. Уфа, 1998.

Обухов М. И. Мектебы Уфимской губернии (Статистический очерк татарских и башкирских низших школ (мектебов) Уфимской губернии по данным исследования Уфимской губернской земской управы). Уфа, 1915.

Обухов М. И. Начальные народные училища Уфимской губернии. 1914-15 учебный год. (Статистический очерк). Уфа, 1915.

Первая всеобщая перепись населения Российской империи, 1897 г. Т. 14. Казанская губерния. 1904.

Первая всеобщая перепись населения Российской империи, 1897 г. Т. 28. Оренбургская губерния. 1904.

Первая всеобщая перепись населения Российской империи, 1897 г. Т. 45. Уфимская губерния. 1904.

ПСЗ : Полное собрание законов Российской империи.

Сборник законов о мусульманском духовенстве в Таврическом и Оренбургском округах и о магометанских учебных заведениях. Казань, 1902.

Сборник циркуляров и иных руководящих распоряжений по округу Оренбургского магометанского духовного собрания 1836-1903 г. Казань, 2004 (оригинал Уфа, 1905).

СЗ : Свод законов Российской империи. изд. 1896 г. Т. 11. Ч. 1. Свод учреждений и уставов управления духовных дел иностранных исповеданий христианских и иноверных.

Статистический ежегодник России 1914 г. Петроград, 1915.

Царская армия в период мировой войны и Февральской революции (мареиалы к изучению

истории империалистической и гражданской войны). Казань, 1932.

キリル文字文献

Абдуллин Х. М. Мусульманское духовенство и военное ведомство Российской империи (конец XVIII – начало XX вв.): Дис. ... канд. ист. наук. Казань, 2007.

Абрамов В. Ф. Земство, народное образование и просвещение // Вопросы истории 1998. № 8. С. 44–60.

Азаматов Д. Д. Из истории мусульманской благотворительности: Вакуфы на территории Европейской части России и Сибири в конце XIX – начале XX вв. Уфа, 2000.

Азаматов Д. Д. Оренбургское магометанское духовное собрание в конце XVIII–XIX вв. Уфа, 1999.

Азаматова Г. Б. Башкиры в системе земского самоуправления 1870–1917 гг.: На примере Уфимской, Оренбургской и Пермской губерний. Уфа, 2011.

Азаматова Г. Б. Деятельность Уфимского земства в области народного образования (1874–1917): Дис. ... канд. ист. наук. Уфа, 2000.

Акт частного совещания духовных лиц округа Оренбургского магометанского духовного собрания на 14 и 15 декабря 1913 года. Уфа, 1914.

Алексий. Епископ. Современное движение в среде русских мусульман. Казань, 1910.

Амирханов Р. У. Татарская демократическая печать (1905–1907 гг.). М., 1988.

Андрей. Епископ. Мнения уфимских земцев о церковных делах. Уфа, 1915.

Андрей. Епископ. Лихолетье в жизни православия среди приволжских инородцев (Статьи из С-Петербурских Ведомостей 1909 г. май). Казань, 1909.

Андрей. Епископ. О мерах к охранению Казанского края от постепенного завоевания его татарами. Казань, 1908.

Арапов Д. Ю. Система государственного регулирования ислама в Российской империи (последняя треть XVIII – начало XX вв.). М., 2004.

Аршаруни А., Габидуллин Х. Очерки панисламизма и пантюркизма в России. М., 1933.

Аршаруни А. Из истории национальной политики царизма // Красный архив. 1929. № 35. С. 107–127; 1929. № 36. С. 61–83.

Асташов А. Б. Союзы земств и городов и помощь раненым в Первую мировую войну // Отечественная история. 1992. № 6. С. 169–172.

Асфандияров А. З. Кантонное управление в Башкирии (1798–1865 гг.). Уфа, 2005.

Багин С. О пропаганде ислама путем печати. Казань, 1909.

Багин С. Об отпадении в магометанство крещеных инородцев Казанской епархии и о причинах этого печального явления. Казань, 1910.

Бобровников В. О. Русский Кавказ и Французский Алжир: Случайное сходство или обмен опытом колониального строительства? // Imperium inter pares: Роль трансферов в истории Российской империи (1700–1917). Ред. Мартин Ауст, Рикарда Вульпиус, Алексей Миллер. М., 2010. С. 182–209.

Бобровников Н. А. Нужны ли так называемые противомусульманские и противоязыческие епархиальные миссионеры в губерниях Европейской России? // Православный собеседник. 1905 г. февраль. С. 301–316.

Будилович А. С. Может-ли Россия отдать инородцам свои окраины ? СПб., 1907.

В память столетия Оренбургкого магометанского духовного собрания, учрежденного в городе Уфе. Уфа, 1891.

Валеев Р. М. Казанское востоковедение : Истоки и развитие (XIX в.–20 гг. XX в.). Казань, 1998.

Валидов Дж. Очерк истории образованности и литературы татар. Казань, 1998 (оригинал М., 1923).

Васильев А. В. Материалы к характеристике взаимных отношений татар и киргизов с предварительным кратким очерком этих отношений. Оренбург, 1898.

Васильев А. В. Исторический очерк русского образования в Тургайской области и современное его состояние. Оренбург, 1896.

Гарипов Н. К. Политика Российского государства в этоноконфессиональной сфере в конце XVIII – начале XX вв. : Опыт духовного управления мусульман : Дис. ... канд. ист. наук. Казань, 2003.

Горохов В. М. Реакционная школьная политика царизма в отношении татар Поволжья. Казань, 1941.

Григорьев П. Н. Очерк деятельности Уфимского губернского земства по народному образованию 1875–1910 гг. Уфа, 1910.

Гришин Я. Я. Польско-литовские татары : Взгляд через века. Казань, 2000.

Данциг Б. М. Ближний Восток в русской науке и литературе (дооктябрьский период). М., 1973.

Железнякова Ю. Е. Земская школа Казанской губернии (1865–1917 гг.) : Дис. ... канд. ист. наук. Казань, 2002.

Загидуллин И. К. Исламские институты в Российской империи : Мечети в европейской части России и Сибири. Казань, 2007.

Загидуллин И. К. Мусульманское богослужение в учреждениях Российской империи (Европейская часть России и Сибирь). Казань, 2006.

Загидуллин И. К. Перепись 1897 года и татары Казанской губернии. Казань, 2000.

Захаров М. Национальное строительство в Красной армии. М., 1927.

Знаменский П. В. Казанские татары. Казань, 1910.

Ибрагимов Г. Татары в революции 1905 года. Казань, 1926.

Ибрагимов И. И. Заметки о киргизском суде // Записки императорского Русского географического общества по отделению этнографии. Т. 8 : Сборник народных юридических обычаев. Т. 1. СПб., 1878. С. 233–257.

Ислам на территории бывшей Российской империи. Энциклопедический словарь. Вып. 1–4. М., 1998–2003.

Ислам от Каспия до Урала : Макрорегиональный подход / Под ред. К. Мацузато. Саппоро, 2007.

Исторический очерк народного образования в Оренбургском учебном округе за первое 25-летие его существования (1875–1899 гг.). Вып. 1. Оренбург, 1901.

Исхаки А. Идель-Урал. Париж, 1933.

Исхаков С. М. Первая русская революция и мусульмане Российской империи. М., 2007.

Исхаков С. М. Российские мусульмане и революция (весна 1917 г. – лето 1918 г.). М., 2004.

Исхаков С. М. Тюрки-мусульмане в российской армии (1914–1917) // Тюркологический сборник : 2002 : Россия и тюркский мир. М., 2003. С. 245–280.

Исхаков С. М. Первая мировая война глазами российских мусульман // Россия и Первая мировая война (материалы международного научного коллоквиума). СПб., 1999. С. 419–431.

Каппелер А. Центр и элиты периферий в Габсбургской, Российской и Османских империях (1700–1918 гг.) // Ab Imperio. 2007. № 2. С. 17–57.

Каримуллин А. Г. Татарская книга начала XX века. Казань, 1974.

Кемпер М. Суфии и ученые в Татарстане и Башкортостане. Исламский дискурс под русским господством. Казань, 2008 ; orig. Berlin, 1998.

Климович Л. И. Ислам в царской России. М., 1936.

Коблов Я. Д. Конфессиональные школы казанских татар. Казань, 1916.

Коблов Я. Д. О татаризации инородцев приволжского края. Казань, 1910.

Коблов Я. Д. Мечты татар магометан о национальной общеобразовательной школе. Казань, 1908.

Коблов Я. Д. О татарских мусульманских праздниках. Казань, 1907.

Коблов Я. Д. О магометанских муллах. Казань, 1998 (1907).

Коблов Я. Д. О необходимости инородческих миссионеров в деле просвещения инородцев. Казань, 1905.

Козубский Е. И. История Дагестанского конного полка. Петровск, 1909.

Кострикова Е. Г. Российское общество и внешняя политика накануне первой мировой войны 1908–1914 гг. М., 2007.

Лапин В. Армия империи – империя в армии : организация и комплектование вооруженных сил России в XVI – начале XX вв. // Ab Imperio. 2001. № 4. С. 109–138.

Ларина Е. И. Епископ Андрей и доктрина Министерства внутренних дел Российской империи в «мусульманском вопросе» // Сборник русского исторического общества. Т. 7. М., 2003. С. 212–225.

ле Тривеллек Ксавье. Татары и башкиры : История в зеркальном отражении : Этническая композиция, историографические дебаты и политическая власть в Республике Башкортостан // Ab imperio. 2007. № 2. С. 259–301.

Литвинов П. П. Государство и ислам в русском Туркестане (1865–1917) (по архивным материалам). Елец, 1998.

Любичанковский С. В. Губернское правление в системе губернской власти в последнее десятилетие существования Российской империи (на материалах Урала) : Автореф. дис. ... канд. ист. наук. Оренбург, 2003.

Малашенко А. В. Исламское возрождение в современной России. М., 1998.

Малов Е. А. О татарских мечетях в России. Казань, 1868.

Малышева С. Еженедельные праздники, дни господские и царские : Время отдыха российского горожанина второй половины XIX – начала XX вв. // Ab Imperio. 2009. № 2. С. 225–266.

Махмутова А. Х. Лишь тебе, народ, служенье ! (История татарского просветительства в судьбах династии Нигматуллиных-Буби). Казань, 2003.

Махмутова А. Х. Становление светского образования у татар (борьба вокруг школьного

вопроса. 1861–1917). Казань, 1982.

Мацузато К. Генерал-губернаторства в Российской империи: от этнического к пространственному подходу // Новая имперская история постсоветского пространства. Казань, 2004. С. 427–458.

Машанов М. Современное состояние татар-мухаммедан и их отношение к другим инородцам. Казань, 1910.

Мәрданов Р. «Шура» журналы (1908–1917): Әдәбият мәсьәләләре. Казан, 2001.

Миллер А. И. Русификации: классифицировать и понять // Ab Imperio. 2002. № 2. С. 133–148.

Миннуллин И. Р. Мусульманское духовенство и власть в Татарстане, 1920–1930-е гг. Казань, 2006.

Муфтийзаде И. М. Очерк столетной военной службы крымских татар с 1784–1904 г. Симферополь, 1905.

Мухаметзарипов И. А. Особенности функционирования мусульманского права в России в конце XVIII – начале XX вв.: Дис. ... канд. ист. наук. Казань, 2010.

Мухаметшин Р. Ислам в общественной и политической жизни татар и Татарстана в XX веке. Казань, 2005.

Мөхәммәтшин, Рөстәм. «Дин вә мәгыйшат» журналының библиографиясе (1906–1918). Казан, 2002.

Ногманов А. Мусульмане Волго-Уральского региона в Российском законодательстве XIX в. // Новая волна в изучении этнополитической истории Волго-Уральского региона. Сборник статей / Под ред. К. Мацузато. Саппоро, 2003. С. 176–199.

Письма Н. И. Ильминского к обер-прокурору святейшего синода Константину Петровичу Победоносцеву. Казань, 1895.

Проект положения об управлении духовными делами мусульман Российской империи. СПб., 1914.

Радлов В. В. Из Сибири. М., 1989.

Рахимов Р. Н. Ислам под военным мундиром: правовое положение мусульман в Российской имперской армии // Шариат: Теория и практика. Материалы межрегиональной научно-практической конференции. Уфа, 2000. С. 116–120.

Рәми И., Даутов Р. Әдәби сүзлек. Казан, 2001.

Рыбаков С. Статистика мусульман в России // Мир ислама. 1913. № 2. С. 757–763.

Рязанов А. Ф. Оренбургский крй: исторический очерк. Оренбург, 1928.

Салихов Р. Татарская буржуазия Казани и национальные реформы второй половины XIX – начала XX в. Казань, 2001.

Салихов Р., Хайрутдинов Р. Республика Татарстан: Памятники истории и культуры татарского народа (конец XVIII – начало XX веков). Казань, 1995.

Свердлова Л. М. На перекрестке торговых путей. Казань, 1991.

Силантьев Р. Новейшая история исламского сообщества России. М., 2006.

Тагиров И. Р. Солдаты-татары и башкиры в борьбе за власть советов // Революционное движение в русской армии в 1917 году. М., 1981. С. 239–247.

Тамарин А. Мусульмане на Руси. М., 1917.

Татарские мусульманские приходы в Росийской империи. Казань, 2006.

Тоган З. В. Воспоминания. М., 1997.

Усманов Х. Ф. Развитие капитализма в сельском хозяйстве пореформенной Башкирии. 60-90-е годы XIX в. М., 1981.

Усманов Х. Ф. Столыпинская аграрная реформа в Башкирии. Уфа, 1958.

Усманова Д. М. Мусульманское «сектанство» в Российской империи : «Ваисовский Божий полк староверов-мусульман». 1862-1916 гг. Казань, 2009.

Усманова Д. М. Мусульманские представители в российском парламенте. 1906-1916. Казань, 2005.

Уяма Т. Была ли исламская альтернатива ? Место ислама в национальном движении казахов начала XX века // Шыгыс. 2008. № 2. С. 143-147.

Фархшатов М. Н. Самодержавие и традиционные школы башкир и татар в начале XX века (1900-1917 гг.). Уфа, 2000.

Фархшатов М. Н. Народное образование в Башкирии в пореформенный период. 60-90-е годы XIX в. М., 1994.

фон Хаген М. Великая война и искусственное усиление этнического самосознания в Российской империи // Россия и Первая мировая война (материалы международного научного коллоквиума). СПб., 1999. С. 385-405.

Хабутдинов А. Ю. Формирование нации и основные направления развития татарского общества в конце XVIII - начале XX веков. Казань, 2001.

Хайрутдинов Р. Мир ислама : Из истории создания журнала // Мир ислама. 1999. № 1/2. Казань, С. 5-20.

Хасанов Х. Х. Формирование татарской буржуазной нации. Казань, 1977.

Циунчук Р. А. Думская модель парламентаризма в Российской империи : Этноконфессиональные и региональные измерения. Казань, 2004.

Черемшанский В. М. Описание Оренбургской губернии в хозяйственно-статистическом этнографическом и промышленном отношениях. Уфа, 1859.

Шәмсетдинова М. Татарларда Мәүлед бәйрәме. Казан, 2001.

Эфиров А. Ф. Нерусские школы Поволжья, Приуралья и Сибири (исторический очерк). М., 1948.

Юнусова А. Б. Ислам в Башкортостане. Уфа, 1999.

Якупов Валиулла. Ислам сегодня. Казань, 2011.

Ямаева Л. А. Мусульманский либерализм начала XX века как общественно-политическое движение. Уфа, 2002.

ラテン文字文献

Altstadt, Audrey, “The Baku City Duma : Arena for Elite Conflict,” *Central Asian Survey* 5, no. 3/4 (1986): 49-66.

Azamatov, D. D., “Orenburg Mohammedan Assembly and Issues of Military Service of Moslems in the Russian Army (the End of 18th - the Beginning of the 20th Century),” *Türk* 5 (Ankara, 2002): 744-752.

Babadjanov, Bakhtiyar and Muzaffar Kamilov, “Muhammadjan Hindustani (1892-1989) and the Beginning of the ‘Great Schism’ among the Muslims of Uzbekistan,” in Dudoignon and Komatsu,

Islam in Politics, 195–219.

Barkey, Karen, *Empire of Difference : The Ottomans in Comparative Perspective* (Cambridge : Cambridge University Press, 2008).

Batunsky, Mark, "Russian Clerical Islamic Studies in the Late 19th and Early 20th Centuries," *Central Asian Survey* 13, no. 2 (1994): 213–235.

Baumann, Robert F., "Subject Nationalities in the Military Service of Imperial Russia : The Case of the Bashkirs," *Slavic Review* 46 (1987): 489–502.

Bayly, Christopher A., *The Birth of the Modern World, 1780–1914 : Global Connections and Comparisons* (Oxford : Blackwell Publishing, 2004).

Bennigsen, Alexandre, Chantal Lemercier-Quelquejay, *La presse et le mouvement national chez les musulmans de Russie avant 1920* (Paris : Mouton, 1964).

Bobrovnikov, Vladimir, "Islam in the Russian Empire," *The Cambridge History of Russia, vol. 2, Imperial Russia, 1689–1917* (Cambridge : Cambridge University Press, 2006), 202–223.

Bobrovnikov, Vladimir, "Al-Azhar and Shari 'a Courts in Twentieth-Century Caucasus," *Middle Eastern Studies* 37, no. 4 (2001): 1–24.

Bradley, Joseph, *Voluntary Associations in Tsarist Russia : Science, Patriotism, and Civil Society* (Cambridge, Mass. : Harvard University Press, 2009).

Bradley, Joseph, "Subjects into Citizens : Societies, Civil Society, and Autocracy in Tsarist Russia," *American Historical Review* 107, no. 4 (2002): 1094–1123.

Breyfogle, Nicholas B., "Prayer and the Politics of Place : Molokan Church Building, Tsarist Law, and the Quest for a Public Sphere in Late Imperial Russia," in Mark D. Steinberg and Heather J. Coleman, eds., *Sacred Stories : Religion and Spirituality in Modern Russia* (Bloomington : Indiana University Press, 2007), 222–252.

Brooks, Jeffrey, *When Russia Learned to Read : Literacy and Popular Literature, 1861–1917* (Princeton : Princeton University Press, 1985).

Brooks, Jeffrey, "The Zemstvo and the Education of the People," in Emmons and Vucinich, *The Zemstvo in Russia*, 243–278.

Brower, Daniel, *Turkestan and the Fate of the Russian Empire* (London : Routledge Curzon, 2003).

Brubaker, Rogers and Frederick Cooper, "Beyond 'Identity'," *Theory and Society* 29 (2000): 1–47.

Brubaker, Rogers, *Nationalism Reframed : Nationhood and the National Question in the New Europe* (Cambridge : Cambridge University Press, 1996).

Burbank, Jane and Frederick Cooper, *Empires in World History : Power and the Politics of Difference* (Princeton : Princeton University Press, 2010).

Burbank, Jane, Mark von Hagen, and Anatolyi Remnev, eds., *Russian Empire : Space, People, Power, 1700–1930* (Bloomington : Indiana University Press, 2007).

Burbank, Jane, "An Imperial Rights Regime : Law and Citizenship in the Russian Empire," *Kritika : Explorations in Russian and Eurasian History* 7, no. 3 (2006): 397–431.

Burds, Jeffrey, "A Culture of Denunciation : Peasant Labor Migration and Religious Anathematization in Rural Russia, 1860–1905," *Journal of Modern History* 68, no. 4 (1996): 786–818.

Burton, Audrey, *The Bukharans : A Dynastic, Diplomatic and Commercial History 1550–1702* (Richmond : Curzon, 1997).

Bustanov, Alfrid K., "The Bulghar Region as a 'Land of Ignorance' : Anti-Colonial Discourse in

Kh^{v}ārazmian Connectivity," *Journal of Persianate Studies* 9 (2016): 183–204.

Bustanov, Alfrid K. and Michael Kemper, "Valiulla Iakupov's Tatar Islamic Traditionalism," *Asiatische Studien* 67, no. 3 (2013): 809–835.

Campbell, Elena I., *The Muslim Question and Russian Imperial Governance* (Bloomington : Indiana University Press, 2015).

Clowes, Edith W., Samuel D. Kassow, and James L. West, eds., *Between Tsar and People : Educated Society and the Quest for Public Identity in Late Imperial Russia* (Princeton : Princeton University Press, 1991).

Crews, Robert D., *For Prophet and Tsar : Islam and Empire in Russia and Central Asia* (Cambridge, Mass. : Harvard University Press, 2006).

Crews, Robert, "Empire and the Confessional State : Islam and Religious Politics in Nineteenth-Century Russia," *American Historical Review* 108, no. 1 (2003): 50–83.

Crisp, Olga and Linda Edmondson, eds., *Civil Rights in Imperial Russia* (Oxford : Clarendon Press, 1989).

Daly, Jonathan W., *The Watchful State : Security Police and Opposition in Russia, 1906–1917* (DeKalb : Northern Illinois University Press, 2004).

Deringil, Selim, *The Well-Protected Domains : Ideology and the Legitimation of Power in the Ottoman Empire 1876–1909* (London : I. B. Tauris, 1998).

DeWeese, Devin, "Islam and the Legacy of Sovietology : A Review Essay on Yaacov Ro'i's *Islam in the Soviet Union*," *Journal of Islamic Studies* 13, no. 3 (2002): 298–330.

Dowler, Wayne, *Classroom and Empire : The Politics of Schooling Russia's Eastern Nationalities, 1860–1917* (Montreal : McGill-Queen's University Press, 2001).

Dudoignon, Stéphane A. and Christian Noack, eds., *Allah's Kolkhozes : Migration, De-Stalinisation, Privatization and the New Muslim Congregations in the Soviet Realm (1950s–2000s)* (Berlin : Klaus Schwarz Verlag, 2014).

Dudoignon, Stéphane A. and Hisao Komatsu, eds., *Islam in Politics in Russia and Central Asia (Early Eighteenth to Late Twentieth Centuries)* (London : Kegan Paul, 2001).

Dudoignon, Stéphane A., "Status, Strategies and Discourses of a Muslim 'Clergy' under a Christian Law : Polemics about the Collection of the *Zakât* in Late Imperial Russia," in Dudoignon and Komatsu, *Islam in Politics*, 43–73.

Dudoignon, Stéphane A., "Un islam périphérique ? Quelques réflexions sur la presse musulmane de Sibérie à la veille de la Première Guerre mondiale," *Cahiers du monde russe* 41, no. 2–3 (2000): 297–339.

Dudoignon, Stéphane A., Dämir Is'haqov, and Räfyq Möhämmätshin, eds., *L'Islam de Russie : Conscience communautaire et autonomie politique chez les Tatars de la Volga et de l'Oural depuis le XVIIIe siècle* (Paris : Maisonneuve et Larose, 1997).

Dudoignon, Stéphane A., "Qu'est-ce que la 'Qadîmiya' ? Éléments pour une sociologie du traditionalisme musulman, en Islam de Russie et en Transoxiane (au tournant des XIXe et XXe siècles)," in Dudoignon et al., *L'Islam de Russie*, 207–225.

Eickelman, Dale and James Piscatori, *Muslim Politics*, 2nd edition (Princeton : Princeton University Press, 2004).

Eickelman, Dale F. and Jon W. Anderson, eds., *New Media in the Muslim World : The Emerging*

Public Sphere, 2nd edition (Bloomington : Indiana University Press, 2003).

Eickelman, Dale F. and Armando Salvatore, "The Public Sphere and Muslim Identities," *European Journal of Sociology* 43, no. 1 (2002): 92–115.

Eklof, Ben, *Russian Peasant Schools : Officialdom, Village Culture, and Popular Pedagogy, 1861–1914* (Berkeley : University of California Press, 1986).

Emmons, Terence and Wayne S. Vucinich, eds., *The Zemstvo in Russia : An Experiment in Local Self-government* (Cambridge : Cambridge University Press, 1982).

Engelstein, Laura, "The Dream of Civil Society in Tsarist Russia : Law, State, and Religion," in Nancy Bermeo and Philip Nord, eds., *Civil Society Before Democracy : Lessons from Nineteenth-Century Europe* (Lanham, MD : Rowman and Littlefield Publishers, 2000), 23–41.

Fleischmann, Ellen L., "The Other 'Awakening' : The Emergence of Women's Movements in the Modern Middle East, 1900–1940," in Margaret L. Meriwether and Judith E. Tucker, eds., *Social History of Women and Gender in the Modern Middle East* (Boulder : Westview Press, 1999), 89–139.

Fortna, Benjamin C., *Imperial Classroom : Islam, the State, and Education in the Late Ottoman Empire* (Oxford : Oxford University Press, 2000).

Frank, Allen J., "Muslim Cultural Decline in Imperial Russia : A Manufactured Crisis," *Journal of the Economic and Social History of the Orient* 59 (2016): 166–192.

Frank, Allen, "Islamic Transformation on the Kazakh Steppe, 1742–1917 : Toward an Islamic History of Kazakhstan under Russian Rule," in Tadayuki Hayashi, ed., *The Construction and Deconstruction of National Histories in Slavic Eurasia* (Sapporo : Slavic Research Center, 2003), 261–289.

Frank, Allen J. and Mirkasyim A. Usmanov, *Materials for the Islamic History of Semipalatinsk : Two Manuscripts by Aḥmad-Walī al-Qazānī and Qurbān'ālī Khālidī* (Berlin : Das Arab. Buch, 2001).

Frank, Allen J., *Muslim Religious Institutions in Imperial Russia : The Islamic World of Novouzensk District and the Kazakh Inner Horde, 1780–1910* (Leiden : Brill, 2001).

Frank, Allen J., *Islamic Historiography and 'Bulghar' Identity among the Tatars and Bashkirs of Russia* (Leiden : Brill, 1998).

Freeze, Gregory L., "The *Soslovie* (Estate) Paradigm and Russian Social History," *American Historical Review* 91, no. 1 (1986): 11–36.

Garipova, Rozaliya, "The Protectors of Religion and Community : Traditionalist Muslim Scholars of the Volga-Ural Region at the Beginning of the Twentieth Century," *Journal of the Economic and Social History of the Orient* 59 (2016): 126–165.

Garipova, Rozaliya, "The Transformation of the *Ulama* and the *Shari'a* in the Volga-Ural Muslim Community under Russian Imperial Rule" (PhD diss., Princeton University, 2013).

Gatrell, Peter, *A Whole Empire Walking : Refugees in Russia During World War I* (Bloomington : Indiana University Press, 1999).

Gelvin, James L. and Nile Green, eds., *Global Muslims in the Age of Steam and Print* (Berkeley : University of California Press, 2014).

Geraci, Robert P., *Window on the East : National and Imperial Identities in Late Tsarist Russia* (Ithaca : Cornell University Press, 2001).

Gilmartin, David, "Customary Law and Sharī'at in British Punjab," in Katherine P. Ewing, ed.,

Sharī'at and Ambiguity in South Asian Islam (Berkeley : University of California Press, 1988), 43-62.

Goldberg, Madina V., "Russian Empire - Tatar Theater : The Politics of Culture in Late Imperial Kazan" (PhD diss., University of Michigan, 2009).

Gorizontov, Leonid, "The 'Great Circle' of Interior Russia : Representations of the Imperial Center in the Nineteenth and Early Twentieth Centuries," in Jane Burbank et al., *Russian Empire*, 67-93.

Göçek, Fatma Müge, "From Empire to Nation : Images of Women and War in Ottoman Political Cartoons, 1908-1923," in Billie Melman, ed., *Borderlines : Genders and Identities in War and Peace, 1870-1930* (New York : Routledge, 1998), 47-72.

Hablemitoğlu, Necip, *Çarlık Rusyasi'nda Türk Kongreleri (1905-1917)* (Ankara : Ankara Üniversitesi Basımevi, 1997).

Hamm, Michael F., ed., *The City in Late Imperial Russia* (Bloomington : Indiana University Press, 1986).

Hillis, Faith C., "Between Empire and Nation : Urban Politics, Community, and Violence in Kiev, 1863-1907" (PhD diss., Yale University, 2009).

Hoexter, Miriam, Shmuel N. Eisenstadt, and Nehemia Levtzion, eds., *The Public Sphere in Muslim Societies* (Albany : State University of New York Press, 2002).

Hosking, Geoffrey, *Russia : People and Empire, 1552-1917* (Cambridge, Mass. : Harvard University Press, 1997).

Kamp, Marianne, *The New Woman in Uzbekistan : Islam, Modernity, and Unveiling under Communism* (Seattle : University of Washington Press, 2006).

Kane, Eileen, *Russian Hajj : Empire and the Pilgrimage to Mecca* (Ithaca : Cornell University Press, 2015).

Kappeler, Andreas, *The Russian Empire : A Multiethnic History* (Harlow, England : Longman, 2001).

Karpat, Kemal H., *Ottoman Population 1830-1914 : Demographic and Social Characteristics* (Madison : University of Wisconsin Press, 1985).

Kefeli, Agnès Nilüfer, *Becoming Muslim in Imperial Russia : Conversion, Apostasy, and Literacy* (Ithaca : Cornell University Press, 2014).

Kefeli, Agnès, "The Tale of Joseph and Zulaykha on the Volga Frontier : The Struggle for Gender, Religious, and National Identity in Imperial and Postrevolutionary Russia," *Slavic Review* 70, no. 2 (2011): 373-398.

Kemper, Michael, Raoul Motika, and Stefan Reichmuth, eds., *Islamic Education in the Soviet Union and its Successor States* (London : Routledge, 2010).

Kemper, Michael, "'Adat against Shari'a : Russian Approaches toward Daghestani 'Customary Law' in the 19th century," *Ab Imperio* 3 (2005): 147-172.

Kemper, Michael, "Khālidiyya Networks in Daghestan and the Question of *Jihād*," *Die Welt des Islams* 42, no. 1 (2002): 41-71.

Kemper, Michael, Anke von Kügelgen, and Dmitriy Yermakov, eds., *Muslim Culture in Russia and Central Asia from the 18th to the Early 20th Centuries*, vol. 1 (Berlin : Klaus Schwarz Verlag, 1996).

Khalid, Adeeb, "Central Asia between the Ottoman and the Soviet Worlds," *Kritika : Explorations in Russian and Eurasian History* 12, no. 2 (2011): 451-476.

Khalid, Adeeb, *Islam after Communism : Religion and Politics in Central Asia* (Berkeley : University of California Press, 2007).

Khalid, Adeeb, *The Politics of Muslim Cultural Reform : Jadidism in Central Asia* (Berkeley : University of California Press, 1998).

Khalid, Adeeb, "Printing, Publishing, and Reform in Tsarist Central Asia," *International Journal of Middle East Studies* 26 (1994): 187-200.

Khäyrutdinov, Rämil, "The Tatar *Ratusha* of Kazan : National Self-Administration in Autocratic Russia, 1781-1855," in Dudoignon and Komatsu, *Islam in Politics*, 27-42.

Khodarkovsky, Michael, *Bitter Choices : Loyalty and Betrayal in the Russian Conquest of the North Caucasus* (Ithaca : Cornell University Press, 2011).

Khodarkovsky, Michael, *Russia's Steppe Frontier : The Making of a Colonial Empire, 1500-1800* (Bloomington : Indiana University Press, 2002).

Kirmse, Stefan B., "Law and Empire in Late Tsarist Russia : Muslim Tatars Go to Court," *Slavic Review* 72, no. 4 (2013): 778-801.

Komatsu, Hisao, "Bukhara and Istanbul : A Consideration about the Background of the *Munâzara*," in Dudoignon and Komatsu, eds., *Islam in Politics*, 167-180.

Kotkin, Stephen, "Mongol Commonwealth ? Exchange and Governance across the Post-Mongol Space," *Kritika : Explorations in Russian and Eurasian History* 8, no. 3 (2007): 487-531.

Kozelsky, Mara, "Casualties of Conflict : Crimean Tatars during the Crimean War," *Slavic Review* 67, no. 4 (2008): 866-891.

Kırımlı, Hakan, *National Movements and National Identity among the Crimean Tatars (1905-1916)* (Leiden : Brill, 1996).

Lieven, Dominic C. B., "The Security Police, Civil Rights, and the Fate of the Russian Empire, 1855-1917," in Crisp and Edmondson, *Civil Rights*, 235-262.

Lindenmeyer, Adele, "'Primordial and Gelatinous' ? Civil Society in Imperial Russia," *Kritika : Explorations in Russian and Eurasian History* 12, no. 3 (2011): 705-720.

Lindenmeyer, Adele, *Poverty Is Not a Vice : Charity, Society, and the State in Imperial Russia* (Princeton : Princeton University Press, 1996).

Lohr, Eric, *Nationalizing the Russian Empire : The Campaign against Enemy Aliens during World War I* (Cambridge, Mass. : Harvard University Press, 2003).

Low, Michael Christopher, "Empire and the Hajj : Pilgrims, Plagues, and Pan-Islam under British Surveillance, 1865-1908," *International Journal of Middle East Studies* 40 (2008): 269-290.

Martin, Virginia, *Law and Custom in the Steppe : The Kazakhs of the Middle Horde and Russian Colonialism in the Nineteenth Century* (Richmond : Curzon Press, 2001).

McCarthy, Frank T., "The Kazan' Missionary Congress," *Cahiers du monde Russe et soviétique* 14, no. 3 (1973): 308-332.

McReynolds, Louise, *The News under Russia's Old Regime : The Development of a Mass-circulation Press* (Princeton : Princeton University Press, 1991).

Meir, Natan M., *Kiev, Jewish Metropolis : A History, 1859-1914* (Bloomington : Indiana University Press, 2010).

Metcalf, Barbara Daly, *Islamic Revival in British India : Deoband, 1860-1900* (Princeton : Princeton University Press, 1982).

Meyer, Alfred G., "The Impact of World War I on Russian Women's Lives," in Barbara Evans Clements, Barbara Alpern Engel, and Christine D. Worobec, eds., *Russia's Women : Accommodation, Resistance, Transformation* (Berkeley : University of California Press, 1991), 208–224.

Meyer, James H., *Turks across Empires : Marketing Muslim Identity in the Russian-Ottoman Borderlands, 1856–1914* (New York : Oxford University Press, 2014).

Meyer, James H., "Speaking Sharia to the State : Muslim Protesters, Tsarist Officials, and the Islamic Discourses of Late Imperial Russia," *Kritika : Explorations in Russian and Eurasian History* 14, no. 3 (2013): 485–505.

Miller, Alexei, "The Empire and the Nation in the Imagination of Russian Nationalism," in Alexei Miller and Alfred J. Rieber, eds., *Imperial Rule* (Budapest : Central European University Press, 2004), 9–26.

Minnullin, Ilnur, "Sunflower and Moon Crescent : Soviet and Post-Soviet Islamic Revival in a Tatar Village of Mordova," in Dudoignon and Noack, *Allah's Kolkhozes*, 421–451.

Minnullin, Zavdat S., "Zur Geschichte der tatarischen öffentlichen Bibliotheken vor der Oktoberrevolution," in Michael Kemper et al., *Muslim Culture*, 207–237.

Mission to Turkestan : Being the Memoirs of Count K. K. Pahlen 1908–1909 (London : Oxford University Press, 1964).

Morrison, Alexander, "Metropole, Colony, and Imperial Citizenship in the Russian Empire," *Kritika : Explorations in Russian and Eurasian History* 13, no. 2 (2012): 327–364.

Morrison, Alexander S., *Russian Rule in Samarkand 1868–1910 : A Comparison with British India* (Oxford : Oxford University Press, 2008).

Mostashari, Firouzeh, *On the Religious Frontier : Tsarist Russia and Islam in the Caucasus* (London : I. B. Tauris, 2006).

Motadel, David, ed., *Islam and the European Empires* (Oxford : Oxford University Press, 2014).

Naganawa, Norihiro, "The Hajj Making Geopolitics, Empire, and Local Politics : A View from the Volga-Ural Region at the Turn of the Nineteenth and Twentieth Centuries," in Alexandre Papas, Thomas Welsford, and Thierry Zarcone, eds., *Central Asian Pilgrims : Hajj Routes and Pious Visits between Central Asia and the Hijaz* (Berlin : Klaus Schwarz Verlag, 2012), 168–198.

Noack, Christian, "State Policy and its Impact on the Formation of a Muslim Identity in the Volga-Urals," in Dudoignon and Komatsu, eds., *Islam in Politics*, 3–26.

Noack, Christian, *Muslimischer Nationalismus im russischen Reich : Nationsbildung und Nationalbewegung bei Tataren und Baschkiren, 1861–1917* (Stuttgart : Franz Steiner Verlag, 2000).

O'Neill, Kelly Ann, "Between Subversion and Submission : The Integration of the Crimean Khanate into the Russian Empire, 1783–1853" (PhD diss., Harvard University, 2006).

Özbek, Nadir, "Defining the Public Sphere during the Late Ottoman Empire : War, Mass Mobilization and the Young Turk Regime (1908–18)," *Middle Eastern Studies* 43, no. 5 (2007): 795–809.

Peters, Rudolph, *Islam and Colonialism : The Doctrine of Jihad in Modern History* (The Hague : Mouton Publishers, 1979).

Petrovsky-Shtern, Yohanan, *Jews in the Russian Army, 1827–1917 : Drafted into Modernity* (Cambridge : Cambridge University Press, 2009).

Pianciola, Niccolò and Paolo Sartori, eds., *Islam, Society and States across the Qazaq Steppe (18th – Early 20th Centuries)* (Wien : Verlag der Österreichischen Akademie der Wissenschaften,

2013).

Pollock, Sean, "'As One Russian to Another' : Prince Petr Ivanovich Bagration's Assimilation of Russian Ways," *Ab Imperio* 4 (2010) : 113-142.

Powers, David S., "Orientalism, Colonialism, and Legal History : The Attack on Muslim Family Endowments in Algeria and India," *Comparative Studies in Society and History* 31, no. 3 (1989) : 535-571.

Pyle, Emily E., "Village Social Relations and the Reception of Soldiers' Family Aid Policies in Russia, 1912-1921" (PhD diss., University of Chicago, 1997).

Retish, Aaron B., *Russia's Peasants in Revolution and Civil War : Citizenship, Identity, and the Creation of the Soviet State, 1914-1922* (Cambridge : Cambridge University Press, 2008).

Reynolds, Michael A., *Shattering Empires : The Clash and Collapse of the Ottoman and Russian Empires 1908-1918* (Cambridge : Cambridge University Press, 2011).

Rieber, Alfred J., *The Struggle for the Eurasian Borderlands : From the Rise of Early Modern Empires to the End of the First World War* (Cambridge : Cambridge University Press, 2014).

Robinson, Francis, "Technology and Religious Change : Islam and the Impact of Print," *Modern Asian Studies* 27, no. 1 (1993) : 229-251.

Roff, William R., "Sanitation and Security : The Imperial Powers and the Nineteenth Century Hajj," *Arabian Studies* 6 (1982) : 143-160.

Romaniello, Matthew P., *The Elusive Empire : Kazan and the Creation of Russia, 1552-1671* (Madison : University of Wisconsin Press, 2012).

Rorlich, Azade Ayşe, "Intersecting Discourses in the Press of the Muslims of Crimea, Middle Volga and Caucasus : The Women Question and the Nation," in Feride Acar and Ayşe Günes-Ayata, eds., *Gender and Identity Construction : Women of Central Asia, the Caucasus and Turkey* (Leiden : Brill, 2000), 143-161.

Rorlich, Azade-Ayşe, *The Volga Tatars : A Profile in National Resilience* (Stanford : Hoover Institution Press, 1986).

Ross, Danielle, "Caught in the Middle : Reform and Youth Rebellion in Russia's Madrasas, 1900-10," *Kritika : Explorations in Russian and Eurasian History* 16, no. 1 (2015) : 57-89.

Ross, Danielle M., "From the Minbar to the Barricades : The Transformation of the Volga-Ural 'Ulama into a Revolutionary Intelligentsia, 1860-1918" (PhD diss., University of Wisconsin-Madison, 2011).

Ro'i, Yaacov, *Islam in the Soviet Union : From the Second World War to Gorbachev* (New York : Columbia University Press, 2000).

Sahadeo, Jeff, *Russian Colonial Society in Tashkent, 1865-1923* (Bloomington : Indiana University Press, 2007).

Sanborn, Joshua, *Drafting the Russian Nation : Military Conscription, Total War, and Mass Politics, 1905-1925* (DeKalb : Northern Illinois University Press, 2003).

Schussman, Aviva, "The Legitimacy and Nature of Mawlid al-Nabî : Analysis of a Fatwâ," *Islamic Law and Society* 5, no. 2 (1998) : 214-234.

Seregny, Scott J., "Zemstvos, Peasants, and Citizenship : The Russian Adult Education Movement and World War I," *Slavic Review* 59, no. 2 (2000) : 290-315.

Sherry, Dana, "Social Alchemy on the Black Sea Coast, 1860-65," *Kritika : Explorations in Russian*

and Eurasian History 10, no. 1 (2009): 7-30.

Sibgatullina, Gulnaz and Michael Kemper, "Between Salafism and Eurasianism : Geidar Dzhemal and the Global Islamic Revolution in Russia," *Islam and Christian-Muslim Relations* 28, no. 2 (2017): 219-236.

Slocum, John W., "Who, and When, Were the Inorodtsy : The Evolution of the Category of "Aliens" in Imperial Russia," *Russian Review* 57, no. 2 (1998): 173-190.

Sohrabi, Nader, "Global Waves, Local Actors : What the Young Turks Knew about Other Revolutions and Why It Mattered," *Comparative Studies in History and Society* 44 (2002): 45-79.

Steinwedel, Charles, *Threads of Empire : Loyalty and Tsarist Authority in Bashkiria, 1552-1917* (Bloomington : Indiana University Press, 2016).

Steinwedel, Charles, "Kutlu-Mukhammad Batyr-Gireevich Tevkelev (1850-?) and Family," in Stephen M. Norris and Willard Sunderland, eds., *Russia's People of Empire : Life Stories from Eurasia, 1500 to the Present* (Bloomington : Indiana University Press, 2012), 189-197.

Steinwedel, Charles, "Tribe, Estate, Nationality ? Changing Conceptions of Bashkir Particularity within the Tsar's Empire", *Ab Imperio* 2 (2002): 249-278.

Steinwedel, Charles, "The 1905 Revolution in Ufa : Mass Politics, Elections, and Nationality," *Russian Review* 59 (2000): 555-576.

Sunderland, Willard, "Imperial Space : Territorial Thought and Practice in the Eighteenth Century," in Jane Burbank et al., *Russian Empire*, 33-66.

Suny, Ronald, "The Empire Strikes Out : Imperial Russia, 'National' identity, and Theories of Empire," in Ronald Suny and Terry Martin, eds., *A State of Nations : Empire and Nation-Making in the Age of Lenin and Stalin* (Oxford : Oxford University Press, 2001), 23-66.

Timberlake, Charles E., "The Zemstvo and the Development of a Russian Middle Class," in Clowes et al., *Between Tsar and People*, 164-179.

Tuna, Mustafa, *Imperial Russia's Muslims : Islam, Empire, and European Modernity, 1788-1914* (Cambridge : Cambridge University Press, 2015).

Tuna, Mustafa, "Madrasa Reform as a Secularizing Process : A View from the Late Imperial Russia," *Comparative Studies in Society and History* 53, no. 3 (2011): 540-570.

Ueno, Masayuki, "Religious in Form, Political in Content ? Privileges of Ottoman Non-Muslims in the Nineteenth Century," *Journal of the Economic and Social History of the Orient* 59, no. 3 (2016): 408-441.

Usmanova, Dilara M., "Die tatarische Presse 1905-1918 : Quellen, Entwicklungsetappen und quantitative Analyse," in Kemper, *Muslim Culture in Russia and Central Asia*, 239-278.

Usmanova, Dilyara, Ilnur Minnullin, and Rafik Mukhametshin, "Islamic Education in Soviet and post-Soviet Tatarstan," in Kemper, *Islamic Education*, 22-43.

Uyama, Tomohiko, "The Changing Religious Orientation of Qazaq Intellectuals in the Tsarist Period : Sharīʻa, Secularism, and Ethics," in Pianciola and Sartori, *Islam, Society and States*, 95-115.

Uyama, Tomohiko, "Two Attempts at Building a Qazaq State : The Revolt of 1916 and the Alash Movement," in Dudoignon and Komatsu, *Islam in Politics*, 77-98.

van der Veer, Peter, *Imperial Encounters : Religion and Modernity in India and Britain* (Princeton : Princeton University Press, 2001).

van der Veer, Peter, *Religious Nationalism : Hindus and Muslims in India* (Berkeley : University of

California Press, 1994).

van Os, Nicole A. N. M. , “Taking Care of Soldiers' Families : The Ottoman State and the *Muinsiz aile Maaşı*,” Eric J. Zürcher, ed., *Arming the State : Military Conscription in the Middle East and Central Asia, 1775–1925* (London : I. B. Tauris, 1999), 95–110.

Verner, Andrew, “Discursive Strategies in the 1905 Revolution : Peasant Petitions from Vladimir Province,” *Russian Review* 54 (1995): 65–90.

Vitarbo, Gregory, “Nationality Policy and the Russian Imperial Officer Corps, 1905–1914,” *Slavic Review* 66, no. 4 (2007): 682–701.

von Hagen, Mark, *War in a European Borderland : Occupations and Occupation Plans in Galicia and Ukraine, 1914–1918* (Seattle : University of Washington Press, 2007).

von Hagen, Mark, “Empires, Borderlands, and Diasporas : Eurasia as Anti-Paradigm for the Post-Soviet Era,” *American Historical Review* 109, no. 2 (2004): 445–468.

von Hagen, Mark, “The Limits of Reform : The Multiethnic Imperial Army Confronts Nationalism, 1874–1917,” in David Schimmelpenninck van der Oye and Bruce W. Menning, eds., *Reforming the Tsar's Army : Military Innovation in Imperial Russia from Peter the Great to the Revolution* (Cambridge : Cambridge University Press, 2004), 34–55.

von Kügelgen, Anke, Michael Kemper, and Allen J. Frank, eds., *Muslim Culture in Russia and Central Asia from the 18th to the Early 20th Centuries*, vol. 2 (Berlin : Klaus Schwarz Verlag, 1998).

Waldron, Peter, “Religious Toleration in Late Imperial Russia,” in Crisp and Edmondson, *Civil Rights in Imperial Russia*, 103–119.

Weeks, Theodore R., *Nation and State in Late Imperial Russia : Nationalism and Russification on the Western Frontier, 1863–1914* (DeKalb : Northern Illinois University Press, 1996).

Werth, Paul W., *The Tsar's Foreign Faiths : Toleration and the Fate of Religious Freedom in Imperial Russia* (Oxford : Oxford University Press, 2014).

Werth, Paul W., “The Qazaq Steppe and Islamic Administrative Exceptionalism : A Comparison with Buddhism among Buriats,” in Pianciola and Sartori, *Islam, Society and States*, 119–142.

Werth, Paul W., “The Emergence of ‘Freedom of Conscience’ in Imperial Russia,” *Kritika : Explorations in Russian and Eurasian History* 13, no. 3 (2012): 585–610.

Werth, Paul W., “Lived Orthodoxy and Confessional Diversity : The Last Decade on Religion in Modern Russia,” *Kritika : Explorations in Russian and Eurasian History* 12, no. 4 (2011): 849–865.

Werth, Paul W., “In the State's Embrace ? Civil Acts in an Imperial Order,” *Kritika : Explorations in Russian and Eurasian History* 7, no. 3 (2006): 433–458.

Werth, Paul W., *At the Margins of Orthodoxy : Mission, Governance, and Confessional Politics in Russia's Volga-Kama Region, 1827–1905* (Ithaca : Cornell University Press, 2002).

Werth, Paul W., “Big Candles and ‘Internal Conversion’ : The Mari Animist Reformation and Its Russian Appropriations,” in Robert P. Geraci and Michael Khodarkovsky, eds., *Of Religion and Empire : Missions, Conversion, and Tolerance in Tsarist Russia* (Ithaca : Cornell University Press, 2001), 144–172.

Werth, Paul W., “The Limits of Religious Ascription : Baptized Tatars and the Revision of ‘Apostasy’, 1840s–1905,” *Russian Review* 59 (2000): 493–511.

Werth, Paul W., “Tsarist Categories, Orthodox Intervention, and Islamic Conversion in a Pagan

Udmurt Village, 1870s–1890s," in von Kügelgen et al., *Muslim Culture in Russia*, 385–415.

Zaman, Muhammad Qasim, *The Ulama in Contemporary Islam : Custodians of Change* (Princeton : Princeton University Press, 2002).

Zaman, Muhammad Qasim, "Religious Education and the Rhetoric of Reform : The Madrasa in British India and Pakistan," *Comparative Studies in Society and History* 41, no. 2 (1999): 294–323.

Zenkovsky, Serge A., *Pan-Turkism and Islam in Russia* (Cambridge, Mass. : Harvard University Press, 1960).

日本語文献

青島陽子「ロシア帝国の「宗派工学」にみる帝国統治のパラダイム」池田嘉郎，草野佳矢子編『国制史は躍動する——ヨーロッパとロシアの対話』刀水書房，2015 年，121–157 頁。

秋葉淳「帝国とシャリーア——植民地イスラーム法制の比較と連関」宇山智彦編著『ユーラシア近代帝国と現代世界』ミネルヴァ書房，2016 年，44–65 頁。

秋山徹『遊牧英雄とロシア帝国——あるクルグズ首領の軌跡』東京大学出版会，2016 年。

アサド，タラル，中村圭志訳『世俗の形成——キリスト教，イスラム，近代』みすず書房，2006 年。

アサド，タラル，中村圭志訳『宗教の系譜——キリスト教とイスラムにおける権力の根拠と訓練』岩波書店，2004 年。

アンダーソン，ベネディクト，白石さや・白石隆訳『増補 想像の共同体——ナショナリズムの起源と流行』NTT 出版，1997 年。

池田嘉郎編『第一次世界大戦と帝国の遺産』山川出版社，2014 年。

池田嘉郎「専制，総力戦と保養地事業——衛生・後送部門最高指揮官オリデンブルグスキー」『ロシア史研究』84 号，2009 年，47–63 頁。

磯貝真澄「19 世紀後半ロシア帝国ヴォルガ・ウラル地域のムスリムの遺産分割争い——オレンブルグ・ムスリム宗務協議会による「裁判」とイスラーム法」『東洋史研究』74 巻 2 号，2015 年，386–355 頁。

磯貝真澄「ヴォルガ・ウラル地域におけるムスリムの遺産分割——その制度と事例」堀川徹，大江泰一郎，磯貝健一編『シャリーアとロシア帝国——近代中央ユーラシアの法と社会』臨川書店，2014 年，103–129 頁。

磯貝真澄「ロシア帝国ヴォルガ・ウラル地域ムスリム社会の「新方式」の教育課程」秋葉淳，橋本伸也編『近代・イスラームの教育社会史——オスマン帝国からの展望』昭和堂，2014 年，194–216 頁。

磯貝真澄「19 世紀後半ロシア帝国ヴォルガ・ウラル地域のマドラサ教育」『西南アジア研究』76 号，2012 年，1–31 頁。

磯貝（生田）真澄「ロシア帝政末期ムスリム知識人による女性をめぐる議論——雑誌『スユム・ビケ（Sūyum Bīka）』（カザン，1913–1918）を中心に」『神戸大学史学年報』24 号，2009 年，1–32 頁。

井筒俊彦訳『コーラン（上・中・下）』岩波文庫，1964 年。

井上まどか「現代ロシア連邦における政治と宗教——宗教関連の法制化を中心に」島薗進，鶴岡賀雄編『〈宗教〉再考』ぺりかん社，2004 年，309–327 頁。

イブラヒム，アブデュルレシト，小松香織・小松久男訳『ジャポンヤ——イスラム系ロシア人の見た明治日本』第三書館，1991 年。

イブン・ファドラーン，家島彦一訳注『ヴォルガ・ブルガール旅行記』平凡社東洋文庫，2009 年。

上野雅由樹「ミッレト制研究とオスマン帝国下の非ムスリム共同体」『史学雑誌』119 編 11 号，2010 年，64-81 頁。

宇山智彦「「個別主義の帝国」ロシアの中央アジア政策——正教化と兵役の問題を中心に」『スラヴ研究』53 号，2006 年，27-57 頁。

大石真一郎「ヌーシルヴァーン・ヤウシェフのトルキスタン周遊について」『神戸大学史学年報』13 号，2000 年，20-36 頁。

大河原知樹，堀井聡江，磯貝健一編『オスマン民法典（メジェッレ）研究序説』NIHU プログラム「イスラーム地域研究」東洋文庫拠点，2011 年。

大塚和夫『近代・イスラームの人類学』東京大学出版会，2000 年。

奥村庸一「19 世紀ロシア民衆教育改革の性格について——対東方民族『異族人教育規則』（1870）の検討」『日本の教育史学』39 号，1996 年，230-248 頁。

小熊英二『単一民族神話の起源——〈日本人〉の自画像の系譜』新曜社，1995 年。

加納格『ロシア帝国の民主化と国家統合——20 世紀初頭の改革と革命』御茶の水書房，2001 年。

木畑洋一『イギリス帝国と帝国主義——比較と関係の視座』有志舎，2008 年。

キムリッカ，ウィル，角田猛之他監訳『多文化時代の市民権——マイノリティの権利と自由主義』晃洋書房，1998 年。

ゲルナー，アーネスト，加藤節監訳『民族とナショナリズム』岩波書店，2000 年。

小松久男『イブラヒム，日本への旅——ロシア・オスマン帝国・日本』刀水書房，2008 年。

小松久男「聖戦から自治構想へ——ダール・アル・イスラームとしてのロシア領トルキスタン」『西南アジア研究』69 号，2008 年，59-91 頁。

佐原徹哉『近代バルカン都市社会史——多元主義空間における宗教とエスニシティ』刀水書房，2003 年。

塩川伸明，小松久男，沼野充義，松井康浩編『公共圏と親密圏（ユーラシア世界 4)』東京大学出版会，2012 年。

塩川伸明『多民族国家ソ連の興亡 I-III』岩波書店，2004-2007 年。

島薗進，磯前順一編『宗教と公共空間——見直される宗教の役割』東京大学出版会，2014 年。

シンメルペンニンク＝ファン＝デル＝オイェ，デイヴィド，浜由樹子訳『ロシアのオリエンタリズム——ロシアのアジア・イメージ，ピョートル大帝から亡命者まで』成文社，2013 年。

鈴木董『イスラムの家からバベルの塔へ——オスマン帝国における諸民族の統合と共存』リブロポート，1993 年。

高田和夫『ロシア帝国論——19 世紀ロシアの国家・民族・歴史』平凡社，2012 年。

高橋一彦『帝政ロシア司法制度史研究』名古屋大学出版会，2001 年。

崔在東「ストルィピン農業改革期ロシアにおける遺言と相続」『ロシア史研究』71 号，2002 年，3-26 頁。

土屋好古『「帝国」の黄昏，未完の「国民」——日露戦争・第一次革命とロシアの社会』成

文社，2012 年。

鶴見太郎『ロシア・シオニズムの想像力——ユダヤ人・帝国・パレスチナ』東京大学出版会，2012 年。

豊川浩一『ロシア帝国民族統合史の研究——植民政策とバシキール人』北海道大学出版会，2006 年。

内藤正典，阪口正二郎編著『神の法 vs. 人の法——スカーフ論争からみる西欧とイスラームの断層』日本評論社，2007 年。

内藤正典『ヨーロッパとイスラーム——共生は可能か』岩波新書，2004 年。

長縄宣博「イスラーム大国としてのロシア——メッカ巡礼に見る国家権力とムスリムとの相互関係」山根聡，長縄宣博編『越境者たちのユーラシア（シリーズ・ユーラシア地域大国論 5)』ミネルヴァ書房，2015 年，51-76 頁。

長縄宣博「イスラーム教育ネットワークの形成と変容——19 世紀から 20 世紀初頭のヴォルガ・ウラル地域」橋本『ロシア帝国の民族知識人』294-316 頁。

長縄宣博「ロシア・ムスリムがみた 20 世紀初頭のオスマン帝国——ファーティフ・ケリミー『イスタンブルの手紙』を読む」中嶋毅編『新史料で読むロシア史』山川出版社，2013 年，92-110 頁。

長縄宣博「帝政ロシア末期のワクフ——ヴォルガ・ウラル地域と西シベリアを中心に」『イスラム世界』73 号，2009 年，1-27 頁。

長縄宣博「ヴォルガ・ウラル地域の新しいタタール知識人——第一次ロシア革命後の民族（миллэт）に関する言説を中心に」『スラヴ研究』50 号，2003 年，33-59 頁。

西山克典「クルバンガリー追尋——もう一つの「自治」を求めて」『ロシアの中のアジア／アジアの中のロシア(I)』スラブ研究センター研究報告集第 3 号，2004 年 7 月，37-57 頁。

西山克典「帝国の「東方」支配——「同化」と「異化」によせて」『ロシア史研究』72 号，2003 年，34-50 頁。

西山克典『ロシア革命と東方辺境地域』北海道大学図書刊行会，2002 年。

橋本伸也編『ロシア帝国の民族知識人——大学・学知・ネットワーク』昭和堂，2014 年。

橋本伸也『帝国・身分・学校——帝制期ロシアにおける教育の社会文化史』名古屋大学出版会，2010 年。

羽田正『イスラーム世界の創造』東京大学出版会，2005 年。

ハーバーマス，ユルゲン，細谷貞雄・山田正行訳『公共性の構造転換——市民社会の一カテゴリーについての探究』第 2 版，未來社，1994 年。

濱本真実『「聖なるロシア」のイスラーム——17-18 世紀タタール人の正教改宗』東京大学出版会，2009 年。

バルトリド，V・V，小松久男監訳『トルキスタン文化史（東洋文庫 806)』第 2 巻，平凡社，2011 年。

平野千果子『フランス植民地主義の歴史——奴隷制廃止から植民地帝国の崩壊まで』人文書院，2002 年。

藤波伸嘉『オスマン帝国と立憲政——青年トルコ革命における政治，宗教，共同体』名古屋大学出版会，2011 年。

ホフマン，シュテファン＝ルートヴィヒ，山本秀行訳『市民結社と民主主義 1750-1914』岩波書店，2009 年。

松里公孝「境界地域から世界帝国へ——ブリテン，ロシア，清」同編『ユーラシア——帝

国の大陸（講座スラブ・ユーラシア学 3)』講談社，2008 年，41-80 頁。

松里公孝「エスノ・ボナパルティズムから集権的カシキスモへ——タタルスタン政治体制の特質とその形成過程」『スラヴ研究』47 号，2000 年，1-35 頁。

松里公孝「19 世紀から 20 世紀初頭にかけての右岸ウクライナにおけるポーランド・ファクター」『スラヴ研究』45 号，1998 年，101-128 頁。

松嶌明男『礼拝の自由とナポレオン——公認宗教体制の成立』山川出版社，2010 年。

宮川真一「現代ロシアにおける宗教復興と政教関係の変容——1997 年宗教法の運用を事例として」『宗教法』30 号，2011 年，1-25 頁。

森千香子『排除と抵抗の郊外——フランス〈移民〉集住地域の形成と変容』東京大学出版会，2016 年。

森安達也『近代国家とキリスト教』平凡社ライブラリー，2002 年。

矢島洋一「ロシア統治下トルキスタン地方の審級制度」堀川『シャリーアとロシア帝国』166-187 頁。

山内昌之編訳『史料スルタンガリエフの夢と現実』東京大学出版会，1998 年。

山内昌之『神軍 緑軍 赤軍——イスラーム・ナショナリズム・社会主義』ちくま学芸文庫，1996 年。

山内昌之『スルタンガリエフの夢』東京大学出版会，1986 年。

山室信一「「国民帝国」論の射程」山本有造編『帝国の研究——原理・類型・関係』名古屋大学出版会，2003 年，87-128 頁。

ラエフ，マルク，石井規衛訳『ロシア史を読む』名古屋大学出版会，2001 年。

リーベン，ドミニク，袴田茂樹監修，松井秀和訳『帝国の興亡（下）——ロシア帝国とそのライバル』日本経済新聞社，2002 年。

注

序　章　帝政ロシアのイスラームと公共圏

（1）Hādī Āṭlāsuf, *Yangī niẓām wa 'ulamā'larmiz* (Orenburg, 1906), 2, 6, 12, 14.

（2）M.-F. Ūṣāl, *Birinchī, īkinchī, wa ūchūnchī Dūmāda musulmān dīpūṭāṭlār ham ālārning qīlghān ishlarī* (Kazan, [1909]), 151-153. タタール人における社会主義思想の普及については，*Ибрагимов Г.* Татары в революции 1905 года. Казань, 1926.

（3）Agnès Nilüfer Kefeli, *Becoming Muslim in Imperial Russia : Conversion, Apostasy, and Literacy* (Ithaca : Cornell University Press, 2014), 31.

（4）Riḍā' al-Dīn b. Fakhr al-Dīn, *Islāmlar ḥaqqinda ḥukūmat tadbīrlarī, īkinchī juz'* (Orenburg, 1908).

（5）*1906 sana 16-21 āwghūstda ijtimā' ītmish Rusyā muslimānlarīning nadwasī* (Kazan, 1906), 111-112.

（6）Mūsā Jārullāh [Bīgī], *Iṣlāḥāt asāslarī* (Petrograd, 1917), 250.

（7）Ūṣāl, *Birinchī, īkinchī, wa ūchūnchī Dūmāda*, 216-220.

（8）*Фархшатов М. Н.* Самодержавие и традиционные школы башкир и татар в начале XX века (1900-1917 гг.). Уфа, 2000. С. 55-62, 181-183, 189-196.

（9）Āṭlāsuf, *Yangī niẓām wa 'ulamā'larmiz*, 3 ; Ūṣāl, *Birinchī, īkinchī, wa ūchūnchī Dūmāda*, 151-152.

（10）*Каримуллин А. Г.* Татарская книга начала XX века. Казань, 1974 ; *Кемпер М.* Суфии и ученые в Татарстане и Башкортостане. Исламский дискурс под русским господством. Казань, 2008 ; orig. Berlin, 1998. С. 79-87.

（11）Dilara M. Usmanova, "Die tatarische Presse 1905-1918 : Quellen, Entwicklungsetappen und quantitative Analyse," in Michael Kemper, Anke von Kügelgen, and Dmitriy Yermakov, eds., *Muslim Culture in Russia and Central Asia from the 18th to the Early 20th Centuries*, vol. 1 (Berlin : Klaus Schwarz Verlag, 1996), 260-263, 272-275. また，Alexandre Bennigsen, Chantal Lemercier-Quelquejay, *La presse et le mouvement national chez les musulmans de Russie avant 1920* (Paris : Mouton, 1964).

（12）高田和夫は，民族（「異族人」概念とスラヴ系諸民族）と身分でロシア帝国を理解しようとしており，正教以外の宗教もまた行政単位の一つだったことを見落としている。高田和夫『ロシア帝国論——19世紀ロシアの国家・民族・歴史』平凡社，2012年。

（13）山室信一「「国民帝国」論の射程」山本有造編『帝国の研究——原理・類型・関係』名古屋大学出版会，2003年，とくに114-124頁；松里公孝「境界地域から世界帝国へ——ブリテン，ロシア，清」同編『ユーラシア——帝国の大陸（講座スラブ・ユーラシア学3)』講談社，2008年，41-80頁。

（14）Jane Burbank, "An Imperial Rights Regime : Law and Citizenship in the Russian Empire," *Kritika : Explorations in Russian and Eurasian History* 7, no. 3 (2006) : 397-431 ; Gregory L. Freeze, "The *Soslovie* (Estate) Paradigm and Russian Social History," *American Historical*

Review 91, no. 1（1986）: 11-36.

（15）Paul W. Werth, "Lived Orthodoxy and Confessional Diversity : The Last Decade on Religion in Modern Russia," *Kritika : Explorations in Russian and Eurasian History* 12, no. 4（2011）: 849-865 ; 青島陽子「ロシア帝国の「宗派工学」にみる帝国統治のパラダイム」池田嘉郎，草野佳矢子編『国制史は躍動する——ヨーロッパとロシアの対話』刀水書房，2015 年，121-157 頁。

（16）Robert Crews, "Empire and the Confessional State : Islam and Religious Politics in Nineteenth-Century Russia," *American Historical Review* 108, no. 1（2003）: 50-83 ; idem, *For Prophet and Tsar : Islam and Empire in Russia and Central Asia*（Cambridge, Mass. : Harvard University Press, 2006）. オスマン帝国については，上野雅由樹「ミッレト制研究とオスマン帝国下の非ムスリム共同体」『史学雑誌』119 編 11 号，2010 年，64-81 頁；佐原徹哉『近代バルカン都市社会史——多元主義空間における宗教とエスニシティ』刀水書房，2003 年；鈴木董『イスラムの家からバベルの塔へ——オスマン帝国における諸民族の統合と共存』リブロポート，1993 年。フランスについては，松嶌明男『礼拝の自由とナポレオン——公認宗教体制の成立』山川出版社，2010 年。ロシア，オスマン，ハプスブルグ各帝国の比較は，*Каппелер А.* Центр и элиты периферий в Габсбургской, Российской и Османских империях（1700-1918 гг.）// Ab Imperio. 2007. № 2. С. 28-31.

（17）Paul W. Werth, *The Tsar's Foreign Faiths : Toleration and the Fate of Religious Freedom in Imperial Russia*（Oxford : Oxford University Press, 2014）.

（18）南ウラルとくにウファ県における帝国の統治戦略の多様化について包括的な説明を与えるのは，Charles Steinwedel, *Threads of Empire : Loyalty and Tsarist Authority in Bashkiria, 1552-1917*（Bloomington : Indiana University Press, 2016）.

（19）*Азаматова Г. Б.* Башкиры в системе земского самоуправления 1870-1917 гг. : На примере Уфимской, Оренбургской и Пермской губерний. Уфа, 2011 ; *Салихов Р. Р.* Татарская буржуазия Казани и национальные реформы второй половины XIX - начала XX в. Казань, 2001.

（20）*Усманова Д. М.* Мусульманские представители в российском парламенте. 1906-1916. Казань, 2005 ; *Ямаева Л. А.* Мусульманский либерализм начала XX века как общественно - политическое движение. Уфа, 2002 ; Мусульманские депутаты Государственной думы России 1906-1917 гг. Сборник документов и материалов / Сост. Л. А. Ямаева. Уфа, 1998.

（21）ユルゲン・ハーバーマス，細谷貞雄・山田正行訳『公共性の構造転換——市民社会の一カテゴリーについての探究』第 2 版，未來社，1994 年。

（22）イスラームと立憲主義を対置する思考への批判は，藤波伸嘉『オスマン帝国と立憲政——青年トルコ革命における政治，宗教，共同体』名古屋大学出版会，2011 年，3-6, 321-322 頁。また，「ヨーロッパ」の概念化の中でヨーロッパの中のムスリムが見えなくなっていることについては，タラル・アサド，中村圭志訳『世俗の形成——キリスト教，イスラム，近代』みすず書房，2006 年，第 5 章。冷戦期にロシアの歴史が「オリエンタル化」され，西側の反転像として捉えられていたことに対する批判は，Mark von Hagen, "Empires, Borderlands, and Diasporas : Eurasia as Anti-Paradigm for the Post-Soviet Era," *American Historical Review* 109, no. 2（2004）: esp. 449-451.

（23）前近代のムスリム社会にも国家と個人を媒介する公共圏を見出そうとする分析は，Miriam Hoexter, Shmuel N. Eisenstadt, and Nehemia Levtzion, eds., *The Public Sphere in Muslim*

Societies（Albany : State University of New York Press, 2002）. ロシア研究では，塩川伸明，小松久男，沼野充義，松井康浩編『公共圏と親密圏（ユーラシア世界 4）』東京大学出版会，2012 年。

（24）Joseph Bradley, "Subjects into Citizens : Societies, Civil Society, and Autocracy in Tsarist Russia," *American Historical Review* 107, no. 4（2002）: 1094–1123 ; idem, *Voluntary Associations in Tsarist Russia : Science, Patriotism, and Civil Society*（Cambridge, Mass. : Harvard University Press, 2009）; Adele Lindenmeyer, "'Primordial and Gelatinous'? Civil Society in Imperial Russia," *Kritika : Explorations in Russian and Eurasian History* 12, no. 3（2011）: 705–720 ; Edith W. Clowes, Samuel D. Kassow, and James L. West, eds., *Between Tsar and People : Educated Society and the Quest for Public Identity in Late Imperial Russia*（Princeton : Princeton University Press, 1991）; ホフマン，シュテファン＝ルートヴィヒ，山本秀行訳『市民結社と民主主義 1750–1914』岩波書店，2009 年。国家と社会の相補関係が戦時体制下に典型的に現れることは，度重なる戦禍に見舞われたオスマン帝国末期の慈善団体に関する研究でも知られている。Nadir Özbek, "Defining the Public Sphere during the Late Ottoman Empire : War, Mass Mobilization and the Young Turk Regime（1908–18）," *Middle Eastern Studies* 43, no. 5（2007）: 795–809 ; Nicole A. N. M. van Os, "Taking Care of Soldiers' Families : The Ottoman State and the *Muinsiz aile Maaşı*," Eric J. Zürcher, ed., *Arming the State : Military Conscription in the Middle East and Central Asia, 1775–1925*（London : I. B. Tauris, 1999）, 95–110.

（25）ロシアについては，Jeffrey Brooks, *When Russia Learned to Read : Literacy and Popular Literature, 1861–1917*（Princeton : Princeton University Press, 1985）; Louise McReynolds, *The News under Russia's Old Regime : The Development of a Mass-circulation Press*（Princeton : Princeton University Press, 1991）. 南アジアと中東のムスリム社会については，Francis Robinson, "Technology and Religious Change : Islam and the Impact of Print," *Modern Asian Studies* 27, no. 1（1993）: 229–251 ; Dale Eickelman and James Piscatori, *Muslim Politics*, 2nd edition（Princeton : Princeton University Press, 2004）, esp. 37–45.

（26）タラル・アサド，中村圭志訳『宗教の系譜——キリスト教とイスラムにおける権力の根拠と訓練』岩波書店，2004 年，第 5 章；Dale F. Eickelman and Armando Salvatore, "The Public Sphere and Muslim Identities," *European Journal of Sociology* 43, no. 1（2002）: 92–115.

（27）ウィル・キムリッカ，角田猛之他監訳『多文化時代の市民権——マイノリティの権利と自由主義』晃洋書房，1998 年；島薗進，磯前順一編『宗教と公共空間——見直される宗教の役割』東京大学出版会，2014 年。

（28）ベネディクト・アンダーソン，白石さや・白石隆訳『増補 想像の共同体——ナショナリズムの起源と流行』NTT 出版，1997 年；アーネスト・ゲルナー，加藤節監訳『民族とナショナリズム』岩波書店，2000 年。

（29）佐原『近代バルカン都市社会史』とくに第 3 章；藤波『オスマン帝国と立憲政』。第 2 章第 2 節でも言及するように，ヴォルガ・ウラル地域のムスリム知識人も，ロシア帝国のイスラーム行政の改革案を練る際，オスマン帝国のミッレト制を参照していた。

（30）Peter van der Veer, *Imperial Encounters : Religion and Modernity in India and Britain*（Princeton : Princeton University Press, 2001）, esp. 22–24, 27–28, 33, 43–53. ロシア正教会を頂点とする多宗派公認体制に対する多様な批判や「良心の自由」の要求が市民社会の形成に与えた作用については，Laura Engelstein, "The Dream of Civil Society in Tsarist Russia :

Law, State, and Religion," in Nancy Bermeo and Philip Nord, eds., *Civil Society Before Democracy : Lessons from Nineteenth-Century Europe* (Lanham, MD : Rowman and Littlefield Publishers, 2000), 31–37 ; Werth, *The Tsar's Foreign Faiths*, 188–196 and chapter 8.

(31) Miroslav Hroch の段階論に依拠しながら目的論的に民族の形成を論じるのは，*Хабутдинов А. Ю.* Формирование нации и основные направления развития татарского общества в конце XVIII – начале XX веков. Казань, 2001. ネイションという枠組みで共同体の範囲を語った知識人間の論争については，拙稿「ヴォルガ・ウラル地域の新しいタタール知識人——第一次ロシア革命後の民族（миллэт）に関する言説を中心に」『スラヴ研究』50 号，2003 年，33–59 頁。

(32) Rogers Brubaker and Frederick Cooper, "Beyond 'Identity'," *Theory and Society* 29 (2000): esp. 5, 19–21, 27–28, 30–33 ; Rogers Brubaker, *Nationalism Reframed : Nationhood and the National Question in the New Europe* (Cambridge : Cambridge University Press, 1996), esp. 17–20. とくにムスリム社会の分析方法については，Eickelman and Piscatori, *Muslim Politics*. 近年のロシア史研究で「アイデンティティ」が過剰に焦点となっていることを批判し，制度（institution）の分析への方向転換を促すのは，Stephen Kotkin, "Mongol Commonwealth ? Exchange and Governance across the Post-Mongol Space," *Kritika : Explorations in Russian and Eurasian History* 8, no. 3 (2007): 487–531.

(33) ヴォルガ・ウラル地域について，この限られた史料状況での到達点を示すのは，Azade-Ayşe Rorlich, *The Volga Tatars : A Profile in National Resilience* (Stanford : Hoover Institution Press, 1986)；山内昌之『スルタンガリエフの夢——イスラム世界とロシア革命』東京大学出版会，1986 年。ゼンコフスキーはその先駆的な研究書の序文で自分の仕事が，カザフ人の政治家ムスタファ・チョカエフ（1890–1941），タタール作家アヤズ・イスハキー（1878–1954），バシキール人のテュルク学者アフメト・ゼキ・ヴェリディ・トガン（1890–1970）ら「テュルク系民族運動の参画者や目撃者」との対話に負っていると証言している。Serge A. Zenkovsky, *Pan-Turkism and Islam in Russia* (Cambridge, Mass. : Harvard University Press, 1960), ix–x.

(34) Crews, *For Prophet and Tsar* はテュルク語史料も意欲的に組み込んでいるが，そのような立場の代表例として批判されている。国家とムスリム社会との調和的な相互関係を読み取る傾向は，それまで抵抗の側面を強調してきた現地の研究者にもあてはまる。例えば，*Загидуллин И. К.* Исламские институты в Российской империи : Мечети в европейской части России и Сибири. Казань, 2007.

(35) Michael Kemper, *Sufis und Gelehrte in Tatarien und Baschkirien, 1789–1889 : Der islamische Diskurs unter russischer Herrschaft* (Berlin : Klaus Schwarz Verlag, 1998)〔*Кемпер М.* Суфии и ученые в Татарстане и Башкортостане. Исламский дискурс под русским господством. Казань, 2008〕; Allen J. Frank, *Islamic Historiography and 'Bulghar' Identity among the Tatars and Bashkirs of Russia* (Leiden : Brill, 1998); idem, *Muslim Religious Institutions in Imperial Russia : The Islamic World of Novouzensk District and the Kazakh Inner Horde, 1780–1910* (Leiden : Brill, 2001). Stéphane A. Dudoignon の研究は注 39 を見よ。

(36) *Ab Imperio* 誌 2008 年 4 号の特集も参照。

(37) Rozaliya Garipova, "The Transformation of the *Ulama* and the *Shari 'a* in the Volga-Ural Muslim Community under Russian Imperial Rule" (PhD diss., Princeton University, 2013); *Мухаметзарипов И. А.* Особенности функционирования мусульманского права в России в

конце XVIII – начале XX вв. : Дис. ... канд. ист. наук. Казань, 2010 ; 磯貝真澄「19世紀後半ロシア帝国ヴォルガ・ウラル地域のムスリムの遺産分割争い——オレンブルグ・ムスリム宗務協議会による「裁判」とイスラーム法」『東洋史研究』74巻2号，386–355頁。

(38) Mustafa Tuna, *Imperial Russia's Muslims : Islam, Empire, and European Modernity, 1788–1914* (Cambridge : Cambridge University Press, 2015) ; James H. Meyer, *Turks across Empires : Marketing Muslim Identity in the Russian-Ottoman Borderlands, 1856–1914* (New York : Oxford University Press, 2014).

(39) Stéphane A. Dudoignon, "Status, Strategies and Discourses of a Muslim 'Clergy' under a Christian Law : Polemics about the Collection of the *Zakât* in Late Imperial Russia," in Stéphane A. Dudoignon and Hisao Komatsu, eds., *Islam in Politics in Russia and Central Asia (Early Eighteenth to Late Twentieth Centuries)* (London : Kegan Paul, 2001), 43–73 ; idem, "Qu'est-ce que la 'Qadîmiya' ? Éléments pour une sociologie du traditionalisme musulman, en Islam de Russie et en Transoxiane (au tournant des XIXe et XXe siècles)," in Stéphane A. Dudoignon, Dämir Is'haqov, and Räfyq Möhämmätshin, eds., *L'Islam de Russie : Conscience communautaire et autonomie politique chez les Tatars de la Volga et de l'Oural depuis le XVIIIe siècle* (Paris : Maisonneuve et Larose, 1997), 207–225.

(40) 確かにジェイムズ・マイヤーは文書館史料や書簡を用いて経済的な要因を指摘しているが，デュドゥワニヨンの議論を参照していない。Meyer, *Turks across Empires*, 108–109, 114–118.

(41) 近年，ヴォルガ・ウラル地域のムスリム社会史研究が「ジャディード」の観点から依然として脱していないことを批判し，手稿などの「非ジャディード」史料の有効性を説く声が高まっている。Allen J. Frank, "Muslim Cultural Decline in Imperial Russia : A Manufactured Crisis," *Journal of the Economic and Social History of the Orient* 59 (2016) : 166–192. しかし，「ジャディード」史料とは何かを明確に定義しないこのような議論は，批判対象としているはずの二項対立的な分析をかえって強化してしまう危険性がある。むしろ重要なのは，特定の史料を特権化するのではなく，いかなる史料からでもムスリムの多様な声と振舞いを読み取ろうとする努力である。

(42) Adeeb Khalid, *The Politics of Muslim Cultural Reform : Jadidism in Central Asia* (Berkeley : University of California Press, 1998) ; idem, "Printing, Publishing, and Reform in Tsarist Central Asia," *International Journal of Middle East Studies* 26 (1994) : 187–200.

(43) Zavdat S. Minnullin, "Zur Geschichte der tatarischen öffentlichen Bibliotheken vor der Oktoberrevolution," in Michael Kemper et al., *Muslim Culture*, 207–237.

(44) 定期刊行物の部数を特定することは困難だが，以下に挙げられた数字が参考になる。Bennigsen, Lemercier-Quelquejay, *La presse*, 73 ; *Мәрданов Р.* «Шура» журналы (1908–1917) : Әдәбият мәсьәләләре. Казан, 2001. Б. 44 ; Meyer, *Turks Across Empires*, 89. 書籍の部数に関する情報は，*Каримуллин.* Татарская книга. С. 21–22, 31–32, 141, 171, 185.

第1章　帝政末期ヴォルガ・ウラル地域のムスリム社会

(1) *Исхаков С. М.* Первая русская революция и мусульмане Российской империи. М., 2007. 付録写真8頁目。

(2) Ridā' al-Dīn b. Fakhr al-Dīn, *Islāmlar ḥaqqinda ḥukūmat tadbīrlarī, īkinchī juz'* (Orenburg, 1908), 2.

（3）*Ṭāng Yūlduzī*, 18 May 1906, 1.

（4）非ロシア人教育，とくにヴォルガ・ウラル地域の教育政策へのブヂロヴィッチの関与については，Wayne Dowler, *Classroom and Empire : The Politics of Schooling Russia's Eastern Nationalities, 1860–1917*（Montreal : McGill-Queen's University Press, 2001）, 174–187.

（5）*Будилович А. С.* Может-ли Россия отдать инородцам свои окраины? СПб., 1907. С. 35, 38–39, 67, 74.

（6）塩川伸明『国家の構築と解体（多民族国家ソ連の興亡 II）』岩波書店，2007 年，第 3 章。

（7）Alfred J. Rieber, *The Struggle for the Eurasian Borderlands : From the Rise of Early Modern Empires to the End of the First World War*（Cambridge : Cambridge University Press, 2014）; Jane Burbank and Frederick Cooper, *Empires in World History : Power and the Politics of Difference*（Princeton : Princeton University Press, 2010）; Karen Barkey, *Empire of Difference : The Ottomans in Comparative Perspective*（Cambridge : Cambridge University Press, 2008）; Christopher A. Bayly, *The Birth of the Modern World, 1780–1914 : Global Connections and Comparisons*（Oxford : Blackwell Publishing, 2004）, 204–234.

（8）内陸アジアの遊牧民の間ではチンギス裔が「貴族」とみなされたが，チンギス裔のいないクルグズの間では「マナプ」が見出された。彼らは軍位を与えられたが，貴族身分として登録されることはなかった。秋山徹『遊牧英雄とロシア帝国——あるクルグズ首領の軌跡』東京大学出版会，2016 年。

（9）Charles E. Timberlake, "The Zemstvo and the Development of a Russian Middle Class," in Edith W. Clowes, Samuel D. Kassow, and James L. West, eds., *Between Tsar and People : Educated Society and the Quest for Public Identity in Late Imperial Russia*（Princeton : Princeton University Press, 1991）, 164–179 ; Terence Emmons and Wayne S. Vucinich, eds., *The Zemstvo in Russia : An Experiment in Local Self-government*（Cambridge : Cambridge University Press, 1982）.

（10）高橋一彦『帝政ロシア司法制度史研究』名古屋大学出版会，2001 年。

（11）Joshua Sanborn, *Drafting the Russian Nation : Military Conscription, Total War, and Mass Politics, 1905–1925*（DeKalb : Northern Illinois University Press, 2003）.

（12）オスマン帝国で特権が法制化された背景には，非ムスリムの権利を代弁しようとするロシアをはじめ列強の干渉があった。Masayuki Ueno, "Religious in Form, Political in Content? Privileges of Ottoman Non-Muslims in the Nineteenth Century," *Journal of the Economic and Social History of the Orient* 59, no. 3（2016）: 408–441.

（13）松里公孝「19 世紀から 20 世紀初頭にかけての右岸ウクライナにおけるポーランド・ファクター」『スラヴ研究』45 号，1998 年，101–128 頁；*Каппелер А.* Центр и элиты периферий в Габсбургской, Российской и Османских империях（1700–1918 гг.）// Ab Imperio. 2007. № 2. С. 26. ブヂロヴィッチ自身，「ビザンツ，アラブ，ラテン・ドイツ」の伝統を受け継ぐ人々の文化水準の高さに言及している。*Будилович.* Может-ли Россия отдать. С. 32.

（14）橋本伸也『帝国・身分・学校——帝制期ロシアにおける教育の社会文化史』名古屋大学出版会，2010 年；同編『ロシア帝国の民族知識人——大学・学知・ネットワーク』昭和堂，2014 年；*Миллер А. И.* Русификации : классифицировать и понять // Ab Imperio. 2002. № 2. С. 133–148.

(15) 木畑洋一『イギリス帝国と帝国主義——比較と関係の視座』有志舎，2008 年，118-128 頁；平野千果子『フランス植民地主義の歴史——奴隷制廃止から植民地帝国の崩壊まで』人文書院，2002 年，72-80，225-230，266-272 頁；小熊英二『単一民族神話の起源——〈日本人〉の自画像の系譜』新曜社，1995 年，第 15，16 章。

(16) *Циунчук Р. А.* Думская модель парламентаризма в Российской империи : этноконфессиональные и региональные измерения. Казань, 2004 ; 加納格『ロシア帝国の民主化と国家統合——20 世紀初頭の改革と革命』御茶の水書房，2001 年，276-285 頁。

(17) Elena I. Campbell, *The Muslim Question and Russian Imperial Governance* (Bloomington : Indiana University Press, 2015) ; John W. Slocum, "Who, and When, Were the Inorodtsy : The Evolution of the Category of 'Aliens' in Imperial Russia," *Russian Review* 57, no. 2 (1998) : 173-190 ; Andreas Kappeler, *The Russian Empire : A Multiethnic History* (Harlow, England : Longman, 2001), 329-348.

(18) Alexander Morrison, "Metropole, Colony, and Imperial Citizenship in the Russian Empire," *Kritika : Explorations in Russian and Eurasian History* 13, no. 2 (2012) : 327-364 ; 宇山智彦「「個別主義の帝国」ロシアの中央アジア政策——正教化と兵役の問題を中心に」『スラヴ研究』53 号，2006 年，27-57 頁；西山克典「帝国の「東方」支配——「同化」と「異化」によせて」『ロシア史研究』72 号，2003 年，34-50 頁。

(19) オスマン帝国では，支配民族が抱く被害者意識に比較しうるものは，バルカン戦争後に現れた。藤波伸嘉『オスマン帝国と立憲政——青年トルコ革命における政治，宗教，共同体』名古屋大学出版会，2011 年。

(20) Jane Burbank, Mark von Hagen, and Anatolyi Remnev, eds., *Russian Empire : Space, People, Power, 1700-1930* (Bloomington : Indiana University Press, 2007), 19-20 ; Ronald Suny, "The Empire Strikes Out : Imperial Russia, 'National' identity, and Theories of Empire," in Ronald Suny and Terry Martin, eds., *A State of Nations : Empire and Nation-Making in the Age of Lenin and Stalin* (Oxford : Oxford University Press, 2001), 43-44, 56-57 ; ドミニク・リーベン，袴田茂樹監修，松井秀和訳『帝国の興亡（下）——ロシア帝国とそのライバル』日本経済新聞社，2002 年，132，141-145 頁；Geoffrey Hosking, *Russia : People and Empire, 1552-1917* (Cambridge, Mass. : Harvard University Press, 1997). また，土屋好古『「帝国」の黄昏，未完の「国民」——日露戦争・第一次革命とロシアの社会』成文社，2012 年。

(21) その意味で本書は，同時期のロシア帝国の文脈から生成したシオニズムを考察する鶴見太郎の関心とも合致する。鶴見太郎『ロシア・シオニズムの想像力——ユダヤ人・帝国・パレスチナ』東京大学出版会，2012 年。ただし，鶴見が「主観的文脈」を切り出して思想や認識を捉えることに主眼を置くのに対して，本書はいわば「主観的文脈」からみえる「客観的な文脈」つまり法制度や行政を一次史料から復元することにも力を注ぐ。

(22) ロシアの帝国主義の退潮と革命がイランとオスマン帝国に与えた影響については，Nader Sohrabi, "Global Waves, Local Actors : What the Young Turks Knew about Other Revolutions and Why It Mattered," *Comparative Studies in History and Society* 44 (2002) : 45-79. カザンのタタール人社会主義者も，日露戦争によるロシアの帝国主義の退潮をイラン革命の要因と見ていた。*Ṭāng Yūlduzī*, 15 August 1906, 3.

(23) *Waqt*, 23 September 1906, 1. イラン革命が過剰な流血なく憲法をもたらしたことについて，社会主義者もウラマーの役割を高く評価していた。*Ṭāng Yūlduzī*, 19 August 1906, 2-3. 序章冒頭のハーディー・アトラスィーの訴えも，こうした文脈で考える必要がある。

(24) M.-F. Ūṣāl, *Birinchī, īkinchī, wa ūchūnchī Dūmāda musulmān dīpūṭāṭlār ham ālārning qīlghān ishlarī* (Kazan, [1909]), 4-7.

(25) Eileen Kane, *Russian Hajj : Empire and the Pilgrimage to Mecca* (Ithaca : Cornell University Press, 2015); James H. Meyer, *Turks across Empires : Marketing Muslim Identity in the Russian-Ottoman Borderlands, 1856-1914* (New York : Oxford University Press, 2014); Norihiro Naganawa, "The Hajj Making Geopolitics, Empire, and Local Politics : A View from the Volga-Ural Region at the Turn of the Nineteenth and Twentieth Centuries," in Alexandre Papas, Thomas Welsford, and Thierry Zarcone, eds., *Central Asian Pilgrims : Hajj Routes and Pious Visits between Central Asia and the Hijaz* (Berlin : Klaus Schwarz Verlag, 2012), 168-198.

(26) David Motadel, ed., *Islam and the European Empires* (Oxford : Oxford University Press, 2014), chapter 1 "British Imperial Rule and the Hajj" and chapter 2 "The Dutch Empire and the Hajj" ; Michael Christopher Low, "Empire and the Hajj : Pilgrims, Plagues, and Pan-Islam under British Surveillance, 1865-1908," *International Journal of Middle East Studies* 40 (2008): 269-290 ; William R. Roff, "Sanitation and Security : The Imperial Powers and the Nineteenth Century Hajj," *Arabian Studies* 6 (1982): 143-160.

(27) 羽田正『イスラーム世界の創造』東京大学出版会，2005 年；小松久男『イブラヒム，日本への旅——ロシア・オスマン帝国・日本』刀水書房，2008 年。また，James L. Gelvin and Nile Green, eds., *Global Muslims in the Age of Steam and Print* (Berkeley : University of California Press, 2014), 4.

(28) 池田嘉郎編『第一次世界大戦と帝国の遺産』山川出版社，2014 年。

(29) 拙稿「ロシア・ムスリムがみた 20 世紀初頭のオスマン帝国——ファーティフ・ケリミー『イスタンブルの手紙』を読む」中嶋毅編『新史料で読むロシア史』山川出版社，2013 年，92-110 頁。

(30) Eric Lohr, *Nationalizing the Russian Empire : The Campaign against Enemy Aliens during World War I* (Cambridge, Mass. : Harvard University Press, 2003).

(31) Mark von Hagen, *War in a European Borderland : Occupations and Occupation Plans in Galicia and Ukraine, 1914-1918* (Seattle : University of Washington Press, 2007); Michael A. Reynolds, *Shattering Empires : The Clash and Collapse of the Ottoman and Russian Empires 1908-1918* (Cambridge : Cambridge University Press, 2011).

(32) Daniel Brower, *Turkestan and the Fate of the Russian Empire* (London : Routledge Curzon, 2003), chapter 6 ; Tomohiko Uyama, "Two Attempts at Building a Qazaq State : The Revolt of 1916 and the Alash Movement," in Stéphane A. Dudoignon and Hisao Komatsu, eds., *Islam in Politics in Russia and Central Asia (Early Eighteenth to Late Twentieth Centuries)* (London : Kegan Paul, 2001), 77-98 ; 西山克典『ロシア革命と東方辺境地域——「帝国」秩序からの自立を求めて』北海道大学図書刊行会，2002 年，166-183 頁。

(33) 磯貝（生田）真澄「ロシア帝政末期ムスリム知識人による女性をめぐる議論——雑誌『スユム・ビケ（Sūyum Bīka)』（カザン，1913-1918）を中心に」『神戸大学史学年報』24 号，2009 年，1-32 頁。

(34) 近年の到達点の概観は，Vladimir Bobrovnikov, "Islam in the Russian Empire," *The Cambridge History of Russia, vol. 2, Imperial Russia, 1689-1917* (Cambridge : Cambridge University Press, 2006), 202-223.

(35)「ジョチ・ウルス（金帳汗国）の版図の回収」という観点は，Kappeler, *The Russian*

Empire, chapter 2.

(36) 濱本真実『「聖なるロシア」のイスラーム——17-18世紀タタール人の正教改宗』東京大学出版会，2009年；Matthew P. Romaniello, *The Elusive Empire : Kazan and the Creation of Russia, 1552-1671* (Madison : University of Wisconsin Press, 2012).

(37) Michael Khodarkovsky, *Russia's Steppe Frontier : The Making of a Colonial Empire, 1500-1800* (Bloomington : Indiana University Press, 2002).

(38) Статистический ежегодник России 1914 г. Петроград, 1915. С. 58, 71-72.

(39) Kemal H. Karpat, *Ottoman Population 1830-1914 : Demographic and Social Characteristics* (Madison : University of Wisconsin Press, 1985), 188-189.

(40) *Рыбаков С.* Статистика мусульман в России // Мир ислама. 1913. № 2. С. 758-759. この論考が示す1912年初めのムスリム人口は，1897年の国勢調査の数字にムスリムの自然増加率（年1.8％）を積算したもの。

(41) 各県の人口比は1897年の国勢調査に基づく。*Арапов Д. Ю.* Ислам в Российской империи (законодательные акты, описания, статистика). М., 2001. С. 324-325.

(42) 濱本『「聖なるロシア」のイスラーム』第6章；豊川浩一『ロシア帝国民族統合史の研究——植民政策とバシキール人』北海道大学出版会，2006年，第5章。

(43) Kelly Ann O'Neill, "Between Subversion and Submission : The Integration of the Crimean Khanate into the Russian Empire, 1783-1853" (PhD diss., Harvard University, 2006). ロシア政府がムスリムを組織的に追放したのだという従来の見解は近年見直されている。ムスリムの移住は多宗派を許容する帝国の威信を傷つけるものだったし，何より地域の産業に大打撃を与えたからだ。Mara Kozelsky, "Casualties of Conflict : Crimean Tatars during the Crimean War," *Slavic Review* 67, no. 4 (2008): 866-891 ; Meyer, *Turks Across Empires*, chapter 1. 同様の見直しは，北西コーカサス（表1-1のクバン州に当たる）からチェルケス人がオスマン帝国に移住したことについてもなされている。Dana Sherry, "Social Alchemy on the Black Sea Coast, 1860-65," *Kritika : Explorations in Russian and Eurasian History* 10, no. 1 (2009): 7-30.

(44) *Азаматов Д. Д.* Оренбургское магометанское духовное собрание в конце XVIII-XIX вв. Уфа, 1999.

(45) 紀律国家については，マルク・ラエフ，石井規衛訳『ロシア史を読む』名古屋大学出版会，2001年，とくに25-31頁。

(46) 現実には国境の外の宗教的権威との競合が困難だったことを強調するのは，Firouzeh Mostashari, *On the Religious Frontier : Tsarist Russia and Islam in the Caucasus* (London : I. B. Tauris, 2006), esp. 89-90, 115-116.

(47) 帝政期のイスラーム行政を概観できる文献は，*Арапов Д. Ю.* Система государственного регулирования ислама в Российской империи (последняя треть XVIII - начало XX вв.). М., 2004.

(48) *Waqt*, 24 August 1916, 2-3.

(49) *Waqt*, 4 September 1916, 1-2 ; *Dīn wa Maʿīshat* 40 (1916), 349-351 ; 48-49 (1916), 436-437. ここで参照されているのは，クルアーン第26章193-194節。「かの誠実な霊が天から携えて来て，汝の心に下し，もって汝を警告者に仕立てたもの」。

(50) Rudolph Peters, *Islam and Colonialism : The Doctrine of Jihad in Modern History* (The Hague : Mouton Publishers, 1979).

（51）Michael Kemper, "Khālidiyya Networks in Daghestan and the Question of *Jihād*," *Die Welt des Islams* 42, no. 1（2002）: 41–71；小松久男「聖戦から自治構想へ――ダール・アル・イスラームとしてのロシア領トルキスタン」『西南アジア研究』69号，2008年，59–91頁。

（52）Allen J. Frank, *Islamic Historiography and 'Bulghar' Identity among the Tatars and Bashkirs of Russia*（Leiden : Brill, 1998）; *Кемпер*. Суфии и ученые. С. 279–293, 399–407, 527–572.

（53）Alfrid K. Bustanov, "The Bulghar Region as a 'Land of Ignorance' : Anti-Colonial Discourse in Khᵛārazmian Connectivity," *Journal of Persianate Studies* 9（2016）: 183–204；'Abd Allāh b. Muḥammad 'Ārif b. al-Shaykh Ma'ādh al-Ūrī, *al-Qaṭra min biḥār al-ḥaqā'iq fī tarjama aḥwāl mashāyikh al-ṭarā'iq*（Orenburg,［1907］）, 61；Muḥammad Shākir Ṭūqāyīf, *Ta'rīkh-i Istarlī Bāsh*（Kazan, 1899）, 17. ムハンマドシャリーフの弟子に「カラカルパクの（al-Qāraqālpāqī）」を名乗る者がいるように，彼はこの地域のカラカルパクとトルクメンの間にナクシュバンディー教団の支脈ムジャッディディーヤを広めるのに貢献した。ヴォルガ・ウラル地域におけるムジャッディディーヤについては，拙稿「イスラーム教育ネットワークの形成と変容――19世紀から20世紀初頭のヴォルガ・ウラル地域」橋本『ロシア帝国の民族知識人』298–299，305頁。

（54）祭日については例えば *Dīn wa Ma'īshat* 11（1912）: 164–166，銀行の利子については例えば *Dīn wa Ma'īshat* 18（1916）: 217–219；22（1916）: 259–260；28（1916）: 327–328；36/37（1916）: 409–410。

（55）ウラル山脈以西をヨーロッパ部とする発想は1730年代に遡る。その背景としての地理学の発展は，Willard Sunderland, "Imperial Space : Territorial Thought and Practice in the Eighteenth Century," in Jane Burbank et al., *Russian Empire*, esp. 34–45. 19世紀後半のロシア人知識人の心象風景については，Leonid Gorizontov, "The 'Great Circle' of Interior Russia : Representations of the Imperial Center in the Nineteenth and Early Twentieth Centuries," in Jane Burbank et al., *Russian Empire*, 67–93；Alexei Miller, "The Empire and the Nation in the Imagination of Russian Nationalism," in Alexei Miller and Alfred J. Rieber, eds., *Imperial Rule*（Budapest : Central European University Press, 2004）, 9–26.

（56）Paul W. Werth, *At the Margins of Orthodoxy : Mission, Governance, and Confessional Politics in Russia's Volga-Kama Region, 1827–1905*（Ithaca : Cornell University Press, 2002）; 西山『ロシア革命と東方辺境地域』第1章第2節。

（57）デイヴィド・シンメルペンニンク＝ファン＝デル＝オイェ，浜由樹子訳『ロシアのオリエンタリズム――ロシアのアジア・イメージ，ピョートル大帝から亡命者まで』成文社，2013年，とくに第5章と第6章を参照。また，Robert P. Geraci, *Window on the East : National and Imperial Identities in Late Tsarist Russia*（Ithaca : Cornell University Press, 2001）.

（58）*Арапов*. Ислам в Российской империи. С. 48–49；Slocum, "Who, and When, Were the Inorodtsy," 184–185；*Хасанов Х. Х.* Формирование татарской буржуазной нации. Казань, 1977. С. 24–26.

（59）カントン制については，*Асфандияров А. З.* Кантонное управление в Башкирии（1798–1865 гг.）. Уфа, 2005；豊川『ロシア帝国民族統合史』第9章。

（60）Charles Steinwedel, *Threads of Empire : Loyalty and Tsarist Authority in Bashkiria, 1552–1917*（Bloomington : Indiana University Press, 2016）; *Усманов Х. Ф.* Развитие капитализма в сельском хозяйстве Башкирии в пореформенный период. Уфа, 1981.

（61）Agnès Nilüfer Kefeli, *Becoming Muslim in Imperial Russia : Conversion, Apostasy, and*

Literacy (Ithaca : Cornell University Press, 2014). フィン・ウゴル系の人々によるイスラームへの改宗については次も参照。Frank, *Islamic Historiography*, 41-42. アニミストのマリ人が自分たちの信仰の公認を求める運動は，Paul W. Werth, “Big Candles and ‘Internal Conversion’ : The Mari Animist Reformation and Its Russian Appropriations,” in Robert P. Geraci and Michael Khodarkovsky, eds., *Of Religion and Empire : Missions, Conversion, and Tolerance in Tsarist Russia* (Ithaca : Cornell University Press, 2001), 144-172. ムスリム問題への対応を通じて官僚や正教会は正教徒のロシア人の境遇を反省したというのが，エレーナ・キャンベルの中心的な主張である。Campbell, *The Muslim Question*.

(62) ロシア帝国では，Paul W. Werth, *The Tsar's Foreign Faiths : Toleration and the Fate of Religious Freedom in Imperial Russia* (Oxford : Oxford University Press, 2014), 180-187. 世界的な同時代性については，Bayly, *The Birth of the Modern World*, esp. 333-343, 357-359.

(63) Werth, *At the Margins of Orthodoxy* ; Geraci, *Window on the East*.

(64) *Кемпер*. Суфии и ученые. С. 416-420, 629-631.

(65) 文字の名称の暗記が持った宗教教育上の意義については，Kefeli, *Becoming Muslim*, 72-73. 音声方式の世界的な同時代性については，Mustafa Tuna, *Imperial Russia's Muslims : Islam, Empire, and European Modernity, 1788-1914* (Cambridge : Cambridge University Press, 2015), 162 ; 磯貝真澄「ロシア帝国ヴォルガ・ウラル地域ムスリム社会の「新方式」の教育課程」秋葉淳，橋本伸也編『近代・イスラームの教育社会史——オスマン帝国からの展望』昭和堂，2014年，201-203頁。ゼムストヴォ学校でのロシア人農民に対する音声方式の教育とそれが神の言葉の理解につながらないという農民の反発は，Ben Eklof, *Russian Peasant Schools : Officialdom, Village Culture, and Popular Pedagogy, 1861-1914* (Berkeley : University of California Press, 1986), 273, 484.

(66) 拙稿「イスラーム教育ネットワークの形成と変容」306-310頁；Naganawa, “The Hajj Making Geopolitics.”

(67) Stefan B. Kirmse, “Law and Empire in Late Tsarist Russia : Muslim Tatars Go to Court,” *Slavic Review* 72, no. 4 (2013): 778-801.

(68) Материалы по истории Татарии второй половины XIX века. Ч. 1. Аграрный вопрос и крестьянское движение 50-70х годов XIX в. М., 1936 ; *Загидуллин И. К.* Перепись 1897 года и татары Казанской губернии. Казань, 2000 ; James H. Meyer, “Speaking Sharia to the State : Muslim Protesters, Tsarist Officials, and the Islamic Discourses of Late Imperial Russia,” *Kritika : Explorations in Russian and Eurasian History* 14, no. 3 (2013): 485-505.

(69) 1870年の異族人教育規則については，奥村庸一「19世紀ロシア民衆教育改革の性格について——対東方民族『異族人教育規則』(1870) の検討」『日本の教育史学』39号，1996年，230-248頁。

(70) 典型例としては，ヨーロッパ部ロシア東端のトロイツクの大商人アブドゥルワリー・ヤウシェフ (1840-1906) とムッラー，アフマド・ラフマーンクリが挙げられる。1892年に写本の禁止令が出た時，二人は首都に直訴に行き，他の都市のムスリムの代表とも知り合った。他方で三年後には，ニコライ2世の即位を祝うために，ウファのムフティー，ムハンマディヤール・スルタノフ (在1886-1915) と共に冬宮に赴き，新皇帝に謁見している。‘A. Baṭṭāl, *‘Abd al-Walī Yāwshif* (Orenburg, 1912), 14, 16.

(71) ムスリム社会を変容させた革命の衝撃については，*Исхаков*. Первая русская революция ; Charles Steinwedel, “The 1905 Revolution in Ufa : Mass Politics, Elections, and

Nationality," *Russian Review* 59 (2000): 555–576. とくに1905年2月18日の勅令によって，農民が国家との関係を積極的に調整しようと働きかけるようになったことについては，Andrew Verner, "Discursive Strategies in the 1905 Revolution : Peasant Petitions from Vladimir Province," *Russian Review* 54 (1995): 65–90.

(72) その第一の理由は，参加者が招待者35名（史料によっては34名）に限られていたことによる。Azade-Ayşe Rorlich, *The Volga Tatars : A Profile in National Resilience* (Stanford : Hoover Institution Press, 1986), 121 ; 山内昌之『スルタンガリエフの夢——イスラム世界とロシア革命』東京大学出版会，1986年，110頁。

(73) サドリ・マクスーディーの提案は，*Waqt*, 2 November 1913, 1.

(74) ここで作成された法案は，Проект положения об управлении духовными делами мусульман Российской империи. СПб., 1914.

(75)『改革の基礎』は，1904年10月のモスクワの自由主義者の集会から1906年4月23日の国家基本法（憲法）公布に至る時期のムスリムの政治活動・集会の模様とそこでの様々な提案に加え，政府の法律なども収める。初版は1915年。Mūsā Jārullāh [Bīgī], *Iṣlāḥāt asāslarī* (Petrograd, 1917). ビギの総括は，*Yūlduz*, 29 June 1914, 3.

(76) [Bīgī], *Iṣlāḥāt asāslarī*, 7–9, 50, 52. この記述に基づいて，スルタノフの振舞いを論じるのは，Meyer, *Turks across Empires*, 93–98.

(77) *Shūrā* 15 (1915): 450.

(78) 24名の他，書面での参加者も40名いた（共同署名のものを1名と数える）。*Ūfādaghī kīngāsh majlisīning qarārlarīna īḍāḥ nāma* (Ufa, 1914), 5–7.

(79) Fātiḥ Karīmī, *Marḥūm Ghilmān Ākhūnd* (Orenburg, 1904), 5–27 ; *Каримуллин*. Татарская книга. С. 136–155.

(80)『ワクト』を汎イスラーム主義の代弁者と目したオレンブルグ知事は1913年1月に，この新聞を無料配布の禁止される定期刊行物のリストに加えるよう内相に提言したほどだ。ГАОО. Ф. 10. Оп. 4. Д. 10/9. Л. 35.

(81) 例えば，1913–1916年のムスリム諸紙の切り抜きは，РГИА. Ф. 821. Оп. 133. Д. 644, 646.

(82) *Мәрданов Р.* « Шура » журналы (1908–1917): Әдәбият мәсьәләләре. Казан, 2001. Б. 44, 53–58.

(83) 宗教と民族との関係に関する青年たちの典型的な語り口は，Jamāl al-Dīn Walīduf, *Millat wa Milliyat* (Orenburg, 1914), 11–12, 17, 38. また，以下も参照。Danielle Ross, "Caught in the Middle : Reform and Youth Rebellion in Russia's Madrasas, 1900–10," *Kritika : Explorations in Russian and Eurasian History* 16, no. 1 (2015): 57–89 ; Madina V. Goldberg, "Russian Empire – Tatar Theater : The Politics of Culture in Late Imperial Kazan" (PhD diss., University of Michigan, 2009), chapter 3 ; 拙稿「ヴォルガ・ウラル地域の新しいタタール知識人——第一次ロシア革命後の民族（миллəт）に関する言説を中心に」『スラヴ研究』50号，2003年，33–59頁。中央アジアでこのような青年に相当する人々の思考法については，Adeeb Khalid, *The Politics of Muslim Cultural Reform : Jadidism in Central Asia* (Berkeley : University of California Press, 1998), 175–176, 216.

(84) Khalid, *The Politics of Muslim Cultural Reform*, 11, 154. とはいえ，ハリド自身も認めるように，彼の著書では保守の声が十分に聞き取れているわけではない。

(85) Muṭahhar ibn Mullā Mīr Ḥaydar, *Īskī Qīshqī Ta'rīkhī* (Orenburg, 1911), 39–46.

(86) Рөстəм Мөхəммəтшин. « Дин вə мəгыйшат » журналының библиографиясе (1906–1918). Казан, 2002.

(87) ‘Abd Allāh b. Muḥammad ‘Ārif b. al-Shaykh Ma‘ādh al-Ūrī, *Ta’rīkh-i Ma‘ādhiyya* (Orenburg, 1906).

(88) Danielle M. Ross, “From the Minbar to the Barricades : The Transformation of the Volga-Ural ‘Ulama into a Revolutionary Intelligentsia, 1860–1918” (PhD diss., University of Wisconsin-Madison, 2011), 178, 279.

(89) ファトワーの新しい状況への適応については，以下も参照。Barbara Daly Metcalf, *Islamic Revival in British India : Deoband, 1860–1900* (Princeton : Princeton University Press, 1982), 146–154.

(90) Riḍā’ al-Dīn b. Fakhr al-Dīn, *Rūsīya muslimānlarīning iḥtiyājlarī wa ānlar ḥaqqinda intiqād* (Orenburg, 1906), 2-4. ウスマーニーは，ヴャトカ県マルミュシュ郡マスカラ村の由緒正しいマドラサを修めていたが，ロシア語は片言で，署名ができる程度だったという。手厳しいムスリム議員評を著したフアド・トゥクターロフは，オレンブルグの人々がこのような人物を議員に選んだことをドゥーマへの侮辱だとさえ述べている。Ūṣāl, *Birinchī, īkinchī, wa ūchūnchī Dūmāda*, 161–162. 上記のムタッハル・ミールハイダル，アブドゥッラー・マーズィー含め，地域の伝統的な教育とその人的ネットワークについては，磯貝真澄「19世紀後半ロシア帝国ヴォルガ・ウラル地域のマドラサ教育」『西南アジア研究』76号，2012年，1-31頁；拙稿「イスラーム教育ネットワーク」297–306頁。ちなみに，ここで言及したミールハイダル，ムハンマドワリー・フサイノフ，マーズィーは，1913年12月にムフティー，スルタノフが招集した審議会に意見書を提出している（注78を見よ）。

第2章　イスラームの家の設計図

(1) *Waqt*, 20 May 1911, 3.

(2) *Ṭūrmush*, 18 November 1914, 3.

(3) 正確を期すなら，良心の自由には ḥurrīyat-i wijdān という直訳も確かにあったが，ḥurrīyat-i dīnīya の使用が優勢になった点をここでは重視している。

(4) Paul W. Werth, “The Emergence of ‘Freedom of Conscience’ in Imperial Russia,” *Kritika : Explorations in Russian and Eurasian History* 13, no. 3 (2012): 585–610.

(5) Agnès Nilüfer Kefeli, *Becoming Muslim in Imperial Russia : Conversion, Apostasy, and Literacy* (Ithaca : Cornell University Press, 2014), 235–251. ただし受洗タタールの存在は，モスク建設の許可を当局から得る際の条件に深く関わっていたから，論議を巻き起こすことはあった。次章第1節（3）を参照。

(6) Riḍā’ al-Dīn b. Fakhr al-Dīn, *Rūsīya muslimānlarīning iḥtiyājlarī wa ānlar ḥaqqinda intiqād* (Orenburg, 1906), 25–27.

(7) *Waqt*, 1 December 1913, 2.

(8) Robert Crews, “Empire and the Confessional State : Islam and Religious Politics in Nineteenth-Century Russia,” *American Historical Review* 108, no. 1 (2003): 50–83 ; Jane Burbank, “An Imperial Rights Regime : Law and Citizenship in the Russian Empire,” *Kritika : Explorations in Russian and Eurasian History* 7, no. 3 (2006): 397–431.

(9) Robert D. Crews, *For Prophet and Tsar : Islam and Empire in Russia and Central Asia*

(Cambridge, Mass. : Harvard University Press, 2006), esp. 342, 349.

（10） *Арапов Д. Ю.* Система государственного регулирования ислама в Российской империи（последняя треть XVIII - начало XX вв.） М., 2004. С. 195, 225, 227 ; *Усманова Д. М.* Мусульманские представители в российском парламенте. 1906-1916. Казань, 2005. С. 384, 395-396, 518.

（11） *Амирханов Р. У.* Татарская демократическая печать（1905-1907 гг.）. М., 1988. С. 62-68.

（12） Christian Noack, *Muslimischer Nationalismus im russischen Reich : Nationsbildung und Nationalbewegung bei Tataren und Baschkiren, 1861-1917*（Stuttgart : Franz Steiner Verlag, 2000）; idem, "State Policy and its Impact on the Formation of a Muslim Identity in the Volga-Urals," in Stéphane A. Dudoignon and Hisao Komatsu, ed., *Islam in Politics in Russia and Central Asia (Early Eighteenth to Late Twentieth Centuries)*（London : Kegan Paul, 2001）, 3-26.

（13） Joseph Bradley, "Subjects into Citizens : Societies, Civil Society, and Autocracy in Tsarist Russia," *American Historical Review* 107, no. 4（2002）: 1094-1123, here 1108, 1123.

（14） *Арапов Д. Ю.* Система государственного регулирования. С. 119-120, 188-189 ; *Усманова.* Мусульманские представители. С. 107-110.

（15） James H. Meyer, "Speaking Sharia to the State : Muslim Protesters, Tsarist Officials, and the Islamic Discourses of Late Imperial Russia," *Kritika : Explorations in Russian and Eurasian History* 14, no. 3（2013）: 485-505 ; *Загидуллин И. К.* Перепись 1897 года и татары Казанской губернии. Казань, 2000. С. 142-191 ; *Салихов Р. Р.* Татарская буржуазия Казани и национальные реформы второй половины XIX - начала XX в. Казань, 2001. С. 19-27 ; Материалы по истории Татарии второй половины XIX века. Ч. 1. Аграрный вопрос и крестьянское движение 50-70х годов XIX в. М., 1936. 請願書の量産については以下も参照。Kefeli, *Becoming Muslim*, 44-50.

（16） James H. Meyer, *Turks across Empires : Marketing Muslim Identity in the Russian-Ottoman Borderlands, 1856-1914*（New York : Oxford University Press, 2014）, chapter 3 ; Danielle M. Ross, "From the Minbar to the Barricades : The Transformation of the Volga-Ural 'Ulama into a Revolutionary Intelligentsia, 1860-1918"（PhD diss., University of Wisconsin-Madison, 2011）, chapter 5 ; Mustafa Tuna, *Imperial Russia's Muslims : Islam, Empire, and European Modernity, 1788-1914*（Cambridge : Cambridge University Press, 2015）, chapter 8.

（17） Rozaliya Garipova, "The Protectors of Religion and Community : Traditionalist Muslim Scholars of the Volga-Ural Region at the Beginning of the Twentieth Century," *Journal of the Economic and Social History of the Orient* 59（2016）: 126-165. こうした現象は広くみられる。Muhammad Qasim Zaman, *The Ulama in Contemporary Islam : Custodians of Change*（Princeton : Princeton University Press, 2002）, esp. 54-59 ; Adeeb Khalid, *The Politics of Muslim Cultural Reform : Jadidism in Central Asia*（Berkeley : University of California Press, 1998）; Francis Robinson, "Technology and Religious Change : Islam and the Impact of Print," *Modern Asian Studies* 27, no. 1（1993）: 229-251.

（18） В память столетия Оренбургского магометанского духовного собрания, учрежденного в городе Уфе. Уфа, 1891. С. 8-9, 22-23, 24 ; Свод законов Российской империи（СЗ）. Т. 11. Ч. 1. Изд. 1857 г. Ст. 1236, 1237. なお，「カーディー」という称号は，オレンブルグ管区に関して法律に明記されなかった。ロシア語では委員（член）と呼ばれ，ムスリムが「カーディー（法官）」と呼んでいた。また，カーディーの選挙は1793年から1847年まで，カ

ザン市のタタール人の商人と町人身分を代表するタタール民会（ratusha）で行われた。1847年以降はカザン市警察の監視下で行われた。Rämil Khäyrutdinov, “The Tatar *Ratusha* of Kazan : National Self-Administration in Autocratic Russia, 1781–1855,” in Dudoignon and Komatsu, *Islam in Politics*, 40–41 ; *Азаматов Д. Д.* Оренбургское магометанское духовное собрание в конце XVIII–XIX вв. Уфа, 1999. С. 71, 77.

(19) Материалы по истории Татарии. С. 179–183 ; *Азаматов*. Оренбургское магометанское духовное собрание. С. 56–60.

(20) ГАОО. Ф. 10 (Канцелярия оренбургского губернатора). Оп. 9. Д. 12. Л. 2–4.

(21) テフケレフの伝記は，*Shūrā* 2 (1915): 33–36 ; 3 (1915): 65–68 ; 4 (1915): 97–99. カーディーの選挙についての彼の提案は，*Shūrā* 4 (1915): 98. ちなみに彼の甥のクトゥルムハンマドが，国会のムスリム会派を率いることになる。Charles Steinwedel, “Kutlu-Mukhammad Batyr-Gireevich Tevkelev (1850–?) and Family,” in Stephen M. Norris and Willard Sunderland, eds., *Russia's People of Empire : Life Stories from Eurasia, 1500 to the Present* (Bloomington : Indiana University Press, 2012), 189–197.

(22) СЗ. Т. 11. Ч. 1. Изд. 1896 г. Ст. 1422, 1423.

(23) Riḍā' al-Dīn, *Rūsīya muslimānlarīning iḥtiyājlarī*, 6.

(24) Материалы по истории Татарии. С. 167–168, 217.

(25) Письма Н. И. Ильминского к обер-прокурору святейшего синода Константину Петровичу Победоносцеву. Казань, 1895. С. 175, 176.

(26) スルタノフの伝記は，*Shūrā* 15 (1915): 449–452. 農地調停吏は，農奴解放に伴う農村共同体内部での土地分配の係争を解決する役割を担い，村団・郷の監視，裁判・警察の機能も持った。調停判事は，郡レベルでの軽犯罪や小額の民事訴訟を扱った。

(27) Mūsā Jārullāh [Bīgī], *Iṣlāḥāt asāslarī* (Petrograd, 1917), 43, 54, 78.

(28) シャーキル・トゥカエフは，二回の国会で宗教問題委員会の委員にもなった。手厳しい国会議員評を書いたフアド・トゥクターロフも，第三国会に選出されたウファ県のムスリム議員の中で最良の一人だったと記している。M.-F. Ūṣāl, *Birinchī, īkinchī, wa ūchūnchī Dūmāda musulmān dīpūṭāṭlār ham ālārning qīlghān ishlarī* (Kazan, [1909]), 137–138. 彼は自分の村の歴史を出版している。Muḥammad Shākir Ṭūqāyīf, *Ta'rīkh-i Istarlī Bāsh* (Kazan, 1899).

(29) 南コーカサスでは県マジュリス（majlis 評議会）と呼ばれた。中位の機関はクリミアにもあり，郡カーディーと呼ばれた。СЗ. Т. 11. Ч. 1. Изд. 1896 г. Ст. 1352, 1452, 1511–1525, 1567, 1626–1640. 後述のニジニノヴゴロドで行われた第三回全ロシア・ムスリム大会でも，県と郡レベルにマジュリスを置く提案が出された。*1906 sana 16–21 āwghūstda ijtimā' ītmish Rusyā muslimānlarīning nadwasī* (Kazan, 1906), 101–102, 127.

(30) Протокол уфимского губернского совещания, образованного с разрешения г. министра внутренних дел из доверенных башкирских волостей Уфимской губернии для обсуждения вопросов, касающихся магометанской религии и вообще нужд башкирского населения. 22, 23 и 25 инюня 1905 года. Уфа, 1905. С. 2, 12–15.

(31) ビギは，6月のバシキールの集会での決議が，土地問題などに関する23項目の追加以外は，4月の宗務協議会での決議と同じであると述べている。[Bīgī], *Iṣlāḥāt asāslarī*, 136–139.

(32) これは，宗教委員会の提言の第10条だが，第2条にはカザフ草原にも別個のムフティ

ーが想定されている。ここには本章第3節で扱うカザフ草原の管轄をめぐる立場の違いを見ることもできよう。

(33) *1906 sana 16–21 āwghūstda*, 101–102.

(34) Ibid., 104–105, 109.

(35) Ibid., 103–104.

(36) Ibid., 106, 128–132.

(37) *Yūlduz*, 6 March 1914, 1 ; 20 March 1914, 1–2.

(38) *Dīn wa Ma'īshat* 22 (1914): 349–350 ; 27 (1914): 425.

(39) РГИА. Ф. 821. Оп. 133. Д. 576. Л. 200об.–201, 300об.–301.

(40) Проект Положения об управлении духовными делами мусульман Российской империи. СПб., 1914. С. 7–8, 11, 13, 26.

(41) *Yūlduz*, 29 June 1914, 1–3.

(42) *Ṭūrmush*, 23 November 1914, 1.

(43) *Dīn wa Ma'īshat* 28 (1915): 442–444 ; 29 (1915): 461–464.

(44) *Dīn wa Ma'īshat* 28 (1915): 444–445 ; 33 (1915): 524.

(45) 内務省のバヤズィトフ評価は，*Аршаруни А., Габидуллин Х.* Очерки панисламизма и пантюркизма в России. М., 1933. С. 130.

(46) *Waqt*, 25 June 1915, 3.

(47) *Waqt*, 30 July 1915, 1–2.

(48) *Dīn wa Ma'īshat* 38 (1915): 599–600.

(49) *Āng* 14 (1915): 256.

(50) *Исхаков С. М.* Российские мусульмане и революция (весна 1917 г. – лето 1918 г.). М., 2004. С. 137.

(51) *Waqt*, 9 July 1909, 2. この記事を書いたリザエッディン・ファフレッディンは1905年革命当時，エカチェリーナ2世の伝統への回帰という要求が，1788年9月22日の勅令の文面を人々が知らないことに起因していると批判していた。Riḍā' al-Dīn, *Rūsīya muslimānlarīning iḥtiyājlarī*, 8–13. とはいえ，上記『ワクト』の記事ではウラマー長の設置を支持し，国会や国家評議会という立法機関にシャリーアについて語る権威を一本化する必要性を唱えていた。ところが後年，二人のムフティー，テフケレフとスルタノフの伝記を執筆したとき，宗教的な知識がなく世俗的な教育を受けた者のほうが，宗教的な知識はあるが世俗的な教育のない者より好ましいという立場を取った。ファフレッディンによれば，テフケレフは両方の知識に欠けていた。*Shūrā* 4 (1915): 97–98 ; 15 (1915): 450.

(52) НА РТ. Ф. 199 (Казанское губернское жандармское управление). Оп. 1. Д. 948. Л. 4. マクスーディーの講演は，増補されてカザンの『ヨルドゥズ』紙に掲載された。*Yūlduz*, 4 May 1914, 1–2 ; 18 May 1914, 2–3 ; 23 May 1914, 2–4. ここでの引用は，*Yūlduz*, 4 May 1914, 1–2 ; 18 May 1914, 2–3.

(53) СЗ. Т. 11. Ч. 1. изд. 1896 г. Ст. 1424. 試験は，12世紀にマルギーナーニーが著したハナフィー派法学書『ヒダーヤ (*al-Hidāya*)』の摘要の摘要 (*Mukhtaṣar al-Wiqāya*) と『スィラージュの遺産分割学書 (*al-Farā'iḍ al-sirājīya*)』から主に出題された。当時のマドラサ教育と聖職の試験については，磯貝真澄「19世紀後半ロシア帝国ヴォルガ・ウラル地域のマドラサ教育」『西南アジア研究』76号，2012年，1–31頁。

(54) ГАОО. Ф. 10. Оп. 9. Д. 12. Л. 12об.–13об. ; Материалы по истории Татарии. С. 197–198,

207–208.

（55）Сборник законов о мусульманском духовенстве. С. 27.

（56）例えば，オレンブルグ学区長は，オレンブルグ県内のムスリム学校について正確な情報を全く持っていないと繰り返し県知事に訴えていた。ГАОО. Ф. 11（Оренбургское губернское правление）. Оп. 2. Д. 3366. Л. 2–3 ; Д. 3588. Л. 1.

（57）Материалы по истории Татарии. С. 166, 168.

（58）*Shūrā* 15（1915）: 450.

（59）РГИА. Ф. 821. Оп. 133. Д. 625. Л. 5–6об., 14об.–15.

（60）Fakhr al-Dīn, *Rūsīya muslimānlarīning iḥtiyājlarī*, 14–15 ; [Bīgī], *Iṣlāḥāt asāslarī*, 56–57.

（61）Протокол уфимского губернского совещания. С. 6–7, 9, 17. 1906 年と 1914 年のムスリム大会では，県マジュリスが学校を管理し試験を行う南コーカサスのムスリム行政（СЗ. Т. 11. Ч. 1. изд. 1896 г. Ст. 1514, 1629）が参照された。*1906 sana 16–21 āwghūstda*, 101–102 ; Проект Положения. С. 9, 11–12, 14–15, 17.

（62）Mustafa Tuna, “Madrasa Reform as a Secularizing Process : A View from the Late Imperial Russia,” *Comparative Studies in Society and History* 53, no. 3（2011）: esp. 549–551.

（63）*Waqt*, 20 February 1910, 1 ; 27 February 1910, 1 ; 4 March 1910, 2.

（64）ЦИА РБ. Ф. И–295. Оп. 11. Д. 878. 紙番号はないが，タタール語の 1910 年 4 月 1 日付請願書（‘arīḍa）。宗務協議会は前述のプラトニコフの査察の時に，古くから（kūb zamān-dan bīrlī）行われている試験として，ムアッズィン職，イマーム・ムアッリム職，イマーム・ハティーブ・ムアッリム職，イマーム・ハティーブ・ムダッリス職の 4 種類を挙げている。これは，ムアッリム職への試験を正当化する防御策とも推測される。РГИА. Ф. 821. Оп. 133. Д. 626. Л. 92об.–93.

（65）よって，マハッラのムッラーは戸籍の管理も行っていたが，これについては次章第 1 節（1）を参照。

（66）РГИА. Ф. 821. Оп. 133. Д. 576. Л. 272 ; СЗ. Т. 11. Ч. 1. изд. 1896 г. Ст. 1425.

（67）Сборник циркуляров и иных руководящих распоряжений по округу Оренбургского магометанского духовного собрания 1836–1903 г. Казань, 2004（1-е издание, Уфа, 1905）. С. 73–75, 119–121 ; РГИА Ф. 821. Оп. 133. Д. 576. Л. 270–271 ; 磯貝真澄「ヴォルガ・ウラル地域におけるムスリムの遺産分割——その制度と事例」堀川徹他編『シャリーアとロシア帝国——近代中央ユーラシアの法と社会』臨川書店，2014 年，103–129 頁。

（68）ГАОО. Ф. 10. Оп. 9. Д. 12. Л. 19, 21об.–22об.

（69）Материалы по истории Татарии. С. 211–212.

（70）Stefan B. Kirmse, “Law and Empire in Late Tsarist Russia : Muslim Tatars Go to Court,” *Slavic Review* 72, no. 4（2013）: 778–801. また例えば，カザフ草原北部アクモリンスク州ペトロパヴロフスク市の町人の未亡人グリジフラ・キチキリデェエヴァ（Гульджихра Кичкильдеева）は，民法 1136，1137 条などを盾に，『スィラージュの遺産分割学書』に拠る宗務協議会の見解に不服を表明し，オムスク地方裁判所に上訴を目論んだ。ЦИА РБ. Ф. И–295. Оп. 6. Д. 124. Л. 1, 3, 8.

（71）Crews, *For the Prophet and Tsar*, 178–189. カゼム＝ベクについては次も参照。デイヴィド・シンメルペンニンク＝ファン＝デル＝オイェ，浜由樹子訳『ロシアのオリエンタリズム——ロシアのアジア・イメージ，ピョートル大帝から亡命者まで』成文社，2013 年，第 5 章。

（72）*Shūrā* 15（1915）: 452.

（73）トルキスタンにおいてムスリム自身が上訴制を通じてカーディーの権威を掘り崩したと論じるのは，矢島洋一「ロシア統治下トルキスタン地方の審級制度」堀川『シャリーアとロシア帝国』166-187 頁。

（74）РГИА. Ф. 1276. Оп. 2. Д. 593. Л. 134-135.

（75）РГИА. Ф. 1276. Оп. 2. Д. 593. Л. 65об.-66.

（76）РГИА. Ф. 821. Оп. 133. Д. 576. Л. 277об.-279, 282-283.

（77）Протокол уфимского губернского совещания. С. 2, 4 ; *1906 sana 16-21 āwghūstda*, 101 ; Проект Положения об управлении. С. 6.

（78）Fakhr al-Dīn, *Rūsīya muslimānlarīning iḥtiyājlarī*, 28-44.

（79）オスマン帝国のシャリーア法典も majalla と呼ばれていたので，ファフレッディンとビギエフはオスマン帝国の試みを参照していた可能性がある。オスマン帝国におけるシャリーアの法典化については，大河原知樹，堀井聡江，磯貝健一編『オスマン民法典（メジェッレ）研究序説』NIHU プログラム「イスラーム地域研究」東洋文庫拠点，2011 年；Selim Deringil, *The Well-Protected Domains : Ideology and the Legitimation of Power in the Ottoman Empire 1876-1909*（London : I. B. Tauris, 1998）, 50. 他の植民地帝国については，秋葉淳「帝国とシャリーア――植民地イスラーム法制の比較と連関」宇山智彦編著『ユーラシア近代帝国と現代世界』ミネルヴァ書房，2016 年，44-65 頁；Zaman, *The Ulama*, 22-25 ; David S. Powers, “Orientalism, Colonialism, and Legal History : The Attack on Muslim Family Endowments in Algeria and India,” *Comparative Studies in Society and History* 31, no. 3（1989）: 535-571.

（80）ロシア語版の名称は，Опыт систематического изложения главнейших начал шариата применяемых ныне в коренных областях Туркестанского края.「サルト語」版は，Muntakhab al-Masā'il. パーレンの査察委員会については，Alexander S. Morrison, *Russian Rule in Samarkand 1868-1910 : A Comparison with British India*（Oxford : Oxford University Press, 2008）, 274-282 ; V・V・バルトリド，小松久男監訳『トルキスタン文化史（東洋文庫 806）』第 2 巻，平凡社，2011 年，199-202 頁；*Waqt*, 2 July 1909, 1-2 ; *Mission to Turkestan : Being the Memoirs of Count K. K. Pahlen 1908-1909*（London : Oxford University Press, 1964）, 81-83. また，次の注も参照。バルトリドも，トルキスタンの司法問題がタタール語紙で熱心に論じられたと指摘している。

（81）ファフレッディンの記事は，*Waqt*, 13 June 1909, 1-2. ビギの記事は，*Waqt*, 12 January 1910, 2-3.

（82）Mūsā Jār Allāh Bīgīyif, *Qawā'id-i Fiqhīya*（Kazan, n. d.）.

（83）РГИА. Ф. 821. Оп. 133. Д. 604, 605.

（84）*Ṭūrmush*, 19 March 1914, 1-2.

（85）*Waqt*, 27 November 1913, 2.

（86）*Каримуллин А. Г.* Татарская книга начала XX века. Казань, 1974. С. 45-55, 74-87 ; *Кемпер*. Суфии и ученые. С. 79-87.

（87）Сборник циркуляров. С. 37-38.

（88）Deringil, *The Well-Protected Domains*, 53-54. オスマン帝国の教育省がとくに懸念していたのは，カザンからのクルアーンの流入だったという。

（89）*Waqt*, 23 November 1913, 1-2. ウラマーに対する非難として一連の記事で言及されるの

は，カザン現地でクルアーンを監視することが期待されていた第一モスクのイマーム，サフィウッラー・アブドゥッラー（Ṣafī Allāh ʻAbd Allāh 1859–1926）だった。

(90) *Maktab* 14 (1913), 333–337. カザン県知事が県憲兵局局長に送った文書によれば，カザンのムッラーたちは誤植を含んだクルアーンが出版されたのは宣教師と政府高官の仕業だと考えたという。НА РТ. Ф. 199. Оп. 1. Д. 948. Л. 16.

(91) *Waqt*, 28 November 1913, 2 ; *Ṭūrmush*, 5 March 1914, 3.

(92) *Ṭūrmush*, 31 January 1914, 2.

(93) *Ṭūrmush*, 18 January 1914, 2 ; *Millat* 3 (1914), 7. *Millat* は国会のムスリム会派の機関紙。

(94) *Waqt*, 24 November 1913, 1 ; 27 November 1913, 1–2.

(95) РГИА. Ф. 821. Оп. 133. Д. 576. Л. 150–151.

(96) *Waqt*, 8 June 1914, 1 ; 11 June 1914, 1–2.

(97) ヴァイソフ神軍については，Frank, *Islamic Historiography*, 172–178 ; *Кемпер*. Суфии и ученые. С. 527–572 ; *Усманова Д. М.* Мусульманское « сектанство » в Российской империи : « Ваисовский Божий полк староверов-мусульман ». 1862–1916 гг. Казань, 2009.

(98) РГИА. Ф. 821. Оп. 8. Д. 631. Л. 53. またヴァイソフ神軍は，人民の代議機関としての国会の正統性を認め，国会の存続する間，請願を送り続けた。しかし，ムスリム会派には正統性を認めなかったと考えられる。*Усманова*. Мусульманские представители. С. 506–511.

(99) *Waqt*, 11 April 1915, 1–2. ヌーシルヴァーン・ヤウシェフの旅については，大石真一郎「ヌーシルヴァーン・ヤウシェフのトルキスタン周遊について」『神戸大学史学年報』13号，2000年，20–36頁。

(100) В память столетия. С. 8.

(101) *Васильев А. В.* Материалы к характеристике взаимных отношений татар и киргизов с предварительным кратким очерком этих отношений. Оренбург, 1898. С. 4–8.

(102) オレンブルグ総督クルィジャノフスキーから内相ヴァルーエフへの報告（1867年1月31日）。Материалы по истории Татарии. С. 190–191.

(103) Сборник циркуляров. С. 23–24.

(104) *Васильев*. Материалы к характеристике. С. 3 ; Paul W. Werth, "The Qazaq Steppe and Islamic Administrative Exceptionalism : A Comparison with Buddhism among Buriats," in Niccolò Pianciola and Paolo Sartori, eds., *Islam, Society and States across the Qazaq Steppe (18th – Early 20th Centuries)* (Wien : Verlag der Österreichischen Akademie der Wissenschaften, 2013), 119–142.

(105) *Султангалиева Г. С.* Западный Казахстан в системе этнокультурных контактов (XVIII–начало XX в. в.). Уфа, 2002 ; Allen Frank, "Islamic Transformation on the Kazakh Steppe, 1742–1917 : Toward an Islamic History of Kazakhstan under Russian Rule," in Tadayuki Hayashi, ed., *The Construction and Deconstruction of National Histories in Slavic Eurasia* (Sapporo : Slavic Research Center, 2003), 261–289 ; *Васильев*. Материалы к характеристике. С. 16.

(106) *Васильев*. Материалы к характеристике. С. 21–22, 29–30.

(107) Allen J. Frank, *Muslim Religious Institutions in Imperial Russia : The Islamic World of Novouzensk District and the Kazakh Inner Horde, 1780–1910* (Leiden : Brill, 2001), 308–312.

(108) ビーの裁判所については，Virginia Martin, *Law and Custom in the Steppe : The Kazakhs of the Middle Horde and Russian Colonialism in the Nineteenth Century* (Richmond : Curzon Press,

2001), chapter 4. この裁判制度における混乱については，バシキール人役人による次の記録に活写されている。*Ибрагимов И. И.* Заметки о киргизском суде // Записки императорского Русского географического общества по отделению этнографии. Т. 8 : Сборник народных юридических обычаев. Т. 1. СПб., 1878. С. 233–257.

(109) 北コーカサスにも宗務管理局は導入されなかったが，ここでもイスラーム法に対置させて慣習法を実務に乗せることが様々な困難を生んだ。Michael Kemper, "'Adat against Shari 'a : Russian Approaches toward Daghestani 'Customary Law' in the 19th century," *Ab Imperio* 3 (2005): 147–172. こうした問題は他の植民地帝国にも見られる。例えば，仏領アルジェリアのカビール地方と英領インドのパンジャーブ地方についてはそれぞれ，*Бобровников В. О.* Русский Кавказ и Французский Алжир : Случайное сходство или обмен опытом колониального строительства ? // Imperium inter pares : Роль трансферов в истории Российской империи (1700–1917). Ред. Мартин Ауст, Рикарда Вульпиус, Алексей Миллер. М., 2010. С. 189–190, 192–194, 205 ; David Gilmartin, "Customary Law and Sharī'at in British Punjab," in Katherine P. Ewing, ed., *Sharī 'at and Ambiguity in South Asian Islam* (Berkeley : University of California Press, 1988), 43–62.

(110) РГИА. Ф. 821. Оп. 8. Д. 631. Л. 3–4.

(111) *Waqt*, 25 June 1914, 1. カザフ人は，タタール人を「ノガイ」と呼んでいた。これに対してタタール人はカザフ人を「クルグズ」と呼んでいた。これは，当時のロシア語の用法「キルギス」をテュルク語式に発音したものである。

(112) Ислам в Российской империи (законодательные акты, описания, статистика) / Под ред. Д. Ю. Арапова. М., 2001. С. 180–181.

(113) РГИА. Ф. 1276. Оп. 2. Д. 593. Л. 58об.–59, 112, 114об., 140об. このような発想は1880年代末にすでにあった。教育省は，公立学校やマドラサのバシキール人にタタール語ではなくバシキール語でイスラームを教える措置を実行しようとし，内務省宗務局はオレンブルグ県知事に現状の調査を要請した。ГАОО. Ф. 10. Оп. 1. Д. 73.

(114) Theodore R. Weeks, *Nation and State in Late Imperial Russia : Nationalism and Russification on the Western Frontier, 1863–1914* (DeKalb : Northern Illinois University Press, 1996), 52, 66.

(115) РГИА. Ф. 1276. Оп. 2. Д. 593. Л. 58об., 59об., 110–112.

(116) *Waqt*, 2 February 1914, 1 ; 8 May 1914, 1.

(117) *Waqt*, 1 April 1908, 1. 前述のチェレヴァンスキーの報告書は公式に出版された形跡はないが，その存在は早くから知られていた。例えば，首都サンクトペテルブルグで当地の高位聖職者（アフンド）が1905年9月2日に創刊した新聞を参照。*Nūr*, 9 September 1905, 1–2 ; 13 September 1905, 1–2. また，チェレヴァンスキーの宗務管理局の改革案は特別審議会での議論の一ヵ月以上前にガスプリンスキーの『テルジュマン（翻訳者）』に掲載された。この記事は『ワクト』にも再録されている。*Waqt*, 25 March 1906, 2–3.

(118) *Waqt*, 8 May 1914, 1.

(119) *Waqt*, 2 February 1914, 1.

(120) *Waqt*, 6 July 1914, 1–2.

(121) *Shūrā* 9 (1914): 280–281.

(122) *Waqt*, 8 May 1914, 1–2 ; Tomohiko Uyama, "The Changing Religious Orientation of Qazaq Intellectuals in the Tsarist Period : Sharī'a, Secularism, and Ethics," in Pianciola and Sartori, *Islam, Society and States*, 95–115 ; idem. Была ли исламская альтернатива ? Место ислама в

национальном движении казахов начала XX века // Шыгыс. 2008. № 2. С. 143-147.

（123） *Waqt*, 17 May 1914, 2 ; 22 June 1914, 2.

（124） *Yūlduz*, 22 June 1914, 1-2.

（125） *Yūlduz*, 24 June 1914, 1-2 ; 29 June 1914, 1-3 ; *Waqt*, 27 June 1914, 2 ; 1 July 1914, 1-2.

（126） 民族ごとあるいは出身地ごとに別個のモスクを持つ傾向はトルキスタンにも見られた。例えば，タタール人は都市に自分たちの街区を作ったし，ドゥンガン（回民），タランチ（現在のウイグル人），カザフ人，異なる都市出身のサルト（現在のウズベク人やタジク人）は各々にモスクを持とうとした。*Литвинов П. П.* Государство и ислам в русском Туркестане (1865-1917)（по архивным материалам）. Елец, 1998. С. 88-92.

（127） ЦИА РБ. Ф. И-295. Оп. 6. Д. 1230. Л. 13 ; Д. 1352. Л. 2-4, 6-8, 10.

（128） ЦИА РБ. Ф. И-295. Оп. 6. Д. 3692. Л. 8 ; Allen J. Frank and Mirkasyim A. Usmanov, *Materials for the Islamic History of Semipalatinsk : Two Manuscripts by Aḥmad-Walī al-Qazānī and Qurbān'ālī Khālidī* (Berlin : Das Arab. Buch, 2001), 6, 25.

（129） *Waqt*, 31 October 1915, 3. 徴兵対象だったヴォルガ・ウラル地域のムスリムについては，各マハッラのムッラーが戸籍を管理し，徴兵名簿の作成に関与した（次章第1節（1）を見よ）。第一次世界大戦期のカザフ人の徴兵をめぐる議論については，宇山智彦「「個別主義の帝国」ロシアの中央アジア政策——正教化と兵役の問題を中心に」『スラヴ研究』53号，2006年，50-52頁。

（130） *Waqt*, 16 September 1916, 3.

（131） *Waqt*, 11 September 1916, 3.

（132） РГИА. Ф. 821. Оп. 133. Д. 598. Л. 373, 384, 438-440об.

（133） РГИА. Ф. 821. Оп. 133. Д. 598. Л. 385-385об., 387-388, 397-398об.

（134） *Waqt*, 2 August 1913, 1-2.

（135） 同様の発想は，オレンブルグの『シューラー』誌に投稿したサマルカンドのウラマー，マフムードホジャ・ベフブーディーにも窺える。小松久男「聖戦から自治構想へ——ダール・アル・イスラームとしてのロシア領トルキスタン」『西南アジア研究』69号，2008年，79-80頁。

第3章　マハッラの生活

（1） ЦИА РБ. Ф. И-295. Оп. 11. Д. 970（紙番号なし）. この文書については，本章第1節（3）を参照。

（2） *Коблов Я. Д.* О магометанских муллах. Казань, 1998 (1907). С. 11-12. コブロフは，カザンのロシア正教会の宣教師。彼の活動については次章第2節を参照。

（3） *Азаматов Д. Д.* Оренбургское магометанское духовное собрание в конце XVIII-XIX вв. Уфа, 1999.

（4） *Загидуллин И. К.* Исламские институты в Российской империи : Мечети в европейской части России и Сибири. Казань, 2007 ; *Загидуллин.* Мусульманское богослужение в учреждениях Российской империи (Европейская часть России и Сибирь). Казань, 2006.

（5） Robert D. Crews, *For Prophet and Tsar : Islam and Empire in Russia and Central Asia* (Cambridge, Mass. : Harvard University Press, 2006).

（6） Stéphane A. Dudoignon, "Qu'est-ce que la 'Qadîmiya' ? Éléments pour une sociologie du traditionalisme musulman, en Islam de Russie et en Transoxiane (au tournant des XIXe et XXe

siècles),” in Stéphane A. Dudoignon et al., eds., *L'Islam de Russie : Conscience communautaire et autonomie politique chez les Tatars de la Volga et de l'Oural depuis le XVIIIe siècle* (Paris : Maisonneuve et Larose, 1997), 207–225 ; idem, “Status, Strategies and Discourses of a Muslim ‘Clergy’ under a Christian Law : Polemics about the Collection of the *Zakât* in Late Imperial Russia” in Stéphane A. Dudoignon and Hisao Komatsu, eds., *Islam in Politics in Russia and Central Asia (Early Eighteenth to Late Twentieth Centuries)* (London : Kegan Paul, 2001), 43–73.

（7）Allen J. Frank, *Muslim Religious Institutions in Imperial Russia : The Islamic World of Novouzensk District and the Kazakh Inner Horde, 1780–1910* (Leiden : Brill, 2001); Allen J. Frank and M. Usmanov, *Materials for the Islamic History of Semipalatinsk : Two Manuscripts by Aḥmad-Walī al-Qazānī and Qurbān'ālī Khālidī* (Berlin : Das Arab. Buch, 2001).

（8）デュドゥワニヨンは，オレンブルグの『シューラー（評議会)』誌,『宗教と生活』誌，トムスクの『シベリア』紙を中心に利用しているので，本章はオレンブルグの『ワクト(時)』紙，ウファの『トルムシュ（生活)』紙，カザンの『ヨルドゥズ（星)』紙と『コヤシュ（太陽)』紙などを利用した。これらの列挙だけでも，マハッラの問題がタタール語の世論の形成でいかに重要な位置を占めていたかがうかがえよう。

（9）РГИА. Ф. 821. Оп. 133. Д. 625. Л. 18об.

（10）金曜モスクではない通常のモスクでは，イマーム一名とムアッズィン一名を置くことができた。Свод законов Российской империи (СЗ). Т. 11. Ч. 1. Изд. 1896 г. Свод учреждений и уставов управления духовных дел иностранных исповеданий христианских и иноверных. Ст. 1393, 1426.

（11）Там же. Ст. 1345–1348, Ст. 1399, Ст. 1418. 第 1 章第 2 節（2）も参照。

（12）例えば，1905 年の十月詔書に関するウファからの回状は，ЦИА РБ. Ф. И–295. Оп. 11. Д. 484. Л. 320–321.

（13）例えば，НА РТ. Ф. 2 (Казанское губернское правление). Оп. 2 Д. 9221. Л. 10. 次章で詳細に見るように，オスマン帝国に共感する「汎イスラーム主義者」を農村で摘発する際にも，治安当局はムッラーのフトバに着目した。

（14）*Кемпер М.* Суфии и ученые в Татарстане и Башкортостане. Исламский дискурс под русским господством. Казань, 2008 ; orig. Berlin, 1998. С. 404–410.

（15）ロシア帝国では，ムスリムに限らず，宗務協議会のような機関が導入された宗教共同体では，教会に当たる組織が戸籍を管理した。Paul W. Werth, “In the State's Embrace ? Civil Acts in an Imperial Order,” *Kritika : Explorations in Russian and Eurasian History* 7, no. 3 (2006): 433–458.

（16）戸籍作成については，細かな指示が繰り返し協議会から管轄下のムッラーに送られた。Сборник циркуляров и иных руководящих распоряжений по округу Оренбургского магометанского духовного собрания 1836–1903 г. Казань, 2004 (оригинал, Уфа, 1905). С. 76–79, 127–132, 138–140. 地方の文書館でもモスクに保存されてきた戸籍を見ることは可能だが，広大な宗務協議会管区内の膨大な戸籍はウファに現在でも残っており，それがЦИА РБ. Ф. И–295 の大半を占める。

（17）РГИА. Ф. 821. Оп. 133. Д. 576. Л. 143об.

（18）*Waqt*, 2 August 1913, 1. これは，前章結論で取り上げたサマラ県ブグルマ郡シェルチェレ村のイマーム，ナスルッディン・エルマコフの観察。

（19） *Waqt*, 31 December 1913, 1.

（20） *Waqt*, 7 June 1914, 1.

（21） РГИА. Ф. 821. Оп. 133. Д. 576. Л. 144об.–145об.

（22） ЦИА РБ. Ф. И–295. Оп. 2. Д. 219. Журнал на 6 число июля 1896 года ; Сборник циркуляров. С. 22–23, 60–61. ゼムスキー・ナチャーリニクとは，農民身分の行政・司法を統括した役職。郡を数区に分けた区ごとに設置された。

（23） ЦИА РБ. Ф. И–295. Оп. 11. Д. 484. Л. 44, 68 ; Сборник циркуляров. С. 42–45.

（24） СЗ. Т. 11. Ч. 1. изд. 1896 г. Свод учреждений и уставов управления духовных дел. Ст. 1431–1436.

（25） 1908 年 3 月に内務省は，ムスリムの住む諸県の知事にムアッリムの情報を集めるように指示している。ЦИА РБ. Ф. И–295. Оп. 11. Д. 622. Л. 53 ; *Фархшатов М. Н.* Самодержавие и традиционные школы башкир и татар в начале XX века（1900–1917 гг.）. Уфа, 2000. С. 66. 199–200 ; *Waqt*, 10 April 1908, 1 ; 26 April 1908, 1.

（26） Мусульманские депутаты Государственной думы России 1906–1917 гг. Сборник документов и материалов. Уфа, 1998. С. 235–238 ; *Millat* 7（1914）, 2–3.

（27） *Waqt*, 29 November 1912, 1 ; 12 April 1914, 1.

（28） ファフレッディンは自身の問いへの回答を冊子にまとめている。Riḍā’ al-Dīn b. Fakhr al-Dīn, *Maktab wa zakāt, khazīna wa zīmstwā yārdamī* (Orenburg), 23–24（Ḍiyā’ al-Dīn al-Kamālī）, 29（‘Abd al-Raḥman Sa‘īdūf）. ファフレッディンの問いかけには，カイロのロシア出身学生の団体も応え，既存の協議会の試験では職務に必要な能力は測れないと回答した。Ibid., 42. なお，この冊子自体に出版年の記載はないが，1909 年 5 月に『ワクト』はその出版を伝えている。*Waqt*, 7 May 1909, 3–4.

（29） РГИА. Ф. 821. Оп. 133. Д. 625. Л. 28.

（30） *Обухов М. И.* Мектебы Уфимской губернии（Статистический очерк татарских и башкирских низших школ（мектебов）Уфимской губернии по данным исследования Уфимской губернской земской управы）. Уфа, 1915. С. 11.

（31） Оренбургское губернское земское собрание. 3-я очередная сессия. Доклады по народному образованию. Оренбург, 1916. С. 206–207.

（32） Dudoignon, “Status, Strategies and Discourses,” 60–65. また，ウファへの交通の便が改善されたこと，とくにベラヤ川に汽船が就航したことは少なからぬ影響を与えた。*Ṭūrmush*, 2 May 1914, 3 ; *Waqt*, 30 April 1915, 3.

（33） Полное собрание законов Российской империи. Т. 8. 1888 г. изд. 1890 г. № 5419.

（34） Сборник законов о мусульманском духовенстве. С. 18–20.

（35） Там же. С. 49. そのためにムッラーの任命・罷免に関する文書にはしばしばムッラーの写真が残っている。

（36） Сборник законов о мусульманском духовенстве. С. 27.

（37） Материалы по истории Татарии второй половины XIX века. Ч. 1. Аграрный вопрос и крестьянское движение 50–70-х годов XIX в. М., 1936. С. 322–329.

（38） Riḍā’ al-Dīn b. Fakhr al-Dīn, *Islāmlar ḥaqqinda ḥukūmat tadbīrlarī, birinchī juz’* (Orenburg, 1907), 10–12.

（39） ムフティーの訓戒はイスタンブルの新聞にも掲載されたようで，そこでムフティーは信仰を売った者として厳しく非難された。Материалы по истории Татарии. С. 301–307.

(40) СЗ. Т. 11. Ч. 1. изд. 1857 г. Уставы духовных дел иностранных исповеданий. Ст. 1207.

(41) Там же. Ст. 1238.

(42) 協議会が拠った法規定は，Там же. Ст. 1249.

(43) 以上，サマラ県と協議会とのやりとりは，ЦИА РБ. Ф. И-295. Оп. 11. Д. 80. Л. 149-158.

(44) Материалы по истории Татарии. С. 328.

(45) 1870 年の異族人教育規則に伴って，ムスリムの初等学校教師を養成するために，1872 年にタタール師範学校がウファとクリミア半島のシンフェロポリに設置された。しかしウファの師範学校は，1876 年にオレンブルグに移転した後，1889 年に閉鎖された。ウファでの廃校を補ったのが，1876 年にカザンに開校したタタール師範学校である。ウファ県ゼムストヴォは，タタール師範学校をウファに復活させるべく尽力したが，実らなかった。第 5 章第 2 節を参照。

(46) ЦИА РБ. Ф. И-295. Оп. 11. Д. 524. Л. 119. 同じ文書ファイルには，ムッラーの抵抗を示す文書が数多く収められている。とくに，Л. 65-103.

(47) *Азаматова Г. Б.* Деятельность Уфимского земства в области народного образования (1874-1917): Дис. ... канд. ист. наук. Уфа, 2000. С. 134-135.

(48) 聖職に就ける年齢制限上，兵役を終えて後備役に登録されている者だけが事実上，ムスリム聖職者になることができた（第 7 章第 3 節（2）を参照）。兵役とロシア語の普及との関係について一般的な問題提起は，マルク・ラエフ著，石井規衛訳『ロシア史を読む』名古屋大学出版会，2001 年，183 頁。受洗タタールがロシア語を習得した機会として兵役に注目するのは，Agnès Nilüfer Kefeli, *Becoming Muslim in Imperial Russia : Conversion, Apostasy, and Literacy* (Ithaca : Cornell University Press, 2014), 166-167.

(49) *Тоган З. В.* Воспоминания. М., 1997. С. 20.

(50) *Валидов Дж.* Очерк истории образованности и литературы татар. Казань, 1998 (оригинал М., 1923). С. 65.

(51) Muṭahhar ibn Mullā Mīr Ḥaydar, *Īskī Qīshqī Ta'rīkhī* (Orenburg, 1911), 41, 42.

(52) 例えば，水雷艇（миноноска），砲撃（бомбардировка），迫撃砲（мортира），砲弾（снаряд），砲兵中隊（батарея），手榴弾（граната），榴散弾（шрапнель），堡塁（укрепление），塹壕（окоп），地雷（фугас）など。'Abd al-Khāliq b. 'Ain al-Dīn Aḥmīrūf, *Yāpūn muḥārabasī yākhūd tātār ṣāldātī* (Kazan, 1909).

(53) *Салихов Р.* Татарская буржуазия Казани и национальные реформы второй половины XIX - начала XX в. Казань, 2001. С. 24-26.

(54) ГАОО. Ф. 10. Оп. 3. Д. 191. Л. 65-66, 67-68. ロシア語の義務化に対するムスリムの抗議運動が，受洗タタールがイスラームに移る運動と同じ通商上，そして学問上のネットワークに乗って生じていたという重要な指摘は，Kefeli, *Becoming Muslim*, 208-210.

(55) РГИА. Ф. 821. Оп. 8. Д. 631. Л. 11-16.

(56) РГИА. Ф. 1276 (Совет министров). Оп. 2. Д. 593. Л. 96, 99об., 101об., 122об.-123.

(57) РГИА. Ф. 1276. Оп. 2. Д. 593. Л. 60-61.

(58) Robert P. Geraci, *Window on the East : National and Imperial Identities in Late Tsarist Russia* (Ithaca : Cornell University Press, 2001), 285-296. また，次章第 2 節も参照のこと。

(59) Christian Noack, "State Policy and its Impact on the Formation of a Muslim Identity in the Volga-Urals," in Dudoignon and Komatsu, *Islam in Politics*, 12-13.

(60) Riḍā' al-Dīn b. Fakhr al-Dīn, *Rūsīya muslimānlarīning iḥtiyājlarī wa ānlar ḥaqqinda intiqād*

(Orenburg, 1906), 8–10, 13, 16.

(61) *1906 sana 16–21 āwghūstda ijtimā‘ ītmish Rusyā muslimānlarīning nadwasī* (Kazan, 1906), 59–60, 82–84.

(62) *Waqt*, 10 March 1907, 2–3 ; 6 June 1914, 1.

(63) *Waqt*, 2 November 1913, 1 ; Акт частного совещания духовных лиц округа Оренбургского магометанского духовного собрания на 14 и 15 декабря 1913 года. Уфа, 1914. タタール語版は，*Ūfādaghī kīngāsh majlisīning qarārlarīna īḍāḥ nāma* (Ufa, 1914).

(64) РГИА. Ф. 821. Оп. 133. Д. 576. Л. 307–311об.

(65) РГИА. Ф. 821. Оп. 133. Д. 625. Л. 14.

(66) Сборник законов о мусульманском духовенстве в Таврическом и Оренбургском округах и о магометанских учебных заведениях. Казань, 1902. С. 24–26 ; Сборник циркуляров. С. 30–31.

(67) *Waqt*, 4 February 1912, 1–2. マウリュートヴァ村の人口は，Западные башкиры : по переписям 1795–1917 гг. Уфа, 2001. С. 468.

(68) *Yūlduz*, 3 July 1914, 1–2 ; 10 July 1914, 1–2.

(69) *Maktab* 2 (1913), 57–60 ; Dudoignon, “Qu’est-ce que la ‘Qadîmiya’ ?” 214–218.

(70) テプチャルとは，もともとヴォルガ・カマ川地域から南ウラルに移住し，世襲バシキールの土地で小作人（припущенники）として定住した人々をさす。彼らは一つの身分（сословие）を構成し，その中にはテュルク系ムスリムの他，フィン・ウゴル系の自然崇拝の人々も含まれていた。テプチャルは1832年4月10日の詔書で地代（оброки）が免除され，バシキールの森林から土地が与えられた。それ以降，テプチャルへの帰属が自らの権利を語る上で重要な意味を獲得したと思われる。*Черемшанский В. М.* Описание Оренбургской губернии в хозяйственно-статистическом этнографическом и промышленном отношениях. Уфа, 1859. С. 165–168. また，脚注131も見よ。

(71) ЦИА РБ. Ф. И–295. Оп. 11. Д. 909. Л. 1–26.

(72) РГИА. Ф. 821. Оп. 133. Д. 576. Л. 179–180об. 比較として興味深いのは，ヨーロッパ部ロシア西部諸県で正教会の教区が置かれた境遇である。カトリックやユニエイトに対抗すべく，1850年代末から60年代に国策として「ロシア人の要素」を強化するために，正教会の聖職者や教区が急増した。しかしそれは教区の細分化をもたらしたので，政府は聖職者の定員や教区の数を減らすべく検討せざるをえなくなった。*Римский С. В.* Конфессиональная политика России в Западном крае и Прибалтике // Вопросы истории. 1998. № 3. С. 28–29, 32. つまり，マハッラや教区を形成するための法定数の増減は，それ自体が抑圧的な措置なのではなく，現地の経済に負担になるか否かという現実的な線で決まっていたのである。

(73) *Waqt*, 4 May 1914, 1.

(74) 例えば，オレンブルグ県上ウラリスク郡イマングロヴァ村のテプチャルたちは，村内に第二の金曜モスクを建設しようとしたが，宗務局は人数不足を理由に請願を棄却した。宗務局の決議の日付は，1918年12月24日とある。ЦИА РБ. Ф. И–295. Оп. 11. Д. 970（紙番号なし）.

(75) ЦИА РБ. Ф. И–295. Оп. 11. Д. 909. Л. 31–34, 36, 41, 45–47, 49. 元老院の判断は以下も参照。Сборник циркуляров. С. 142–143. なお，Д. 909には注71も含め，マハッラの分割についての文書が数多く収められている。

（76）*Qūyāsh*, 27 June 1914, 2–3.

（77）ЦИА РБ. Ф. И–295. Оп. 11. Д. 914. Л. 37.

（78）ЦИА РБ. Ф. И–295. Оп. 11. Д. 970（紙番号なし）.

（79）РГИА. Ф. 821. Оп. 133. Д. 576. Л. 319. これについては，次章第 2 節を参照。

（80）Paul Werth, “The Limits of Religious Ascription : Baptized Tatars and the Revision of ‘Apostasy’, 1840s–1905,” *Russian Review* 59（2000）: 509–511.

（81）彼は，1860 年代からの棄教者は約 3 万 5000 人とし，うち 1906–1908 年に棄教した者を約 3000 人と見積もっている。*Багин С.* Об отпадении в магометанство крещеных инородцев Казанской епархии и о причинах этого печального явления. Казань, 1910. С. 10–12.

（82）СЗ. Т. 11. Ч. 1. Изд. 1896 г. Ст. 1429.

（83）ЦИА РБ. Ф. И–295. Оп. 2. Д. 276（журнал на 30 июня 1905 года）; РГИА. Ф. 821. Оп. 133. Д. 625. Л. 47об.–48.

（84）次のファイルの後半は，棄教者からの請願を多数含む。ЦИА РБ. Ф. И–295. Оп. 11. Д. 803.

（85）Ислам в Российской империи（законодательные акты, описания, статистика）/ Под ред. Д. Ю. Арапова. М., 2001. С. 45–46 ; *Малов Е.* О татарских мечетях в России. Казань, 1868. С. 42–50 ; 濱本真実『「聖なるロシア」のイスラーム——17–18 世紀タタール人の正教改宗』東京大学出版会，2009 年，192 頁。

（86）НА РТ. Ф. 2. Оп. 2. Д. 8335. Л. 12–13. なお，クリミア半島のタヴリーダ県では，教会が既に立つ土地にモスクを建てる場合，県当局と主教当局への連絡が求められた。Сборник законов о мусульманском духовенстве. С. 25. モスク建設の許可は宗務管理局だけが出すようにとのクリミア・タタール人の請願は，РГИА. Ф. 1276. Оп. 2. Д. 593. Л. 104об.

（87）*Багин.* Об отпадении в магометанство. С. 26–28 ; Kefeli, *Becoming Muslim*, 236–239.

（88）Миссионерский съезд в городе Казани 13–26 июня 1910 года. Казань, 1910. С. 347–350. シゴルスキーと同じムスリム部会では，以下の二つの報告が冊子として出版された。*Коблов Я. Д.* О татаризации инородцев приволжского края. Казань, 1910 ; *Машанов М.* Современное состояние татар-мухаммедан и их отношение к другим инородцам. Казань, 1910.

（89）*Знаменский П. В.* Казанские татары. Казань, 1910. С. 21.

（90）*Waqt*, 25 February 1914, 1 ; *Qūyāsh*, 16 April 1914, 2.

（91）РГИА. Ф. 821. Оп. 133. Д. 576. Л. 316, 321об.–327.

（92）例外的な措置として，1912 年にヴォルガ地方で飢饉が襲ったとき，政府は三年の返済期限を設けて，計 5 万ルーブルをムスリム聖職者に支出した。イマーム・ハティーブは 25 ルーブル，ムアッズィンは 15 ルーブル支給された。*Климович Л. И.* Ислам в царской России. М., 1936. С. 128 ; ЦИА РБ. Ф. И–295. Оп. 11. Д. 40 ; Д. 916.

（93）РГИА. Ф. 1276. Оп. 2. Д. 593. Л. 98, 121. 有名な民族運動家の一人ガヤズ・イスハキーも亡命先の出版物でこのことに言及している。*Исхаки А.* Идель-Урал. Париж, 1933. С. 37–38.

（94）ГАОО. Ф. 15（Оренбургское губернское по городским и земским делам присутствие）. Оп. 1. Д. 65. Л. 9, 13. 1892 年 6 月 11 日の都市法 22 条に基づいて，カルガルには簡易市会

が設置された。この都市法では，非キリスト教徒の議員は1/5に制限されたが，カルガルでは議長以下，議員全員がムスリムだった。

(95) *Yūlduz*, 13 June 1914, 2–3 ; РГИА. Ф. 821. Оп. 133. Д. 576. Л. 174об.–176.

(96) *Yūlduz*, 27 March 1914, 1–2.

(97) 実際，1867年にオレンブルグ総督クルィジャノフスキーは，ムッラーを政府に依存させるために，国庫からある程度の給与を払うべきだと内相に提言していた。Материалы по истории Татарии. С. 200.

(98) *Ṭūrmush*, 23 November 1914, 1.

(99) *Yūlduz*, 25 June 1914, 1–2 ; *Qūyāsh*, 27 June 1914, 3 ; Проект Положения об управлении духовными делами мусульман Российской империи. СПб., 1914. С. 8.

(100) Fakhr al-Dīn, *Maktab wa zakāt*, 16, 20–22, 28, 33, 41 ; *Waqt*, 2 May 1914, 1.

(101) РГИА. Ф. 821. Оп. 133. Д. 576. Л. 187об.–192.

(102) *Waqt*, 9 April 1909, 1 ; 22 February 1911, 2. 後者の記事は，宗務協議会がウファ県ビルスク郡クルディモヴァ村のモスク（1891年建立）に後見役を設置するマハッラの決議を承認した1910年10月7日付の決定も伝えている。この村は1902年に62世帯，男性210人のバシキールの村だった。Западные башкиры. С. 439. かろうじてモスク建設の法定数を満たしていたが，『ワクト』は小さな村がモスクと学校を整然と維持する模範としてこの村を取り上げている。

(103) *Waqt*, 18 June 1914, 3.

(104) *Waqt*, 4 July 1914, 1–2.

(105) Dudoignon, "Status, Strategies and Discourses," 68.

(106) РГИА. Ф. 821. Оп. 133. Д. 595. Л. 18, 64.

(107) НА РТ. Ф. 2. Оп. 2. Д. 8961. Л. 62.

(108) РГИА. Ф. 821. Оп. 133. Д. 595. Л. 29об.–31.

(109) РГИА. Ф. 821. Оп. 133. Д. 576. Л. 193об.–194.

(110) *Waqt*, 5 January 1916, 1–2.

(111) 拙稿「帝政ロシア末期のワクフ——ヴォルガ・ウラル地域と西シベリアを中心に」『イスラム世界』73号，2009年，1–27頁；*Азаматов Д. Д.* Из истории мусульманской благотворительности : Вакуфы на территории Европейской части России и Сибири в конце XIX – начале XX вв. Уфа, 2000.

(112) 1880年代末までに，ウファの宗務協議会は管区内で21件のワクフの情報しか持っていなかった。В память столетия Оренбургкого Магометанского Духовного Собрания, учрежденного в городе Уфе. Уфа, 1891. С. 34–35.

(113) СЗ. Т. 10. Ч. 1. Изд. 1857 г. Ст. 981.

(114) РГИА. Ф. 821. Оп. 8. Д. 916. Л. 37–38об.

(115) 仏領アルジェリアや英領インドでは，遺産分割こそがクルアーンに則る正しい行為であり，ワクフ設定はそれを回避する行為であるという東洋学者の判断によって，とりわけ家族の福利を目的としたワクフの設定が妨げられた。David S. Powers, "Orientalism, Colonialism, and Legal History : The Attack on Muslim Family Endowments in Algeria and India," *Comparative Studies in Society and History* 31, no. 3 (1989) : 535–571.

(116) Сборник циркуляров. С. 150.

(117) *Ma'lūmāt* 3 (1908) : 55–56.

(118) 例えば，ウファ県ステルリタマクの町人 ʿĪd b. Faḍl Allāh による 100 デシャチーナの土地に関するワクフ文書（1894 年 12 月 7 日作成）は，*Maʿlūmāt* 5 (1908): 86–88. ステルリタマク郡下ウスル村の Ḥājjī Jaʿfar ūghlī Muṭahhiruf による 40 デシャチーナの土地のワクフ文書（1897 年 4 月 15 日に内務省の認証）は，*Maʿlūmāt* 13 (1908): 264–266. 同郡ステルリバシュ村の高名なシャイフ Muḥammad Ḥārith Niʿmat Allāh Ṭūqāyif の妻 Bībī Fāʾiza が夫から相続した 104 デシャチーナのうち 50 デシャチーナを，村の金曜モスクとマドラサのためにワクフにしたことを宣言した文書（1895 年 4 月 13 日作成）は，*Maʿlūmāt* 15 (1908): 313–314.

(119) Сборник законов о мусульманском духовенстве. С. 47–48.

(120) *Waqt*, 29 April 1914, 1.

(121) РГИА. Ф. 821. Оп. 8. Д. 916. Л. 43–45об.; Riḍāʾ al-Dīn b. Fakhr al-Dīn, *Āthār*, 12 juzʾ (Kazan, 1907), 298–309.

(122) РГИА. Ф. 821. Оп. 8. Д. 916. Л. 47–53.

(123) *Waqt*, 31 August 1916, 4.

(124) *Азаматов*. Из истории мусульманской благотворительности. С. 73–74.

(125) シベリアのブハラ人は，16–18 世紀にモスクワ国家の優遇措置を得て，イルティシュ・トボル水系を拠点に商業に従事した人々の子孫。起源については，Audrey Burton, *The Bukharans: A Dynastic, Diplomatic and Commercial History 1550–1702* (Richmond: Curzon, 1997), 502–543. 1860 年代にテュルク学者ラドロフが行った観察は，*Радлов В. В.* Из Сибири. М., 1989. С. 118–121.

(126) ЦИА РБ. Ф. И-295. Оп. 11. Д. 689.

(127) ЦИА РБ. Ф. И-295. Оп. 11. Д. 860. Л. 104–135; Necip Hablemitoğlu, *Çarlık Rusyasi'nda Türk Kongreleri (1905–1917)* (Ankara: Ankara Üniversitesi Basımevi, 1997), 99. 実は，ムフティー，スルタノフも，1911 年に提出した宗務協議会の歳入に関する改革案で，ワクフの収益が 100 ルーブルを超える場合，総利益の 1% を徴収することを提言していた（本章第 1 節（1）も参照）。ムフティーは年に 340 ルーブルの徴収を見込んでいた。しかし，1914 年 4 月末の政府の特別審議会では，こうした課税は寄付者の意思に背くものであるとして認められなかった。РГИА. Ф. 821. Оп. 133. Д. 576. Л. 145, 146.

(128) 崔在東「ストルィピン農業改革期ロシアにおける遺言と相続」『ロシア史研究』71 号，2002 年，3–26 頁。

(129) *Waqt*, 14 December 1914, 1; 23 June 1915, 1–2.

(130) ЦИА РБ. Ф. И-295. Оп. 11. Д. 972. Л. 74–87об.

(131) 19 世紀前半までのバシキール人については，豊川浩一『ロシア帝国民族統合史の研究——植民政策とバシキール人』北海道大学出版会，2006 年。土地のワクフに関する文書で，請願者が自身をバシキールやテプチャルと名乗ることは普通だった。しかし，「タタール」と名乗ることはなく，単に農民と名乗ることが一般的だった。これは，土地利用の権利を証明するために自身の身分を明らかにすることが重要な意味を持っていたことを意味する。バシキリアにおける「バシキール」身分とエスニシティとの関係については，Charles Steinwedel, "Tribe, Estate, Nationality? Changing Conceptions of Bashkir Particularity within the Tsar's Empire," *Ab Imperio* 2 (2002): 249–278; Paul W. Werth, "Tsarist Categories, Orthodox Intervention, and Islamic Conversion in a Pagan Udmurt Village, 1870s–1890s," in Anke von Kügelgen et al., eds., *Muslim Culture in Russia and Central Asia from*

the 18th to the Early 20th Centuries, vol. 2 (Berlin : Klaus Schwarz Verlag, 1998), 385–415.

(132) СЗ. Т. 9. Положение о башкирах. Статья 16 ; *Усманов Х. Ф.* Столыпинская аграрная реформа в Башкирии. Уфа, 1958. С. 85, 90–91.

(133) ЦИА РБ. Ф. И–295. Оп. 11. Д. 860. Л. 74–77. 政府は，オレンブルグ地方の統治で依拠できる貴族の経済基盤を強化するために，1736年2月11日にバシキール人の土地の購入を許可した。政府はそれ以降，バシキールの特権の保護との兼ね合いを考慮せざるをえなくなり，許可と禁止を繰り返した。本文での内務省の理由付けは，1898年4月20日の国家評議会の意見に基づく。これは一見，貴族や商人にバシキールの土地が渡ることを妨げているように見える。しかし，バシキール共同体が反対しなければ，国家が土地を測量し区画できた上に，新しい入植者による土地の賃借と購入を有利にする措置も含まれていた。СЗ. Т. 9. Положение о башкирах. Статьи 28 и 59 ; *Рязанов А. Ф.* Оренбургский крй : исторический очерк. Оренбург, 1928. С. 116, 127 ; Charles Steinwedel, *Threads of Empire : Loyalty and Tsarist Authority in Bashkiria, 1552–1917* (Bloomington : Indiana University Press, 2016), 161–162, 173–174.

(134) *Waqt*, 13 December 1915, 4 ; 25 December 1915, 3.

(135) 十月革命後，ムスリム自治組織の中で宗務局を名乗るようになった宗務協議会でさえ，この案件を「憲法制定会議で土地問題が解決するまで停止」するのが普通だった。例えば，オレンブルグ郡カバノヴォ村のバシキール人に対する宗務局の1918年1月22日付決議は，ЦИА РБ. Ф. И–295. Оп. 11. Д. 249. Л. 28, 30. ウファ県ステルリタマク郡ヤヌルス（Yānūrūs）村のバシキール人は，1911年8月に土地をワクフにする決議を初めて出して，内戦期の1918年10月にようやく宗務局からムタワッリー任命の承認を得た。ЦИА РБ. Ф. И–295. Оп. 11. Д. 972. Л. 99, 101, 127–128.

(136) РГИА. Ф. 821. Оп. 133. Д. 576. Л. 276–277.

(137) *Азаматова*. Деятельность Уфимского земства. С. 134.

(138) Материалы по истории Татарии. С. 298–299, 308–312.

(139) ЦГИА РБ. Ф. И–295. Оп. 11. Д. 348. Л. 45, 47, 49–50 ; Д. 524. Л. 35, 36.

(140) ЦГИА РБ. Ф. И–295. Оп. 2. Д. 281 (журнал на 8 августа 1906 года).

(141) *Waqt*, 19 August 1906, 3 ; 26 August 1906, 1.

(142) *Waqt*, 15 January 1908, 1.

(143) *Yūlduz*, 3 December 1914, 2 ; 5 December 1914, 5 ; 12 December 1914, 5 ; 25 December 1914, 2–3.

(144) クルアーン第9章60節には以下のようにある。「喜捨の用途は，まず貧者に困窮者，それを徴収して廻る人，心を協調させた人，奴隷の身受け，負債で困っている人，それにアッラーの道，旅人，これだけに限る。」井筒俊彦訳『コーラン(上)』岩波文庫，1964年，260頁。

(145) Fakhr al-Dīn, *Maktab wa zakāt*, 54, 59, 62–63.

(146) *Ṭūrmush*, 4 May 1914, 2 ; 15 June 1914, 1 ; 29 June 1914, 2–3 ; 2 November 1914, 3.

(147) РГИА. Ф. 821. Оп. 133. Д. 576. Л. 358–359об.

第4章　政治的信頼度

(1) *Mullā Naṣr al-Dīn* 42 (1908).

(2) ГАРФ. Ф. 102 (Департамент Полиции). Особый Отдел. 1910 г. Д. 74. Л. 142.

（3）*Коблов Я. Д.* О татаризации инородцев приволжского края. Казань, 1910. С. 27. これは，1910年にカザンで開催された宣教師大会で報告された。

（4）また，日露戦争での日本の勝利も，アジアの覚醒というより大きな言説の形成に重要だった。小松久男『イブラヒム，日本への旅——ロシア・オスマン帝国・日本』刀水書房，2008年，第2章。

（5）Elena I. Campbell, *The Muslim Question and Russian Imperial Governance*（Bloomington : Indiana University Press, 2015）, chapters 7, 8.

（6）*Епископ Андрей.* О мерах к охранению Казанского края от постепенного завоевания его татарами. Казань, 1908 ; *Ларина Е. И.* Епископ Андрей и доктрина Министерства внутренних дел Российской империи в « мусульманском вопросе » // Сборник русского исторического общества. Т. 7. М., 2003. С. 212–225. 1910年の特別審議会の議事録は，次の史料紹介を参照。*Аршаруни А.* Из истории национальной политики царизма. // Красный архив. 1929. № 35. С. 107–127 ; № 36. С. 61–83.

（7）НА РТ. Ф. 2. Оп. 2. Д. 8958. Л. 53.

（8）受洗タタールやフィン・ウゴル系の人々の精神世界，国家と教会との関係を緻密に描き出すアグネス・ケフェリが注目する地域の一つも，ママディシュ郡である。Agnès Nilüfer Kefeli, *Becoming Muslim in Imperial Russia : Conversion, Apostasy, and Literacy*（Ithaca : Cornell University Press, 2014）. バシキール人の住む土地におけるウドムルト人のイスラームへの改宗については，Paul W. Werth, “Tsarist Categories, Orthodox Intervention and Islamic Conversion in a Pagan Udmurt Village, 1870s–1890s,” in Anke von Kügelgen et al., eds., *Muslim Culture in Russia and Central Asia from the 18th to the Early 20th Centuries*, vol. 2（Berlin : Klaus Schwarz Verlag, 1998）, 385–415.

（9）Paul W. Werth, *The Tsar's Foreign Faiths : Toleration and the Fate of Religious Freedom in Imperial Russia*（Oxford : Oxford University Press, 2014）, chapter 8.

（10）Campbell, *The Muslim Question*, 155–160 ; Peter Waldron, “Religious Toleration in Late Imperial Russia,” in Olga Crisp and Linda Edmondson, eds., *Civil Rights in Imperial Russia*（Oxford : Clarendon Press, 1989）, 103–119 ; Frank T. McCarthy, “The Kazan' Missionary Congress,” *Cahiers du monde Russe et soviétique* 14, no. 3（1973）: 318–319, 326.

（11）*Коблов Я. Д.* Мечты татар магометан о национальной общеобразовательной школе. Казань, 1908. С. 14–15. カザン神学アカデミーの東洋学については，デイヴィド・シンメルペンニンク＝ファン＝デル＝オイェ，浜由樹子訳『ロシアのオリエンタリズム——ロシアのアジア・イメージ，ピョートル大帝から亡命者まで』成文社，2013年，第6章；Robert P. Geraci, *Window on the East : National and Imperial Identities in Late Tsarist Russia*（Ithaca : Cornell University Press, 2001）, chapter 3, 282–283 ; Paul W. Werth, *At the Margins of Orthodoxy : Mission, Governance, and Confessional Politics in Russia's Volga-Kama Region, 1827–1905*（Ithaca : Cornell University Press, 2002）, esp. 183–192 ; Mark Batunsky, “Russian Clerical Islamic Studies in the Late 19th and Early 20th Centuries,” *Central Asian Survey* 13, no. 2（1994）, 215, 226 ; *Валеев Р. М.* Казанское востоковедение : истоки и развитие（XIX в.–20 гг. XX в.）. Казань, 1998. С. 198–212 ; *Данциг Б. М.* Ближний Восток в русской науке и литературе（дооктябрьский период）. М., 1973. С. 360, 364.

（12）その典型例として必ず挙がるのが，ヴャトカ県マルミシュ郡チュンテル村のムッラー，イシュムハンマド・ディンムハンマドの密告によって，同県サラプル郡の新方式学校ブ

ビ・マドラサが閉鎖された事件である。この事件に関する最新の研究は，*Махмутова А. Х.* Лишь тебе, народ, служенье！（История татарского просветительства в судьбах династии Нигматуллиных-Буби）. Казань, 2003. Глава третья.

（13）Stéphane A. Dudoignon, “Qu' est-ce que la ‘Qadîmiya’ ? Éléments pour une sociologie du traditionalisme musulman, en Islam de Russie et en Transoxiane（au tournant des XIXe et XXe siècles）,” in Stéphane A. Dudoignon et al., eds., *L'Islam de Russie : Conscience communautaire et autonomie politique chez les Tatars de la Volga et de l'Oural depuis le XVIIIe siècle*（Paris : Maisonneuve et Larose, 1997）, 207–225 ; idem, “Status, Strategies and Discourses of a Muslim ‘Clergy’ under a Christian Law : Polemics about the Collection of the *Zakât* in Late Imperial Russia,” in Stéphane A. Dudoignon and Hisao Komatsu, eds., *Islam in Politics in Russia and Central Asia (Early Eighteenth to Late Twentieth Centuries)*（London : Kegan Paul, 2001）, 43–73.

（14）宣教師コブロフも，ムスリム共同体内部の監視機能について，次のように指摘している。「ムッラーがマハッラの人々の行動を観察し，彼らに大きな影響力を持っているとしても，それに勝るとも劣らず，マハッラの人々もムッラーの行動を追跡している。ムッラーの一挙手一投足，彼のすべての交際はマハッラの人々に知られている」。*Коблов Я. Д.* О магометанских муллах. Казань, 1998（1907）. С. 21.

（15）Robert D. Crews, *For Prophet and Tsar : Islam and Empire in Russia and Central Asia*（Cambridge, Mass. : Harvard University Press, 2006）; James H. Meyer, “Speaking Sharia to the State : Muslim Protesters, Tsarist Officials, and the Islamic Discourses of Late Imperial Russia,” *Kritika : Explorations in Russian and Eurasian History* 14, no. 3（2013）: 485–505 ; Alexander Morrison's review of Crews' book in *Slavonic and East European Review* 86, no. 3（2008）: 553–557.

（16）密告の社会的な機能について考察した *Journal of Modern History* 1996年第4号の特集も参照。とくに，Jeffrey Burds, “A Culture of Denunciation : Peasant Labor Migration and Religious Anathematization in Rural Russia, 1860–1905,” *Journal of Modern History* 68, no. 4（1996）: esp. 811–815.

（17）内務省の警察機能の強化については，Jonathan W. Daly, *The Watchful State : Security Police and Opposition in Russia, 1906–1917*（DeKalb : Northern Illinois University Press, 2004）. 信頼度を測る範疇としての民族の重要性の高まりについては，Charles Steinwedel, *Threads of Empire : Loyalty and Tsarist Authority in Bashkiria, 1552–1917*（Bloomington : Indiana University Press, 2016）, 183–184, 202–203 ; idem, “The 1905 Revolution in Ufa : Mass Politics, Elections, and Nationality,” *Russian Review* 59（2000）: 555–576.

（18）Theodore Weeks, *Nation and State in Late Imperial Russia : Nationalism and Russification on the Western Frontier, 1863–1914*（DeKalb : Northern Illinois University Press, 1996）, 55.

（19）Dominic C. B. Lieven, “The Security Police, Civil Rights, and the Fate of the Russian Empire, 1855–1917,” in Crisp and Edmondson, *Civil Rights*, 241–242, 249 ; Geraci, *Windows on the East*, 277, 282.

（20）*Арапов Д. Ю.* Система государственного регулирования ислама в Российской империи（последняя треть XVIII – начало XX вв.）. М., 2004. С. 10–11, 207.

（21）Там же. С. 76.

（22）*Любичанковский С. В.* Губернское правление в системе губернской власти в последнее

десятилетие существования Российской империи（на материалах Урала）: Автореф. дис. ... канд. ист. наук. Оренбург, 2003. С. 18, 21.

（23）РГИА. Ф. 821. Оп. 133. Д. 576. Л. 129 ; Мусульманские депутаты Государственной думы России 1906-1917 гг. Сборник документов и материалов / Под ред. Л. А. Ямаевой. Уфа, 1998. С. 180. モスク付属の学校で教育を専門としたムアッリムについては，本書の第2章第2節（1）と第3章第1節（1）を参照。

（24）証拠が不十分だったこの逮捕には，汎イスラーム主義の摘発で手柄を立てたいカザン県知事の恣意があったとも言われる。*Салихов Р.* Татарская буржуазия Казани и национальные реформы второй половины XIX - начала XX в. Казань, 2001. С. 37-38.

（25）*Валидов Дж.* Очерк истории образованности и литературы татар. Казань, 1998（оригинал М., 1923）. С. 81.

（26）イスラーフ運動については，*Валидов.* Очерк истории образованности. С. 81-86 ; *Ибрагимов Г.* Татары в революции 1905 года. Казань, 1926. С. 180-193 ; Danielle Ross, “Caught in the Middle : Reform and Youth Rebellion in Russia’s Madrasas, 1900-10,” *Kritika : Explorations in Russian and Eurasian History* 16, no. 1（2015）: 57-89.

（27）НА РТ. Ф. 1. Оп. 6. Д. 949. Л. 34-38. 確かに，イスラーフ運動参加者の多くは，放校されるか自らの意思でマドラサを去った。彼らは各地でムアッリムとして教育活動に従事することがあったから，現地の人々が彼らを「革命家」として密告したことには全く根拠がないわけではなかった。

（28）ペルミ県憲兵局局長とオレンブルグ県知事の見解は，*Фархшатов М. Н.* Самодержавие и традиционные школы башкир и татар в начале XX века（1900-1917 гг.）. Уфа, 2000. С. 211-218.

（29）ГАРФ. Ф. 102（Особый Отдел, 4-е делопроизводство）. Оп. 117. Д. 234（Т. 1）. Л. 1-8об. ムッラーの手紙は，以下にも収録されている。*Аршаруни А. и Габидуллин Х.* Очерки панисламизма и пантюркизма в России. М., 1933. С. 123-129. ニコライ・フョードロヴィチ・カタノフは，東シベリアのハカス人。ペテルブルグ大学東洋語学部で学ぶ。1906年からカザンで東洋語の検閲官。タタール語の出版物や檄文を翻訳して当局に情報を提供した。彼のこの業務の詳細については，Geraci, *Windows on the East*, 329-334.

（30）*Аршаруни и Габидуллин.* Очерки панисламизма. С. 125.

（31）ГАРФ. Ф. 102（Особый Отдел, 4-е делопроизводство）. Оп. 117. Д. 234（Т. 1）. Л. 12, 14-17об. ; НА РТ. Ф. 1. Оп. 6. Д. 636. Л. 3-6.

（32）НА РТ. Ф. 1. Оп. 6. Д. 636. Л. 1-2, 10-13.

（33）НА РТ. Ф. 1. Оп. 6. Д. 607. Л. 1.

（34）НА РТ. Ф. 1. Оп. 6. Д. 607. Л. 55, 56-58.

（35）*Епископ Андрей.* Лихолетье в жизни православия среди приволжских инородцев. Казань, 1909. 上記二つのアンドレイの著作は次節で分析する。

（36）ГАРФ. Ф. 102（Особый Отдел, 4-е делопроизводство）. Оп. 117. Д. 234（Т. 1）. Л. 63. 傍線は長縄。

（37）これに先立ってトルキスタン総督ドゥホフスコイが，1898年5月のアンディジャン蜂起を受けて，寛容原則に基づく帝国のイスラーム政策全体の見直しを迫っていたので，本文のヴィッテの立場はドゥホフスコイへの反論としての意味があった。Записка С. Ю. Витте по « мусульманскому вопросу », 1900 г. // Императорская Россия и мусульманский

мир / Сост. Д. Ю. Арапов. М., 2006. С. 254–255 ; Campbell, *The Muslim Question*, 98.

(38) НА РТ. Ф. 1. Оп. 6. Д. 690. Л. 5, 6.

(39) НА РТ. Ф. 1. Оп. 6. Д. 708. Л. 32. このタタール語訳はオレンブルグの『ワクト』紙にも掲載された。*Waqt*, 17 April 1910, 2.

(40) НА РТ. Ф. 1. Оп. 6. Д. 708. Л. 8.

(41) ЦГИА РБ. Ф. И–295. Оп. 11. Д. 803 ; Д. 878. また，本書の第8章第1節も参照。

(42) НА РТ. Ф. 1. Оп. 6. Д. 712. Л. 53.

(43) つまり，1906年8月の第3回全ロシア・ムスリム大会で，全ロシア・ムスリム連盟が結成されたことを指す。

(44) НА РТ. Ф. 1. Оп. 6. Д. 708. Л. 1. アリーマルダン・トプチバシェフの活動やバクー周辺での汎イスラーム主義への監視体制については，Firouzeh Mostashari, *On the Religious Frontier : Tsarist Russia and Islam in the Caucasus* (London : I. B. Tauris, 2006), chapter 9.

(45) НА РТ. Ф. 199. Оп. 1. Д. 906. Л. 108–110, 112.

(46) ГАРФ. Ф. 102 (Особый Отдел, 4-е делопроизводство). Оп. 117. Д. 234 (Т. 2). Л. 5об.

(47) *Бобровников Н. А.* Нужны ли так называемые противомусульманские и противоязыческие епархиальные миссионеры в губерниях Европейской России? // Православный собеседник. 1905 г. февраль. С. 301–316 ; *Коблов Я. Д.* О необходимости инородческих миссионеров в деле просвещения инородцев. Казань, 1905. ジェラシはこの論争を，イリミンスキー方式は異族人の分離主義を助長しているか否かという当時の論争の中に位置付けている。Geraci, *Window on the East*, 235–238.

(48) *Фархшатов.* Самодержавие и традиционные школы. С. 200–206.

(49) *Андрей.* О мерах к охранению. С. 1–2 ; его же. Лихолетье в жизни. С. 7–10.

(50) *Андрей.* Лихолетье в жизни. С. 11, 29–33. 青年トルコ人革命以前に宗務院総監に提出された「諸策について」論文では，「ムスリム分離主義者」や「汎イスラーム主義宣伝」への言及はあるが，1909年の『苦難の時代』ではジャディードが青年トルコ人と明確に類比されている。

(51) ГАРФ. Ф. 102 (Особый Отдел, 4-е делопроизводство). 1910 г. Д. 74. Л. 51–51об.

(52) *Епископ Алексий.* Современное движение в среде русских мусульман. Казань, 1910. С. 6, 10.

(53) Там же. С. 25, 27, 33.

(54) *Арапов.* Система государственного регулирования. С. 197–198.

(55) *Аршаруни.* Из истории национальной политики царизма. 35 (1929). С. 114–115, 117.

(56) Там же. С. 109–114.

(57) Там же. С. 120–125.

(58) *Аршаруни.* Из истории национальной политики царизма. 36 (1929). С. 62–65.

(59) Там же. С. 77–79. 管轄地域の分割で宗務協議会の影響力を削ぐという発想は，1906年の特別審議会に報告書を提出したチェレヴァンスキーの立場でもあった。本書の第2章第3節を参照。

(60) *Аршаруни.* Из истории национальной политики царизма. 35 (1929). С. 125 ; 36 (1929). С. 73–74.

(61) *Хайрутдинов Р.* Мир ислама : из истории создания журнала // Мир ислама. 1999. 1/2. Казань. С. 5–20.

(62) *Бартольд В. В.* Панисламизм // Сочинения. Т. 6. М., 1966. С. 400–402.
(63) РГИА. Ф. 821. Оп. 133. Д. 576. Л. 368об.–374об., 382.
(64) НА РТ. Ф. 1. Оп. 6. Д. 712. Л. 1, 4, 11, 14.
(65) 宗教教育において女性が果たした役割は大きく，受洗タタールにおいてもイスラームの維持に女性が貢献したといわれる。Kefeli, *Becoming Muslim*, esp. 86–97.
(66) НА РТ. Ф. 1. Оп. 6. Д. 712. Л. 5–9.
(67) Там же. Л. 27, 31–32, 37.
(68) НА РТ. Ф. 1. Оп. 6. Д. 712. Л. 48, 49, 55, 65, 69, 70.
(69) Там же. Л. 59–60, 73, 75.
(70) この記事の著者は，ウドムルト人の異教的な実態を示す事例として，彼らに残る「人身御供」の風習を告発したムルタン事件を挙げている。この事件の意味については，Geraci, *Window on the East*, chapter 6.
(71) НА РТ. Ф. 2. Оп. 2. Д. 8960. Л. 1, 4–6.
(72) НА РТ. Ф. 2. Оп. 2. Д. 8960. Л. 24–29.
(73) НА РТ. Ф. 2. Оп. 2. Д. 8336. Л. 43.
(74) НА РТ. Ф. 2. Оп. 2. Д. 8335. Л. 11.
(75) НА РТ. Ф. 2. Оп. 2. Д. 7537. Л. 18.
(76) НА РТ. Ф. 2. Оп. 2. Д. 7537. Л. 2–3, 30–31. ミンニケエフには，イマーム・ハティーブ・ムアッリムの資格に宗務協議会の1906年5月8日付証明書があった。写真はТам же. Л. 15.
(77) НА РТ. Ф. 1 Оп. 4. Д. 4326. Л. 1, 4, 6. 刑罰法の1049条は，政府の許可なく教育施設を開いた場合に，農村で5ルーブルを超えない罰金を科し，教育施設を閉鎖するとしている。Свод законов Российской империи. Т. 15. СПб., 1912.
(78) НА РТ. Ф. 1. Оп. 5. Д. 1281. Л. 1–5, 12–14. ツァーリへの請願の中でミンニケエフは，自分の父親はかつて従軍アフンドだったと述べ，自分の出自がよいことを強調している。ロシア軍のムスリム聖職者については，第7章を参照のこと。
(79) НА РТ. Ф. 1. Оп. 6. Д. 776. Л. 2 ; Д. 777. Л. 4, 5, 7, 8.
(80) НА РТ. Ф. 1. Оп. 6. Д. 776. Л. 13, 14, 16.
(81) Там же. Л. 18.
(82) НА РТ. Ф. 1. Оп. 6. Д. 470. Л. 1, 6.
(83) НА РТ. Ф. 2. Оп. 2. Д. 8163. Л. 2. 刑事裁判規則1035条は，聖職者も含む役職にある者による国家的犯罪（государственные преступления）について，憲兵や警察による取調べの方法を定める。Свод законов Российской империи. Т. 16. Ч. 1. СПб., 1912.
(84) НА РТ. Ф. 1. Оп. 6. Д. 470. Л. 44, 102 ; Ф. 2. Оп. 2. Д. 8786. Л. 1об., 2–3.
(85) НА РТ. Ф. 1. Оп. 6. Д. 617. Л. 6–7 ; Ф. 2. Оп. 2. Д. 8163. Л. 13, 16.
(86) НА РТ. Ф. 2. Оп. 2. Д. 8786. Л. 5–6.
(87) 彼には1908年7月14日付の宗務協議会の合格証明書と1910年3月2日付のロシア語試験の合格証書があった。НА РТ. Ф. 2. Оп. 2. Д. 8795. Л. 2–3, 6, 7. 写真はТам же. Л. 8.
(88) НА РТ. Ф. 199. Оп. 1. Д. 906. Л. 107.
(89) *Yūrduz*, 10 January 1913, 3 ; *Tarjumān*, 19 January 1913, 2.
(90) НА РТ. Ф. 199. Оп. 1. Д. 906. Л. 117–118.
(91) НА РТ. Ф. 1. Оп. 6. Д. 831. Л. 1, 4, 6, 12, 14, 20, 22.

（92）HA PT. Ф. 2. Оп. 2. Д. 7308. Л. 10.

（93）実は，公式のタタール語版の宣誓でツァーリは Pādshāh Īmpirāṭūr A'ẓam Ḥaḍratlarī と訳されている。このことは，ムッラーの一挙一動，一言一句に付け込まれる可能性があったことを示している。ムッラー就任時の宣誓テクストは左半分がロシア語，右半分がタタール語で書かれている。HA PT. Ф. 2. Оп. 2. Д. 8795. Л. 15. 第 3 章図 3-2 を参照。

（94）HA PT. Ф. 1. Оп. 6. Д. 716. Л. 6-7 ; Ф. 199. Оп. 1. Д. 906. Л. 116.

（95）HA PT. Ф. 1. Оп. 6. Д. 716. Л. 12-17.

（96）HA PT. Ф. 1. Оп. 6. Д. 716. Л. 66.

（97）HA PT. Ф. 1. Оп. 6. Д. 716. Л. 25-26.

（98）HA PT. Ф. 2. Оп. 2. Д. 9221. Л. 12-13, 25-26, 32, 49.

（99）HA PT. Ф. 2. Оп. 2. Д. 9221. Л. 36. 特別審議会の議事録は，ムスリムの住む諸県の知事にも配布された。例えばカザン県には，HA PT. Ф. 1. Оп. 6. Д. 636. Л. 243-265. また，例えばオレンブルグの『ワクト』紙も審議会の決議に言及している。*Waqt*, 9 May 1913, 1.

（100）HA PT. Ф. 2. Оп. 2. Д. 9221. Л. 39-40, 42, 48, 52, 55, 57-58.

（101）*Хабутдинов А. Ю.* Формирование нации и основные направления развития татарского общества в конце XVIII - начале XX веков. Казань, 2001. С. 283-284.

（102）HA PT. Ф. 2. Оп. 2. Д. 9221. Л. 68, 69-70.

（103）HA PT. Ф. 2. Оп. 2. Д. 9221. Л. 73.

（104）*Yūduz*, 26 May 1910, 2 ; *Yūduz*, 30 May 1910, 1.

（105）ヴォルガ・ウラル地域からのメッカ巡礼と留学については，拙稿 "The Hajj Making Geopolitics, Empire, and Local Politics : A View from the Volga-Ural Region at the Turn of the Nineteenth and Twentieth Centuries," in Alexandre Papas, Thomas Welsford, and Thierry Zarcone, eds., *Central Asian Pilgrims : Hajj Routes and Pious Visits between Central Asia and the Hijaz*（Berlin : Klaus Schwarz Verlag, 2012）, 168-198.

（106）*Qazān Mukhbirī*, 9 April 1906, 1.

（107）アディーブ・ハリドは，"a transimperial Turcophone public space" が存在していたと主張する。Adeeb Khalid, "Central Asia between the Ottoman and the Soviet Worlds," *Kritika : Explorations in Russian and Eurasian History* 12, no. 2（2011）: esp. 452-457. また，以下の拙稿も参照。「ヴォルガ・ウラル地域の新しいタタール知識人——第一次ロシア革命後の民族（миллəт）に関する言説を中心に」『スラヴ研究』50 号，2003 年，51-52，54 頁。

（108）*Кострикова Е. Г.* Российское общество и внешняя политика накануне первой мировой войны 1908-1914 гг. М., 2007. С. 185-241.

（109）Fātiḥ Karīmī, *Istānbūl Maktūblarī*（Orenburg, 1913）, 311-312.

（110）Ibid., 56, 416.

（111）拙稿「ロシア・ムスリムがみた 20 世紀初頭のオスマン帝国——ファーティフ・ケリミー『イスタンブルの手紙』を読む」中嶋毅編『新史料で読むロシア史』山川出版社，2013 年，92-110 頁。

（112）Мусульманские депутаты Государственной думы. С. 153-160, 178-194.

（113）*Ṭūrmush*, 26 January 1914, 2-3.

（114）*Qūyāsh*, 27 June 1914, 2-3 ; Свод законов Российской империи. Изд. 1896 г. Т. 11. Ч. 1. статья 1487.

第5章　カザンの休日

（1）*Дубин Абдулла Ибрагимович*. Тарихи Казан. Казань, 2003. С. 122.

（2）*Bayān al-Haqq*, 30 May 1910, 2 ; *Yūlduz*, 30 May 1910, 3.

（3）*Bayān al-Haqq*, 1 June 1910, 2 ; *Yūlduz*, 1 June 1910, 1 ; 6 June 1910, 4.

（4）*Салихов Р*. Татарская буржуазия Казани и национальные реформы второй половины XIX – начала XX в. Казань, 2001. С. 24–26 ; James H. Meyer, *Turks across Empires : Marketing Muslim Identity in the Russian-Ottoman Borderlands, 1856–1914*（New York : Oxford University Press, 2014）, 61–79.

（5）キエフのユダヤ人知識人も，まさに祭日の実践をめぐって真のユダヤ人らしさを競っていた。Natan M. Meir, *Kiev, Jewish Metropolis : A History, 1859–1914*（Bloomington : Indiana University Press, 2010）, 166–189.

（6）*Салихов*. Татарская буржуазия. С. 46–48 ; *Усманова Д. М.* Мусульманские представители в российском парламенте. 1906–1916. Казань, 2005. С. 352–373 ; *Загидуллин И. К.* Мусульманское богослужение в учреждениях Российской империи（Европейская часть России и Сибирь）. Казань, 2006. С. 254–262, 267–271 ; *Малышева С.* Еженедельные праздники, дни господские и царские : время отдыха российского горожанина второй половины XIX – начала XX вв. // Ab Imperio. 2009. № 2. С. 225–266.

（7）Michael F. Hamm, ed., *The City in Late Imperial Russia*（Bloomington : Indiana University Press, 1986）. ウファについては，Charles Steinwedel, “The 1905 Revolution in Ufa : Mass Politics, Elections, and Nationality,” *Russian Review* 59（2000）: 555–576. バクーについては，Audrey Altstadt, “The Baku City Duma : Arena for Elite Conflict,” *Central Asian Survey* 5, no. 3/4（1986）: 49–66 ; Firouzeh Mostashari, *On the Religious Frontier : Tsarist Russia and Islam in the Caucasus*（London : I. B. Tauris, 2006）, esp. 121–127 ; Nicholas B. Breyfogle, “Prayer and the Politics of Place : Molokan Church Building, Tsarist Law, and the Quest for a Public Sphere in Late Imperial Russia,” in Mark D. Steinberg and Heather J. Coleman, eds., *Sacred Stories : Religion and Spirituality in Modern Russia*（Bloomington : Indiana University Press, 2007）, 222–252. タシュケントについては，Jeff Sahadeo, *Russian Colonial Society in Tashkent, 1865–1923*（Bloomington : Indiana University Press, 2007）. キエフについては，Meir, *Kiev, Jewish Metropolis* ; Faith C. Hillis, “Between Empire and Nation : Urban Politics, Community, and Violence in Kiev, 1863–1907”（PhD diss., Yale University, 2009）.

（8）*Азаматов Д. Д.* Оренбургское магометанское духовное собрание в конце XVIII–XIX вв. Уфа, 1999. С. 50.

（9）*Михаэль Кемпер*. Суфии и ученые в Татарстане и Башкортостане, 1789–1889 : Исламский дискурс под русским господством. Казань, 2008（orig. Berlin, 1998）. С. 586–590.

（10）Сборник циркуляров и иных руководящих распоряжений по округу Оренбургского магометанского духовного собрания 1836–1903 г. Казань, 2004（1-е издание, Уфа, 1905）. С. 28–29, 143–148. 文書はそれぞれ1884年と1902年。

（11）協議会の画一化能力の高さを強調するのは，Robert D. Crews, *For Prophet and Tsar : Islam and Empire in Russia and Central Asia*（Cambridge, Mass. : Harvard University Press, 2006）, 345.

（12）Первая всеобщая перепись населения Российской империи 1897 года. Т. 14. Казанская губерния. 1904. С. VI, 178–179, 204–205, 260.

（13）*Салихов*. Татарская буржуазия. С. 16–17, 24.

（14）カザンの商店街に関する情報は，*Свердлова Л. М.* На перекрестке торговых путей. Казань, 1991.

（15）*Свердлова*. На перекрестк. С. 37.

（16）Журналы и протоколы заседаний Казанской городской думы за 1902. Казань. С. 492–505.

（17）Журналы и протоколы заседаний Казанской городской думы за 1903. Казань, 1906. С. 39–40.

（18）Там же. С. 40–42.

（19）Там же. С. 44–50.

（20）Полное собрание законов Российской империи. Т. 26. 1906 г. изд. 1909 г. № 28548.

（21）Журналы и протоколы заседаний Казанской городской думы за 1908. Казань, 1910. С. 290, 304–305. この地域の伝統では，アーシューラーのあるマハッラム月，ラジャブ月，バラー，カドルに悔い改め，祈り，断食をすることが奨励されていた。Agnès Nilüfer Kefeli, *Becoming Muslim in Imperial Russia : Conversion, Apostasy, and Literacy*（Ithaca : Cornell University Press, 2014）, 84.

（22）НА РТ. Ф. 419（Казанское губернское по земским и городским делам присутствие）. Оп. 1. Д. 474. Л. 19.

（23）НА РТ. Ф. 419. Оп. 1. Д. 474. Л. 25–27 ; Журналы Казанской городской думы и доклады Управы за 1909. Казань, 1911. С. 309.

（24）Журналы Казанской городской думы и доклады Управы за 1909. Казань, 1911. С. 309–314 ; НА РТ. Ф. 419. Оп. 1. Д. 474. Л. 62 ; *Qūyāsh*, 13 January 1914, 2.

（25）Журналы Казанской городской думы и доклады Управы за 1909. Казань, 1911. С. 366–371 ; Журналы Казанской городской думы и доклады Управы за 1914. Казань, 1914. С. 20.

（26）НА РТ. Ф. 419. Оп. 1. Д. 474. Л. 66–67, 71.

（27）Государственная Дума. Третий созыв. Стенографические отчеты 1910 г. Сессия третья. Ч. IV. СПб., 1910. С. 547–556, 574 ; Сессия четвертая. Ч. I. СПб., 1910. С. 2974–2979, 2996.

（28）*Yūlduz*, 26 May 1910, 3 ; 10 June 1910, 1.

（29）Журналы Казанской городской думы и доклады Управы за 1914. Казань, 1914. С. 15–17, 24–30.

（30）*Малышева*. Еженедельные праздники. С. 258, 260.

（31）Aḥmadī Īshmuḥammadūf, *Saudā khidmatkārlarining ma'īshatī wa ānlarining istiqbālī*（Kazan, 1907）, 2, 15–18, 22–23 ; *Ибрагимов Г.* Татары в революции 1905 года. Казань, 1926. С. 194–202.

（32）*Waqt*, 15 January 1914, 1.

（33）Журналы Казанской городской думы и доклады Управы за 1914. Казань, 1914. С. 21–24, 26–27. 引用は，С. 23–24. また，正教会宣教師コブロフも，休日に関する条例の議論のために，ムスリムは最近になっていくつかの祭日を守るようになったと述べている。*Коблов Я. Д.* О татарских мусульманских праздниках. Казань, 1907. С. 5.

（34）Камско-волжская речь. 31 декабря 1913.

（35）*Qūyāsh*, 2 January 1914, 2.

（36）*Yūlduz*, 3 January 1914, 1.

(37) 東方クラブとは，タタール旧街区のブラク川に程近いホテル「ブルガール」の建物の一角に入っていたタタール民族文化の発信基地。知事の認可を得て，1906年末に設立。とくに，演劇の普及に多大な貢献をした。Madina V. Goldberg, "Russian Empire – Tatar Theater : The Politics of Culture in Late Imperial Kazan" (PhD diss., University of Michigan, 2009), chapter 4 ; *Салихов*. Татарская буржуазия. С. 93–95. 現在，この建物の向かいに，タタール人の民族劇場が建っている。

(38) *Yūlduz*, 5 January 1914, 1, 4 ; 7 January 1914, 3 ; *Qūyāsh*, 9 January 1914, 2.

(39)「普段は敵対している商人と従業員という二つの陣営」が連携したことについては，カザンの治安当局も注目している。またこの頃には，二人タタール人が寄れば，必ず休日問題の話題が出るとも観察され，ムスリムの関心の高さをうかがわせる。НА РТ. Ф. 1. Оп. 6. Д. 949. Л. 71–72 ; Ф. 199. Оп. 1. Д. 948. Л. 17–18.

(40) *Yūlduz*, 7 January 1914, 4 ; *Qūyāsh*, 7 January 1914, 3. ペシェン・バザールは，20世紀初頭の知識人にも，その評価を継承する今日のカザンの研究者にも，「宗教的な狂信」の温床と見られているが，宗教的な価値観の支持基盤として見直す必要があるだろう。*Валидов Дж*. Очерк истории образованности и литературы татар. Казань, 1998 (Москва и Петроград, 1923). С. 120 ; *Свердлова*. На перекрестк. С. 110 ; *Салихов*. Татарская буржуазия. С. 30.

(41) Камско-волжская речь. 8 января 1914. 翌日，『コヤシュ』は「タタール人の商工業従業員のグループ」がロシア人民族主義者と同じ立場に立っていると非難する記事を掲載している。*Qūyāsh*, 9 January 1914, 1–2.

(42) 以下，この日の審議については，*Yūlduz*, 10 January 1914, 3–4 ; Журналы Казанской городской думы и доклады Управы за 1914. Казань, 1914. С. 31–34.

(43) *Yūlduz*, 12 January 1914, 1 ; 23 February 1914, 1–2 ; *Qūyāsh*, 12 January 1914, 3–4 ; 13 January 1914, 2. オレンブルグの『ワクト』紙も，カザンの問題を全ロシア・ムスリムの問題として位置付けた。*Waqt*, 15 January 1914, 2.

(44) Казанский телеграф. 12 января 1914. 前章で論じたように，この当時，タタール人の政治活動と1908年の青年トルコ人革命が結びつけられるのは普通であった。

(45) サブルコフ（Саблуков Гордий Семенович 1804–1880）は，1856–1863年にカザン神学アカデミーの対イスラーム部門を軌道に乗せ盛り立てた人物。彼がロシアで初めて，クルアーンをアラビア語からロシア語に訳した。初版は1878年。Robert P. Geraci, *Window on the East : National and Imperial Identities in Late Tsarist Russia* (Ithaca : Cornell University Press, 2001), 86–87. ちなみに，1907年に出た第3版は，1992年にモスクワで再版されている。

(46) Казанский телеграф. 17 января 1914.

(47) *Yūlduz*, 21 January 1914, 1.

(48) *Qūyāsh*, 17 January 1914, 5 ; 10 February 1914, 1. カシャーエフの店舗は，本章の扉の写真を見よ。

(49) *Yūlduz*, 6 February 1914, 1 ; 11 March 1914, 4.

(50) Камско-волжская речь. 19 февраля 1914 ; 16 марта 1914 ; *Yūlduz*, 16 March 1914, 4.

(51) *Yūlduz*, 22 May 1914, 1–2 ; Журналы Казанской городской думы и доклады Управы за 1914. Казань, 1914. С. 123–127.

(52) *Qūyāsh*, 23 May 1914, 2 ; 27 May 1914, 4 ; 3 June 1914, 2.

(53) *Yūlduz*, 23 May 1914, 4–5.

（54）*Усманова Д. М.* Мусульманские представители, С. 371.

（55）*Yūlduz*, 13 August 1914, 4 ; Казанский телеграф. 4 сентября 1914.

（56）*Yūlduz*, 19 August 1914, 4.

（57）*Yūlduz*, 9 September 1914, 3. 史料には表れていないが，内務省がカザンのタタール人の要求に譲歩した背景としては，同時期に大戦が始まったことが重要だと思われる。1月3日の従業員の集会での意見に見られるように，金曜礼拝や他のイスラーム祭日の礼拝が行われる際には，皇帝とその家族，国家の安寧にも祈りが捧げられていた。これは，本書第III部で論じるように，銃後で愛国心を向上させる極めて重要な行為だった。

（58）Камско-волжская речь. 2 сентября 1914.

（59）Казанский телеграф. 4 сентября 1914. 署名はГ. К. とあるが，「アブド」のアはアラビア文字のアインであり，この文字はロシア語テクストではしばしばГで転写される。この記事は，翌日の『ヨルドゥズ』に訳が掲載された。*Yūlduz*, 5 September 1914, 3.

（60）*Qūyāsh*, 8 September 1914, 1–2 ; 19 September 1914, 1–2.

（61）*Yūlduz*, 25 September 1914, 3–4 ; Журналы Казанской городской думы и доклады Управы за 1914. Казань, 1914. С. 29–31.

（62）ЦИА РБ. Ф. И–295. Оп. 6. Д. 3734. Л. 1, 6, 7.

（63）イスラームでは暦を定めるために天文学が発展したし，もし専ら肉眼の観察のみに拠るならば，カレンダーの作成自体ができないではないかとの見方もあろう。実は聖典の字句に厳密な人々も，天文学の古典を引用して新月が見える日を計算していた。ここでの問題は，聖典に拠るのと厳密な天文観測に拠るのとで，新月の定義が変わってくる点にある。

（64）Alexandre Bennigsen and Chantal Lemercier-Quelquejay, *La presse et le mouvement national chez les musulmans de Russie avant 1920*（Paris : Mouton, 1964）, 67–69, 92–93 ; *Валидов*. Очерк истории образованности. С. 120, 132–133 ; *Салихов*. Татарская буржуазия. С. 29, 31–32, 91–92.

（65）*Yūlduz*, 19 January 1914, 2.

（66）*Qūyāsh*, 13 January 1914, 4. 宗務協議会もカレンダーを作成するにあたり計算を用いていたはずだが，その計算が『コヤシュ』の計算とずれていたことになる。

（67）*Yūlduz*, 23 January 1914, 3.

（68）*Qūyāsh*, 7 January 1914, 2 ; 28 January 1914, 1–2.

（69）*Qūyāsh*, 23 January 1914, 2–3.

（70）*Waqt*, 14 January 1914, 1–2.

（71）サーディク・イマーンクリは，1886年から1893年までブハラに学ぶ。1893年から第九モスクのイマーム，ムハメトザリフ・アミルハンの補佐を勤める。アミルハンは，教育改革を支持し，新方式学校の教科書も執筆した。*Салихов Р., Хайрутдинов Р.* Республика Татарстан : Памятники истории и культуры татарского народа（конец XVIII – начало XX веков）. Казань, 1995. С. 11. ムハメトザリフの息子ファーティフ・アミルハンは，ガリムジャン・バルーディーのムハンメディエ・マドラサで学び，その学生がマドラサの急進的改革を求めたイスラーフ運動にも関与した若い知識人だった。*Рәми И., Даутов Р.* Әдәби сүзлек. Казан, 2001. С. 26–28. 前述のように，彼は『コヤシュ』の「科学的」立場を代表する人物だった。興味深いのは，彼が自分の父親のモスクのイマーンクリが支持する『ヨルドゥズ』と対決姿勢を取ったことである。

（72）カシャフッディン・テルジュマーニーは，1904 年に第 11 モスクのイマームに就任。ガリムジャン・バルーディーに最も近い同志と言われ，それまで旧方式だった付属のマドラサを大きく改革した。1917 年から死去する 1940 年まで，ウファの宗務協議会の後継機関である宗務局でカーディーも勤めた。*Салихов*. Республика Татарстан. С. 44–45.

（73）*Yūlduz*, 21 January 1914, 4 ; 23 January 1914, 3.

（74）*Yūlduz*, 24 January 1914, 1–2.

（75）*Yūlduz*, 31 January 1914, 2.

（76）*Qūyāsh*, 27 January 1914, 1.

（77）*Yūlduz*, 30 January 1914, 1. ペルシア語では二つの註釈が知られているが，その一つ『凝集の註釈（Sharḥ-i Mulakhkhaṣ)』は，ティムール朝第 4 代君主にして，天文学者でもあったウルグ・ベクに献呈されている。Charles Ambrose Storey, *Persian Literature : A Bio-bibliographical Survey*, vol. 2, part 1（London : Royal Asiatic Society of Great Britain and Ireland, 1972), 50.

（78）*Waqt*, 29 January 1914, 2.

（79）*Yūlduz*, 2 February 1914, 1–2.

（80）ヌーシルヴァーン・ヤウシェフ（Nūshīrwān Yāwshif）がサマルカンドから伝える情報によれば，当地のウラマーは二大祭以外の祭は逸脱（bid‘at）であり，それを行うことは不信仰者に似ること（kāfirlarga tashabbuh）とみなしており，住民も他の祭を知らなかったという。*Qūyāsh*, 2 February 1914, 2. ヤウシェフについては，大石真一郎「ヌーシルヴァーン・ヤウシェフのトルキスタン周遊について」『史学年報』（神戸大学）13 号，2000 年，20–36 頁。

（81）Riḍā’ al-Dīn b. Fakhr al-Dīn, *Shaykh Zayn Allāh ḥaḍratining tarjama-i ḥālī* (Orenburg, 1917), 8–9, 20–21, 30 ; *Фархшатов М. Н.* Зайнулла Расулев // Ислам на территории бывшей Российской империи : Энциклопедический словарь. Вып. 1. М., 1998. С. 85 ; Crews, *For Prophet and Tsar*, 324.

（82）*Шәмсетдинова М.* Татарларда Мәүлед бәйрәме. Казан, 2001. Б. 8. ただしこの冊子は，タタール人が「大昔から」マウリドを祝ってきたという立場を取っている。この冊子が興味深いのは，20 世紀初頭に生まれた人々からムハンマドを称える詩歌を聞き取って採録している点である。その中には，亡命タタール人が東京で出版した『預言者のマウリド』という冊子も含まれる。その序文からは，異郷で自分たちの宗教を守るためにマウリドを実施していたことがうかがえる。これは，20 世紀初頭に作られた伝統が，国外の亡命社会に受け継がれたことを示している。また，マウリドはソ連時代にイスラームの祭日として定着した。*Юнусова А. Б.* Ислам в Башкортостане. Уфа, 1999. С. 203, 223.

（83）ウファ郡旧キーシキ村のムッラーはこれらの祭を「罪深い不道徳の鍵（fisq fasādining āchqichī)」と呼び，最近では自分の村もマウリドをはじめとするイスラームの祭日を熱心に行っていると証言している。Muṭahhar ibn Mullā Mīr Ḥaydar, *Īskī Qīshqī Tārīkhī* (Orenburg, 1911), 47. ただしこれらの祭は，クリャシェン（受洗タタール）も共有していたので，イスラームに戻りつつあった彼らが，ムスリムから結婚相手を見つける絶好の機会だった。Kefeli, *Becoming Muslim*, 126–129, 144–145.

（84）Stéphane A. Dudoignon, “Status, Strategies and Discourses of a Muslim ‘Clergy’ under a Christian Law : Polemics about the Collection of the *Zakât* in Late Imperial Russia,” in Stéphane A. Dudoignon and Hisao Komatsu, eds., *Islam in Politics in Russia and Central Asia (Early*

Eighteenth to Late Twentieth Centuries)（London : Kegan Paul, 2001）, 66 ; *Коблов*. О татарских мусульманских праздниках. С. 40–41.

（85）オルスク市第三モスクのイマーム，アブドゥッラー・マーズィーは，1911年3月1日にメッカ巡礼から帰郷するとオレンブルグの『宗教と生活』誌に寄稿し，マウリドをロシアでも普及させなければならないと書いている。*Dīn wa Ma'īshat* 11（1911）: 174–175. 彼の姿勢は，彼がザイヌッラー・ラスーレフの弟子だったこととも関係するだろう。なお，メッカ巡礼とマウリドの普及の強い相関は，英領インドでも観察される。Barbara D. Metcalf, "The Pilgrimage Remembered : South Asian Accounts of the *Hajj*," in Dale F. Eickelman and James Piscatori, eds., *Muslim Travelers : Pilgrimage, Migration, and the Religious Imagination*（Berkeley : University of California Press, 1990）, 88.

（86）その意味で『コヤシュ』は『ヨルドゥズ』よりも熱心だった。『コヤシュ』の論客ファーティフ・アミルハンも，マウリドが重要な行事として広く祝われるようになったのは1905年革命後にすぎないと述べている。*Qūyāsh*, 22 January 1914, 1.

（87）*Maktab* 2（1914）: 29–31. アブデュルハミト2世期（1876–1909）には，近代化する教育制度の中でイスラーム的な要素が著しく高まったので，イスタンブルのガラタサライ・リセでもマウリドは重要な行事になっていた。Benjamin C. Fortna, *Imperial Classroom : Islam, the State, and Education in the Late Ottoman Empire*（Oxford : Oxford University Press, 2000）, 109. ブハラの有名なジャディード，アブドゥラウフ・フィトラト（1886–1938）も，イスタンブルに留学後，1914年にマウリドについての本を出版している。Hisao Komatsu, "Bukhara and Istanbul : A Consideration about the Background of the *Munâzara*," in Dudoignon and Komatsu, eds., *Islam in Politics*, 178–179.

（88）*Qūyāsh*, 2 February 1914, 2.

（89）大塚和夫『近代・イスラームの人類学』東京大学出版会，2000年，166–171頁。

（90）*Dīn wa Ma'īshat* 6（1914）: 94.

（91）*Shūrā* 2（1914）: 56–57. マウリドはイスラームで忌避されるべき聖者崇拝に近いが，民衆的イスラームに対する柔軟な姿勢は，こんにちのアズハル大学の学者たちにも共通する。Aviva Schussman, "The Legitimacy and Nature of Mawlid al-Nabî : Analysis of a Fatwâ," *Islamic Law and Society* 5, no. 2（1998）: 214–234.

（92）カザンの女性雑誌『スユム・ビケ』はマウリドに際して特集号を組んだ。*Sūyum Bīka* 7（1914）. ウファ県メンゼリンスク郡シクマイ（Shiqmāy）村で催された「女性たちの集い（khānimlar majlisī）」については，*Yūlduz*, 4 February 1914, 2–3. 女性が預言者の説話などを通じてイスラームの普及に果たした役割については，Agnès Kefeli, "The Tale of Joseph and Zulaykha on the Volga Frontier : The Struggle for Gender, Religious, and National Identity in Imperial and Postrevolutionary Russia," *Slavic Review* 70, no. 2（2011）: esp. 379–389.

（93）922年にこの地域を訪れたイブン・ファドラーンは，現地の人々がイシャーを日没の礼拝（マグリブ）と一緒に行っていると記録している。イブン・ファドラーン，家島彦一訳注『ヴォルガ・ブルガール旅行記』平凡社東洋文庫，2009年，181頁。

（94）*Валидов*. Очерк истории образованности. С. 57–59 ; Michael Kemper, "Entre Boukhara et la Moyenne-Volga : 'Abd an-Nasîr al-Qûrsâwî（1776–1812）en conflit avec les oulémas traditionalistes," *Cahiers du monde russe* 37, no. 1（1996）: 44–45 ; idem, Суфии и ученые. С. 383–393.

（95）*Dīn wa Ma'īshat* 30（1914）: 468–471.

（96） *Dīn wa Ma'īshat* 31（1914）: 483. ビギの著作はカザンで1911年に出版。最近，ロシア語訳が出た。Муса Джаруллах Бигиев. Избранные труды. Т. 1. Казань, 2005.

（97）『コヤシュ』は，警察にまで訴える権利はイマームたちにないと反対していた。*Dīn wa Ma'īshat* 29（1914）: 460-461. オルスクのムスリムの中にも，「断食の神聖さを貶める者に抗するために」代表を選出して，当局の承認を得ようとする人々がいた。*Dīn wa Ma'īshat* 27（1914）: 428.

（98） *Ṭūrmush*, 16 July 1914, 2.

（99） *Waqt*, 3 July 1914, 2-3 ; 12 July 1914, 1-2.

（100） *Qūyāsh*, 11 July 1914, 2.

（101） *Yūlduz*, 9 August 1914, 4.

（102） *Qūyāsh*, 4 August 1914, 4.

（103） *Qūyāsh*, 8 August 1914, 1-2.

（104） 商人アジーモフ家が建てたモスクに，1849年にイマームとして就任したヒサムッディンの父は，ガッファーリィエ・マドラサを開いた。ヒサムッディンは，その後を継いだ。このマドラサには，カーディーのハサンガター・ガバシや有名な劇作家ガリアスカル・カマルも学んだ。*Салихов*. Республика Татарстан. С. 137.

（105） *Yūlduz*, 9 August 1914, 5-6.

（106） *Yūlduz*, 9 August 1914, 4 ; 14 August 1914, 3-4.

（107） 彼の父ムハメディー・サリホフは，1884年から宗務協議会のカーディーに就き，一時ムフティー職を代行するほど高名なウラマーだった。1893年の父の死後，ムハンマドアーリフは，兄のガリフッラーと共に，第八モスクのイマーム・ハティーブを勤める。彼らのマドラサではこの頃からロシア語学習も始まり，1910年頃にはガリムジャン・バルーディーの弟子やタタール師範学校の卒業生が教鞭をとった。В память столетия Оренбургкого магометанского духовного собрания, учрежденного в городе Уфе. Уфа, 1891. С. 47 ; *Салихов*. Республика Татарстан. С. 104, 107-108.

（108） 信仰の寛容政策の始まりを告げるものとして，エカチェリーナ2世の命令で建造された第一モスクは，19世紀半ばに著名なウラマー，メルジャーニーがイマームを務めたことでも知られる。サフィウッラー・アブドゥッラーは，このメルジャーニーのマドラサで学んだ。1890年代にはボケイ・オルダでも勤め，1899年に第一マハッラの第二イマームに選出された。*Салихов*. Республика Татарстан. С. 77. 彼が，メルジャーニーの教えに忠実だったことは，月の初めをめぐる論争で科学派に属したことからもうかがえる。

（109） *Yūlduz*, 22 August 1914, 3.

（110） *Dīn wa Ma'īshat* 31（1914）: 493.

（111） *Waqt*, 31 October 1914, 2-3 ; 28 December 1914, 4.

（112） 例えば，インドの世俗主義が孕む緊張については，Peter van der Veer, *Religious Nationalism : Hindus and Muslims in India* (Berkeley : University of California Press, 1994), 10-12, 21-23.

（113） 自由主義の下で多文化主義が陥る隘路については，ウィル・キムリッカ『多文化時代の市民権——マイノリティの権利と自由主義』晃洋書房，1998年，とくに第6，9章。彼によれば，「現代の自由主義理論において［公休日が］論じられることがどれほどまれであるのかは興味深いことである」（172頁）。

休日問題は現代ロシアでも起きている。2011年12月の改選前に国会は，ムスリム人

口の多い連邦構成主体がイスラームの祭日を導入する権利を連邦法で確定する法案について審議を開始した。ここでも良心の自由が根拠の一つとなった。Субъектам РФ могут разрешить устанавливать свои праздники［http://www.itar-tass.com/c9/233530.html］. しかしこの法案は，2014 年 12 月 16 日に国会で否決された。休日は連邦構成主体で法制化すればよいのであって，連邦法で確認する必要はないというのが理由だった。http://api.duma.gov.ru/api/transcript/605068-5#2014_12_16_18_01_53

第6章　マクタブか，公立学校か

（1）*Waqt*, 6 August 1914, 1 ; *Ṭūrmush*, 24 August 1914, 2.

（2）*Обухов М. И.* Мектебы Уфимской губернии（Статистический очерк татарских и башкирских низших школ（мектебов）Уфимской губернии по данным исследования Уфимской губернской земской управы）. Уфа, 1915. С. 40.

（3）*Waqt*, 2 March 1916, 2.

（4）クリミアのゼムストヴォとムスリム住民との関係については，情報は少ないが，Hakan Kırımlı, *National Movements and National Identity among the Crimean Tatars (1905–1916)*（Leiden : Brill, 1996）, 13, 28, 79.

（5）*Махмутова А. Х.* Становление светского образования у татар（борьба вокруг школьного вопроса. 1861–1917）. Казань, 1982 ; *Фархшатов М. Н.* Народное образование в Башкирии в пореформенный период. 60–90е годы XIX в. М., 1994 ; он же. Самодержавие и традиционные школы башкир и татар в начале XX века（1900–1917 гг.）. Уфа, 2000 ; Wayne Dowler, *Classroom and Empire : The Politics of Schooling Russia's Eastern Nationalities*（Montreal : McGill-Queen's University Press, 2001）.

（6）Charles Steinwedel, *Threads of Empire : Loyalty and Tsarist Authority in Bashkiria, 1552–1917*（Bloomington : Indiana University Press, 2016）, 212–218.

（7）Danielle. M. Ross, "From the Minbar to the Barricades : The Transformation of the Volga-Ural 'Ulama into a Revolutionary Intelligentsia, 1860–1918"（PhD diss., University of Wisconsin-Madison, 2011）.

（8）*Азаматова Г. Б.* Деятельность Уфимского земства в области народного образования（1874–1917 гг.）: Дис. ... канд. ист. наук. Уфа, 2000. その第3章が「ゼムストヴォと非ロシア人住民の教育」。*Железнякова Ю. Е.* Земская школа Казанской губернии（1865–1917 гг.）: Дис. ... канд. ист. наук. Казань, 2002.

（9）*Железнякова*. Земская школа. С. 53, 106. 第1章の注 65 も参照。

（10）Jeffrey Brooks, "The Zemstvo and the Education of the People," in Terence Emmons and Wayne S. Vucinich, eds., *The Zemstvo in Russia : An Experiment in Local Self-government*（Cambridge : Cambridge University Press, 1982）, 268 ; Dowler, *Classroom and Empire*, 210.

（11）Scott. J. Seregny, "Zemstvos, Peasants, and Citizenship : The Russian Adult Education Movement and World War I," *Slavic Review* 59, no. 2（2000）: 292.

（12）Ben Eklof, *Russian Peasant Schools : Officialdom, Village Culture, and Popular Pedagogy, 1861–1914*（Berkeley : University of California Press, 1986）, 58.

（13）カザン学区に含まれたのは，アストラハン県，サラトフ県，サマラ県，シムビルスク県，カザン県，ヴャトカ県。オレンブルグ学区に含まれたのは，ペルミ県，ウファ県，オレンブルグ県，それにカザフ草原西部のウラリスク州とトゥルガイ州。

（14）*Эфиров А. Ф.* Нерусские школы Поволжья, Приуралья и Сибири（исторический очерк）. М., 1948. С. 48.

（15）Журналы заседаний съезда директоров и инспекторов народных училищ Оренбургского учебного округа в г. Уфе 11-16 июня 1912 года. Уфа, 1913. С. 316.

（16）*Азаматова Г. Б.* Деятельность Уфимского земства. С. 158, 203. ズラトウスト郡は住民が鉱業に従事してきたので，仕事の性格上，教育を必要としていた。*Фархшатов.* Народное образование в Башкирии. С. 112.

（17）*Yūrduz*, 10 April 1914, 2-3.

（18）西部諸県へのゼムストヴォ導入問題は広く知られているが，同時期にスタヴロポリ県，アストラハン県，オレンブルグ県について同様の問題が検討されていたことは，あまり知られていない。タタール語紙は国会の立法審議を注視していた。*Waqt*, 13 November 1911, 1 ; 26 January 1912, 1-2.

（19）Stéphane A. Dudoignon, "Un islam périphérique ? Quelques réflexions sur la presse musulmane de Sibérie à la veille de la Première Guerre mondiale," *Cahiers du monde russe* 41, no. 2-3 (2000) : 321.

（20）彼らの民族の理解については，拙稿「ヴォルガ・ウラル地域の新しいタタール知識人——第一次ロシア革命後の民族（миллəт）に関する言説を中心に」『スラヴ研究』50号，2003年，33-59頁。

（21）Stéphane A. Dudoignon, "Status, Strategies and Discourses of a Muslim 'Clergy' under a Christian Law : Polemics about the Collection of the *Zakât* in Late Imperial Russia," in Stéphane A. Dudoignon and Hisao Komatsu, eds., *Islam in Politics in Russia and Central Asia (Early Eighteenth to Late Twentieth Century)* (London : Kegan Paul, 2001), 57, 59. よって，マハッラの改革は有能な若者を聖職に惹きつけるためにこそ必要だった。*Ṭūrmush*, 23 November 1914, 1.

（22）*Салихов.* Татарская буржуазия Казани. С. 52 ; *Азаматова.* Деятельность Уфимского земства. С. 132 ; *Железнякова.* Земская школа. С. 63-64.

（23）Brooks, "The Zemstvo and the Education," 253, 261-262 ; Eklof, *Russian Peasant Schools*, 84, 86, 88.

（24）Протокол уфимского губернского совещания, образованного с разрешения г. министра внутренних дел из доверенных башкирских волостей Уфимской губернии для обсуждения вопросов, касающихся магометанской религии и вообще нужд башкирского населения. 22, 23 и 25 инюня 1905 года. Уфа, 1905. С. 18-19. ウファの『トルムシュ』紙は，ムスリム議員を増やすために，既存の郷をムスリムが多数派を占める郷が増えるように分割しなければならないと主張した。*Ṭūrmush*, 6 June 1914, 3-4 ; 29 June 1914, 3.

（25）*Waqt*, 15 January 1914, 3.

（26）*Waqt*, 10 December 1913, 2. この時，ステルリタマク郡ヤナ・カラマリ（Yāngā Qārāmā-lī）村にも図書館が設置されたが，その館長はミールサイード・スルタンガリエフだった。彼の図書館での活動については，*Ṭūrmush*, 25 April 1914, 2-3 ; 27 April 1914, 2-3 ; 20 July 1914, 3 ; 山内昌之編訳『史料スルタンガリエフの夢と現実』東京大学出版会，1998年，105，146-147頁。

（27）ムスリム共同体内部の政治については，Stéphane A. Dudoignon, "Qu'est-ce que la 'Qadîmiya' ? Éléments pour une sociologie du traditionalisme musulman, en Islam de Russie et en

Transoxiane (au tournant des XIXe et XXe siècles)," in Stéphane A. Dudoignon et al., eds., *L'Islam de Russie : Conscience communautaire et autonomie politique chez les Tatars de la Volga et de l'Oural depuis le XVIIIe siècle* (Paris : Maisonneuve et Larose, 1997), 207–225 ; Adeeb Khalid, *The Politics of Muslim Cultural Reform : Jadidism in Central Asia* (Berkeley : University of California Press, 1998) ; Robert Crews, *For Prophet and Tsar : Islam and Empire in Russia and Central Asia* (Cambridge, Mass. : Harvard University Press, 2006).

(28) НА РТ. Ф. 1. Оп. 6. Д. 835.

(29) *Фархшатов*. Самодержавие и традиционные школы. С. 67–68.

(30) Steinwedel, *Threads of Empire*, 170, 212, 214–215.

(31) ロシア人農民について同様の理解を批判するのは，Seregny, "Zemstvos, Peasants, and Citizenship," 314.

(32) *Салихов*. Татарская буржуазия Казани. С. 24, 29.

(33) *Салихов*. Татарская буржуазия Казани. С. 50–51 ; *1906 sana 16–21 āwghūstda ijtimā' ītmish Rusyā muslimānlarīning nadwasī* (Kazan, 1906), 59–60, 101.

(34) *Waqt*, 16 December 1906, 2.

(35) НА РТ. Ф. 2 (Казанское губернское правление). Оп. 2. Д. 8958. Л. 17–19об.

(36) *Абрамов В. Ф.* Земство, народное образование и просвещение // Вопросы истории. 1998. № 8. С. 47–48.

(37) Eklof, *Russian Peasant Schools*, 117.

(38) ウファ県ベレベイ郡に本拠のあったアフチャモフ家は，19 世紀前半には当地のミシャル軍のアフンドを出した名家だった。本文のイブラヒムの父は，1881-1886 年にベレベイ郡参事会議長，1895-1901 年に宗務協議会名誉書記を務め，第一国会議員にも選出された。イブラヒムの兄イブニヤミンも，第四国会に選出されている。Мусульманские депутаты Государственной думы России. 1906–1917 гг. Сборник документов и материалов / Сост. Л. А. Ямаева. Уфа, 1998. С. 280–281.

(39) *Григорьев П. Н.* Очерк деятельности Уфимского губернского земства по народному образованию 1875–1910 гг. Уфа, 1910. С. 133. 1914 年にカザンの師範学校を卒業した 14 人のうち，7 人は国費，6 人はゼムストヴォの奨学金を受けていた。もう 1 人は，オレンブルグの豪商アフマド・フサイノフが遺したワクフから支給されていた。ちなみに 14 人の卒業生のうち 10 人がウファ県出身だった。*Ṭūrmush*, 6 June 1914, 3.

(40) XXXIV Уфимскому очередному губернскому земскому собранию. Доклад Губернской управы по вопросу о школьной сети в отношении мусульманского населения губернии. Уфа, 1908. С. 1–4, 12.

(41) ЦГИА РБ. Ф. И–295. Оп. 11. Д. 676. Л. 145–148.

(42) *Васильев А. В.* Исторический очерк русского образования в Тургайской области и современное его состояние. Оренбург, 1896. С. 57.

(43) シンフェロポリの師範学校もクリミア・タタール人の知識人形成に多大な貢献をした。Kırımlı, *National Movements*, 29.

(44) *Григорьев*. Очерк деятельности Уфимского губернского земства. С. 126, 129 ; Отчет Уфимской губернской земской управы XXXVIII очередному Уфимскому губернскому земскому собранию по отделу народного образования за 1912 года. Уфа, 1912. С. 6.

(45) Журналы заседаний съезда. С. 408.

（46）*Maktab*, 1（1914）: 7–11 ; 2（1914）: 32–38 ; 3（1914）: 55–61.

（47）*Maktab*, 2（1913）: 40–42 ; *Waqt*, 18 February 1913, 1.

（48）Dowler, *Classroom and Empire*, 201–210.

（49）オレンブルグでは，町の劇場に 3000 人以上のムスリムが集まった。ЦГИА РБ. Ф. И–295. Оп. 11. Д. 914. Л. 60. サラトフのムスリムは，ロシア帝国の中でロシア人と数世紀にもわたって平和共存してきたのだから，我々の民族性を維持することとロシア人としての市民性は両立すると訴えた。Там же. Л. 217. なお，これらの要望書が国会だけでなく，宗務協議会にも送られたことに留意せよ。ムスリムの代表者は協議会に対して，自分たちの利益を政府に代弁する役割を期待していたのである。

（50）Журналы совещания при Уфимской губернской земской управе по вопросу о типе начальной общеобразовательной мусульманской школы 23–25 мая 1911 г. Уфа, 1911. С. 9–11 ; Первый общеземский съезд по народному образованию 1911 года. Доклады. Т. I. М., 1911. С. 690.

（51）Steinwedel, *Threads of Empire*, 215–216.

（52）教育省からの代表二人は議論に参加していない。

（53）Журналы совещания. С. 41–51. この会議には，『ワクト』の編集長ファーティフ・ケリミーも出席していた。会議についての彼の高い評価は，*Waqt*, 3 June 1911, 2.

（54）Отчет Уфимской губернской земской управы. С. 30–32.

（55）*Азаматова*. Деятельность Уфимского земства. С. 154. 県ゼムストヴォの調査によれば，メンゼリンスク郡には県内で最も多くのマクタブがあったが，それはゼムストヴォの支援のおかげだという。*Обухов*. Мектебы Уфимской губернии. С. 9.

（56）*Обухов*. Мектебы Уфимской губернии. С. 30–31.

（57）Там же. С. 40.

（58）*Абрамов*. Земство, народное образование. С. 49.

（59）Журналы совещания при Уфимской губернской земской управе. С. 19, 54–55, 74. 実際，県参事会はこの会議の後，モスクワで予定されていた全ゼムストヴォ大会のために，宗教科目のカリキュラムを作成するよう宗務協議会に要請している。ЦИА РБ. Ф. И–295. Оп. 6. Д. 2588. Л. 1.

（60）Журналы заседаний съезда. С. 12–36.

（61）*Фархшатов*. Самодержавие и традиционные школы. С. 69.

（62）Журналы заседаний съезда. С. 329, 331, 341–342, 345–346.

（63）カザン学区では，ロシア・タタール学校と言ってもロシア人とタタール人が共学していたわけではなかった。そこではタタール語とイスラームに加えて，ロシア語や算術といった普通教育科目が教えられたので「ロシア・タタール」と呼ばれた。オレンブルグ学区では，一部のロシア人と異族人が共学になる場合があり，ムスリムの児童にはイスラームが教えられた。*Эфиров*. Нерусские школы. С. 29, 48–49.

（64）母語の使用をロシア語習得のための補助に限定し，ロシア語学習の開始を早めた点で，この大会の決議は，1913 年 6 月 14 日の「異族人初等学校規則」を先取りするものだった。ムスリムの大きな反発を惹起した 1906 年 3 月 31 日の規則，そしてムスリムの反発を踏まえて改正された 1907 年 11 月 1 日の規則でさえ，母語を「初等教育の道具」として認めていた。また，1906 年と 1907 年の規則は，ロシア語学習の開始を第一学年の後半からとしており，1911 年のウファ県参事会の会議もこれに沿った決定をしていた。

Фархшатов. Самодержавие и традиционные школы. С. 87–88, 247.

（65） Eklof, *Russian Peasant Schools*, 88, 95, 118–119.

（66） Seregny, “Zemstvos, Peasants, and Citizenship.” 戦時中の報道管制にもかかわらず，『ワクト』は，戦況とともにゼムストヴォの活動に多くの紙面を割いた。

（67） *Waqt*, 17 June 1915, 1 ; 20 June 1915, 1–2 ; 13 January 1916, 1–2 ; Журналы I и II совещания по народному образованию при Оренбургской губернской земской управе в 1915 году. Оренбург, 1915. С. 39–42, 44–45 ; Оренбургское губернское земское собрание. 3-я очередная сессия. Доклады по народному образованию. Оренбург, 1916. С. 119, 121–126, 190–226.

（68） Dowler, *Classroom and Empire*, 220.

（69） *Епископ Андрей*. Мнения уфимских земцев о церковных делах. Уфа, 1915. С. 2, 4–19, 32–35, 48–49.

（70） ゼムストヴォ学校に教区学校を対峙させるというこの決定と類似する措置としては，1884 年 6 月 13 日の教区学校に関する法律がある。*Абрамов*. Земство, народное образование. С. 46, 48. 教育省は，1914 年末に義務教育に関する新たな法案を閣僚会議に提出したが，教区学校に特別に予算を配分するなど，国家評議会寄りの法案だった。*Waqt*, 17 December 1914, 1–2.

（71） Robert P. Geraci, *Window on the East : National and Imperial Identities in Late Tsarist Russia* (Ithaca : Cornell University Press, 2001), 285–295. 本書第 4 章第 2 節も見よ。

（72） Jamāl al-Dīn Walīduf, *Millat wa Milliyat* (Orenburg, 1914), 36–38. この場合の「ロシア」は，民族的なロシア人ではなく国家としてのロシアを指す。教育省の掲げる「ロシア市民たること（русская гражданственность）」のロシアは，ロシア人との融合という主張からも分かるように，支配民族としてのロシア人を指す。この違いは教育省，ゼムストヴォ，ムスリムの教育理念の違いを理解する上でも鍵である。

（73） *Maktab* 2 (1913): 57–60 ; 5 (1913): 121–123.

（74） *Maktab* 6 (1913): 145–149.

（75） *Maktab* 1 (1913): 30–32.

（76） Dudoignon, “Un islam périphérique ?” 329.

（77） *Maktab* 3 (1913): 90–92.

（78） Dudoignon, “Un islam périphérique ?” 320–322, 333–335.

（79） *Maktab* 8 (1913): 192–197 ; 10 (1913): 237–242 ; 11 (1913): 283–284. 本来，イスラーム国家が徴収するはずのザカートを慈善協会が集め分配することについては，ムスリム社会で意見が分かれていた。Dudoignon, “Status, Strategies and Discourses,” esp. 51–54 ; *Миннуллин З. С*. Благотворительные общества и проблема закята у татар (конец XIX – нач. XX вв.) // Татарские мусульманские приходы в Росийской империи. Казань, 2006. С. 30–41. 慈善協会の活動は本書第 8 章でも扱う。

（80） *Коблов Я. Д*. Конфессиональные школы казанских татар. Казань, 1916. С. 76–79. コブロフ自身もこの会議に出席し，ムスリムの代表者と対立した。ムスタファ・トゥナは，カザン郡参事会が対立を和らげ，ムスリムとの合意を形成しようと努めたと指摘している。Mustafa Tuna, *Imperial Russia's Muslims : Islam, Empire, and European Modernity, 1788–1914* (Cambridge : Cambridge University Press, 2015), 225–229. なお，カザンのタタール語紙も，カザン県のゼムストヴォの動向とウファ県の成功をよく比較していた。*Qūyāsh*, 2 March 1914, 1 ; *Yūlduz*, 14 March 1914, 1–2.

(81) *Mu'allim* 4 (1913): 50-52.
(82) *Mu'allim* 5 (1914): 66-68.
(83) Walīdī, *Millat wa Millīyat*, 28-29.
(84) *Waqt*, 18 February 1914, 2-3.
(85) Журналы заседаний съезда. С. 310-311.
(86) *Waqt*, 6 August 1914, 1. イブティダーイー，ルシュディー，イウダーディー（i'dādī）という課程の段階でイスラーム教育を組織する発想もまた新しいものだった。これは，オスマン帝国における1869年の公教育法に基づく教育改革の影響を受けたものと考えられる。とはいえ，オスマン帝国ではマドラサと並行する新式学校でこの区分が用いられたのであって，イスラーム教育の内部に課程区分を持ち込んだのは，ヴォルガ・ウラル地域での発明だと思われる。磯貝真澄「ロシア帝国ヴォルガ・ウラル地域ムスリム社会の「新方式」の教育課程」秋葉淳，橋本伸也編『近代・イスラームの教育社会史——オスマン帝国からの展望』昭和堂，2014年，207-208頁。また次も参照。Tuna, *Imperial Russia's Muslims*, esp. 165-166.
(87) 初等教育に世俗化が侵食する中で，マドラサ教育を通じて宗教の領域を積極的に定義しようとするウラマーの姿は，Rozaliya Garipova, "The Protectors of Religion and Community: Traditionalist Muslim Scholars of the Volga-Ural Region at the Beginning of the Twentieth Century," *Journal of the Economic and Social History of the Orient* 59 (2016): 133-134, 145-147.
(88) Акт частного совещания духовных лиц округа Оренбургского магометанского духовного собрания на 14 и 15 декабря 1913 года. Уфа, 1914. この冊子は，ロシア語版とタタール語版（*Ūfādaghī kīngāsh majlisīning qarārlarīna īḍāḥ nāma*）で一冊となっている。1915年にオレンブルグ県参事会付属の異族人教育部は，この冊子300部をムスリムのためのゼムストヴォ図書館を中心に配布した。異族人教育部はこの冊子が，マクタブ・マドラサは専ら宗教的でなければならないという「ロシア・ムスリムの根深い狂信」を根絶するだろうと期待した。Доклады Оренбургской губернской земской управы. С. 9-10.
(89) *Ṭūrmush*, 24 August 1914, 2-3.
(90) *Ṭūrmush*, 26 October 1914, 2. この記事でマフムードフは，オレンブルグ宗務協議会管轄下で，師範学校の建設も含め初等マクタブを整備するのに今後毎年520万ルーブル余りの出資が必要と概算している。これに対してクングルのアフンドは，そんな資金は見つけられないとし，師範学校の建設にしても既存のマドラサを法制化すれば多数のムアッリムを養成できると反論した。*Ṭūrmush*, 16 November 1914, 1-2.
(91) 1914年11月の教育相Л. А. カッソの死後，リベラルの間で権威のあったП. И. イグナチエフが後継者となったことは，ゼムストヴォの教育活動にも多大な影響を与えたと思われる。*Абрамов*. Земство, народное образование. С. 49; Seregny, "Zemstvos, Peasants, and Citizenship," 297.
(92) Журналы I и II совещания. С. 36-37, 41-47. このカリキュラムは，1915年末までにオレンブルグ県内だけではなく，ウファ県のビルスク郡とズラトウスト郡でも正式に採用された。Доклады Оренбургской губернской земской управы. С. 4.
(93) ГАОО. Ф. 15 (Оренбургское губернское по городским и земским делам присутствие). Оп. 1. Д. 202. Л. 37.
(94) *Waqt*, 28 June 1915, 1.

(95) カリキュラムと授業の内容については，Журналы I и II совещания. С. 115-119.
(96) Khalid, *The Politics of Muslim Cultural Reform*, 168-169, 172-175. 以下，ハリドの指摘も踏まえて，ビクチェンタエフの提示した宗教の内容を分析する。
(97) *Валидов Дж*. Очерк истории образованности и литературы татар. Казань, 1998（оригинал М., 1923）. С. 71-72.
(98) 聖史の内容で，アレン・フランクらが分析したブルガールの改宗伝承ではなく，「タタール人のイスラーム受容」が挙がっている点は注意しておいてよい。確かに，聖史ではない歴史の授業（表6-1を参照）では，モンゴル帝国史やロシア史と並んでブルガール史を学ぶことになっていた。しかし，当時のタタール語の歴史に関する著作を分析したカザンの宣教師Я. Д. コブロフ（本書第4章第2節も参照）は，ブルガール史やカザン・ハン国史にも科学的な分析の試みが見られるとして，次のように指摘している。「カザン・タタール人は，預言者に関する宗教的な伝承に以前のようにはもはや満足していない。彼らは自分たちの民族の過去を解明し，この民族が過去においてどのような意味を持ち，将来この民族に何が待ち受けているのかを明らかにし，他の諸民族の中で消えてしまわずに自らの自立を保つために将来の道標を据えようとしている」。Инородческое обозрение. 1916. II/2-3. С. 208-210.
(99) Доклады Оренбургской губернской земской управы. С. 67 ; *Waqt*, 23 January 1916, 1.
(100) *Waqt*, 6 February 1916, 1 ; 2 March 1916, 2-3. より詳細な六年制のカリキュラムは，冊子として別途出版されている。磯貝「ロシア帝国ヴォルガ・ウラル地域」209-210頁。
(101) Бюллетень отдела народного образования 2（1916）. С. 73-79.
(102) *Waqt*, 8 April 1916, 1-2.
(103) *Waqt*, 3 May 1916, 2 ; 3 June 1916, 3 ; 8 June 1916, 2.
(104) Доклады Оренбургской губернской земской управы. С. 67-69, 71-73 ; ГАОО. Ф. 10. Оп. 4. Д. 10/9. Л. 62об.-63.

第7章　国民軍の中の宗派国家

(1) *Waqt*, 19 September 1915, 2.
(2) Царская армия в период мировой войны и Февральской революции（материалы к изучению истории империалистической и гражданской войны）. Казань, 1932. С. 187. 第三軍はオーストリアのガリツィアに侵攻した軍。
(3) РГИА. Ф. 821. Оп. 8. Д. 1064. Л. 127.
(4) 西山克典『ロシア革命と東方辺境地域』北海道大学図書刊行会，2002年，166-183頁。Tomohiko Uyama, “Two Attempts at Building a Qazaq State : The Revolt of 1916 and the Alash Movement,” in Stéphan A. Dudoignon and Hisao Komatsu, eds., *Islam in Politics in Russia and Central Asia (Early Eighteenth to Late Twentieth Centuries)* (London : Kegan Paul, 2001), 77-98.
(5) *Тагиров И. Р.* Солдаты-татары и башкиры в борьбе за власть советов // Революционное движение в русской армии в 1917 году. М., 1981. С. 239-247. この問題に関するソ連時代の水準を知るには，山内昌之『神軍 緑軍 赤軍——イスラーム・ナショナリズム・社会主義』ちくま学芸文庫，1996年，279-321頁。近年では白軍側のムスリム兵士の動向も解明されている。*Багаутдинов Р. О.* Участие башкир в Белом движении（1917-1920 гг.）. Уфа, 2009 ; 西山克典「クルバンガリー追尋——もう一つの「自治」を求めて」『ロシ

アの中のアジア/アジアの中のロシア（I）』スラブ研究センター研究報告集第3号，2004年7月，37-57頁。第一次世界大戦時に関しては，*Захаров М.* Национальное строительство в Красной армии. М., 1927. 主題は赤軍内の民族部隊の形成だが，第1章で帝国軍を扱う。最近の論考は，*Исхаков С. М.* Тюрки-мусульмане в российской армии（1914-1917）// Тюркологический сборник : 2002 : Россия и тюркский мир. Москва, 2003. С. 245-280 ; он же. Первая мировая война глазами российских мусульман // Россия и Первая мировая война（материалы международного научного коллоквиума）. СПб., 1999. С. 419-431.

（6）Мусульмане и мусульманское духовенство в военном ведомстве Российской империи : сборник законодательных актов, нормативно-правовых документов и материалов / Под ред. Х. М. Абдуллин. Казань, 2009 ; он же, Мусульманское духовенство и военное ведомство Российской империи（конец XVIII - начало XX вв.）: Дис. ... канд. ист. наук. Казань, 2007 ; *Загидуллин И. К.* Мусульманское богослужение в учреждениях Российской империи（Европейская часть России и Сибирь）. Казань, 2006. Глава 1 ; D. D. Azamatov, "Orenburg Mohammedan Assembly and Issues of Military Service of Moslems in the Russian Army（the End of the 18th - the Beginning of the 20th Century）," *Türk 5*（Ankara, 2002）: 744-752 ; *Рахимов Р. Н.* Ислам под военным мундиром : правовое положение мусульман в Российской имперской армии // Шариат : теория и практика. Материалы межрегиональной научно-практической конференции. Уфа, 2000. С. 116-120. また，ロシア帝国のイスラーム行政を包括的に論じたアラポフも，大きな関心を寄せている。*Арапов Д. Ю.* Система государственного регулирования ислама в Российской империи（последняя треть XVIII - начало XX вв.）. М., 2004.

（7）有益な概観としては，*Лапин В.* Армия империи - империя в армии : организация и комплектование вооруженных сил России в XVI - начале XX вв. // Ab Imperio 4（2001）. С. 109-138.

（8）Sean Pollock, "'As One Russian to Another' : Prince Petr Ivanovich Bagration's Assimilation of Russian Ways," *Ab Imperio* 4（2010）: 113-142, esp. 138-139.

（9）南ウラルのバシキール人の取り込みについては，Robert F. Baumann, "Subject Nationalities in the Military Service of Imperial Russia : The Case of the Bashkirs," *Slavic Review* 46（1987）: 489-502. カザフ草原とトルキスタンを征服する過程におけるクルグズ・エリートの取り込みについては，秋山徹『遊牧英雄とロシア帝国——あるクルグズ首領の軌跡』東京大学出版会，2016年，第2章。北コーカサスについては，Michael Khodarkovsky, *Bitter Choices : Loyalty and Betrayal in the Russian Conquest of the North Caucasus*（Ithaca : Cornell University Press, 2011）.

（10）Joshua Sanborn, *Drafting the Russian Nation : Military Conscription, Total War, and Mass Politics, 1905-1925*（DeKalb : Northern Illinois University Press, 2003）.

（11）宇山智彦「「個別主義の帝国」ロシアの中央アジア政策——正教化と兵役の問題を中心に」『スラヴ研究』53号，2006年，40-57頁。

（12）*Waqt*, 8 April 1910, 1. ユダヤ人が宗教生活と愛国心を調和させてロシア軍に統合されていたことについては，Yohanan Petrovsky-Shtern, *Jews in the Russian Army, 1827-1917 : Drafted into Modernity*（Cambridge : Cambridge University Press, 2009）. 1905年後の国会におけるユダヤ人の徴兵に関する議論は，ibid., 240-248.

(13) Mark von Hagen, “The Limits of Reform : The Multiethnic Imperial Army Confronts Nationalism, 1874-1917,” in David Schimmelpenninck van der Oye and Bruce W. Menning, eds., *Reforming the Tsar's Army : Military Innovation in Imperial Russia from Peter the Great to the Revolution* (Cambridge : Cambridge University Press, 2004), esp. 46-52. コーカサスと東アナトリアについては，Michael A. Reynolds, *Shattering Empires : The Clash and Collapse of the Ottoman and Russian Empires, 1908-1918* (Cambridge : Cambridge University Press, 2011).

(14) 濱本真実『「聖なるロシア」のイスラーム——17-18世紀タタール人の正教改宗』東京大学出版会，2009年，47-48，55-58頁。

(15) *Лапин*. Армия империи. С. 112, 120-122, 125-127. 1914年7月の陸軍省の見解によれば，南北コーカサスのムスリムの大部分は「天然の戦士」だったが，彼らを徴兵対象とすることに内務省は難色を示した。中央アジアと同様，コーカサスの諸民族についても，民族ごとの特性に応じた個別主義的対応があったことについては，*Захаров*. Национальное строительство. С. 15-16, 18-19.

(16) 18世紀末にロシア帝国に編入されたクリミア半島が，ゼムストヴォ等の大改革の恩恵を受け，現地のタタール人が国民皆兵制の対象になったことは，ノヴォロシア地域が帝国では例外的に「内地県」に編入されたことと無関係ではないだろう。*Мацузато К*. Генерал-губернаторства в Российской империи : от этнического к пространственному подходу // Новая имперская история постсоветского пространства. Казань, 2004. С. 432, 457.

(17) Ислам в Российской империи (законодательные акты, описания, статистика) / Сост. Д. Ю. Арапов. М., 2001. С. 263-265. 宣誓のテクストは，1860年代前半に作成された。作成の際，宗教上の語句の観点から内務省外国信仰宗務局が助言し，上記の言葉への翻訳は外務省アジア局が行った。РГВИА. Ф. 1. Оп. 1. Д. 25265.

(18) そもそもウファの宗務協議会の創設に，カザフ人を懐柔する意図もあったことを想起せよ（第2章第3節を参照）。

(19) *Загидуллин. Мусульманское богослужение*. С. 58-60 ; *Рахимов*. Ислам под военным мундиром. С. 119-120.

(20) バシキリアのカントン制については，*Асфандияров А. З*. Кантонное управление в Башкирии (1798-1865 гг.). Уфа, 2005.

(21) Ислам в Российской империи. С. 98.

(22) *Арапов*. Система государственного регулирования. С. 80-81.

(23) Ислам в Российской империи. С. 126-127, 136.

(24) Там же. С. 136-137.

(25) Там же. С. 138-139.

(26) Там же. С. 161.

(27) Там же. С. 162, 164. ポーランド反乱が鎮圧された1864年時点で，ワルシャワには300人ほどのムスリム兵士がいた。彼らは自分たちの中からムッラー1名とムアッズィン1名を選出し，首都やその他の都市の軍と同様の定員表に含まれるムッラーとしてこの2名を承認するよう請願した。これに応じて陸軍省査閲局（Инспекторский департамент）は，内務省宗務局と連絡を取って，ワルシャワの従軍ムッラー職設置案を作成した。РГВИА. Ф. 1. Оп. 1. Д. 26561. Л. 1-7.

(28) РГИА. Ф. 821. Оп. 8. Д. 1064. Л. 1, 5, 30-31 ; Полное собрание законов Российской

империи. Т. 52. № 57518（26 июня 1877 года）; Petrovsky-Shtern, *Jews in the Russian Army*, 68.

（29）РГВИА. Ф. 400. Оп. 14. Д. 16265. Л. 2–2об., 49–49об.; *Муфтийзаде И. М.* Очерк столетней военной службы крымских татар с 1784–1904 г. Симферополь, 1905. С. 40–47.

（30）Baumann, “Subject Nationalities,” 497, 499–501. その他のバシキール人は，一般規則に服した。オレンブルグ県のバシキール人部隊は1882年に廃止され，予備役に回された。ただし，戦時に限って民警を組織することは認められた。

（31）РГВИА. Ф. 400. Оп. 14. Д. 16265. Л. 3, 5, 21–23, 25–32, 50об.–52, 61–62.

（32）内務省外国信仰宗務局の文書によれば，1903年に兵役に就いた者のうち，実に75％（237,414人）が正教徒で，正教以外のキリスト教徒は14％（44,251人），ユダヤ教徒は5.7％（17,844人），ムスリムは3.3％（10,292人）。1905年ではそれぞれ79％（351,736人），12％（54,082人），3.8％（16,725人），3.3％（14,592人）。РГИА. Ф. 821. Оп. 10. Д. 829. Л. 71, 80.

（33）РГВИА. Ф. 1. Оп. 1. Д. 69520. Л. 1.

（34）РГИА. Ф. 821. Оп. 8. Д. 1064. Л. 162об.–163об.

（35）Там же. Л. 71.

（36）ЦИА РБ. Ф. И–295. Оп. 11. Д. 805（紙番号なし）; Оп. 8. Д. 1120. Л. 12.

（37）この時の協議会による膨大な業務の軌跡は以下に残されている。ЦИА РБ. Ф. И–295. Оп. 11. Д. 805.

（38）ЦИА РБ. Ф. И–295. Оп. 8. Д. 1120. Л. 10–12. ロシア軍の中のムッラーによる手紙は，首都サンクトペテルブルグで当地の高位聖職者（アフンド）が1905年9月から出していた新聞『ヌル（光）』にも掲載されている。これは，当時ウファの宗務協議会の委員（カーディー）だったリザエッディン・ファフレッディンが提供した。例えば，上記のアーカイヴ文書に相当するものは，*Nūr*, 1 October 1905, 3.

（39）РГИА. Ф. 821. Оп. 8. Д. 1064. Л. 82, 83, 86, 90, 92–93; ЦИА РБ. Ф. И–295. Оп. 8. Д. 1120. Л. 22.

（40）上記二人以外については，РГИА. Ф. 821. Оп. 8. Д. 1064. Л. 84, 108, 111, 122. ムッラーの名前のアラビア文字表記は次を参照。*Nūr*, 1 October 1905, 2.

（41）ЦИА РБ. Ф. И–295. Оп. 8. Д. 1120. Л. 33.

（42）ЦИА РБ. Ф. И–295. Оп. 8. Д. 1120. Л. 51–52.

（43）ЦИА РБ. Ф. И–295. Оп. 11. Д. 715. Л. 121.

（44）1905年4月9日，第二満洲軍のスルタンガリエフは，第二軍当直将官（dezhurnyi general）に対して，医療施設のムッラーとして65人の候補者を挙げた。彼らが承認されたことは7月28日にスルタンガリエフからムフティーに報告された。ЦИА РБ. Ф. И–295. Оп. 8. Д. 1120. Л. 146–149; Оп. 11. Д. 715. Л. 123.

（45）ЦИА РБ. Ф. И–295. Оп. 8. Д. 1120. Л. 56. 沿海州軍管区の従軍ムッラー，ラフマンクロフとニコリスク・ウスリースクのハキムジャン・イスハーコフが宗務協議会に書籍の送付を求めた手紙は，*Nūr*, 14 October 1905, 2–3.

第5章で言及したように，宗務協議会は標準となるヒジュラ暦のカレンダーを作成していたので，それを従軍ムッラーや軍当局に示すことは軍内でイスラーム的な生活を守る上で極めて重要だった。第一次大戦時ではあるが，例えば1914年8月14日に内務省宗務局は宗務協議会に対して，1913年11月1日の参謀本部の通達でムスリム兵が任務から解かれることになっている祭日が，1915年にはユリウス暦で何日にあたるのかと問

い合わせている。ЦИА РБ. Ф. И-295. Оп. 11. Д. 922（紙番号なし）.

（46）ЦИА РБ. Ф. И-295. Оп. 8. Д. 1120. Л. 81. この文書でラフマンクロフは，「沿アムール軍管区」のムッラーとなっている。また次も参照。*Nūr*, 14 October 1905, 3.

（47）Там же. Л. 90.

（48）ЦИА РБ. Ф. И-295. Оп. 8. Д. 1120. Л. 24 ; РГИА. Ф. 821. Оп. 8. Д. 1064. Л. 84.

（49）宗務協議会は，隣の上ウラリスク郡のアフンドに，ガイサ・ラスーレフがどの機関の指示で極東に向かったのか調査するよう要請している。ЦИА РБ. Ф. И-295. Оп. 8. Д. 1120. Л. 30.

（50）ЦИА РБ. Ф. И-295. Оп. 8. Д. 1120. Л. 45, 46 ; *Nūr*, 3 November 1905, 2-3.

（51）ラスーレスは，回民の礼拝の仕方，モスクの建築様式，葬儀，被り物をしない女性，商魂の逞しさなども記録している。*Nūr*, 6 November 1905, 2-3.

（52）ЦИА РБ. Ф. И-295. Оп. 8. Д. 1120. Л. 138 ; *Nūr*, 6 December 1905, 4.

（53）РГИА. Ф. 821. Оп. 133. Д. 599. Л. 81а-82. 1840年代に出た一連の法令によって，ムスリムに授与される勲章には，十字架の代わりにツァーリの紋章である双頭の鷲が置かれていた。*Ногманов А.* Мусульмане Волго-Уральского региона в Российском законодательстве XIX в. // Новая волна в изучении этнополитической истории Волго-Уральского региона. Сборник статей / Под ред. К. Мацузато. Саппоро, 2003. С. 199.

（54）ЦИА РБ. Ф. И-295. Оп. 8. Д. 1120. Л. 196, 216-218.

（55）"Radjab," *Encyclopaedia of Islam* (new edition), 375. 1910年の内勤規則（Устав внутренней службы）によれば，この両日ともムスリム兵士が任務から解かれることになっている。*Арапов.* Ислам в Российской империи. С. 266.

（56）ЦИА РБ. Ф. И-295. Оп. 11. Д. 715. Л. 143об.-144об.

（57）ЦИА РБ. Ф. И-295. Оп. 11. Д. 715. Л. 131-132.

（58）РГИА Ф. 821. Оп. 8. Д. 631. Л. 11-16.

（59）Riḍā' al-Dīn b. Fakhr al-Dīn, *Rusīya muslimānlarīning iḥtiyājlarī wa ānlar ḥaqqinda intiqād* (Orenburg, 1906), 7 ; *Bayān al-Ḥaqq*, 1 August 1906, 3.

（60）РГИА Ф. 821. Оп. 8. Д. 631. Л. 9.

（61）ЦИА РБ. Ф. И-295. Оп. 8. Д. 1120. Л. 113.

（62）Ислам в Российской империи. С. 177-178 ; Полное собрание законов Российской империи. Т. 25. Отделение I. № 26126.（17 апреля 1905 года）.

（63）РГИА. Ф. 821. Оп. 8. Д. 1064. Л. 127-128. ダゲスタン非正規騎馬連隊（Дагестанский конно-иррегулярный полк）は，1850年12月16日の法令に基づいて，現地民の志願兵から構成された軍。そのムッラーはアヴァール人から出すこととされた。Ислам в Российской империи. С. 150-151. ちなみにこの騎馬連隊は，1904年1月31日の勅令で日露戦争にも動員されている。*Козубский Е. И.* История Дагестанского конного полка. Петровск, 1909. С. 295-299.

（64）Там же. Л. 131. 132. 142.

（65）この会議の議事録は，РГИА. Ф. 821. Оп. 8. Д. 1064. Л. 162-167об. 議事録は内務省宗務局と参謀本部にも提出された。

（66）会議の出席者の一人で，第三満洲軍のムッラー，ラスーレフによれば，日露戦争時，第5軍団第54師団の師団長は，同郷のムスリムから成る複数の部隊の結成を試みて，その強化された規律を肯定的に評価していたという。Там же. Л. 166об.

（67）РГИА. Ф. 821. Оп. 8. Д. 1064. Л. 143-144.

（68）Там же. Л. 175-177.

（69）うちワルシャワの守備隊には1800人いた。ワルシャワでは1820年代にムスリム人口が増え始め，とりわけ1830-31年のポーランド蜂起後，ロシア軍の進駐によって増加した。1865年にペテルブルグ・チラスポリ間の鉄道が開通すると，ムスリムはさらに流入した。*Гришин Я. Я.* Польско-литовские татары : Взгляд через века. Казань, 2000. С. 82-83.

（70）ムスリムの多い駐屯地は以下の通り。ドヴィンスクに1599人，スヴァルキに540人，リバヴァに236人，モギリョフに212人，ヴィテプスクに186人。РГИА. Ф. 821. Оп. 8. Д. 1064. Л. 176.

（71）РГВИА. Ф. 1. Оп. 1. Д. 69520. Л. 7-8, 31-33.

（72）РГВИА. Ф. 1. Оп. 1. Д. 69520. Л. 22-23, 30.

（73）*Maʻlūmāt* 16（1908）: 354-355.

（74）Полное собрание законов Российской империи. Т. 28. № 30503（19 июня 1908 года）. また，宗務協議会の機関誌に掲載された法律を見たムッラーが応募することもあった。*Maʻlūmāt* 19（1908）: 424-426 ; РГИА. Ф. 821. Оп. 8. Д. 1091. Л. 213.

（75）複数の候補者から従軍ムッラーが決まっていく具体的な過程は，以下の文書に反映されている。РГИА. Ф. 821. Оп. 8. Д. 1091.

（76）РГИА. Ф. 821. Оп. 8. Д. 1091. Л. 63-64.

（77）РГИА. Ф. 821. Оп. 8. Д. 1091. Л. 56, 137, 171-173, 207, 198.

（78）ЦИА РБ. Ф. И-295. Оп. 6. Д. 3044. Л. 1-2, 10.

（79）ЦИА РБ. Ф. И-295. Оп. 6. Д. 2018. Л. 1, 3об.-4об.

（80）ЦИА РБ. Ф. И-295. Оп. 6. Д. 2017. Л. 2, 4, 8 ; Д. 2018. Л. 13, 14-15.

（81）ЦИА РБ. Ф. И-295. Оп. 6. Д. 2717. Л. 5-6.

（82）СЗ. Т. 11. Ч. 1. изд. 1857 г. Ст. 1231.

（83）СЗ. Т. 11. Ч. 1. изд. 1857 г. Ст. 1205, 1240 ; изд. 1896 г. Ст. 1393, 1419, 1426.

（84）Сборник циркуляров. С. 86-87, 112-113.

（85）土屋好古『「帝国」の黄昏，未完の「国民」――日露戦争・第一次革命とロシアの社会』成文社，2012年，174頁。

（86）例えば，ЦИА РБ. Ф. И-295. Оп. 11. Д. 805. Резолюция на 12 января 1905 г.

（87）РГИА. Ф. 1276. Оп. 2. Д. 593. Л. 130-130об.

（88）*Nūr*, 25 September 1905, 1-3.

（89）*Waqt*, 11 May 1908, 1 ; 17 May 1908, 3.

（90）*Waqt*, 24 March 1911, 1.

（91）Государственная дума. Третий созыв. Стенографические отчеты. 1912 г. Сессия пятая. Ч. II. СПб., 1912. С. 1135-1143, 1159. ムスリム会派のテフケレフとエニケエフは『ワクト』に電報で知らせた。*Waqt*, 2 February 1912, 1.

（92）РГИА Ф. 821. Оп. 133. Д. 543. Л. 19-21об. トルキスタン総督も，徴兵制が導入される場合には，宗教者の徴兵免除は行わない考えだった。Там же. Л. 32.

（93）*Waqt*, 5 January 1910, 1. これに対して日本ではムスリムの捕虜に別個の兵舎，イスラームに則った食事や礼拝施設が与えられていた。オルスク郡出身のムスリム兵士の記録を参照。ʻAbd al-Khāliq b. ʻAin al-Dīn Aḥmīrūf, *Yāpūn muḥārabasī yākhūd tātār ṣāldātī* (Kazan, 1909), 19. 宗務協議会の元カーディーでロシア・ムスリムの指導者の一人，アブデュルレ

シト・イブラヒムも1909年初めに来日したとき，このことを知った。アブデュルレシト・イブラヒム，小松香織・小松久男訳『ジャポンヤ——イスラム系ロシア人の見た明治日本』第三書館，1991年，190頁。

(94) РГВИА. Ф. 400. Оп. 15. Д. 2805. Л. 1-5об., 7об.-8, 52об., 71-71об. 以下も参照。Gregory Vitarbo, “Nationality Policy and the Russian Imperial Officer Corps, 1905-1914,” *Slavic Review* 66, no. 4 (2007) : 682-701.

(95) *Waqt*, 28 April 1915, 3 ; 16 May 1915, 3 ; 18 November 1915, 3. ハフィゾフには，アレクサンドロフ大綬の金メダルが授与されている。*Waqt*, 2 May 1915, 3.

(96) *Waqt*, 16 June 1915, 3.

(97) РГИА Ф. 821. Оп. 133. Д. 599. Л. 51-51об., 56-57.

(98) РГИА Ф. 821. Оп. 133. Д. 599. Л. 78-79.

(99) ЦИА РБ. Ф. И-295. Оп. 11. Д. 845 Л. 103.

(100) РГИА Ф. 821. Оп. 133. Д. 599. Л. 94, 95, 104, 108, 120, 125, 129, 133, 138.

(101) 少なくともウファ県では，ジャディードであるか否かは調査されていない。以下のファイルの後半を見よ。ЦИА РБ. Ф. И-295. Оп. 11. Д. 971.

(102) НА РТ. Ф. 1 Оп. 6. Д. 663. Л. 167, 168.

(103) Там же. Л. 43, 44.

(104) Там же. Л. 66, 69.

(105) РГИА Ф. 821. Оп. 133. Д. 599. Л. 2а-2б, 4-6об., 9-11.

(106) РГИА Ф. 821. Оп. 133. Д. 599. Л. 18-20, 31-33, 43-45 ; *Исхаков С. М.* Российские мусульмане и революция (весна 1917 г.- лето 1918 г.). М., 2004. С. 198.

(107) *Qūyāsh*, 31 December 1914, 2. この動揺はカザン県知事も観察していた。РГИА Ф. 821. Оп. 133. Д. 599. Л. 61.

(108) *Waqt*, 17 August 1916, 4.

(109) Царская армия в период мировой войны. С. 203.

(110) *Ṭūrmush*, 27 August 1914, 2.

(111) РГИА Ф. 821. Оп. 133. Д. 543. Л. 87-89.

(112) РГИА Ф. 821. Оп. 133. Д. 543. Л. 81-86, 103, 108.

(113) РГИА Ф. 821. Оп. 133. Д. 543. Л. 152-154, 168, 354, 361.

(114) РГИА Ф. 821. Оп. 133. Д. 543. Л. 394, 396-399.

(115) РГИА Ф. 821. Оп. 133. Д. 543. Л. 173-175, 191-192, 363-368.

(116) РГИА Ф. 821. Оп. 133. Д. 543. Л. 161, 184-185.

(117) РГИА Ф. 821. Оп. 133. Д. 543. Л. 206, 218.

(118) РГИА Ф. 821. Оп. 133. Д. 543. Л. 227, 229, 248-249 ; ЦИА РБ. Ф. И-295. Оп. 11. Д. 914. Л. 46 ; *Waqt*, 17 April 1916, 3.

(119) РГИА Ф. 821. Оп. 133. Д. 543. Л. 208-216об., 233-234.

(120) РГИА Ф. 821. Оп. 133. Д. 543. Л. 245, 246.

(121) РГИА Ф. 821. Оп. 133. Д. 543. Л. 251, 259.

(122) РГИА Ф. 821. Оп. 133. Д. 543. Л. 288, 290 ; *Waqt*, 25 October 1916, 3 ; 2 December 1916, 3 ; 9 December 1916, 2-3.

(123) *Waqt*, 25 October 1916, 1-2 ; 2 November 1916, 1-2.

(124)『ワクト』編集部も，1898年生まれのムアッリムに猶予が与えられるか否かを問う手

紙を受け取っていたので，国会のムスリム会派と宗務協議会に迅速な対応を求めた。*Waqt*, 27 November 1916, 1-2.

(125) РГИА Ф. 821. Оп. 133. Д. 543. Л. 293.

(126) РГИА Ф. 821. Оп. 133. Д. 543. Л. 302-304.

(127) РГИА Ф. 821. Оп. 133. Д. 543. Л. 345.

(128) ЦИА РБ. Ф. И-295. Оп. 11. Д. 914. Л. 56.

(129) РГИА Ф. 821. Оп. 133. Д. 543. Л. 329об., 338об., 342. 非正教徒を管轄する内務省宗務局は 1917 年 8 月に宗教省（Министерство исповеданий）に移管された。

(130) Царская армия. С. 189, 195.

(131) Царская армия. С. 196. カザンの『コヤシュ』は，終戦後に戦時の貢献に対して与えられる文化的，法的な報酬を期待して，ムスリムの英雄的な活躍や勲章の話を集めてロシア語の出版物に掲載するように努力すべきだと訴えた。НА РТ. Ф. 1. Оп. 6. Д. 1299. Л. 12.

(132) Царская армия. С. 198.

(133) *Исхаков*. Российские мусульмане. С. 332-343. 引用は，*Исхаков*. Тюрки-мусульмане. С. 265-266. また次の著作は，新しいロシア共和国がいつでも頼ることのできる兵士としてムスリムの有能さを称え，彼らが独自の部隊を組織することに理解を示している。*Тамарин А*. Мусульмане на Руси. М., 1917. С. 28-31.

第 8 章　総力戦の中の公共圏

(1) *Мәхмүтова А. Х.* Вакыт инде : без дә торыйк... (Җәдидчелек һәм хатын-кызлар хәрәкәте формалашу) : очерклар. Казан, 2012. 付録写真の 3 頁目。

(2) *Qūyāsh*, 31 December 1914, 2.

(3) *Waqt*, 11 December 1914, 2.

(4) *Qūyāsh*, 16 December 1914, 3.

(5) Adele Lindenmeyr, *Poverty Is Not a Vice : Charity, Society, and the State in Imperial Russia* (Princeton : Princeton University Press, 1996), chapter 9. カザンの慈善協会については，*Салихов Р. Р.* Татарская буржуазия Казани и национальные реформы второй половины XIX - начала XX в. Казань, 2001. С. 67-82. ムスリムの慈善協会についての包括的な研究は俟たれるところである。

(6) *Асташов А. Б.* Союзы земств и городов и помощь раненым в Первую мировую войну // Отечественная история. 1992. № 6. С. 169-172.

(7) こうした募金活動について，聖職者が専制国家と一体となって民衆を搾取していたと解釈している点で時代の制約を免れていないとはいえ，貴重な史料を提示しているのは，*Климович Л.* Ислам в царской России. М., 1936. С. 298-300.

(8) Scott J. Seregny, “Zemstvos, Peasants, and Citizenship : The Russian Adult Education Movement and World War I,” *Slavic Review* 59, no. 2 (2000) : 290-315 ; Charles R. Steinwedel, *Threads of Empire : Loyalty and Tsarist Authority in Bashkiria, 1552-1917* (Bloomington : Indiana University Press, 2016), 229-230.

(9) トルキスタンの女性については，Marianne Kamp, *The New Woman in Uzbekistan : Islam, Modernity, and Unveiling under Communism* (Seattle : University of Washington Press, 2006), 54-58. 第一次大戦前のクリミア，ヴォルガ中流域，バクーのムスリム共同体における女性の役割に関する言論については，Azade Ayşe Rorlich, “Intersecting Discourses in the Press

of the Muslims of Crimea, Middle Volga and Caucasus : The Women Question and the Nation," in Feride Acar and Ayşe Günes-Ayata, eds., *Gender and Identity Construction : Women of Central Asia, the Caucasus and Turkey* (Leiden : Brill, 2000), 143-161. タタール語雑誌におけるロシア女性同権同盟とその指導者ポリクセナ・シーシキナ＝ヤヴェインの活動に関する記事は，*Sūyum Bīka* 13 (1916): 225-227.

(10) この雑誌の論調の変化については，磯貝（生田）真澄「ロシア帝政末期ムスリム知識人による女性をめぐる議論——雑誌『スユム・ビケ（Sūyum Bīka）』（カザン，1913-1918）を中心に」『神戸大学史学年報』24号，2009年，1-32頁。

(11) Ellen L. Fleischmann, "The Other 'Awakening' : The Emergence of Women's Movements in the Modern Middle East, 1900-1940," in Margaret L. Meriwether and Judith E. Tucker, eds., *Social History of Women and Gender in the Modern Middle East* (Boulder : Westview Press, 1999), esp. 100-116 ; Fatma Müge Göçek, "From Empire to Nation : Images of Women and War in Ottoman Political Cartoons, 1908-1923," in Billie Melman, ed., *Borderlines : Genders and Identities in War and Peace, 1870-1930* (New York : Routledge, 1998), esp. 48-53.

(12) オレンブルグの『シューラー』誌に掲載された以下の「読者からの手紙（Murāsala wa Mukhābara)」の欄を参照。*Shūrā* 11 (1917): 262-263 ; 13 (1917): 307-310. 興味深いことに，読者からの手紙はいずれもトルキスタンからであり，これに対する編集部からの回答は，ヴォルガ・ウラル地域のムスリムが国際的に見ても進歩的であることを，中央アジアの人々の後進性と際立たせる書き方をしている。

(13) 土屋好古『「帝国」の黄昏，未完の「国民」——日露戦争・第一次革命とロシアの社会』成文社，2012年。

(14) その意味で，専制権力の代行者オリデンブルグスキー公による保養地事業を論じた以下の論考の問題関心とも通じる。池田嘉郎「専制，総力戦と保養地事業——衛生・後送部門最高指揮官オリデンブルグスキー」『ロシア史研究』84号，2009年。

(15) これに対して，マハッラの資金管理をめぐる宗務協議会と慈善協会との競合関係を強調するのは，Stéphan A. Dudoignon, "Status, Strategies and Discourses of a Muslim 'Clergy' under a Christian Law : Polemics about the Collection of the *Zakât* in Late Imperial Russia," in Stéphan A. Dudoignon and Hisao Komatsu, eds., *Islam in Politics in Russia and Central Asia (Early Eighteenth to Late Twentieth Centuries)* (London : Kegan Paul, 2001), esp. 52-55.

(16) *фон Хаген М.* Великая война и искусственное усиление этнического самосознания в Российской империи // Россия и Первая мировая война (материалы международного научного коллоквиума). СПб., 1999. С. 385-405.

(17) Eric Lohr, *Nationalizing the Russian Empire : The Campaign against Enemy Aliens during World War I* (Cambridge, Mass. : Harvard University Press, 2003).

(18) Steinwedel, *Threads of Empire*, 231-236 ; Башкирия в годы Первой мировой войны. 1914-1918 : Сборник документов и материалов. Уфа, 2014. С. 285-298, 318-319. アンドレイ主教については，本書の第4章と第6章第2節でも言及した。避難民については，Peter Gatrell, *A Whole Empire Walking : Refugees in Russia During World War I* (Bloomington : Indiana University Press, 1999).

(19) もちろん本章は，愛国やロシア・ムスリムの一体感が支配的なムスリムの声だったと主張しているのではない。むしろこれは新聞・雑誌の史料としての限界を示している。戦時の経験の多様性は今後解明されるべき重要な課題である。例えばダニエル・ロスは，

当時のタタール語の文学作品からムスリム社会に蔓延する絶望感や窮境を読み取っている。ただし彼女は，慈善活動など社会の実態に迫る分析はしていない。Danielle M. Ross, “From the Minbar to the Barricades : The Transformation of the Volga-Ural ‘Ulama into a Revolutionary Intelligentsia, 1860-1918” (PhD diss., University of Wisconsin-Madison, 2011), esp. 426-434.

(20) ЦИА РБ. Ф. И-295. Оп. 11. Д. 715. Л. 169 ; Д. 786. Л. 1.

(21) ЦИА РБ. Ф. И-295. Оп. 11. Д. 715. Л. 30.

(22) ЦИА РБ. Ф. И-295. Оп. 11. Д. 40 (紙番号なし).

(23) ЦИА РБ. Ф. И-295. Оп. 11. Д. 230 (紙番号なし).

(24) РГИА. Ф. 821. Оп. 133. Д. 625. Л. 79-80.

(25) ЦИА РБ. Ф. И-295. Оп. 11. Д. 878 (紙番号なし). しかし，4 月 2 日には，イスタンブルのシェイヒュルイスラームによるトルコ海軍のための寄付の呼びかけに応じないようにとの通達が宗務協議会から出ていた。このことがムスリム社会内部の政治で利用されてしまったことは，第 4 章第 1 節で言及した。

(26) ЦИА РБ. Ф. И-295. Оп. 11. Д. 248. Л. 358.

(27) 管区内各地からの応答は，Там же. Д. 789, Д. 836, Д. 845.

(28) Там же. Д. 845. Л. 132

(29) Там же. Д. 845. Л. 253.

(30) 例えば，オレンブルグ，トロイツク，カルガルのムスリム社会，チェリャビンスクのユダヤ人社会とツァーリとの「対話」は，ГАОО. Ф. 10. Оп. 4. Д. 437. Л. 77, 85, 91, 413, 424, 711. カザンのロシア語紙によれば，ガリツィアのリヴォフ占領の報を受けて，8 月 24 日にカザンのアフンドが行った祈りは，ムスリムに大きな愛国心を引き起こした。Казанский телеграф. 28 августа 1914.

(31) РГИА. Ф. 821. Оп. 133. Д. 598. Л. 190.

(32) НА РТ. Ф. 199. Оп. 1. Д. 948. Л. 170, 175, 183. 同じ頃，オレンブルグ県知事も，いかなる些細な扇動の兆候でも，直ちに容疑者を拘束するよう県内の警察に指示している。ГАОО. Ф. 10. Оп. 4. Д. 437. Л. 933.

(33) *Qūyāsh*, 23 November 1914, 1.

(34) РГИА. Ф. 821. Оп. 133. Д. 603. Л. 172.

(35) НА РТ. Ф. 199. Оп. 1. Д. 1026. Л. 29.

(36) ГАОО. Ф. 10. Оп. 4. Д. 437. Л. 77, 702-704.

(37) Камско-волжская речь. 10 сентября ; 16 сентября 1914.

(38) РГИА. Ф. 821. Оп. 133. Д. 603. Л. 33-33об.

(39) *Ṭūrmush*, 31 October 1914, 1 ; *Qūyāsh*, 25 November 1914, 1-2.

(40) РГИА. Ф. 821. Оп. 133. Д. 598. Л. 21-22об.

(41) *Waqt*, 28 November 1914, 1.

(42) *Waqt*, 30 November 1914, 1-2 ; *Qūyāsh*, 28 November 1914, 1.

(43) *Waqt*, 13 December 1914, 1.

(44) *Waqt*, 6 December 1914, 1.

(45) *Waqt*, 9 December 1914, 1.

(46) *Qūyāsh*, 14 December 1914, 3.

(47) 南ウラルにバシキール人を軍事身分として統治するカントン制が敷かれていた 1820 年

代に，バシキール人，ミシャル，テプチャルから徴収された資金。当時は軍基金（войсковой капитал）と呼ばれていた。1865年のカントン制廃止に伴い，それまで貯蓄された約300万ルーブルは国庫に移管された。*Асфандияров А. З.* Кантонное управление в Башкирии（1798-1865 гг.）. Уфа, 2005. С. 136-137, 182.

（48）Сборник законов о мусульманском духовенстве в Таврическом и Оренбургском округах и о магометанских учебных заведениях. Казань, 1902. С. 10, 12-13.

（49）すでに1914年11月にタヴリーダ宗務管理局は，廃止されたモスクのワクフから5万ルーブルを，クリミア騎兵皇帝連隊（Крымский конный Его Величества полк）の傷病軍人の救援に支出することを県知事に請願していた。しかし，知事は宗務管理局の請願を認めなかった。なぜなら，すでにこのワクフから10万ルーブルを傷病軍人の救援に支出しているし，皇后アレクサンドラ・フョードロヴナが，ツァールスコエ・セローにクリミアのムスリム兵士のための病院を開設する決定をしたので，さらに5万ルーブルの支出が見込まれていたからであった。РГИА. Ф. 821. Оп. 133. Д. 598. Л. 111, 113.

（50）*Qūyāsh*, 15 December 1914, 3. またカザフ人の代表も，カザフ人にも4万ルーブルの貯蓄があり，そこから支援を拠出することを提案した。*Qūyāsh*, 17 December 1914, 2.

（51）*Qūyāsh*, 16 December 1914, 3.

（52）*Waqt*, 13 December 1914, 3.

（53）*Waqt*, 18 December 1914, 2.

（54）*Waqt*, 19 December 1914, 1. 以上，大会の議論については，ペトログラード市長から内務省警察局に1915年2月4日付で伝えられた報告も参照。ГАРФ. Ф. 102. Особый отдел. Оп. 117. Д. 234（Т. 2）. Л. 130-132.

（55）*Qūyāsh*, 19 December 1914, 1-2.

（56）*Qūyāsh*, 31 December 1914, 2.

（57）例えば，*Qūyāsh*, 30 December 1914, 2 ; *Waqt*, 31 December 1914, 1.

（58）РГИА. Ф. 821. Оп. 133. Д. 598. Л. 41-44, 86об.

（59）1910年12月22日に発生した地震の被災者への援助を募るために，宗務協議会は，1911年1月20日付第4号の通達を管区内に発した。これに応えてヨーロッパ部ロシアでは，活発な募金活動が行われた。その記録は，ЦИА РБ. Ф. И-295. Оп. 11. Д. 892.

（60）РГИА. Ф. 821. Оп. 133. Д. 598. Л. 83.

（61）ЦИА РБ. Ф. И-295. Оп. 11. Д. 40（紙番号なし）.

（62）*Waqt*, 16 May 1915, 1-2.

（63）*Waqt*, 19 May 1915, 2-3.

（64）*Waqt*, 19 May 1915, 2-3.

（65）寄付者の詳細は，*Waqt*, 3 May 1915, 4 ; 15 May 1915, 4.

（66）Adeeb Khalid, *The Politics of Muslim Cultural Reform : Jadidism in Central Asia*（Berkeley : University of California Press, 1998）, 132, 154, 239.

（67）1881年のサンクトペテルブルグ条約で，イリ地方がロシア帝国から清朝に返還されたとき，ロシア籍の商人は東トルキスタンで自由に交易を行う権利を得た。これを機に，クルジャとチュグチャクにはタタール商人が多数移住し，19世紀末までに大きな共同体を形成した。詳しくは，Mirkasïm A. Usmanov, “Tatar Settlers in Western China（Second Half of the 19th Century to the First Half of the 20th Century）,” in Anke von Kügelgen et al., eds., *Muslim Culture in Russia and Central Asia from the 18th to the Early 20th Centuries*, vol. 2

(Berlin : Klaus Schwarz Verlag, 1998), 243–269.

(68) *Waqt*, 29 September 1915, 2.

(69) これは，1916年6月23日の『取引所報知（Биржевые ведомости）』紙にも掲載されたが，ここには派遣先が明示されていない。ГАРФ. Ф. 102. Особый отдел. 1916 г. Д. 74. Л. 83. フラムシンは，4月末からウファ県庁の許可でベレベイのアフンド職を休職していたが，8月にムスリム臨時委員会と赤十字は彼の休職期間の延長を求めている。ЦИА РБ. Ф. И–295. Оп. 11 Д. 971（紙番号なし）.

(70) *Qūyāsh*, 13 August 1915, 2 ; *Waqt*, 15 August 1915, 1 ; 19 August 1915, 2. また，*Усманова Д. М.* Мусульманские представители в российском парламенте. 1906–1916. Казань, 2005, С. 399–406.

(71) *Waqt*, 10 August 1916, 2.

(72) *Waqt*, 8 July 1916, 1.

(73) *Waqt*, 29 September 1915, 2 ; *Waqt*, 25 November 1915, 1–2.

(74) Отчет мусульманского благотворительного общества в Петрограде. Петроград, 1917. С. 4–5, 28–29, 30, 31, 46, 48, 49. ムスリム傷痍軍人が，慈善協会と臨時ムスリム委員会に対して，文化・教育事業の充実を求めていたことについては，以下も参照。*Sūyum Bīka* 21 (1916): 348–355.

(75) ヴャトカ県については，Aaron B. Retish, *Russia's Peasants in Revolution and Civil War : Citizenship, Identity, and the Creation of the Soviet State, 1914–1922* (Cambridge : Cambridge University Press, 2008), 44–45.

(76) Gatrell, *A Whole Empire Walking*, chapter 7.

(77) *Waqt*, 24 December 1915, 4 ; 25 December 1915, 4. ユダヤ人にも，戦災者の支援を統括する中央委員会がペトログラードに存在し（Петроградский еврейский центральный комитет помощи жертвам войны），ウファ県の委員会もそれと連携しさらに郡レベルにも支部を設けて，ユダヤ人避難民の救援と定住を組織した。Башкирия в годы Первой мировой войны. С. 293–298.

(78) バクーは，コーカサス戦線からの避難民支援の拠点になっていたようで，ペトログラードの慈善協会も1915年に2500ルーブルを送っている。*Климович*. Ислам в царской России. С. 308–309 ; Отчет мусульманского благотворительного общества. С. 33.

(79) *Waqt*, 14 October 1915, 1.

(80) *Qazān jam'iyyat-i khairiyyasī wa āning tarbiyyasinda būlghān bālālar maktabī prīyūṭ, wilādatkhāna, āmbūlāṭūriyya ham dār al-'ājizīnining ḥisābī, 1915nchī yil ūchūn* (Kazan, 1916), 8, 60–61.

(81) *Sūyum Bīka* 3 (1915): 50–51.

(82) *Waqt*, 21 October 1915, 2 ; 22 October 1915, 2–3.

(83) *Waqt*, 1 October 1915, 1–2.

(84) *Waqt*, 3 October 1915, 3–4. クルアーンの訳は井筒訳に拠った。

(85) 他の民族の救援活動でも，帝政が用意する枠組みとは別に，民族的なまとまりに対する意識が研ぎ澄まされていった。Gatrell, *A Whole Empire Walking*, 169–170. それはロシア人も例外ではない。教育省の官僚や正教会の聖職者の中からは，西欧化し帝国の多様性の維持に汲々とする国家のあり方自体がロシア人の利益を損なってきたとして，ツァーリ抜きのロシア・ナショナリズムを表明する者も現れた。Steinwedel, *Threads of Empire*,

231, 236. ここでは，「ロシア・ムスリム」という宗教的な帰属が民族の枠組みになっている点を強調しておきたい。

(86) *Sūyum Bīka* 23 (1914): 16 ; 20 (1915): 2-3.

(87) この著作については，拙稿「ロシア・ムスリムがみた20世紀初頭のオスマン帝国——ファーティフ・ケリミー『イスタンブルの手紙』を読む」中嶋毅編『新史料で読むロシア史』山川出版社，2013年，92-110頁。

(88) Fātiḥ Karīmī, *Istānbūl Maktūblarī* (Orenburg, 1913), 211-212.

(89) Karīmī, 271, 275-278, 281. 引用は278.

(90) *Sūyum Bīka* 20 (1914): 13-17.

(91) *Waqt*, 19 November 1914, 3.

(92) *Waqt*, 10 November 1915, 4.

(93) 国庫からの補助を受けられる兵士の妻に対する農村での偏見については，Emily E. Pyle, "Village Social Relations and the Reception of Soldiers' Family Aid Policies in Russia, 1912-1921" (PhD diss., University of Chicago, 1997), 218-224.

(94) *Waqt*, 19 November 1915, 1.

(95) Alfred G. Meyer, "The Impact of World War I on Russian Women's Lives," in Barbara Evans Clements et al., eds., *Russia's Women : Accommodation, Resistance, Transformation* (Berkeley : University of California Press, 1991), 213.

(96) *Sūyum Bīka* 1 (1915): 17.

(97) *Sūyum Bīka* 18 (1915): 1-4. クルアーンの一節は井筒訳を一部変えた。

(98) Доклады Оренбургской губернской земской управы четвертому очередному губернскому земскому собранию. Подотдел образования инородцев. Отдел народного образования. Оренбург, 1916. С. 7-9, 60-62.

(99) *Sūyum Bīka* 13 (1915): 21 ; 13 (1916): 233-234 ; *Waqt*, 17 April 1916, 1-2.

(100) Доклады Оренбургской губернской земской управы. С. 54-57.

(101) *Qazānda muslima sāldātkālar ūyūshmāsīning ūstāfī* (Kazan, 1917), 2. 1917年の二月革命後に女性が主体となった組織化は，*Исхаков С. М.* Российские мусульмане и революция (весна 1917 г. - лето 1918 г.). М., 2004. С. 134-136. ただしイスハーコフは，その前段階となる第一次大戦期の経験には注目していない。

(102) *Sūyum Bīka* 20 (1916): 336. 類似の言説は，当時のロシア語のフェミニスト雑誌にも見られた。Meyer, "The Impact of World War I," 218, 222.

(103) 以上，1917年5月の全ロシア・ムスリム大会の決議については，Necip Hablemitoğlu, *Çarlık Rusyasi'nda Türk Kongreleri (1905-1917)* (Ankara : Ankara Üniversitesi Basımevi, 1997), 94-95, 103-104, 107-108.

(104) 例えば，1915年6月から7月にペルミ県オサ郡ウデク村での講習に教員として招かれている。*Sūyum Bīka* 13 (1915): 21.

(105) この通達は中央宗務局の機関誌に掲載された。*Islām Majallasī* 6-5 (1925): 227-228. ただし，ムフリサ・ブビは男女共学には慎重だった。

終 章 帝国の遺産とムスリム公共圏の変容

(1) Mūsā Jārullāh [Bīgī], *Iṣlāḥāt asāslarī* (Petrograd, 1917).

(2) *Исхаков С. М.* Российские мусульмане и революция (весна 1917 г. - лето 1918 г.). М.,

2004. С. 115–120, 138.

（3）Там же. С. 168–181.

（4）バシキール民族運動の指導者ゼキ・ヴェリディの回想録を参照。*Тоган З. В.* Воспоминания. М., 1997. С. 121–123, 131–132.

（5）*Исхаков.* Российские мусульмане. С. 402–408, 449–452 ; Danielle M. Ross, “From the Minbar to the Barricades : The Transformation of the Volga-Ural ‘Ulama into a Revolutionary Intelligentsia, 1860–1918”（PhD diss., University of Wisconsin-Madison, 2011）, 485–500.

（6）ネイションの言論空間とムスリム公共圏との関係については，拙稿「ヴォルガ・ウラル地域の新しいタタール知識人——第一次ロシア革命後の民族（милләт）に関する言説を中心に」『スラヴ研究』50 号，2003 年，33–59 頁。

（7）*Миннуллин И. Р.* Мусульманское духовенство и власть в Татарстане, 1920–1930-е гг. Казань, 2006 ; Dilyara Usmanova, Ilnur Minnullin, and Rafik Mukhametshin, “Islamic Education in Soviet and post-Soviet Tatarstan,” in Michael Kemper, Raoul Motika, and Stefan Reichmuth, eds., *Islamic Education in the Soviet Union and its Successor States*（London : Routledge, 2010）, 22–43 ; *Арапов Д. Ю.* Ислам и советское государство（1917–1936）. Сборник документов. Вып. 2. М., 2010.

（8）Ilnur Minnullin, “Sunflower and Moon Crescent : Soviet and Post-Soviet Islamic Revival in a Tatar Village of Mordova,” in Stéphane A. Dudoignon and Christian Noack, eds., *Allah's Kolkhozes : Migration, De-Stalinisation, Privatization and the New Muslim Congregations in the Soviet Realm (1950s–2000s)*（Berlin : Klaus Schwarz Verlag, 2014）, esp. 432–433.

（9）*Юнусова А. Б.* Ислам в Башкортостане. Уфа, 1999 ; Yaacov Ro'i, *Islam in the Soviet Union : From the Second World War to Gorbachev*（New York : Columbia University Press, 2000）; Devin DeWeese, “Islam and the Legacy of Sovietology : A Review Essay on Yaacov Ro'i's *Islam in the Soviet Union*,” *Journal of Islamic Studies* 13, no. 3（2002）: 298–330 ; *Арапов Д. Ю.* Ислам и советское государство（1944–1990）. Сборник документов. Вып. 3. М., 2011.

（10）Ксавье ле Тривеллек. Татары и башкиры : История в зеркальном отражении : Этническая композиция, историографические дебаты и политическая власть в Республике Башкортостан // Ab imperio. 2007. № 2. С. 259–301.

（11）原理主義的なイスラームの理解が戦後ソ連に遡ることについては，Dudoignon and Noack, *Allah's Kolkhozes*, 11, 17 ; Kemper et al., *Islamic Education*, 11–13 ; Bakhtiyar Babadjanov and Muzaffar Kamilov, “Muhammadjan Hindustani（1892–1989）and the Beginning of the ‘Great Schism’ among the Muslims of Uzbekistan,” in Stéphane A. Dudoignon and Hisao Komatsu, ed., *Islam in Politics in Russia and Central Asia (Early Eighteenth to Late Twentieth Centuries)*（London : Kegan Paul, 2001）, 195–219. ヴォルガ・ウラル地域に沿った検証は今後の課題である。

（12）ロシアで正式に登録されたモスクの数は，1956 年に 94，1989 年に 189，1991 年に 870，そしてソ連解体後の 1994 年には 3000 以上になったという。Usmanova et al., “Islamic Education,” 50.

（13）その意味で，タタルスタンとチェチェンは対照的である。第一次チェチェン戦争への経緯も含めて，塩川伸明『ロシアの連邦制と民族問題（多民族国家ソ連の興亡 III）』岩波書店，2007 年。タタルスタンについては次も参照。松里公孝「エスノ・ボナパルティズムから集権的カシキスモへ——タタルスタン政治体制の特質とその形成過程」『スラ

ヴ研究』47 号，2000 年，1-35 頁。

(14) *Мухаметшин Р.* Ислам в общественной и политической жизни татар и Татарстана в XX веке. Казань, 2005. 拙稿「ヴォルガ・ウラル地域の新しいタタール知識人」も，カザンの公共空間での言葉が民族からイスラームに移行する状況を観察しながら書かれたものである。

(15) *Силантьев Р.* Новейшая история исламского сообщества России. М., 2006. С. 36-38, 63-64 ; *Галлямов Р.* Исламское возрождение в Волго-Уральском макрорегионе : Сравнительный анализ моделей Башкортостана и Татарстана // Ислам от Каспия до Урала : Макрорегиональный подход / Под ред. К. Мацузато. Саппоро, 2007. С. 86-92.

(16) *Силантьев.* Новейшая история ; Ислам от Каспия до Урала ; *Малашенко А. В.* Исламское возрождение в современной России. М., 1998.

(17) 1997 年の法律については，宮川真一「現代ロシアにおける宗教復興と政教関係の変容——1997 年宗教法の運用を事例として」『宗教法』30 号，2011 年，1-25 頁；井上まどか「現代ロシア連邦における政治と宗教——宗教関連の法制化を中心に」島薗進，鶴岡賀雄編『〈宗教〉再考』ぺりかん社，2004 年，309-327 頁。ただし，イスラームについてこの法律がどのように機能しているかは考察していない。

(18) http://dumrt.ru/ru/ 帝政末期から現代ロシアまでのメッカ巡礼の概観は，拙稿「イスラーム大国としてのロシア——メッカ巡礼に見る国家権力とムスリムとの相互関係」山根聡，長縄宣博編『越境者たちのユーラシア（シリーズ・ユーラシア地域大国論 5)』ミネルヴァ書房，2015 年，51-76 頁。

(19) http://www.islamfund.ru/

(20) Федеральный закон о воинской обязанности и военной службе. Ст. 24, 2, д).

(21) 軍隊での非ロシア人の統合を特集した *Journal of Power Institutions in Post-Soviet Societies* no. 10 (2009) で Elisabeth Sieca-Kozlowski が行ったインタビューを参照 [https://pipss.revues.org/2293]。軍内の聖職者の数は，Численность священников в Вооруженных силах следует увеличить, считают в Минобороны РФ [http://tass.ru/arhiv/712559].

(22) http://www.idmedina.ru/

(23) *Мухарямов Н.* Ислам в Поволжье : Политизация несостоявшаяся или отложенная // Ислам от Каспия до Урала. С. 44-54 ; *Мухаметшин.* Ислам. С. 239-241. 民族文化としてのイスラームという思考については，Adeeb Khalid, *Islam after Communism : Religion and Politics in Central Asia* (Berkeley : University of California Press, 2007), esp. 98-104, 117-122.

(24) *Ринат Мухамятов.* Джемаль Гейдар Джахидович // Ислам в Москве : энциклопедический словарь. Нижний Новгород, 2008. С. 70-71 ; Gulnaz Sibgatullina and Michael Kemper, "Between Salafism and Eurasianism : Geidar Dzhemal and the Global Islamic Revolution in Russia," *Islam and Christian-Muslim Relations* 28, no. 2 (2017) : 219-236. 彼は 2016 年 12 月 5 日にカザフスタンのアルマトゥで病死した。СМР : мусульманам будет непросто восполнить потерю Гейдара Джемаля [https://ria.ru/religion/20161205/1482835015.html].

(25) インターネットとムスリム公共圏との関係に関する理論的な考察は，Dale F. Eickelman and Jon W. Anderson, eds., *New Media in the Muslim World : The Emerging Public Sphere*, second edition (Bloomington : Indiana University Press, 2003), ix-18.

(26) 留学からの帰国者と地元の宗教権威との対立が著しい北コーカサスについては，Vladimir Bobrovnikov, "Al-Azhar and Shari 'a Courts in Twentieth-Century Caucasus," *Middle*

Eastern Studies 37, no. 4 (2001): 1-24 ; *Ярлыкапов А. А.*, *Бобровников В. О.* Ваххабиты Северного Кавказа // Ислам на территории бывшей Российской империи. Т. 2. М., 1999. С. 19-23.

(27) *Силантьев*. Новейшая история. С. 94-115. とくにウズベキスタンにおける同様の状況については，Khalid, *Islam after Communism*, chapter 7.

(28) 司法省の一覧には，イスラームだけでなく人種主義のものも含む。Федеральный список экстремистских материалов [http://minjust.ru/ru/extremist-materials?search=&page=8]. 2014 年以降の状況については例えば，Борьба с терроризмом мнимым и явным [http://www.svoboda.org/content/transcript/27715295.html] ; ФСБ нужен ИГИЛ в Крыму? [http://ru.krymr.com/a/27520516.html].

(29) Крымский « муфтий-доносчик » [http://ru.krymr.com/a/28063477.html]. また，既存の宗務局に対抗する「タヴリーダ・ムフティー庁（Таврический муфтият）」のムフティー，ルスラン・サイトヴァリエフ氏とのインタビュー，シンフェロポリ市，2016 年 9 月 11 日。

(30) 2014 年 11 月 12 日にタタルスタンのムフティーが承認した 108 頁から成る教育基準（Образовательные стандарты среднего профессионального мусульманского образования）を参照。カザンのロシア・イスラーム大学学長ラフィク・ムハメトシン氏提供。翌年 4 月 9 日付で承認された教科書のリストも含め，教育内容の分析は今後の課題としたい。この教育基準は，クリミアにも導入される予定。それによって，これまでクリミアのイスラーム教育を形作ってきたトルコの影響を排除できるという（同氏とのインタビュー，カザン市，2016 年 6 月 3 日）。

(31) Muhammad Qasim Zaman, "Religious Education and the Rhetoric of Reform : The Madrasa in British India and Pakistan," *Comparative Studies in Society and History* 41, no. 2 (1999): 294-323.

(32) ヤクポフの経歴については，*Валиулла Якупов*. Ислам сегодня. Казань, 2011. С. 384-386. 彼の言語の分析は，Alfrid K. Bustanov and Michael Kemper, "Valiulla Iakupov's Tatar Islamic Traditionalism," *Asiatische Studien* 67, no. 3 (2013): 809-835. ヤクポフ暗殺については，拙稿「7 月 19 日のカザンにおけるテロの背景に関する一考察」[http://src-h.slav.hokudai.ac.jp/center/essay/PDF/20120803naganawa.pdf].

ヤクポフの右腕で，その跡を継いでアパナーエフ・モスクのイマーム，出版社「イマーン」の代表になったナイル・ガリポフによれば，ヤクポフはタタルスタン宗務局よりもむしろウファの中央宗務局に近い自立的な立場を採っていたが，モスク付設のマドラサにイスラーム文化・学術・教育支援基金から助成が付いたことで，タタルスタン宗務局からの懐柔圧力が強まったのだという（ガリポフ氏とのインタビュー，カザン市，2013 年 3 月 24 日）。なお，彼自身は宗教教育を修めたわけでなく，帝政期の宗務協議会に関する博士候補論文のある歴史学者である。2013 年 12 月，ガリポフは二つの役職からの辞任に追い込まれ，モスクと出版社はタタルスタン宗務局の手に渡った。Муфтият обвиняют в « рейдерском захвате » издательского центра Валиуллы Якупова [http://www.kommersant.ru/doc/2461931] ; Лже-"Иман" под управлением клана Сабировых превращается в филиал ТОЦ [http://www.apn.ru/publications/article32796.htm].

(33) 森千香子『排除と抵抗の郊外——フランス〈移民〉集住地域の形成と変容』東京大学出版会，2016 年，とくに第 7 章。とりわけ，国家が各宗教や信条を支援する体制がある

オランダやベルギーはロシアと有益な比較対象になるだろう。内藤正典，阪口正二郎編著『神の法 vs. 人の法——スカーフ論争からみる西欧とイスラームの断層』日本評論社，2007 年；内藤正典『ヨーロッパとイスラーム——共生は可能か』岩波新書，2004 年。

用語・主要人物解説

アフチャモフ家（Akhtiamovy）：ウファ県ベレベイ郡に本拠のあった名家。ゼムストヴォが設置されると要職に就いた。国会が招集されると，第一国会と第四国会に各一人議員を送った。本書でしばしば登場するのは，第四国会の議員イブニヤミン（Ibniamin 1877 年生）。

アフンド（ākhūnd）：土地の高位宗教指導者。宗務協議会の制度の中では，およそ郡に一名置かれ，郡内のムッラーを監督する立場にあった。

アンドレイ主教（Episkop Andrei 1872–1937）：1905 年革命後，沿ヴォルガ地域における内務省の対ムスリム政策に大きな発言力を持っていたカザン県ママディシュ郡の主教，カザン大主教管区の副主教。1911 年半ばから南コーカサスのスフミに移ったが，1913 年末にウファ・メンゼリンスク主教として戻ってくる。

イシャーン（īshān）：イスラームにおいて，神との合一を目指す修行の導師の尊称。

異族人教育規則（Pravila o merakh k obrazovaniiu inorodtsev）：1870 年 3 月 26 日に公布。カザン学区とオデッサ学区の非ロシア人に対する教育事業の方針を定めたもの。対ムスリム政策としては，官立の初等学校を設置すること，マクタブ・マドラサにロシア語クラスの付設を義務付けることを定めた。

イマーム（imām）：礼拝の主導者。本書ではムッラーと同義。

イリミンスキー，ニコライ（Nikolai Ivanovich Il'minskii 1822–1891）：東洋学者，宣教師。ヴォルガ中流域を中心に，フィン・ウゴル系の人々や正教徒のタタール人のために母語による教科書と学校を与え，正教の定着に尽力した。

ウラマー（'ulamā'）：イスラーム諸学を習得した知識人のこと。彼らが宗務協議会の試験を経てイマーム・ハティーブ・ムダッリス職に就いたのであり，ヴォルガ・ウラル地域のムスリムの間では「聖職者（rūḥānīlar）」とも呼ばれた。

閣僚会議（Sovet ministrov）：10 月 17 日詔書以降，内閣に相当。大臣委員会と大臣評議会の項も見よ。

ガスプリンスキー，イスマイル（Ismail Gasprinskii 1851–1914）：ロシア・ムスリムの教育改革の先駆者となったクリミア・タタール人。バフチサライで 1883 年に，ロシア・ムスリムの手による最初の民間紙の一つ『テルジュマン（*Tarjumān* 翻訳者）』を創刊。彼が

提唱した「共通トルコ語」は，ロシア・ムスリムの統合を目指す運動の原動力ともなった。

カーディー（qāḍī）：イスラーム法廷の判事。宗務管理局制度では，ムフティーを補佐する委員。

カディーム（qadīmchī）：ジャディードの運動への反対者。

国家評議会（Gosudarstvennyi sovet）：帝政期の最高立法諮問機関。1811 年から 1917 年まで存続。1905 年革命期に国会が設置されると，二院制の上院になった。

コブロフ（Iakov Koblov）：カザン神学アカデミーの対イスラーム部門の出身。1905 年前後にカザン主教区で対ムスリム・対アニミスト宣教師。カザン県のムスリム社会に関する多数の著作があり，20 世紀初頭のムスリム社会を知るのに極めて有益。

市会（gorodskaia duma）：1870 年の都市法で，ヨーロッパ部ロシアとシベリアの主要諸県の都市に導入された自治機関。市会議員の被選挙権と選挙権は，財産資格を基準とした。市会選出の議員からは，常設の市参事会（gorodskaia uprava）が設置された。1870 年の都市法では非キリスト教徒の議員数が全体の 1/3 に制限されていたが，1892 年の都市法では全体の 1/5 にまで狭まった。なお，ゼムストヴォにこのような制限はなかった。

4 月 17 日法：1905 年 4 月 17 日に公布された「信仰の寛容の基礎を強化することに関する法令（Ukaz ob ukreplenii nachal veroterpimosti）」。非正教徒の宗教行政を包括的に再検討することを謳い，その目的のために特別審議会（osoboe soveshchanie）が開催された。

宗務院《シノード》（Sinod）：国教としてのロシア正教会の管理にあたる国家機関。その長が俗人の宗務総監（ober-prokuror）。

ジャディード（jadīdchī）：新方式による教育改革の支持者。広義には，19 世紀末にロシア帝国のムスリム社会に登場した改革運動家。

シャリーア（sharī‘a）：イスラームの法的伝統。クルアーンや預言者の言動に関する解釈の蓄積から法を導き出すウラマーの営為。ヨーロッパの成文法が優勢になる中で，「イスラーム法」として固定化・成文化する動きが生じる。

10 月 17 日詔書（Manifest 17 Oktiabria）：1905 年革命の頂点を成す 10 月に，ニコライ 2 世が譲歩として出した詔書。人格の不可侵，良心・言論・集会・結社の自由を住民に与え，国政選挙権を拡大することなどを宣言した。

宗務管理局（Dukhovnoe pravlenie）：ロシア帝国におけるムスリム行政の要。クリミア半島のシンフェロポリと南コーカサスのチフリス（現トビリシ）に置かれていたものが，「管理局」と呼ばれる。本書では，ウファの宗務協議会も含めて，ロシア帝国のムスリ

ム聖職者管理機構の総称としても用いる。主な業務は，ムスリム聖職者の試験，ムスリムの戸籍の管理，結婚・離婚，遺産相続の訴訟でシャリーアの適用を監視することにあった。

宗務協議会（Dukhovnoe sobranie）：正式名称は「オレンブルグ・ムスリム宗務協議会」だが，所在地はウファ。ヨーロッパ部ロシアとシベリアのムスリムを管轄。

宗務局：本書では，内務省付属の外国信仰宗務局（Departament dukhovnykh del inostrannykh ispovedanii）の略称。ロシア正教会以外の宗教行政を統轄した。ムスリム行政の要となる宗務管理局・宗務協議会もこの機関に従属した。

新方式（uṣūl-i jadīd）：19 世紀末からロシア帝国のムスリム知識人が，伝統的な初等学校マクタブに導入しようとした新しい教育方式。狭義では，母語の授業でアラビア文字の表記と実際の発音との対応を理解させる音声方式を指す。そもそも母語の授業を行うこと自体が新しい試みだった。広義では，イスラームの基礎に加えて算数，歴史，地理，自然科学などの普通科目を導入すること，教室の整備や学年の編制なども含む幅広い教育改革の意味で用いられた。

スルタノフ，ムハンマディヤール（Muḥammad Yār Sulṭānūf 1837–1915）：第五代目のウファのムフティー（在 1886–1915）。

ゼムスキー・ナチャーリニク（zemskii nachal'nik）：1889 年に設置され，農民身分の行政・司法を統括した役職。郡を数区に分けた区ごとに置かれた。

ゼムストヴォ（zemstvo）：県・郡レベルの地方自治機関。1864 年にヨーロッパ部ロシア 34 県に設置され始め，ウファ県には 1875 年に，オレンブルグ県には 1913 年に開かれた。郡ゼムストヴォは住民から選出される郡会を持ち，その郡会議員から県ゼムストヴォの県会議員が選出された。郡会と県会それぞれに執行部として参事会が設けられた。

大臣委員会（Komitet ministrov）：1802 年に省から成る中央政府が作られた際に，各省大臣の連絡協議機関として設置され，ツァーリが高官の意見を聞く場であった。内閣にあたるものではない。1906 年 4 月に廃止され，その役割は閣僚会議と国家評議会に吸収される。

大臣評議会（Sovet ministrov）：1861 年以降不規則に開催されていた最高の政府機関。10 月 17 日詔書以降，閣僚会議として常設。

タタール師範学校（Tatarskaia uchitel'skaia shkola）：1870 年の異族人教育規則に伴い，ムスリムの初等学校教師を養成すべく 1872 年にウファとクリミア半島のシンフェロポリに設置された。しかし，ウファの師範学校は 1876 年にオレンブルグに移転した後，1889 年に閉鎖された。ウファの廃校を補ったのが，1876 年にカザンに開校したタタール師範学校であり，ウラマーとは区別される多くの民族知識人を輩出した。

チェレヴァンスキー（Vladimir Pavlovich Cherevanskii 1836–1914）：国家評議会の構成員。1869–1883 年にトルキスタンに勤務。1901 年には二巻本『イスラーム世界とその覚醒』を著す。1906 年に行われたムスリム問題に関する特別審議会に，帝国のスンナ派ムスリムに関する詳細な報告書を提出。

テフケレフ家（Tevkelevy）：ウファ県ベレベイ郡のムスリム貴族。本書に登場するのは，第四代ムフティーのセリムギレイ・テフケレフ（在 1865–1885），第三・第四国会でムスリム会派を率いたクトルグムハンマド・テフケレフ（1850 年生）。

特別審議会（osoboe soveshchanie）：省庁間を跨いで特定の問題を議論した会議。1905 年革命後はムスリムに関して 1906 年，1910 年，1914 年にこの形態の会議が招集された。

ハティーブ（khaṭīb）：金曜礼拝や祭日にフトバ（khuṭba 説教）を唱える者。宗務協議会の管轄内ではイマームが兼ねた。

バヤズィトフ，サファー（Muḥammad Ṣafā Bāyazīduf 1887 年生）：首都サンクトペテルブルグ（第一次世界大戦期にはペトログラード）の第二モスクのアフンド。1915 年 7 月末からスルタノフを継いで第六代目のウファのムフティーに就任。

バルーディー，ガリムジャン（‘Ālim Jān al-Bārūdī 1857–1921）：カザンの第五モスクのイマーム・ハティーブ・ムダッリス。その付属のムハンマディエ・マドラサは，ヴォルガ・ウラル地域でも屈指の先進的マドラサだった。1905 年革命時には，全ロシア・ムスリム大会に参加。そのため革命後は，内務省に「汎イスラーム主義」の権化とみなされた。1917 年 5 月の全ロシア・ムスリム大会でウファのムフティーに選出される。

ビギ，ムーサー（Mūsā Bīgī 1875–1949）：20 世紀初頭に活躍した改革派のウラマー。イスラーム法や神学に関する著作多数。

ファトワー（fatwā）：法学裁定。イスラームの法解釈に関する権威ある見解。本書では，宗務協議会の出す決定の意味でも用いる。

ファフレッディン，リザエッディン（Riḍā’ al-Dīn b. Fakhr al-Dīn 1859–1936）：20 世紀初頭の屈指のウラマー。1891–1906 年に宗務協議会のカーディーを務める。1906 年からオレンブルグに移って当地の『ワクト』紙と協力し，自身も『シューラー（評議会）』の編集を手掛け文筆活動に専念する。1922 年にガリムジャン・バルーディーの後を継いでウファのムフティーに就任。

マクスーディー家（Maqṣūdīlar）：カザンの名望家。本書で登場するのは，カザンの有力紙『ヨルドゥズ（星）』の編集長ハーディー・マクスーディー（1868–1941）と，第二国会，第三国会で議員を務めたサドリ・マクスーディー（1878–1957）の兄弟。

マクタブ（maktab）：読み書きやクルアーンを学ぶために各モスクに付設された初等学校。

マドラサ（madrasa）：都市や豊かな農村，高名なウラマーのいる場所に設置された中等・高等教育機関。ムスリム聖職者を志す者がマクタブから進学する。

マハッラ（maḥalla）：一般的には街区，地区を意味するが，宗務協議会管区内では，金曜モスクを中心とした共同体。ロシア語では，教会を中心とする共同体との類比で「教区（prikhod）」と呼ばれた。

ムアッズィン（mu'adhdhin）：礼拝の呼びかけ（aḏān）を行う者。宗務協議会の管轄内では，マハッラの最下級の聖職者に位置付けられた。

ムアッリム（mu'allim）：教師。20世紀初頭の宗務協議会の管轄内では，普通教育を導入したマドラサ出身の若い教師を指した。女性形はムアッリマ。

ムダッリス（mudarris）：マドラサの教師。宗務協議会はしばしば，イマーム位に試験で合格した者にハティーブ位と合わせてムダッリスの称号も与えた。

ムッラー（mullā）：モスクを中心とする共同体の指導者。本書ではイマームと同義で用いる。宗務協議会の試験に合格し，マハッラで選出され，県庁で承認されたムッラーが「政令ムッラー（ukaznoi mulla）」と呼ばれた。宗務協議会を核とするムスリム行政の末端を担った。

ムフティー（muftī）：ファトワーを出す法学者の意だが，本書では宗務管理局・宗務協議会の議長。

名誉市民（pochetnyi grazhdanin）：1832年に導入された都市住民の身分の一つ。世襲できる名誉市民と一代限りの名誉市民がいた。世襲名誉市民には，一代貴族の子弟，高学歴の正教聖職者の子弟のほか，大商人なども請願によってなることができた。一代名誉市民には，特別な教育のない正教聖職者の子弟のほか，高学歴者なども請願によってなることができた。名誉市民は直接税，新兵供出義務，体罰から免除されるという特典を享受した。

モスク：ロシア語ではメチェーチ（mechet'）。金曜モスク（sobornaia mechet'）と日々の礼拝を行なうマスジド（piativremennaia mechet'）に分けられる。宗務協議会の管轄内では，同じ村，同じ町に複数の金曜モスクがある場合，各モスクは番号で呼ばれた。

『ワクト（*waqt* 時）**』**：オレンブルグで1906–1918年に発行されたタタール語の新聞。編集長はファーティフ・ケリミー（1870–1937）。本書では中心となる史料の一つ。

ワクフ（waqf）：慈善を目的としたイスラームの財産寄進制度。そこから得られる収益を，宗教施設の維持などの慈善目的に永久に充てるために，私財の所有権を停止（waqf）すること。

《著者略歴》

長《なが》縄《なわ》宣《のり》博《ひろ》

1977年　徳島県阿南市に生まれる
1999年　東京大学文学部卒業
2006年　東京大学大学院総合文化研究科博士課程単位取得退学
現　在　北海道大学スラブ・ユーラシア研究センター准教授，博士（学術）
『スラヴ研究』編集長（2010年〜）
著　書　*Volgo-Ural'skii region v imperskom prostranstve : XVIII–XX vv.*（共編，Vostochnaia Literatura, 2011年）
『越境者たちのユーラシア』（共編，ミネルヴァ書房，2015年）
『北西ユーラシア歴史空間の再構築』（共編，北海道大学出版会，2016年）他

イスラームのロシア

2017年11月20日　初版第1刷発行

定価はカバーに
表示しています

著　者　長　縄　宣　博

発行者　金　山　弥　平

発行所　一般財団法人 名古屋大学出版会

〒464-0814　名古屋市千種区不老町1名古屋大学構内
電話(052)781-5027/FAX(052)781-0697

印刷・製本 ㈱太洋社　ISBN978-4-8158-0888-4
乱丁・落丁はお取替えいたします。